迈向一流的高校后勤文化

——高校后勤文化建设巡礼

主　编　王哲强

副主编　吴　丽　杨书元　王剑星

中国海洋大学出版社

·青岛·

图书在版编目（CIP）数据

迈向一流的高校后勤文化：高校后勤文化建设巡礼 /
王哲强主编 . —青岛：中国海洋大学出版社，2020. 1
　ISBN 978-7-5670-2469-4

Ⅰ . ①迈⋯ Ⅱ . ①王⋯ Ⅲ . ①高等学校—后勤工作—
研究—中国 Ⅳ . ① G647. 4

中国版本图书馆 CIP 数据核字（2020）第 032339 号

出版发行	中国海洋大学出版社	
社　　址	青岛市香港东路 23 号	邮政编码 266071
出 版 人	杨立敏	
网　　址	http://pub.ouc.edu.cn	
电子信箱	44066014@qq.com	
订购电话	0532 - 82032573（传真）	
责任编辑	潘克菊	电　　话 0532 - 85902533
装帧设计	青岛汇英栋梁文化传媒有限公司	
印　　制	青岛国彩印刷股份有限公司	
版　　次	2020 年 10 月第 1 版	
印　　次	2020 年 10 月第 1 次印刷	
成品尺寸	170 mm × 240 mm	
印　　张	30	
字　　数	550 千	
印　　数	1—2600	
定　　价	88. 00 元	

前言 » Preface

　　文化是民族的血脉，是人民的精神家园，文化在人类进步中发挥的作用越来越受到广泛的关注和重视。高校作为人才培养的摇篮和基地，担负着重要而艰巨的使命。高校后勤作为高校正常运转和师生工作、生活的支撑保障力量，具有举足轻重的作用。高校后勤文化是大学文化的重要组成部分，是校园服务与文化的结合，是后勤职工秉承"立德树人"的使命、坚持"三服务，两育人"的宗旨、在长期管理、服务、经营中逐渐形成的具有后勤服务特色的思想理念、价值标准、行为规范及其相关各项制度的总和。

　　当前，中国的改革发展已进入一个新的历史时期。党和国家确立了建设社会主义现代化教育强国的宏伟目标。高质量发展是新时代的特征和战略选择，我国高等教育发展正在由"以量谋大"向"以质图强"转变。高等教育要通过自身现代化引领国家现代化，高校后勤服务现代化是高等教育现代化的重要组成部分，建设高等教育强国，需要世界一流的强大后勤服务保障体系支撑，办好人民满意的教育，要有广大师生满意的后勤服务。文化是大学核心价值和竞争力的体现，也是衡量高校后勤服务保障力的重要标准。通过加强高校后勤文化建设，突出后勤特色，放大制度优势，凝聚后勤人心，提振团队精神，增强创新活力，提高管理效能，提升服务质量，对促进后勤现代化、支撑教育现代化具有特别重要的意义。

　　过去五年，中国教育后勤协会人力资源管理与思想文化建设专业委员会秘书处通过开展调研、征文、评优等活动，有效推进了全国的高校后勤文化建设工作，取得了丰硕成果。本书汇集了全国近百所高校后勤管理部门、服务实体（企业）的文化建设成果、经验积累、管理智慧等，较全面反映了目前全国高校后勤系统在文化建设方面的现状和方向，对加强和改进高校后勤文化建设工作提供了具有针对性、实用性、多样性的学习参考方案与模式，为高校后勤管理者和思想文化工作者提供有益的参考。

　　未来若干年，正是包括高校后勤在内的服务业转型升级的时期，不仅需要科技助力，还需要文化铸魂。而高校后勤文化建设是一项长期而艰巨的系统工程，是实现高校后勤事业可持续发展的保障。希望高校管理者充分认识高校后勤文化建设工作的重要性和紧迫性，深刻领悟和吸收本书的精华，大力培植与推行先进的后勤文化建设，共谋全面发展的育人环境，为广大师生提供更优质的后勤保障服务，为实现高等教育现代化贡献力量！

中国教育后勤协会会长

2020 年 10 月

目录 » Contents

» 综·合·篇

》 特·色·篇

» 学·术·篇

综合篇

新时代天津大学后勤文化建设的实践与思考

天津大学　张凤宝

一、天津大学后勤文化的地位与内涵

天津大学始建于 1895 年,是我国第一所现代大学,在 120 多年的发展历程中,学校秉承"兴学强国"的使命、"实事求是"的校训、"严谨治学"的校风、"爱国奉献"的传统和"矢志创新"的追求,锐意发展,形成了独特的文化气质特征。

党的十九大就"优先发展教育事业"作出新的全面部署,为我们在中国特色社会主义新时代不断推进教育改革发展指明了方向,天津大学迈入高速发展期。学校的发展赋予了后勤工作新的目标和定位——旨在为学校"双一流"建设,构筑一流的后勤保障体系。一流的后勤保障体系需要一流的后勤文化引领。后勤文化作为天津大学校园文化的重要组成部分,承载着务实、担当的实践理念,在推动学校各项事业的建设进程中扮演重要角色,是推动后勤事业改革和发展的思想助推器与精神领航标,更是学校后勤管理服务水平迈向更高层次的坚强支撑,在建设智慧、绿色、舒适、平安、健康、和谐的校园环境中发挥重要作用。

二、天津大学后勤文化建设实践

后勤作为学校职能部门,兼有服务与管理属性,是学校各项工作正常开展的基础。天津大学的后勤文化建设结合实际、面向未来,伴随着后勤社会化改革发展、丰富、充实和完善,成为学校后勤社会化改革的引领者与推动者。

(一)坚持思想引领,主动拥抱时代

习近平总书记指出:"核心价值观,承载着一个民族、一个国家的精神追求,体现着一个社会评判是非曲直的价值标准。"

高校后勤文化是社会主义核心价值观与校园文化交汇融合形成的特色文化。要建设后勤文化，就要坚持社会主义核心价值观。天津大学后勤文化建设以习近平新时代中国特色社会主义思想和党的十九大精神为引领，树立强大的底线意识，突出有力的思想引领。

在坚持正确价值导向的同时，后勤文化建设围绕不同领域，运用多元化的后勤文化载体，主动拥抱新时代、新技术，构成独特的文化体现方式。例如，成立天津大学节能指导委员会，倡导绿色、环保理念；设置一站式服务平台，提供方便、快捷服务。通过一系列的活动实践和多元化载体，天津大学正加速形成助推学校内涵发展的后勤文化创新模式。

（二）融合天大文化，坚持育人导向

后勤文化作为校园文化的组成部分，其建设必须以校园文化为底色，与学校文化一脉相承。天津大学后勤文化建设坚持理论与实践的结合，直接契合兴学强国、实事求是、严谨治学、爱国奉献、矢志创新的天大品格。在实践工作中，后勤员工身体力行，用后勤文化感染师生，进一步促进了校园文化的发展。

习近平总书记指出，高校立身之本在于立德树人。要把立德树人的成效作为检验学校一切工作的根本标准。建设后勤文化，坚守天大品格的一个重要内容就是要始终坚持立德树人的方向。"全员育人责任是和每一个岗位的工作内容和工作特点息息相关的，须在强化全员育人导向的基础上，分类确定教学、科研、管理、服务等不同岗位的育人职责，形成育人职责体系，细化成具体的工作任务和工作要求，使之具有可操作性和可执行性，为不同岗位的人员提供做好育人工作的指导和依据。"[①] 后勤服务对象以在校大学生为主，后勤员工是"不上讲台的老师"，承担着服务育人的重要职责，后勤文化要坚持育人导向，将育人工作贯穿后勤文化建设始终。

天津大学后勤创新育人模式，以实际行动在后勤系统落实"三全育人"，通过建设课程基地、劳动基地、实践基地，将育人工作覆盖学生培养的全过程，后勤工作的全方位。通过开设"服务育人"系列课程，让后勤以一种更为新颖的方式走进课堂，引导学生树立正确的世界观、人生观、价值观，培养学生坚定的理想信念、高尚的道德情操、丰富的兴趣爱好，实现价值引领、知识传承、实践培育的有机统一。同时，也让更多具有一技之长的后勤员工走出幕后，增强职工归属感、

---

① 李家俊：《将思想政治工作贯通于高水平人才培养体系》，载《光明日报》，2019-06-28（6）。

凝聚力,促进员工提升能力,精进业务,实现学生教育、职工教育的双向育人。

(三)做好顶层设计,形成长效机制

天津大学后勤文化建设按照学校第十次党代会提出的"建设温馨宜人的校园环境"要求,进一步明确了后勤保障部门宏观职能与建设任务,建立起后勤文化制度体系,为后勤有的放矢地开展社会化改革提供强有力的顶层设计与制度支持。在此基础上,出台《天津大学后勤文化建设实施方案》,并连续四年在后勤保障部工作要点中加大对文化建设支持力度。

天津大学深化后勤社会化改革,引入包含国有、民营、外资在内的优秀社会服务企业,为双校区运行提供细致周到的后勤保障。同时制定详细的服务内容和标准,建立规范化、制度化的质量监管体系和效益评价体系。过去,后勤作为服务保障部门,更多地以一种"底部支撑"的形式,间接通过教学、科研服务于"立德树人"的大目标。通过改革,将后勤服务过程推进到校园生活的方方面面,从被动服务转变为主动服务,通过信息化手段,采用学生监督、师生共建等形式,融入校园生活,实现了从"底部支撑"到"系统融入"的转变。今天,改革成果已经推广至双校区,形成了"服务外包、学校监管"的后勤社会化管理服务新模式。

后勤文化引领下的社会化改革紧跟学校的教学水平、科研实力以及学科建设步伐,并不断追赶超越,既推动了学校各方面资源的整合协调,又提升了后勤部门的保障水平,更推动了后勤监管模式的创新。一系列制度、体系的不断完善和社会化改革的深入推进、新模式的确立,为形成具有天津大学特色的后勤文化奠定了基础,形成了保证后勤文化不断丰富和发展的长效机制。

(四)加强组织建设,打造过硬团队

高校推行后勤社会化改革以来,成效参差不齐。而缺乏文化引领,则是导致改革进程中困难重重的重要原因之一。

天津大学在后勤文化建设中加强党的引领,由后勤保障部党委牵头,成立文化建设领导小组负责专项工作,各基层部门以党支部为载体,党支部书记为文化活动召集人,形成基层部门和职工个人都充分参与的文化建设管理体系。

进行组织建设的同时,学校积极加强后勤团队建设,搭建层次合理、年龄适中的干部职工队伍。近三年来,后勤新增20余名年轻干部,来自国内外高水平知名大学的管理学、政治学、农学、工学等诸多学科,平均年龄仅33岁。通过大力引进人才,切实打造了一支知识化、年轻化、多学科背景的后勤管理团队,为后勤文化建设培养了生力军和排头兵。

（五）构建激励体系，凝聚职工力量

后勤文化建设要重视员工激励，构建公平、合理的荣誉、激励体系，培养员工归属感和主人翁意识，增强后勤事业的凝聚力和感召力。

天津大学后勤建立了多维度的激励体系，制定合理的激励制度和奖励规则，表彰后勤服务与管理中涌现出的优秀职工，并通过文化宣传手段不断强化，使荣誉感持续长效激励干部职工。天津大学后勤激励体系既对后勤事业编制职工进行褒奖，也对劳务派遣员工予以表扬；既对后勤基层部门进行嘉奖，也对服务效果优秀的社会企业予以奖励。年末召开非编员工和优秀社会服务企业表彰大会，极大地调动了非编员工和社会服务企业的工作积极性，增强了职工的归属感和主人翁意识，成为天津市教育工会系统示范性工程。

（六）提升理论水平，提倡研究之风

学校后勤部门以服务师生为主要内容的工作特点，培养了后勤干部职工务实担当的工作作风，但后勤部门往往重视解决问题、注重实干而缺乏深入的理论研究。

面对后勤社会化改革过程中产生的新问题、新矛盾，为了加强问题解决的针对性，及时总结形成新办法，新经验，更好地以理论指导实践，推动后勤社会化改革向纵深推进，学校发挥学科优势成立天津大学高校物业管理研究所，开展课题研究，参与政策咨询，发展教育培训，解决高校后勤管理工作中的重点、难点问题，为高校事业发展提供保障。在后勤部门提倡研究之风，成为天津大学后勤文化的独特旗帜和靓丽风景。

三、高校后勤文化建设的思考

后勤工作是学校各项工作得以顺利开展的基础和保障，后勤文化作为校园文化的重要组成部分，时时刻刻通过一线的后勤工作者在校园中推广、传播。做好高校后勤文化建设，是做好校园文化建设的重要环节，是引领学校后勤工作上台阶的关键所在，是推进学校各项事业健康发展的有力支撑。

开展高校后勤文化建设，要坚持正确的价值导向，以习近平新时代中国特色社会主义思想和党的十九大精神为指导，以所在高校的校园文化大背景为依托，在制度上做好顶层设计，在组织上提供坚强保障，在团队上广泛凝聚人心，在业务上坚持提升服务，在理论上面向实践、找准吃透，坚持育人导向，注重实效。只有这样，后勤文化才能真正发挥其作用，助力高校发展，为"双一流"建设贡献力量。

新时代高校后勤文化建设的意义与实践创新

中国教育后勤协会思想文化建设与人力资源管理专业委员会　杨书元

2016年,中国教育后勤协会思想文化建设与人力资源管理专业委员会启动高校文化建设评优活动,旨在检阅高校后勤文化建设的现况,探寻与丰富新形势下高校后勤文化的内涵与形式,研究构建后勤组织文化建设评价指标体系,推进高校后勤文化建设的创新发展。

一、高校后勤文化建设评优活动的背景及意义

过硬的高校后勤保障体系需要先进的后勤文化做引领。党的十八大提出"扎实推进社会主义文化强国建设",将文化发展提升到了强国建设的战略高度。文化建设,是"围绕一定目标任务并体现一定价值取向的文化发展活动",作用在于"引领风尚、教育人民、服务社会、推动发展"。作为培养社会主义的建设者与接班人的高校的后勤部门,承担着学校的后勤保障责任。一流学校建设需要一流的后勤做保障,而过硬的后勤保障体系需要先进的后勤文化做引领。高校后勤文化是大学文化的组成部分。大学文化是大学在长期办学实践的基础上,经过历史的积淀、自身的努力和外部环境的影响,逐步形成的一种独特的社会文化形态。它以大学成员为主体,以知识及其学科(专业)为基础,主要凝聚在大学深厚的文化底蕴之中,是大学精神文化、物质文化、制度文化和环境文化的总和,是大学作为人类社会知识权威的文化基础,是人类先进文化的重要组成部分。后勤文化源于大学文化,是高校后勤组织为实现服务保障目标,为全体员工所共享,由价值观、信念、仪式、符号、处事方式等组成的特有的文化现象,是在服务管理过程中展现出的各个方面。

2016年,中国教育后勤协会思想文化建设与人力资源管理专业委员会启动高校文化建设评优活动,旨在检阅高校后勤文化建设的现况,探寻与丰富新形

势下高校后勤文化的内涵与形式,研究构建后勤组织文化建设评价指标体系,推进高校后勤文化建设的创新发展。

校园后勤服务市场变化,后勤文化发展面临新机遇与挑战。自 1985 年《中共中央关于教育体制改革的决定》提出"高等学校后勤服务工作的改革,对于保证教育改革的顺利进行,极为重要,改革的方向是实行社会化"以来,到 1999 年教育部等六部委发布《关于进一步加快高等学校后勤社会化改革的意见》的实施,高校后勤服务管理模式在社会主义市场经济条件下发生了根本性变化。高校不断提升办学质量的内涵式发展目标,较好地解决了后勤制约高校发展的瓶颈问题,促进了高校办学模式的重大转变,取得了令人瞩目的成绩。高校后勤逐步向集约型、标准化、精细化过渡,行业管理和企业化的运作方式成为后勤服务市场的趋向。计划经济下的校园供求关系早已为高校及师生的多元服务需求所取代。在新时代,健全满足广大师生员工需求的新型后勤保障模式,越发需要先进的后勤文化引领。

后勤文化建设存在"缺乏自信"现象。作为高校事业发展不可或缺的后勤保障系统,后勤文化是全面落实"三全育人、五育并举"的重要组成内容,一定意义上,其文化建设程度关乎整体校园后勤保障质量水平。但是,由于诸多原因,曾在高校普遍存在着后勤文化建设重视程度不够的问题。表现在,缺乏对后勤文化内涵、基本特征及其作用的正确认识;忽略工作实践载体的支撑与作用力,习惯停留在学习文件及文体等活动形式上;缺乏系统建设与创新,没能将后勤文化真正融入学校文化范围之中,使其相对独立于学校整体文化之外,缺少了应有的凝聚力与影响力;这些表现的实质是缺少后勤文化自信。因此,在全国高校开展后勤文化建设评优活动,是要评估高校文化建设发展状况,检视不足;总结凝练高校后勤文化建设的经验,培育后勤文化发展的新路径,彰显后勤文化建设与发展愿景,夯实促进学校整体进步的"软实力"。

二、后勤文化是高校后勤发展的不竭动力

随着改革不断深入,高校文化传承了原有的优秀文化基因与底蕴,也不断创新、培育新的文化价值取向,使其既符合国家与社会整体发展步伐,又符合学校发展的现状。高校后勤改革作为高校内部改革和社会改革的环节,必然带动后勤文化的变革。不但有助于形成和谐、进取的新氛围,而且可以带动干事创业的新理念。社会存在决定社会意识,高校后勤文化作为精神领域的先进意识,可以推动高校后勤事业的大繁荣。我们应该充分认识高校后勤文化显现的特

征,坚定做好高校文化建设的信心。

高校后勤文化是组织文化,属于管理文化范畴,包含物质文化、制度文化和精神文化;体现在表层、中层、核心层三个层面。

表层的物质文化。按照马克思主义哲学的观点,文化作为一种意识,来源于外在世界的物质信息,信息是有其存在的客观基础,没有客观基础的信息是不存在的。后勤文化属于高校文化亚文化,也具备这样的属性。高校后勤的员工从自身工作环境、办公条件等方面可以感受到后勤文化现状,而后勤以外的人员在校园最先体味的就是校容校貌、就餐环境、楼宇卫生等物质形态,直接从后勤文化氛围感受学校整体水平。校园环境本来是教学系统的一部分,在一定意义上校园文化统领着教学及校园生活。要知道"校园是有生命的,好的校园可以塑造人、教育人,给人以感悟和启迪。"而后勤员工是校园环境忠诚的守护者。

中层的制度文化。一定的制度体系下可以形成特定的文化,一定的文化又会积淀成某种制度形成。中国高校是社会主义事业的建设者与接班人的培育场所,所以高校的制度具有共性,相应的文化也有相似性,折射在后勤文化方面仍有相同点。后勤部门为工作有序都有可能制定奖惩措施、考核办法、竞聘上岗规则、办事与审批流程等制度和规范,实际反映出高校后勤制度文化共通性。而有的高校后勤社会化程度较高,有的高校后勤自办比例较大,必然又产生不同制度,例如成本核算、外包项目监管、企业考核、服务质量满意度调查等等,又表现高校后勤文化的不同点。人们发现,后勤文化内涵建设与后勤基层工作实践,其高度在于体现出了马克思主义哲学特殊性与普遍性的辩证关系。

核心层的精神文化。精神文化实则为行为规范引领,"精神文化是物质文化的核心载体,是物质文化基础上衍生出的独具特征的人类共有的意识形态和文化观念集合。"高校后勤更多的是直接进行物质化操作,无论是餐食制作、还是教室保洁,通过与人的交流将物质化的操作结果呈现在不同群体面前。这种物质化的操作过程和呈现过程正是高校后勤文化的表征,是高校后勤文化的行为展现,既是制度、规定和准则等外因的遵守,又是后勤工作理念、价值观等的内化于心。优秀的后勤服务作业,一定会处处展现出"服务育人"的行为标签。

高校后勤文化是组织文化的系统工程,做好后勤文化建设,要靶向学校事业发展的总目标,既有政治上的清晰定位,又需稳固工作载体,更是需要主动融合与协同创新。先进的高校后勤文化是高校后勤发展的不竭动力。

三、后勤文化建设实践的创新趋势

"高校后勤文化评优活动"坚守了两个基本原则，一是紧扣"探索新时期高校后勤思想文化建设的新思路、新方法、新模式"；二是定位"在高校后勤系统开展后勤文化建设评选推广"，其目的是以评促建，强化后勤文化建设能力。

结合高校后勤实际情况，参照相关要求，评审指标包括：文化建设长期规划，有组织、人员和资金保障、有明确的价值观引导，制度建设先进、扎实、有效，学习、培训、教育体系规范、系统、高效，服务现场和工作区域文化氛围强，管理精细化，管理理念先进，管理工具运用效果好，文化载体建设形式多样、丰富多彩、先进有效，文体活动具有鲜明特色，对校园文化有重要贡献等十类内容。指标综合选取基层实际做法，易被申报单位接受；评审过程严谨并邀相关学者参加；而表彰环节会有"示范"或"标杆单位"成果的 WCR 展示。

由已完成的三次评选结果中，不难看出评优活动给高校后勤系统带来的震动，对规范高校后勤文化建设起到了鞭策作用。更重要的是拉开了新时代高校后勤文化建设的帷幕。

三年来，共有 120 余家高校申报参评，其中 64 所获得相应荣誉，含 18 所"示范"或"标杆单位"。另外有 7 家服务高校企业获得荣誉，含 5 家"示范"或"标杆"单位。服务企业将企业文化与高校后勤文化相融合，拓展了高校后勤文化建设的外延，为高校后勤文化建设增添了亮点。

2016 年的首次评优活动，其实是高校后勤文化建设评价标准的试验与开拓。首战告捷。西南大学、江南大学、山东科技大学、苏大教服集团、东北大学率先交出了丰盈的后勤文化建设成果答卷，展现了各自后勤文化建设经验示范，并为如何开展新时代背景下后勤文化建设提出了深刻思考。在江南大学举行的颁奖典礼，成为张扬高校后勤文化建设大旗的总动员。

2017 年的第二次评优，是在总结经验基础上的规范推进。浙江农林大学、电子科技大学、扬州大学、北京语言大学、四川师范大学、哈尔滨工程大学、海南大学、辽宁龙源教育产业投资管理集团的优秀案例，迸发出文化引领、求精逐新的示范效应，生动描绘出高校文化建设的巨大的影响力。几所获奖单位校长亲自领奖，专委会也正式开始了团体标准《高等学校后勤组织文化建设评价指标》的制定工作。

2018 年的第三次评优，"高校后勤文化建设"展现出的是成熟与健康发展。首先是"双一流建设"、普通本科、高职、民办及独立学院参评，实现了"高校后勤文化建设评优活动"全覆盖;而且评选出的天津大学、杭州电子科技大学、陕西师范大学、华东师范大学、西安欧亚学院、北京工业大学、南京大学金陵学院等"标杆单位"的成果,凸显后勤文化内涵与外延建设的作用,体现出高校后勤文化建设的成熟与健康发展。有多位院校领导到现场参加申报过程,足见后勤文化建设已经为更多院校所重视与接受。其主要特点包括:

明确定位、组织保障,重基础夯实。各校高普遍制定后勤文化建设规划,其明确职责划分的组织形式、严格预算与审计的经费使用制度等成为后勤文化建设基本保障。既反应在诸如宁波大学制定的"长效文化建设规划"与"文化建设经费"的精细账目上,也体现在一些高校《大学章程》中明确标有后勤服务保障工作的内容。

围绕中心、服务大局,攀高行远。以社会主义核心价值观为指导,中国石油大学(华东)的后勤文化建设路线图,紧扣石油石化办学理念,围绕学校双一流建设目标和服务育人宗旨,传承与创新"石大精神"、倡导与传播"绿色理念"、融合与发展"多元文化",形成具有石油石化院校办学特色的后勤文化体系。而陕西师范大学后勤集团,从"以人为本"、"3P+S"、"忠于学校"、"以员工满意促进其他满意实现"的基点出发,不断完善"集团精神、价值观念、服务宗旨、质量方针、经营方针、处事理念、工作目标"等后勤文化内核,取得成效。

制度建设规范,实地落实有效。西安欧亚学院运用大数据理念规范制度的建立与实施,相关后勤73个制度、80个工作流程、165个工作标准与规范环环紧扣,体现在院校后勤标准化管理过程之中。

学习教育培训体系完备,多种形式保证成效。更多高校规范政治学习,加强干部培训,推动职工轮训。北京工业大学后勤培训学校,采取后勤员工与校内师生同为培训对象的教育方式,制定不同授课计划,将后勤文化培训与践行"三服务三育人"宗旨联系在了一起。中国石油大学(华东)利用节能监管控制平台建设学生实习基地,天津大学北洋园校区C能源站被辟为热泵监测及节能教学实践基地,后勤保障教学科研的作用在发生一些质的变化。

新技术开发使用蔚然成风,信息手段应用成常态。遍地开花的新技术新工具的引进与使用振兴了后勤服务管理方式,华东师范大学后勤网格化管理,某种意义上代表着后勤信息化技术应用的普遍性。

文化建设形式以人为本,聚焦办学精神。像杭州电子科技大学培育"校园十景"的实践,衬托出了作为大学文化内容组成的后勤文化的张力。

企业参与后勤改革,谱写服务业绩新篇章。服务企业融入高校文化建设,有利于整体校园市场的改革发展。中快餐饮集团以天厨商学院为核心载体,针对各层级、各部门建立起完整的人才培养体系。上海高校后勤有限公司推行"6T"现场管理,全面实施学生食堂和公寓"6T"建设,提升了基础管理水平。浙大新宇集团致力与产业信息化和业务科技化建设,构建"新宇智慧园区后勤生态体系",推进在服务项目中的应用。

关注员工多元身份管理,增强后勤归属感。建立有效的激励机制,强化作业安全管理,成为后勤文化建设不可或缺的内容,非校编员工中涌现出一大批全国行业或省市级先进模范人物,提升了整体后勤员工队伍的形象。

发挥优势,后勤理论研究工作取得进展。后勤在申请专利,获得授权专利、软件著作权,以及完成课题研究,出版专辑及发表发表论文方面取得了突破性进展,教育后勤的科学发展势不可挡。

四、后勤文化建设的几点思考

高校后勤文化承载着务实、担当的实践理念,在推动高校事业发展进程中发挥重要作用。要深刻领会习近平同志在全国思想政治工作会议和全国教育工作会议上的讲话精神,牢牢抓住教育现代化发展的有利时机,以文化建设为引领,深刻解析并努力践行"三全育人",不断提升后勤服务管理水平。

认真制定《高等学校后勤组织文化建设评价指标》。按照 GB/T 1.1—2009 规则,由"术语和定义"着手,明确"基本条件、规划、机构与人员与资金保障、价值观引导、制度建设、学习与培训及教育体系、管理与沟通、文化载体、文化呈现、文体活动、对校园文化的影响"等具体指标内容及适用条件,形成具有指导依据的后勤组织文化建设、服务和管理的团体标准,将高校后勤文化建设纳入标准化管理体系,为后勤组织文化建设评估提供基本依据。

建立科学合理的后勤文化建设评估机制,遵照相关法规、政策,依循《高等学校后勤组织文化建设评价指标》的规定,制定考核验收细则,对通过验收单位授予相应的"高等学校后勤组织文化建设评价指标"达标证书,推动高校后勤文化建设的全面发展。

党的十九大"优先发展教育事业"的新战略,为不断推进教育改革发展指明了方向。中共中央、国务院发布《中国教育现代化 2035》,是新时代推进教育现代化、建设教育强国的纲领性文件。教育现代化昭示着后勤保障要同步迈向现代化的历史使命,深化高校后勤改革,推进后勤文化建设,创新高校后勤保障模式,是新时代高校后勤事业发展的必然要求。

不忘初心铸根魂　牢记使命促发展

——陕西师范大学后勤文化建设综述

陕西师范大学　刘瑜

陕西师范大学以习近平新时代中国特色社会主义思想和党的十九大精神为指导,学习贯彻习近平总书记在全国思想政治工作会议和全国教育工作会议上的重要讲话精神,高度重视文化建设。在中国教育后勤协会思想文化建设与人力资源管理专业委员会的指导和推动下、在学校各级领导的关怀和支持下,学校后勤集团以中华优秀传统文化为根基,以社会主义核心价值观为引领,紧紧抓住学校综合改革和"双一流"建设契机,坚持立德树人,践行"三全育人",着力加强"文化后勤"建设,积极探索新时期高校后勤思想文化建设的新思路、新方法、新模式,努力学习和借鉴其他高校的优秀做法和成功经验,形成了特色鲜明的后勤文化体系,成效显著。

一、牢记初心使命,构建核心体系

不断完善文化内核,形成囊括集团精神、服务宗旨、价值观念、质量方针、服务方针、处世信念、工作目标及员工标准等内容在内的文化建设核心体系,员工认可度高,归属感、凝聚力强。

集团精神:诚信、敬业、科学、创新。

服务宗旨:师生至上,服务第一。

价值观念:忠诚于学校,为学校教育事业而存在。

质量方针:精益求精,追求卓越,为学校发展和师生员工生活提供高效优质的后勤服务保障。

服务方针:优质服务求生存,诚信服务保市场,科学管理出效益,创新思维促发展。

处世信念：不以委屈动摇，不为利欲熏心。

工作目标：学生满意、老师满意、学校满意、员工满意。

员工标准：心中有爱、肩上有责、眼中有活、手中有力。

服务管理理念：我们认为后勤不再是简单的手工操作，不再是人人可干的一般性工作，不再是无专业性、无科学、无规范的工作，而是一门专业性很强的学科，是既要付出体力劳动又要付出脑力劳动的工作，更是必须讲科学、讲规范、讲标准的工作。

生活服务目标：提出并确立"三少一多"的生活服务目标，即让师生用更少的时间、更少的费用、更少的精力获得更多的服务，以便把更多的精力投入到教学、科研和便捷生活中去。智能后勤、现代后勤、智慧后勤逐渐成为后勤建设发展的主流方向。

二、统筹多措并举，凝聚发展合力

重视文化战略规划，探索、构建了"COMT"的文化建设格局，以核心（Core）、组织（Organization）、个人（Member）、工具（Tool）为依托，通过核心引领、末端着力，实现了工作全覆盖；通过党、政、工交叉任职，将党政工融合成一个团结有力的整体，增强了文化建设合力。

打造"251"后勤文化综合建设模式，"2"即核心人员、核心场地，"5"即关爱激活文化、制度融入文化、工作体现文化、宣传强化文化、载体丰富文化，"1"即模范带动，文化建设成果丰硕。

规章制度建设与时俱进，将文化建设深刻融入工作流程、规范、制度之中，促进后勤服务与管理的科学发展，推动组织和员工快速成长。

核心引领带动整体推进，科学培训打造学习型后勤。历届学校和集团领导、各部门和各党支部管理人员高度重视文化建设，组织、人员和资金保障有力，现拥有高素质专职工作人员，投入专项资金，配备专职培训队伍，拥有系统有效的学习、培训体系，年均开展培训达200次，学习氛围浓厚，干部员工素养提升明显。

关爱员工彰显以人为本，典型示范发挥榜样力量。提高社保覆盖率、改善住宿条件、与学院对接辅导员工子女学业、精准扶贫、文体活动等暖心举措凝心聚力，增强员工认同感。涌现出爱读书的"网红"环卫工、"微孝媳妇""最具文化气息"理发店、"最潮楼管"及助人为乐、拾金不昧等一批先进典型，汇聚榜样力量，激励担当作为。

思想先行,以文化引领创新发展。落实"三少一多"生活服务目标,即让师生用更少的时间、更少的费用、更少的精力获得更多的服务,以便把更多的精力投入到教学、科研和便捷生活中去;饮食上,构建了囊括"采购、集中加工、烹调、售卖、营养分析、膳食推荐"的智慧服务体系;物业上,构建了以"贴近、集中、自助、远程、诚信、育人"为主要特色的"生态服务岛"服务模式。

发展推动,以实际行动促进文化繁荣。建设员工核心活动场所职工之家,成为后勤人温馨的"家";职工书屋建设受到全国总工会、省总工会的肯定支持,获省级挂牌,获赠图书;开展丰富文体活动,活跃员工文化生活,取得多项荣誉,成为工会活动中的一面旗帜。

构筑文化阵地,建设精神家园。以融合宣传传播后勤"好声音",设有专职高学历宣传人员,创作新媒体宣传作品,讲好后勤故事,营造良好文化氛围。以后勤育人培养爱国爱校情怀,通过义务劳动或自筹资金新建设昆明湖、牡丹园、格桑花海等景观,成为"网红"打卡地,繁荣校园文化;传承18年的师大月饼,展现学校关怀,成为文化热点;建设弘扬社会主义核心价值观的灯柱,打造时代精神特征景观,陶冶学生高尚情操。

三、凸显文化特色,彰显服务品牌

"构建'三全育人'格局,推进社区'生态服务岛'建设"服务育人和育人服务模式受到国务院教育督导委员会办公室编发的《教育督导决策参考》(2018年第2期)、教育部思想政治工作司编发的《高校思想政治工作简报》(2018年第11期)和《中国教育报》(2018年8月22日)的报道推介,"厚植文化沃土熔铸品牌力量"。

陕西师范大学荣获"高校后勤文化建设优秀标杆单位"称号,受到《中国教育报》(2018年12月26日)的报道,"'既满足了舌尖上的需求又扶了贫'——陕师大七年'农校对接'实现精准扶贫";消费扶贫、教育扶贫模式受到《中国教育报》(2019年8月2日)头版"教育脱贫攻坚进行时"栏目的报道。

"称量销售"荣获由国家粮食局、农业部、教育部、科技部、全国妇联组织发起的"爱粮节粮之星",是全国十家获奖单位中唯一一个获奖集体单位,受到中央电视台《人民日报》《中国教育报》《新华每日电讯》等央级媒体报道十余次,受到北京电视台、天津电视台、陕西电视台等报道。"爱粮节粮之星"被评为学校2017年度十大新闻。

申请专利的打饭"神器"及"光盘行动"等受到央视新闻(微博)、《人民日报》（微博）、陕西电视台等近 50 多家媒体宣传报道。

改善员工住宿条件、发放员工生日蛋糕、与学院对接辅导员工子女学业、开展精准扶贫、为患重病员工筹款、举办文艺晚会、发展和完善党员之家、职工之家等成效突出，职工书屋建设受到全国总工会、省总工会、省教育工会的肯定支持，获省级"职工书屋"挂牌，获全国总工会捐赠 3 万余元的图书，员工的获得感和归属感不断提升。

党支部的《党员"亮身份"，发挥模范带头作用》获学校"两学一做"支部风采展示活动一等奖。

重视后勤应用研究，出版图书 7 部，申请专利 12 项，获得授权专利 8 项，获得软件著作权 6 项，获得陕西省科技厅工业攻关项目 1 项，发表论文数篇。

涌现出了"最潮楼管"曹华、"网红环卫工"屈育者、"最具文化气息理发店"家属区理发店等先进典型，陕西电视台、西部网、华商网等专题报道了他们的事迹。助人为乐、拾金不昧蔚然成风，年均 500 多次。

近年来，集团获得"全国高校后勤十年社会化改革先进单位"称号，在信息化方面获得"全国高校后勤信息化工作优秀示范院校"称号，在饮食方面获得"高校伙食工作先进集体"称号，在物业方面获得"校园物业服务实体（企业）百强"称号，在学生公寓管理方面获得"全国高校学生公寓管理服务工作先进单位"称号，在车辆管理方面获得"交警部门车辆安全示范单位"称号，在原料采购方面获得"全国高校学生食堂采购工作先进院校"称号，在文化建设方面获得"全国高校后勤文化建设优秀标杆单位"称号，在信息宣传方面获得"全国教育后勤系统信息宣传工作先进单位"称号，在节能方面获得"全国高校节能先进单位"称号等。

不忘初心，牢记使命。站在新的历史起点上，我们将进一步贯彻落实习近平新时代中国特色社会主义思想和党的十九大精神，充分发挥自身优势，建设符合中国国情与高校后勤特点的特色后勤文化，发挥后勤育人作用，培养担当中华民族伟大复兴重任的时代新人。

文化引领提水平　服务育人显实效

——电子科技大学后勤文化建设成果综述

电子科技大学　许波　游雪梅

电子科技大学后勤十分注重思想文化建设,长期以来,坚持以"服务育人"为宗旨,在为后勤发展提供良好的思想基础和稳定局面的基础上,不断开拓创新,通过实施文化铸魂、文化塑形、文化育人工程,在培育后勤精神、推动制度建设、塑造后勤形象、提高员工素质等方面取得了明显成效,形成了具有成电特点的高校后勤文化。

一、坚持文化铸魂,构建文化体系和管理格局——致远

文化是组织的灵魂。高校后勤文化是后勤事业的灵魂和象征,体现着后勤事业的"精、气、神",在一定程度上,影响着后勤战略目标的实施。培育后勤文化,发挥文化功效,必须有战略眼光和长远规划。

(一)认识后勤文化本质和内涵,知行合一

高校后勤文化的本质是服务育人。要做到文化引领,"知"是前提,深刻领会后勤文化的本质和内涵,才可能持续不断地坚持和推广后勤文化。学校每年召开文化建设研讨会,通过各种教育宣传,不断提高干部员工的认知,强化服务为先、育人为本的意识,以社会主义核心价值观引领工作。

(二)构建后勤文化体系,建立长效机制

首先,文化建设纳入长期发展规划。我校后勤一直将文化建设作为思想政治工作的重要内涵和重要载体。制定《后勤文化强企计划》,将文化建设列入后勤四年发展规划,纳入年度计划和考核;明确了从文化的精神、行为、制度、物

质四个层面着手,逐步构建后勤文化完整体系。

其二,以课题研究促建大文化格局。从校级课题到系列研讨,2015年成功申报四川省哲社规划课题《高校后勤文化体系建设对大学生成长成才的支撑性研究》,从思想政治教育视域,研究高校后勤文化系统与高校人才培养的关系,探索形成了一系列与学生思政教育相融合、全面促进学生成长成才的策略及实施路径。该课题已结题并荣获中国教育后勤协会优秀研究成果三等奖。

这样一种全面统筹、长远规划、系统布局,使后勤文化浸润、渗透在后勤工作的每一个层面,全面改变员工的知识体系、行为体系、精神体系,形成文化管理的长效机制,产生更长远的影响力。

（三）引入 CIS 理念,提炼后勤文化精髓

CIS 系统是企业形象识别系统。我们引入这样的理念,通过MI（理念识别）、BI（行为识别）、VI（视觉识别）系统的构建,对后勤独特的服务理念、制度建设与行为规范、视觉标识等进行整体规划与设计,以统一化、规范化的视觉传达系统突显后勤整体形象及文化特征,从而达到凝聚人心、引导方向、激励员工的效果,提高了组织形象的关注度和影响力。

二、树立后勤形象,提升管理与保障服务水平——塑形

文化的力量是无形的,却是十分强大的。

（一）价值引领　凝心聚力

十多年的服务、管理、发展中我们沉淀形成自己的价值观和工作理念。秉承学校"求实求真,大气大为"的成电精神,我们以"保障学校、服务师生"为使命,以"同心协力、服务育人"为宗旨,以建设"一流现代的高校后勤"为目标,确立了"细心服务,精心管理,用心经营"的工作方针,以"奉献、进取、协作、创新"的后勤精神,塑造"品质、高效"的后勤形象。我们将这样的后勤文化核心理念以可视的方式,广为宣讲、宣传,让员工熟记于心、朗朗于口、外化于行。

制度文化是后勤文化的基础与保障。我们对近年来所有制度、文件加以梳理,不断完善各项规章制度、操作规程、岗位职责和管理要求,强化后勤服务行为的规范统一。通过文化理念和精神的渗透,后勤员工逐步将规范和约束内化成一种习惯,进而形成一种自觉。

（二）系统培训　强建队伍

后勤员工是后勤文化的创造者、接受者和传播者。后勤队伍的整体素质决定着后勤管理水平和服务质量的高低，也直接影响着服务育人目标的实现。多年来，我们不断完善培训体系，以对高层及中层管理人员、后备干部、基层员工分层分类的培训，对管理、技能、服务三支队伍的标兵评选，全面开展后勤队伍的智力培训和文化培育。

员工夜校、标兵评选及大型岗位技能竞赛等活动得到学校领导及相关部门的支持、认可和赞誉。在校内外的同行交流和技艺切磋中，也不断取得优异成绩。这些都有效了促进队伍专业化程度和技术水平的提高，也展现了队伍的形象风采。

（三）推进管理　促进发展

近年来，后勤把文化建设渗透到管理过程的细节中，用先进的管理工具提升管理水平，后勤管理服务工作得到师生认可，据麦可斯调查结果显示，师生满意度逐年提升。

从 2006 年引入 ISO9001 质量管理，逐步推行预算管理、全成本控制、目标管理，到 2013 年推行"7S"现场管理，推进"标准化、规范化、科学化"建设，逐步实现经验型运作向规范化管理的战略转型。2016 年后勤集团和后勤管理处合并成立后勤保障部，在"职责重置、流程再造、内部控制"三个方面持续深化改革，全面推进精细化管理。同时，构建"三位一体"后勤信息化格局，将现代信息理念贯穿于后勤服务的各个环节，优化了现代服务平台，提升了后勤工作效率。

（四）党建统领　彰显精神

（1）后勤党委充分发挥了党组织政治核心作用。基层党建工作扎实，党建特色活动主题鲜明："两学一做"支部风采展示、"亮身份、亮职责、亮承诺"阳光党建活动、党员示范岗授牌和优秀共产党员评选等，树立了党员先锋形象；《成电后勤》纸媒报刊、PC 端、微信端网页三大宣传渠道，助力后勤文化传播；党建活动室、党建文化墙、廉政宣传栏等的设置，弘扬了正气。党建文化彰显了后勤正能量。

（2）多彩的员工活动注入了更丰富的思想文化内涵。传统的后勤运动会、迎新游园、定向越野、春秋游等特色活动，丰富员工的业余生活，营造了团结和谐的后勤氛围;近年组织"我心目中的成电味道""最美后勤人""我与学校共成长"演讲比赛、诗朗诵等主题活动,弘扬社会主义核心价值观和后勤精神,也向师生展现后勤人的风采风貌,扩大了后勤在学校的影响;"我为学校'双一流'建设做贡献"的大讨论,激发员工以学校为傲的自豪感和为学校添彩的责任感,呈现争创一流服务的良好状态。

精神价值的全面塑造,促使员工以良好的职业道德、优质的服务行动,在学校系列重大活动及服务保障工作中,显现出奉献吃苦、能打硬仗的本色,树立了品质高效的后勤形象。

三、发挥育人功能,润物细无声传递生活教育——入心

加强思政教育、创新育人工作是后勤文化建设的更高追求。我们坚持以学生的思想教育、成长成才为落脚点,结合校园文化内涵,紧扣后勤工作特点,开展了饮食、宿舍、园林等文化育人活动。

(一)绿色校园 怡神健心

按照现代教育心理学观点:人的性格形成过程中,环境因素影响很大。校园环境具有无形的渗透性和强烈的暗示性,具有潜移默化的作用。一草一木,一景一物都是隐性的教材,是无声的育人课堂。

后勤利用校园绿化环境资源,与学校心理健康中心联合打造"生命教育综合实训基地",以"三生三爱"为主题,开展系列园林健心活动,让学生参与园林种植、经济作物收割(采摘),体验生命的力量,感受自然的勃勃生机,使学生增长科普知识,懂得尊重生命、热爱生命。"高校后勤绿化建设环境育人的探索性研究"课题已在全国高校后勤协会立项。

(二)品味成电 由口入心

(1) 以学校精品文化项目"成电味道"美食文化节为载体,开展系列饮食品牌文化活动,挖掘饮食文化育人内涵。每年近百次活动、近万人次的学生参与量,丰富了学生课余生活,为学生锻炼动手能力提供实践平台,也增进了学生对后勤饮食服务工作的了解与理解。学习生活技能,树立热爱劳动、尊重劳动的观念,这就是育人。

(2) 后勤文化进课堂,探索育人新路径。2015年创新性地开设了"知味"素质教育选修课,向学生介绍中国传统饮食文化、烹饪知识以及川菜制作工艺等,饮食文化的精神内涵在课堂这一教育主阵地得到广泛传播。课程深受学生

的追捧和喜爱。每期选课名额为 50 人,被四五百人抢选。"知味"实训基地还先后接待了学校留学生、新加坡、法国等师生饮食文化交流活动;我们也组织到法国开展美食文化交流,让后勤饮食走出去,以国际化元素促进创世界一流。"知味"课程也引起了央广新闻、四川卫视、凤凰、网易、腾讯新闻等众多社会媒体的关注报道。饮食文化和高校课程的有机结合,是后勤参与高校通识教育工作的初步尝试,拓宽了后勤服务在人才培养中的新思路。

(三)魅力家园 一路相伴

高校公寓是大学生的第二个"家",也是重要的育人阵地。健康、向上、丰富的公寓文化将对大学生的人生观、价值观产生潜移默化的影响。

我们规划设计"宿舍文化节"等多姿多彩的文化主题活动,营造文化环境,吸引学生参与文化建设;成立学生协管队、"护家员"等学生组织,发挥学生主体作用,实现自我管理、自我服务、自我教育。刊物《卧谈会》集"思想教育、行为指导、文化活动"于一体,引导、激励大学生积极向上、健康成长;"好阿姨评选"活动,增进了学生与阿姨的感情,也更好地激励员工服务育人。

后勤无小事,事事蕴含教育,点点滴滴都能挖掘育人元素。生动的生活教育和社会教育,增强了大学生思想政治教育的实效性和针对性,深受师生认可。"成电味道"饮食文化和"心灵在线"公寓文化被评为学校精品文化活动。

我校后勤文化建设取得了一定成效,我们也将继续致力于对文化建设内涵和品位的孜孜追求,着力推进"全员育人、全方位程育人、全过程育人",让"文化共管理一色,育人并服务齐飞",让文化为后勤一流建设助力添彩!

中国海洋大学积极适应新形势 实现后勤文化建设"五个转变"

中国海洋大学　杨静

高校后勤文化是在长期的后勤工作实践中逐步形成的共同文化观念,是衡量校园生活的一个重要尺度。中国海洋大学积极适应新形势、新常态,不断增强后勤文化的引领力、感染力、凝聚力、向心力,实现了后勤文化建设"五个转变",在为学校提供后勤服务保障支撑、满足师生对美好校园生活日益增长的需求等方面,在完成重大任务、应对重大挑战、抵御重大灾害等方面,展现了新时代后勤的新气象新作为。2016年,学校被评为"全国高校后勤文化建设先进院校"。

一、推动后勤文化由"外"向"内"转变,融入社会意识形态建设

党的十八大以来,习近平总书记多次就文化建设和意识形态领域的方向性、根本性、全局性问题发表重要讲话,作出重要部署。十九大报告指出:"意识形态决定文化前进方向和发展道路",因此我们应该"牢牢掌握意识形态工作领导权"。中国海洋大学最大限度地在后勤社会效益和经济效益中寻求平衡点、达成观念共识,深度挖掘和传承后勤传统优秀文化,并逐步与新时代主流意识形态统一,激发后勤人的敬业报校的热情、师生爱校荣校的责任感。2017年,学校后勤部门获"第五届青岛高校思想政治工作创新奖"。

坚持发展马克思主义与后勤事业发展相结合,完善后勤风险防控体系,赴红色教育革命基地组织开展党性教育专题培训,打造特色廉政文化,设置"党员示范岗",并以党建带团建、带工建、带妇建,集中力量开展有影响力的、引导性的文化活动,年平均参与和自主举办各类活动20余次,增强了后勤基层组织的生机和活力;坚持践行社会主义核心价值观与后勤管理服务相结合,树立先

进典型,激励担当作为,连续两年选荐后勤工作人员登上本科生毕业典礼舞台,坚定了后勤文化自信;坚持深入贯彻落实习近平新时代中国特色社会主义思想与后勤转型升级相结合,在"十三五"期间完成后勤管理体制、运行机制改革,坚定了后勤前景自信,为后勤人认识后勤、搞活后勤提供有益启迪。后勤综合服务平台凭借其"真诚沟通,用心服务"的工作态度,得到师生的认可与赞扬,成为展示后勤良好形象的示范性窗口,并获评青岛市"青年文明号""山东省女职工建功立业标兵岗"。

二、推动后勤文化由"硬"向"软"转变,不忘后勤服务初心

学校做好后勤文化顶层设计,确定后勤党委书记为后勤文化建设的第一责任人,并通过完善规章制度等"硬指标",对后勤员工行为形成强制性约束规范。随着高校事业发展、规模不断扩大,"育人"内涵不断丰富,学校认识到提升后勤文化软实力的重要性,下大力气做好文章,在实现后勤文化"软着陆"的同时,也赢得了师生的赞誉。

突出以文化人的价值,实施后勤创新发展项目,促进后勤经验成果总结、提升,为不断优化和完善后勤服务保障体系提供智力支持;形成后勤文化手册,统一视觉识别和理念识别,使后勤服务管理更加科学化和条理化;不断改善校园环境、改造学习生活设施,让师生们可以安心教学、科研、学习,学校连续多年被评为网络"全国十大最美校园"之一;畅通与师生沟通交流的渠道,让师生对后勤服务保障提需求、出主意、提意见;指导成立学生自治社团,对后勤良好服务形象塑造和后勤服务水平提升起到积极推动作用;设立后勤助学基金,用于学校后勤管理服务的创新创业项目,激发学生不断为高校后勤事业的发展献智献策,推动学生在参与项目研究的过程中成长成才;在食堂、教学楼等空间内融入海大特色文化,启用以海洋字样和学校标志性年份命名的一系列餐厅,并推出海大校徽月饼,寄托海大人对学校深厚的情怀;认真践行"光盘行动",弘扬中华民族勤俭节约的优良传统,《人民日报》先后两次对海大"崇尚节约、拒绝浪费"的校园文化风尚进行报道。

三、推动后勤文化由"线下"向"线上"转变,全面开启微时代版本

随着信息时代的到来,高校的生活方式发生了翻天覆地的变化。2012年,中国海洋大学顺应需求,构建"五位一体"后勤信息化服务格局。经过几年的

发展,学校后勤服务实现"线下"到"线上"的转变,后勤服务更加高效、透明,高质量的后勤服务体验成为学校后勤文化"亮点"之一。学校被评为"全国高校后勤信息化建设工作优秀示范单位""教育后勤新科技应用领跑单位"。

充分发挥"线上"平台作用,培养用户黏性,定期在后勤微信公众号推出"住在海大""美味海大""健康海大""读书角""安全知识普及"等系列图文专题,引导学生树立科学的消费观念和感恩意识,养成良好的生活习惯,提高安全意识;在文化活动开展中实现线上互动,如后勤摄影比赛、征文比赛、奖励表彰等,设置网络投票、在线评选环节,不仅增强了趣味性,而且为后勤员工广泛参与创造了条件,增强了他们的归属感和向心力;在微信、网站推送有声影像《海大后勤欢迎你》,让新生对即将到来的校园生活有了更多期待,同时也展现了学校后勤的良好风貌;通过线上平台,对后勤众多文化资源进行融会贯通,《海大后勤》报、《港湾》报、后勤微信公众号、"数字后勤服务大厅"网站、"移动后勤"App、后勤官网做到相互推介,并对重点内容进行集中报道,既实现了资源共享,又提升了宣传效果。中国海洋大学多次被评为"全国高校后勤系统信息宣传工作先进单位"。

四、推动后勤文化由"活动"向"人才"转变,为"育人"提供原动力

中国海洋大学的后勤文化,从之前的相对贫乏到现下的相对繁荣,得益于各类活动的数量型增长,但量的增长到一定程度,会出现瓶颈和矛盾。文化建设者的质量,是直接影响后勤文化质量的关键因素,学校后勤部门以问题为导向,确保人岗相适、人尽其才,使后勤人在"育人"服务中有更好的施展舞台。

学校致力于打造一支"不上讲台"的教师队伍。不断加强后勤人才队伍建设,注重人文关怀和个性发展,建立健全吸引、识人、培养、留人机制;通过晋升考试,优化后勤管理人员构架。2018年海大后勤改革迈进深水区,学校在优化后勤组织架构的基础上,将重点岗位队伍建设纳入学校整体队伍建设规划,基本建成一支素质精良、业务精湛、精干高效的后勤骨干队伍。后勤人以高素质的精神内涵,诚信规范的言行,对学生文明习惯的养成,以及形成正确的价值取向、良好的思想道德品质、积极的人生态度起到潜移默化的引导作用。

五、推动后勤文化由"单位"向"行业"转变,让文化交流走上更大平台

后勤人从自身文化中汲取精神力量,以高度的文化自觉和团队精神,在单

位业务领域内"多点开花"打造服务品牌,在本科教学评估、校区搬迁等学校关键时期和重大任务中担负起应有的使命。但学校并没有把目光局限于此,自2013年开始便积极参与后勤行业协会建设,并当选协会思想文化建设与人力资源管理专业委员会常务副主任单位和秘书长单位。

与行业接轨,既让海大特色文化展示于全国行业平台,引起文化质感的共鸣,起到了一定的引领和示范效应,又充分借鉴和吸收兄弟院校的优秀后勤文化建设经验,开创自身后勤文化建设的新局面,更为全国高校后勤文化工作的观念创新、思路创新、体制机制创新开阔了视野,推动了协会文化影响力持续扩大。2019年,中国海洋大学获"全国教育后勤行业组织工作特殊贡献单位",以及思想文化建设和信息化建设领域"全国高校后勤事业发展先进单位"荣誉称号。

经过多年积淀和发展,中国海洋大学后勤文化呈现积极向上的态势,且和谐有序、极富活力。应学校建设"一流大学"的时代要求,我们将创造充满更具先进性的后勤文化和理念,并使其成为推动后勤事业再发展的核心动力。

以"立德树人"为核心的天津大学后勤文化建设

天津大学 尚宇光 张俊

高校后勤是大学的有机组成部分,20世纪80年代国家教委就提出高校后勤要以"三服务两育人"为宗旨,明确了高校后勤的育人属性。习近平总书记在全国高校思想政治工作会议中强调,高校思想政治工作要坚持把立德树人作为中心环节,把思想政治工作贯穿教育教学全过程,实现全程育人、全方位育人。因此,高校后勤文化建设必须紧紧围绕育人属性,以"立德树人"为核心。

天津大学后勤一直以来高度重视后勤文化建设,采取了一系列措施。完善顶层设计,出台《天津大学后勤文化建设实施方案》,并配套出台了《员工手册》《物业一站式服务中心服务规范》《学生宿舍文明公约》等多个文件支撑;强化组织建设,成立文化建设领导小组,由专人负责文化建设工作,各基层部门以党支部为载体,党支部书记为文化活动召集人,形成基层部门和职工个人都充分参与的文化建设管理体系。设立后勤文化建设专项经费,创建文化之家,购置相关书籍,邀请专家进行文化建设培训;加强后勤职工建设,强化后勤人育人意识和主观能动性,每年组织科级干部、青年管理人员以及业务骨干培训,各科室通过岗位培训、专题培训、技能培训、技能竞赛严格规范职责、要求和考核;打造多元载体,积极开展形式多样文化活动,促进文化建设全覆盖;加大后勤文化宣传,定期发送《勤报》等校内电子刊物,充分使用微信公众号、微博等新媒体;加强后勤文化理论研究,加强文化交流,推动后勤文化成果共享。通过后勤文化建设让天津大学后勤成为学校育人体系的重要一环。

一、通过优质的服务文化引导学生全面发展

"让每一位后勤员工都成为不上讲台的老师",天津大学后勤保障部目前有各类员工近3000人,其中社会企业员工近2500人,层次参差不齐。他们工作在服务师生的一线,其一言一行、一举一动,都会对学生产生潜移默化的影响。

一切以学生为本,多渠道了解学生需求,提供小电器维修、校内搬运、学生点餐等特色服务,通过"四点半工程"开设咖啡文化、月饼烘焙(做月饼)等课堂,设立勤工助学岗,为特困生免费提供一日三餐,遇节日,免费发放月饼、水果等。通过这种主动、优质的服务形成一种爱岗敬业和相互奉献的文化,学生也在感受细致周到服务的过程也潜移默化提升了自身品质。同时注重宣传通过挖掘一些平凡岗位上如宿管阿姨、食堂师傅、超市售货员的事迹,打造后勤榜样,每年举行非编职工表彰,并通过学校媒体宣传后勤故事,如宿管阿姨的一天、后勤工匠、食堂小姐姐、网红食堂等;与站在三尺讲台上教书育人的专家、教授榜样不一样的是,后勤的榜样都是平民化、草根化的榜样,和学生在日常生活中常打交道,更容易被学生所接受。作为平凡岗位上的劳动者,用他们勤劳朴实、爱岗敬业的劳动者之美和技艺精湛、精益求精的工匠精神来感召和影响学生,从而实现对学生身心及人格的塑造,引导学生全方位成长。

二、通过人性的管理文化树立学生责任意识

作为学生的"第三课堂",积极地吸引学生主动参与,在管理中充分尊重学生的意见,每年组织后勤与学生的对话、走进后勤等活动,召开食堂、商业、宿舍等座谈会,倾听学生的声音。2017年,我们还组建了后勤服务监督员队伍,通过学生的视角为后勤发现问题找到不足。成立伙委会、能委会、商委会、绿委会、同伴社等各类学生社团7个,开展了"浪费随手拍""厨艺大赛""光盘行动""商业调查""电量入楼""植树活动""防艾宣传""健康教育大讲堂"等丰富多彩的活动。设立完全由学生值守的校园商业投诉中心,开启学生自治管理的第一步。通过这种参与式、体验式管理机制,让学生在具有"主人翁"感的管理过程中自觉提升自身的整体素质、修养和能力,同时也在全校范围内形成学生节约、环保的意识。

三、通过和谐的环境文化陶冶学生美丽心灵

坚持打造具有自身特色的环境育人体系。一是打造优美的校园环境,充分的考量和设计整个校园的建筑、树木等布局,使人一进入校园就感受到学校的历史积淀和鲜明风格,让学生好学、乐学,让教师安教、乐教。像天津大学的张太雷烈士、马寅初雕像很好地诠释了天大文化历史底蕴和实事求是的校训;近几年打造的海棠节、新校区的薰衣草热等美丽的校园风光都跟后勤营造的环境文化息息相关。这些不仅陶冶了学生的心灵,也增强了学生的爱校荣校感,很

好地培养了广大学生的家国情怀。二是打造一流的教学环境,完善教学设施设备、功能场所齐全,保障了教学科研的顺利进行以及创新发展。三是文化氛围的营造,通过在教室、公寓、食堂等后勤工作场所张贴提示牌,宣传后勤的理念和文化、倡导学生爱护校园环境、杜绝铺张浪费、举止文明、团结互助等,营造"学校无空地、处处皆育人"的浓厚氛围。

四、高效的实践文化增强学生的应用能力

随着后勤社会化的进程,众多服务优良的社会企业和高新技术大量涌入校园,像物业公司爱玛客是世界500强企业、中航是大型的央企;同时新校区建设上采用了很多先进的技术,如智能电站、地源热泵技术能源站、能耗监测平台都为高校师生提供了众多的实践学习和科学研究的机会。后勤通过与学院合作,打造学生的实践基地、科研基地和科技成果转换基地,与机械学院合作的热泵实践基地、与环境学院合作的能源监测实践基地,与建筑学院合作进行校园景观设计、与管理与经济学部合作开设"校园商业经营管理实践"选修课等,将工作内容与学生专业特点、兴趣和关注点结合起来,帮助学生在协作实践中受教育、实现自我价值。与后勤在发挥服务功能的同时,也为教学科研作出了贡献,拓展了后勤育人的内涵,开拓了大学生思想政治教育新平台。针对"五育并举"中的"劳育",充分发挥后勤资源,开发建设服务育人劳动基地。与学工部一起建立劳动实践基地,开展学生"走进后勤"活动,植树活动等。开发更多的如校园美化、校舍净化等劳动基地。选拔具有资质的相关业务骨干担任劳动导师,指导学生进行劳动实践,使学生既掌握劳动技能,养成劳动习惯,又体会劳动的光荣和辛苦。

五、美好的生活文化促进学生全面健康成长

随着后勤生产力不断提升,后勤的育人也进入了到了更高级阶段,逐步实现由底部支撑到系统融入的转变。天大后勤依托物业、能源、膳食、商贸等服务范围,以课堂理论课程和现场实践课程为载体,构建生活技能、绿色节能、餐饮文化、商业经营、青春健康五大系列课程体系,提供适应学生需求和符合时代特点的体验式课程,让学生在第一课堂之外,通过后勤课程,了解科学知识、掌握生活技能、培养生活情趣,帮助学生树立"懂生活、会生活、爱生活"的价值观念,提高审美趣味和实践技能,促进学生全面发展。

服务至善 育人至真 构建学校师生满意后勤

——哈尔滨工程大学后勤文化建设研究与实践

哈尔滨工程大学 袁洪君

哈尔滨工程大学前身是创建于 1953 年的中国人民解放军军事工程学院（"哈军工"），是全国重点大学、国家"985 工程"优势学科创新平台项目建设高校、国家"双一流"建设高校，是我国"三海一核"（船舶工业、海军装备、海洋开发、核能应用）领域重要的人才培养和科学研究基地。60 多年来，学校坚持和发扬老一辈革命家倡导培育的"哈军工精神"，形成了"以祖国需要为第一需要，以国防需求为第一使命，以人民满意为第一标准"的精神追求，凝练了"大工至善，大学至真"的校训。

学校党委和后勤集团高度重视后勤文化建设，深入贯彻落实党中央关于推动社会主义文化大发展大繁荣的要求和习近平总书记重要讲话精神，着力推进后勤精神文化、物质文化、行为文化和制度文化建设，着力推进文化设施和校园文化景观建设，着力推进文体活动蓬勃开展，着力推进后勤精神文化和价值观的广泛传播和积极践行，形成了根植于大学文化，并与现代企业文化兼收并蓄、特色鲜明的后勤文化建设成果。

一、重视文化引领作用，文化建设保障有力

文化是推动各项事业发展的最深层、最持久的力量。后勤集团党委在思想政治教育中充分重视文化的引领作用和育化作用，各级部门也积极推进后勤文化建设。近年来，后勤文化建设工作取得重大进展。

（一）组织、人员和经费保障

后勤集团自 2010 年起设置独立的文宣办公室，配置 3 名专职工作人员，负

责后勤文化和宣传工作。2016年9月因精简机构的需要，文宣办公室并入综合办公室，同时设置党务与文宣主任正科级岗位专职负责后勤文化建设。

2016年3月，成立由集团总经理、党委书记任组长的文化建设领导议事协调机构"后勤集团文化建设领导小组"及其下属工作办公室，各级干部共同参与，系统推进后勤文化建设。

后勤集团在经费上长期给予充分保障。2015年以来，每年用于文化宣传、开展文体活动、文化建设经费等方面的支出均在30万元以上。

（二）文化建设工作系统推进

为了展示后勤集团形象，凝聚后勤力量，鼓舞后勤士气，增强后勤活力，提升服务内涵，提高服务质量，提高师生后勤服务满意度，创造后勤服务事业的美好未来，集团决定系统推进后勤文化建设。2015年底，后勤集团主要领导对文化建设工作作出明确指示，要求深入挖掘后勤集团成立18年来的文化成果，系统总结和凝练扎根于广大后勤职工、在全校范围较好认同的精神文化，全面推进后勤文化建设工作。

2016年3月，后勤集团正式发布《后勤集团文化建设2016-2020发展规划》，要求用5年的时间，形成健全的文化体系，在全校范围内得到广泛认同，在全国高校后勤系统形成良好社会影响。

2016年，后勤文化建设纳入年度工作要点。4月，发布《后勤集团2016年度文化建设工作计划》，布置了文化建设专项工作安排。

2017年，后勤文化建设纳入年度工作要点。列入综合办公室、人力资源办公室等文化建设主导部门工作计划。

二、精神文化体系健全，核心理念深入人心

在深入挖掘后勤集团成立以来的文化建设成果基础上，2016年，集团发布《关于宣传和弘扬后勤集团精神文化的通知》，正式确立了完备的精神文化体系。

核心价值观方面，以"竭诚为学校师生提供优质高效节俭有序教育后勤服务"为使命，传承"大工至善，大学至真"校训，确立了以"服务至善，育人至真"为后勤集团训词，明确"以学校发展需要为第一使命，以师生教学需求为第一任务，以师生生活满意为第一标准"是全体后勤人的价值追求。

管理理念方面，基于平衡计分卡（BSC）的战略管理工具，从学习与成长、内

部工作流程、客户、财务四个相互独立但紧密联系的方面，形成了"完善自我、优化流程、服务师生、创造效益"的管理理念，明确了构建"大后勤格局、大服务理念、大保障系统、大教育情怀"的发展目标。围绕发展目标，形成"文化引领，创新驱动，作风保障，制度奠基，队伍支撑，举措发力，追求满意"的同向合力动力系统，按照现代高校后勤改革发展市场化、规范化、专业化和现代化的发展定位，形成了"市场化运营机制，规范化管理机制，专业化人才机制，现代化效能机制"运行机制。采用"6S"现场管理法管理工具，形成"常清理、常整顿、常清扫、常规范、常提升、保安全"的"五常一保"管理法。

在员工精神文化方面，提出"立身主人翁，争做大工匠，甘当服务员"的员工精神，弘扬"特别能吃苦、特别能战斗、特别能奉献"的工作作风，围绕服务育人基本职能，树立"以至真至诚服务教育养成，以至善至美品行立德树人"的育人理念和"打造安全舒适教学环境，建设健康温馨生活家园"的服务理念。

通过一年多的宣传和培训，后勤文化价值观已成为内化于心、外化于行、固化于制的精神内核。全体后勤人协同共进，确保实现"质量提升有标志，创新服务有亮点，效益提高有数据，职工幸福有保障"的工作目标。

三、制度文化严密有序，员工行为有章可循

制度是行为之准则、办事之规程，对服务质量有着基本而深刻的影响。后勤集团切实推进制度建设，通过流程再造，规范工作运行机制，优化服务程序，提高服务效率，确保服务质量。

近年来，后勤集团通过内部管理制度建设、ISO9001质量认证、质量安全管理体系建设，突出提高制度系统性、适宜性、规范性、有效性，形成了质量安全管理体系、人力资源管理体系、财务资产管理体系、采购管理体系、工程建设管理体系等五大管理体系，在"优化流程"管理理念指导下，形成了"程序化管理，规范化服务"为核心的制度文化。

重新梳理工作相关条规763项，建立健全《后勤集团工作质量检查办法》《后勤集团员工纪律管理办法》等管理制度70余项，基层部门管理制度800余项，夯实了程序化管理、规范化服务的制度基础。

同时，引入外部咨询专家，建设质量安全管理规范530余项，岗位工作流程再造262个，制定岗位说明书266个，工作指导书297个，作业卡266个，通过明确工作职责、服务标准和考核要求，将制度层面的质量要求落实到人，通过制度化的长效机制对服务质量进行有效管理，形成人人对服务质量负责的机制。

四、园林景观辐射社会，支撑服务校园文化

在"打造安全舒适教学环境，建设健康温馨生活家园"的服务理念指引下，后勤集团建设、维护或支持的园林景观文化，在校园文化建设中发挥了重要作用。

以园林绿化为代表的景观文化是我校后勤文化的闪光点。我校在园林绿化方面在东北地区高校中处于领先地位。特别是我校 11 号教学楼旁的古树杏花、图书馆前的美国红枫，已经成为在校师生和哈尔滨居民的游览胜地，吸引着大量游客专程前来参观欣赏、拍照留念。加上冬季的雪雕艺术节，校园内一年四季，一步一景，成为"刷爆朋友圈"的文化景观，社会辐射作用日趋明显。

学校出台《哈军工文化园建设规划》，把包括园林绿化、特色建筑在内的整个校园打造成包括历史景观区、文化景观区、船海特色区和哈军工纪念馆"三区一馆"在内的哈军工文化园，建成了一批标志性文化景观。哈军工文化园成为全省爱国主义教育和国防教育重要基地、工信部推进军工文化建设优秀典范。

2014 年，哈军工文化园入围国家 3A 级旅游景区，成为省内高校首个国家级旅游景区。学校是全国首批节约型公共机构示范创建单位，连年获"省高校校园绿化美化先进单位"称号和市高校爱国卫生检查第一名。

生机盎然的校园绿色与积淀深厚的学校历史、船海特色的校园文化相互交融、相得益彰，提升了师生幸福感。

五、员工队伍培育发力，人才建设成效显著

近年来，后勤集团着力打造一支吃苦耐劳、乐于奉献的服务员工队伍，一支技术过硬、攻坚克难的技能人才队伍，一支可靠顶用、善于创新的管理人才队伍。通过制度化、规范化与科学化的"三支队伍"建设，引导他们倾心为学校师生服务。

（一）员工培训工作系统推进

《后勤集团员工教育与培训管理办法》《哈尔滨工程大学后勤集团管理干部培训规划》等多项支持人才队伍建设的制度，2017 年，后勤集团发布《系统深化后勤职工培训工作实施方案》《后勤集团新入职员工培训实施方案》，对培训管理、师资建设、课程开发等工作作出明确安排。

2015 年至今，后勤集团及其下属部门举办内部培训活动等近 800 项次，参训员工达 10000 人次，其中"一线"员工参训率 100%，各类人才专业化程度大大提高。近年来，引入社会知名专家举办中层管理干部专项培训，成为培训工作亮点。

2018 年，集团编印《员工培训手册》，内容包括学校介绍、集团简介、理念文化、规章制度、安全常识、服务礼仪和生活常用信息等 7 个方面，篇幅达 4 万余字。目前已成为员工人手一册的培训读本。

（二）技能队伍建设成效显著

自 2014 年以来，后勤集团连续举办 6 届员工职业技能竞赛，涵盖饮食、物业、接待、电力、驾驶等主体领域，迄今 1000 余人次参赛，形成了比学习、比技能的良好氛围。

基于良好的人才培养机制，后勤集团连续多年在工信部举办的厨艺及服务技能竞赛中取得优异成绩，获得金牌数量在系统内长期处于领先地位。

2017 年至 2018 年，后勤集团启动"特聘技师"选拔聘用工作，在给排水、电工和厨师等岗位设置"特聘技师"岗，由高到低分为一、二、三级，分别按 4 万元 / 年、3 万元 / 年、2 万元 / 年的标准发放专项岗位业绩津贴。目前已有 5 名技术骨干通过理论知识考试、技能操作考评、个人业绩评议等环节获得聘用。

（三）管理研究成果丰硕

后勤集团制定并相继出台了《后勤集团工作研究成果配套奖励办法》和《后勤集团自研课题管理办法》等制度，鼓励管理干部通过工作研究提高管理服务能力。2014 年以来，在管理研究方面发表论文逾 40 篇，出版（参编）著作 6 部，承担校级以上研究课题近 30 项。

2016 年以来，集团着力鼓励和推进工作研究和创新实践工作，启动后勤集团自研课题立项申报工作，至今开展两期课题研究工作，50 余项课题获得支持。

通过建立健全"平台支持、制度保障、措施得力"的人才工作机制，后勤集团服务、技能和管理"三支队伍"的服务保障能力大大增强，涌现出了以刘洪方、康万青、张立军等为代表的一大批优秀技能人才，管理干部队伍中现有博士 4 名，中层及以上干部硕士化率为 76％，干部队伍呈高学历、年轻化良好结构。

六、文体活动特色鲜明，文化载体先进有效

（一）大力推进凝聚力工程

密切联系群众，加大关怀帮扶工作力度。近年来，常年坚持走访慰问老党员、困难党员，为党员群众解决实际问题，开展党员教育活动，组织党员参加志愿者活动，投入慰问金走访慰问困难员工，为学生和员工发放生日贺卡和生日慰问金。

（二）大力推进亲和力工程

以为民、便民、利民措施,增强党组织的亲和力。近年,开展了为学生赠送免费生日面、免费送病号饭、关爱"空巢老人"、端午、中秋佳节免费赠送粽子、鸡蛋和月饼、幼儿职工亲子活动、慰问退伍军人等系列活动;大力推进和落实改善服务质量的举措,陆续建立饮食特色餐厅、饮食便民服务点等服务场所,让师生从改进服务措施中直接获益。

通过组织开展趣味篮球赛、棋牌比赛、歌唱比赛等形式多样的文体活动,增强集团凝聚力,连续十余年蝉联学校田径运动会团体总分第一名。公寓间篮球赛连续举办13届,公寓文化节连续举办14届。凝聚起1200余名员工的向心力,齐心协力共谋服务大局,共同致力于服务保障。

（三）建设新型文化宣传阵地

编印《理念文化读本》在全集团内发行。积极利用网络媒体,加大文化宣传效果。集团现有官方网站1个,"哈工程微后勤"官方微信公众号1个,幼儿园、公寓、招待所及物业党建特色微信公众号4个。近年多次获得全国高校后勤信息与宣传先进集体奖。

七、管理机制运行高效,转型升级师生满意

围绕"质量提升有标志,创新服务有亮点,效益提高有数据,职工幸福有保障"的工作目标,后勤集团深入推进后勤综合改革,创新管理机制,采取切实行动让师生满意幸福。

2015年,校党委出台《中共哈尔滨工程大学委员会关于推进后勤系统深化改革的意见》(校党字〔2015〕11号),从校党委层面对后勤改革发展提出了具体要求。后勤集团按照校党委要求,大力推进市场化运营机制,规范化管理机制,专业化人才机制,现代化效能机制建设。

党建工作紧紧围绕以建立"服务队伍好、服务阵地好、服务载体好、服务机制好、师生反映好"的基层服务型党组织为目标。以为师生办实事为破题点。按照"融入中心抓党建,抓好党建促发展"的思路,优化党支部结构,选配"两强"党支部书记,建立完善党支部工作绩效考核评价体系。在全校分党委评比中,近年来单位和集团主要领导均在全校名列前茅,获得校党委表扬。

2016年,以学校第六轮机构设置和竞争上岗工作为契机,集团机构设置和岗位聘任工作完成,由原33个部门精简整合,确定了5个职能部门、11个服务实体,共计16个二级部门的内部架构,使机构设置进一步优化,人员及岗位配

置趋于合理。

全力推进后勤工作信息化建设,校园报修投诉、饮食管理、场馆预订、物业管理、会务管理、公寓管理等11个子系统涵盖后勤服务的方方面面,优化服务载体,极大地方便师生员工日常生活的服务需求。2016年起启动后勤服务 App 项目建设,构建生活服务一站式运行模式。

后勤集团在师生满意工程建设中亮点频出。2017年投入250万元用于食堂维修改造,食堂就餐环境焕然一新。幼儿园新址按照省级示范园标准建设,修建工程基本完成,教学用具全部采购高端环保无害产品。中秋节、端午节等重大传统节日免费向师生赠送节日美食成为常态,优惠副食销售形成抢购热潮。与社会资源合作,引进校园小公交9台,校内师生和居民出行更加便捷。依托小赵家农场建设,为师生免费赠送和优惠销售自种有机蔬菜约7吨。为解决青年教工住宅问题,新成立哈尔滨哈船房地产开发有限公司筹备房产开发。

后勤集团特别重视员工幸福感。每年均在持续提高职工工资收入水平,总体涨幅均达到10%。除了社会保险外,还为员工购买意外伤害补充保险,让员工切实感受到在单位工作的幸福感。

后勤集团采取实效措施切实解决学校师生在教学生活中的难点、痛点,学校师生通过网络评论、口头转达、书面感谢等方式,表达了强烈的幸福感和超高的满意度。

八、结 语

在后勤思想文化建设的引领作用下,近年来,后勤集团成绩喜人,获得全国高等院校后勤工作先进集体、全国高校后勤系统信息工作先进单位、全国高校后勤十年社会化改革先进单位、全国高校后勤系统信息与宣传工作先进单位、校园物业实体百强、高校后勤文化建设优秀示范单位、校园商贸优秀服务企业等荣誉称号。

今后,后勤集团将坚持社会化改革方向和服务育人宗旨,进一步解放思想,转变观念,以提高体制机制改革为重点,统筹规划,努力构建与学校建设高水平研究型大学相适应、与建立现代大学制度要求相符合、具有我校特色的新型后勤保障体系。以高校后勤文化建设评优活动为契机,我们努力探索后勤思想文化建设的新思路、新方法和新模式,进一步提高后勤文化建设能力,提升后勤文化建设水平,强化创建实效,创出特色水平,推动我校后勤服务保障转型升级、综合改革取得实效,致力于把后勤文化建设工作提升到更新境界!

淬炼后勤文化　引领改革创新

——江南大学积极探索后勤文化建设新机制

江南大学　卢长征　俞德海

后勤服务保障工作,是学校改革发展稳定的重要支撑。加强后勤文化建设,是新形势下创新工作机制,提高服务质量,确保高质、高效完成各项后勤工作的重要保证。江南大学十分注重深化后勤改革,创新后勤文化,努力致力于"学习型、研究型、创新型、服务型、育人型"后勤建设,不断探索高校后勤文化建设的新机制。

一、强化载体,致力于学习型后勤建设

(一)开展创先争优

充分发挥基层党组织的战斗堡垒作用和党员的先锋模范作用,在共建学习型组织中创先争优,后勤保障系统党委建立了"党员责任区",党委委员、党支部委员、党员干部分层确定联系点,形成联系网络,明确责任,全体职工全员参与,立足岗位创优,激发工作动力,主动下基层,听意见,办实事,现场办公,改进工作作风,为学院排忧解难,不断提高后勤服务工作的满意率。在此基础上,为进一步落实网格化管理,提升校园管理服务水平和效益,后勤保障系统党委于2018年开始推行"片长制"管理模式,并在后勤管理处环境中心进行试点。"片长制"以支部为基础,每个片区按"1长＋N员"模式进行设置,实行片长负责制,形成"片长管、片全管、片共管、片联管"的工作格局,力求实现主动、现代、定量及系统的管理。

(二)突出教育培训

结合后勤员工的思想和工作实际,开展针对性的教育、培训活动,后勤保障

系统党委率先成立了分党校、关工委,建立员工教育培训平台,有计划地组织开展系列教育培训活动。科级干部培训班、"爱岗敬业"报告会、劳模报告会、党风廉政教育会、"新后勤人"上岗培训会、转复军人座谈会、员工管理工作会等等各种类型的活动,形成了后勤文化引领后勤管理的特色,强化了后勤职工岗位奉献、爱岗敬业的精神。

(三)注重学习交流

相互学习交流是营造后勤文化的重要形式,我们先后组织管理干部专程赴清华大学,集中学习后勤体制机制改革、运行的经验;赴深圳市腾讯计算机系统有限公司,交流学习一流企业的管理理念及管理方法,企业党建和企业文化建设;赴无锡市民中心,观摩学习政府机关改革、宏观管理的创新意识。组织员工去国内外高校交流学习,学习先进的后勤管理手段和管理信息,努力形成相互学习交流的氛围。

(四)丰富文体活动

以丰富多彩、喜闻乐见的文体活动为载体,展示后勤文化风貌。近年来,我们先后组织开展了职工歌咏比赛、书法、摄影比赛、厨艺比赛、广播操比赛、乒乓球比赛、拔河比赛、职工运动会、迎新联欢晚会等多项有益活动,凝练了后勤职工情操,激励职工团结拼搏、奋发进取。同时,在活动中注重文化的积淀和升华,自创了歌舞《江南大学后勤小苹果》、拍摄了《欢歌后勤 舞动江南——后勤职工风采展示》宣传视频、编排了原创作品《江南后勤江南梦》等,在展示后勤职工风采的同时实现价值引领。

二、精化目标,致力于研究型后勤建设

(一)组织战略研讨

为了研究探索工作机制,总结分析工作问题,强化创新理念,拓展工作思路,我们利用每年寒暑假,组织"后勤工作战略研讨会",各部门结合学校党政工作目标和系统工作要求、新一年度工作重点,深入分析工作中存在的困难与问题,自加压力,自寻突破,力求前瞻性、创新性思维,集体进行研讨,进一步厘清工作思路,明晰工作举措。学校主要领导和机关部门领导也应邀参加会议,现场给以分析、指导。

(二)明确工作目标

在学校制定"十三五"发展规划中,我们确立了"强化资源配置效能,优化

后勤保障机制"的后勤改革发展目标,提出了"以统筹与竞争并举为导向的资源配置机制改革""以服务学校发展为目标的信息化建设机制改革""以条块结合为构架的后勤运行模式改革""以专业化为目标的后勤队伍发展机制改革"等4项改革举措。目标的制定,要求从长计议,分步规划,逐步实施。目前,正在逐步推进,而且成效显著。资源配置更加优化,资源使用效率、效果显著提升,新型财务管理与服务体系更加完善;信息化覆盖率正在逐步提升,与教学科研的融合更加深入,公共服务能力进一步增强;基于建筑和基于环境的综合管理服务体系逐渐形成,部门间的协同联动更加紧密、有效;人员队伍结构已发生较大变化,干部年轻化、职工专业化的趋势已逐步形成。

(三)提升发展定位

为进一步优化后勤发展战略,使之符合时代特点、行业特色、学校发展要求和师生需求,我们组织后勤发展进程中的亲历者共同对后勤改革发展历程进行全面、系统的回顾和总结,挖掘思想精髓,梳理实践成效,并提出了迈向校园服务"4.0阶段"的构思方向,撰写的后勤专著《粮草先行——迈向校园服务4.0》于2018年10月正式出版发行。同时,我们针对校园绿化建设专项,编写了专著《绿色情怀》《植物名录》《百鸟竞啼》,充分阐述了我校"生态校园、曲水流觞"这一建设理念和实践成效。

(四)开辟后勤论坛

后勤服务保障工作千头万绪,要提高服务水平和质量,应当不断展开研究总结,讨论分析,加强理论探索,我们先后举办了两届"后勤职工论坛",汇编了"后勤服务与保障""后勤工作改革与实践"论文专集,共收到140多篇论文,其中约50%来自一线的后勤职工,分别从后勤改革、餐饮服务、宿舍管理、物业管理、会议服务、校园安全、卫生保健、绿化维修等侧面,提出了很多意见,反映了后勤职工热爱学校、热爱后勤、服务师生的赤热之心。我们进行了优秀论文评选,选出部分代表性的优秀论文作大会交流,各部门也认真组织了针对性的学习、讨论,结合部门、岗位的工作实际,进行理论研讨,极大地激发了后勤员工工作研究、探讨的积极性,不断促进其提高服务质量和服务水平。

(五)弘扬核心价值

为遵循和弘扬社会主义核心价值观,规范员工职业道德行为,提高职业素养,我们组织了职工职业道德专题学习活动,进行了"职业道德格言"征集,在自我学习、自我认识、自我提高中思考、讨论、编写，丰富和诠释了"厚德、和谐、敬业、自律"的江大后勤文化，汇编成册的《后勤职工职业道德格言集》，已成为后勤员工十分喜爱的学习资料，同时，又将成为激励后勤员工不懈追求的精神目标。自2012年以来，我们每年开展评选"后勤服务明星"活动，利用校报、专刊对评选出的"后勤服务明星"事迹进行宣传，树立典型，使职工通过身边人、身边事，塑造和培育一批先进典型，形成后勤职工积极向上、创先争优的正能量。

三、深化改革，致力于创新型后勤建设

（一）四大运行格局

为了深化改革，优化资源组合，2011年初，学校进行了后勤体制调整。将原后勤系统党委、后勤基建处、后勤集团、保卫处、信息化建设与管理中心、场馆中心、医院等7个处级建制单位，组成"后勤保障系统"，成立后勤保障系统党委和后勤工作协调办公室。形成了"大后勤、大系统、大保障、大服务"的运行格局，7个部门经历了一个复杂而艰辛的"配合、整合、磨合、融合"的过程。目前已呈现出一幅团结和谐、亲如一家的"大家庭"的画卷。

（二）四一运行模式

后勤保障系统形成的大后勤、大系统的运行模式，概括为"四个一"：

一站式服务：建立了一站式服务大厅，集中为师生服务，各部门直接面向师生的50多个服务项目，移入大厅窗口，方便师生，深受欢迎。

一条龙保障：从进校门到吃住行，实施"一条龙"配套服务。

一体化运作：按照系统建设规范，统一标准，统一体制，统一要求，全面运作。

一盘棋谋划：通过每月一次系统工作例会等形式，实施顶层设计，树立全局观念和整体意识，协调、谋划、解决问题。

（三）改革后勤体制

2012年6月，我们又实施了体制改革的第二步，取消了后勤甲乙方管理模式，将原后勤集团的八大中心，调整为饮食、物业、环境、会议4个中心，成立了小机关3个科，组建新的"后勤管理处"。原属甲方的后勤基建处，改为房产处、基建处。由于认识到位，工作细致，措施有力，确保了改革后各项工作的平稳发展。

（四）创新管理模式

改革的根本目的是发展，后勤体制改革的尝试也基本实现了我们的愿望。为提升基层管理效率，我们重点推行系统内部的协调互动，实施"条指导、块管理、条块结合"的扁平式管理模式，建立了基于建筑和基于环境的综合管理服务体系，职能部门加强业务在服务管理终端的延伸，服务管理终端实现职能与资源的整合。协同创新大楼、数媒经管大楼建设绿色建筑运维监管系统的尝试已经初见成效，楼宇运维系统变能源分项管理为楼宇综合管理，提高绿色建筑效能。后勤服务大厅和校园服务运行指挥中心建设日趋完善，校园服务运指中心突出"总揽全局、监督管理、服务咨询、应急指挥"为功能定位，后勤服务大厅增加服务内容，增强业务综合，增高服务水平，变分散服务为集中服务。

四、优化成效，致力于服务型后勤建设

（一）确立年度主题

鼓舞斗志，激励奋进的工作主题，是明确方向，推进工作的强大动力。我们根据每年的工作任务和实际状况，分别提出年度工作主题。近9年来的主题如下：

2011年：凝心聚力、融合发展；

2012年：奋发有为、内涵发展；

2013年：奋勇争先、服务发展；

2014年：创新驱动、聚力发展；

2015年：稳中求进、合力发展；

2016年：克难奋进，创新发展；

2017年：服务育人，协同发展；

2018年：提质创新，奋力发展；

2019年：深度融合、高质发展。

（二）开展优质服务

每年4月，是我们后勤保障系统的"优质服务月"，推出一批品牌服务项目，特色服务举措，进行岗位练兵、技能竞赛，提高服务质量和水平，增强优质服务的意识。举办国际美食节，引进地方风味小吃，中、西点精品展示，校园花卉观赏，时令蔬菜配供，义务维修咨询等服务内容，受到师生广泛好评。在此基础上，努力推进优质服务文化的长效机制建设。同时，每年重点推出为师生服务的十

大实事,受到师生的广泛欢迎,多次被选为年度"学校十大新闻"。

(三)推行规范管理

一是积极推进标准化管理。通过建章立制、资料汇编、学生公寓标准化管理、ISO9000质量认证体系建设等工作,注重规范管理。二是全面实施信息化管理,在已经取得明显成效的节能监管、新生报到、教务管理、安全技防、消防监控等方面情况下,网上咨询、报修、值班、报案、警讯信息化管理手段等逐步实现全覆盖。

(四)构建特色体系

后勤改革的立足点,在于创建新型后勤保障体系,我校"依托信息化管理服务新平台,创建后勤保障新系统,探索智慧后勤新机制",先后建成了数字化能源监管系统全国示范、后勤保障系统网站群、流程管控、后勤服务及平安校园等各类信息系统,初步形成了"以人为本、需求带动、服务导向"的江南大学特色建设模式,中央电视台等媒体多次作了报道,先后接待了全国700多所高校的来校学习交流。获得了一些较高的荣誉:全国减排先进单位;全国高校后勤信息化建设"先进示范高校";全国后勤十年社会化改革先进单位。被选为"全国高校节能联盟"的主席单位;"全国高校节能管理专业委员会"主任单位。

五、内化初心,致力于育人型后勤建设

(一)创办后勤学校

后勤工作是一项基础性和保障性的工作,是学校教育不可缺少的组成部分,有着天然的组织优势和资源优势,我们搭建"后勤学校"平台,开设生活技能、安全健康、绿色环保、信息素养等课堂,旨在帮助学生树立"懂生活、会生活、管生活、爱生活"的价值理念,帮助学生提高审美趣味和动手能力,帮助学生养成忠于职守、正直善良的道德情操,引导学生成长为忠于祖国、志存高远、兴趣广泛、全面发展的时代新人。自2018年6月后勤学校揭牌及教学实践基地授牌仪式举行以来,后勤学校共开展各类课程400余课时,参训学员累计超过11000人次,得到了师生的积极响应。

(二)培养学生员工

后勤即社会,我们转变传统的济困助学观念,开展全员育人,多途径强化学生的职业认知与社会责任感。我们制定政策,提供条件保障,合理设置岗位,并

实施"招聘—培训—考核—反馈"的动态化管理。截至目前,共提供岗位250余个,吸引学生700余人次参与后勤系统勤工助学,年均累计工时40000余小时。通过"项目化"运作模式打造"职业化"锻炼平台,基本实现了学生从"廉价劳动力"向"学生员工"的转变。

学校后勤文化建设的创新实践,得到了中国教育后勤协会和兄弟院校的高度认可,获评"全国高校后勤文化建设示范高校"。新征程,新起点,面临后勤改革的新形势,创建文化后勤,必将是我们优化工作成效,不断推进改革发展的前进动力。

引领价值　推动发展　服务教育

——上海高校后勤服务股份有限公司企业文化建设综述

上海高校后勤服务股份有限公司　陈宾辉　黄新春　周婷　何恺雯

1998年4月8日,在上海市委、市政府主导,市教委直接领导下,上海高校拆除"围墙",打破学校后勤封闭式"小而全"的旧格局,全市40所高校共同出资组建了上海高校后勤服务股份有限公司,提供校园配货管理、物业管理、商贸服务、餐饮服务、节能工程、宾馆管理和交通保障等后勤综合保障服务,实行校际联办后勤,形成高校后勤的"联合舰队",加速推进后勤社会化进程。这是全国范围内最早成立的集约化、专业化和社会化的高校后勤服务企业,既具有市场经济和社会化的基本特征,也具有教育部门主管和高校联办的基本特点,是上海高校后勤社会化的重要载体和龙头。20多年来,公司坚持姓"教"特色,发挥企业文化的引领作用,用先进文化凝聚人、引导人、激励人,构建教育服务大平台,成为上海高校后勤改革的助推器、稳定学校市场的定盘星、校园优质服务保障的压舱石。

一、形成企业文化核心理念——引领价值

企业文化是凝聚企业力量的精神纽带,是企业核心竞争力的重要组成部分。公司不忘初心,牢记使命,坚持"党建+企业文化"发展理念,坚持文化建设以凝心聚力为目标,把后勤文化建设作为后勤思想政治工作十分重要的内涵和载体,以良好的愿景吸引人、鼓舞人,全面提升企业文化和品牌建设,形成了独特的企业文化核心理念,深入人心,引领价值,助推公司成为具有全国影响力的教育后勤优质服务商。

使命——让校园生活更美好。公司的创办,承载了各级领导的期望,时任

教育部部长陈至立为公司题词:"深化改革,促进高校后勤工作社会化";时任教育部副部长张保庆为公司题词:"大胆探索,勇于实践,为全国高校后勤改革创造经验"。在20多年的实践中,公司把领导的期望,具体为"引领、平衡、托底"的六字工作方针,始终不忘初心、牢记使命,坚持服务教育不动摇,不断凝练升华,更加明确了让校园生活更美好的使命。

愿景——打造教育后勤优质服务商。从公司成立,经过5年的创业,2002年就明确了以"物业管理、教育超市、学校餐饮和团体配货"为"3+1"主业的发展目标,并坚持聚焦主业发展不动摇,为教育后勤提供综合服务,努力成为全国教育后勤服务标杆企业,朝着公司治理优、内部控制优、品牌形象优、服务质量优和经营业绩优,"打造教育后勤优质服务商"愿景不懈奋斗。

服务理念——先生乐,学生乐;生乐,我们乐!经过长期实践和积淀,塑造了"生乐"品牌,"生乐物业"被评定为"上海市名牌企业";"生乐团餐"被评为中国团餐百强品牌;"教育超市"被评为校园商贸优秀服务企业;"高后配货"被评为食品安全示范企业。

管理理念——规范、高效、智慧、和谐。按规定的服务标准和管理流程,为员工和客户提供服务;管理和服务必须是切实有效的,有效性建立在全体员工高度的服务意识以及与员工个人利益相关的制度保证上;管理手段人性化和智慧化,相互协作,和谐共存,共同为内部员工和外部客户提供优质服务,成为全体员工最重要的信念、价值观和行为准则。

公司文化核心理念深入人心。2017年公司工会组织开展的"与你同行"三行情书大赛,给公司员工提供一个抒发情感的平台,活动共收到"情书"287篇,经评选共有78篇作品获奖,得到了员工的广泛参与,充分表明企业的文化核心理念深入人心。

二、塑造企业文化质量品牌——推动发展

认真推行"6T"管理标准,构建后勤标准文化。公司联合上海市学校后勤协会不断完善后勤标准化体系,全面推行学生食堂和学生公寓"6T"建设,大大提升了高校食堂和学生公寓的基础管理水平,食堂和宿舍现场管理面貌大为改观,各项操作流程更加规范,工作效率明显提高,有效促进了高校后勤常态化管理,成为上海高校后勤部门抓规范、促管理的重要抓手和上海高校后勤的"名片"。

率先引入社会物业管理理念,校园管理市场全面开放,管理水平大幅提升。

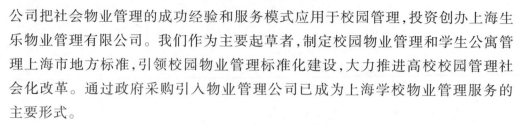
公司把社会物业管理的成功经验和服务模式应用于校园管理,投资创办上海生乐物业管理有限公司。我们作为主要起草者,制定校园物业管理和学生公寓管理上海市地方标准,引领校园物业管理标准化建设,大力推进高校校园管理社会化改革。通过政府采购引入物业管理公司已成为上海学校物业管理服务的主要形式。

全面导入质量管理体系,构建后勤质量文化。公司全面导入 ISO9001 质量管理体系标准、ISO14000 环境管理体系标准和 OHSAS18000 职业健康安全管理体系规范三体系贯标工作。管理理念先进,管理工具运用效果好,得到师生高度认可,生乐物业跻身上海市物业服务综合百强企业、上海学校类物业管理企业的首位,学校餐饮获得"中国团餐品牌 30 强企业"等称号,管理水平处于行业领先地位。

开展"五型"班组建设,构建后勤班组文化。以追求"管理无缺陷、服务零投诉"为目标,公司开展"优质服务型、效益领先型、学习创新型、安全管理型、团结和谐型""五型"班组建设,形成了安全、清洁、高雅的服务现场和工作区域文化氛围,起到了很好的价值引导作用。

三、践行后勤文化价值特性——服务教育

设立上海高校后勤"绿叶奖",开展上海高校后勤标兵评选表彰活动。经公司股东大会决定,自 2011 年起,每年出资 30 万元设立"绿叶奖",公司和中国教育工会上海市委员会等单位联合发起了"上海高校后勤标兵"评选表彰活动,至今已经评选了三届近 100 位标兵,表彰在上海高校后勤岗位作出杰出贡献的干部和员工,激励广大后勤干部员工,促进高校后勤改革与发展。

连续 17 年开展上海高校后勤系统"争创文明窗口、争当服务明星"活动。为了推进企业精神文明建设,激发后勤企业干部职工的积极性和创造性,形成爱岗敬业、奉献师生的行业新风,展现后勤人奋发向上的精神风貌,从 2001 年起,组织开展上海高校后勤系统"争创文明窗口、争当服务明星"活动,至今已经连续开展了 17 年,涌现出一大批高校后勤的优秀服务窗口以及在一线辛勤工作默默奉献的优秀后勤员工,成为上海高校后勤文化的优秀品牌。

举办了十届上海高校后勤文化节。2002 年举办了首届上海高校后勤文化节,至今已经举办了十届,活动内容丰富,如乒乓球团体赛、合唱比赛、烹饪技艺比赛、龙舟赛、厨艺大赛、卡拉 OK 大赛、"翰墨校园,映像后勤"书法中国画摄影展等,受到员工喜爱,有效传播弘扬后勤价值观,营造后勤和谐、团结、干事创

业的良好氛围。通过文化节活动,校际交流更广泛,文化节赛出了团结、振奋了精神,凝聚力明显增强。

承办了第一届上海大学生美食节。2017 年,公司和复旦大学共同承办了第一届上海大学生美食节,美食节的主题为"青春饭,不浪费",设置"分享""感恩""思索"三个板块,活动受到大学生的欢迎,并受到了上海电视台、"上海发布""上海教育"等多家知名主流媒体和官方微信公众号的关注和报道。

先进的后勤文化已经成为上海高校校园文化的重要组成部分。在上海高校后勤社会化改革推进和公司成立 20 周年之际,公司组织编写了包括《上海高校后勤服务股份有限公司成立二十周年纪事》《上海高校后勤服务股份有限公司成立二十周年回忆录》和《上海高校后勤社会化改革二十周年文集》在内的"高校后勤社会化之路"丛书,并由上海人民出版社出版。丛书回顾总结了公司 20 年的发展历程,分享上海高校后勤社会化改革 20 年的感人故事和成功经验,共同展望上海高校后勤的美好明天,是对我国改革开放 40 周年和上海推进高校后勤社会化改革 20 周年的献礼,是对习近平总书记倡导的书写"当代中国发展进步的故事"的积极响应,也是公司员工入职教育的教材。在 2018 年上海市教委组织的上海高校后勤社会化改革 20 年论坛上得到了会议代表广泛认可,成为上海高校校园文化建设的重要成果。

把握今天,展望未来,上海高校后勤服务股份有限公司将在上海市教委的关心支持下,坚持文化引领,不断凝心聚力,持续提升服务质量,全力打造"教育后勤优质服务商",努力成为全国教育后勤服务企业新标杆,为服务上海教育综合改革作出新的更大的贡献!

永葆初心 服务育人 构建后勤大党建格局

——复旦大学总务处党建工作纪实

复旦大学总务处

高校后勤工作人员虽然没有"讲台",但同样承担着教书育人的重要职责,他们的言行举止更加直接地影响着当代大学生。实现习近平总书记所提出的"努力培养担当民族复兴大任的时代新人、培养德智体美劳全面发展的社会主义建设者和接班人"的高度期待,不仅要通过改革创新的形式在思政课堂上反复宣讲,也要在日常工作和生活中贯彻运用。

学校的后勤工作较为琐碎繁杂,最为贴近广大师生,也最大面向社会企业,如何将初心和使命教育与后勤工作相结合,不仅是全员育人、全方位育人的重要组成部分,还能对社会企业展示党的风采,提升其对学校的归属感和使命感。

多年来,复旦大学总务处努力探索构建后勤多方面联动、各领域融合的大党建格局,实践总务处支部带动社会企业支部协同共建模式,横向打通各服务单位已有服务架构,坚持全面覆盖和条线推动相结合,通过开展主题多元、形式多样、氛围庄重的学习教育活动,形成全方位、多层次、立体化的复旦后勤服务体系党员联动机制,丰富党建内涵,激发后勤活力,让社会企业更好融入学校"双一流"建设进程,引导所有后勤工作者成为党的坚定拥护者和复旦文化的传播者,提升主动作为、自觉服务的意识,切实履行职责使命,扎实做好各项工作。

一、在"学懂弄通"上下功夫

一是组织总务处、社会企业党员和入党积极分子读原著、学原文、悟原理,全面系统学、及时跟进学、深入思考学、联系实际学,以习近平新时代中国特社会主义思想为纽带,把党史、国史、社会主义发展史的理论学习和当下正在进行的伟大斗争、伟大工程、伟大事业、伟大梦想的实践奋斗贯通起来,与十八大以来党中央的各项战略部署贯通起来,同时通过举办专题讲座、专题党课,帮助后勤工作者加深理论理解,努力做到知其言更知其意,知其然更知其所以然。二是聚焦重要时间节点,围绕重大庆祝纪念活动,结合中央部署开展的主题教育,组织总务处、社会企业党员和入党积极分子参访校内外爱国主义教育基地和红色主题展览,把红色资源利用好、红色传统发扬好、红色基因传承好,打造红色移动课堂,从上海历史博物馆、上海革命历史博物馆、龙华烈士陵园、上海生活垃圾科普展示馆到复旦大学校史馆、陈望道故居,从中华艺术宫共同举办"从石库门到天安门"上海美术作品展到校内举办的"共和国不会忘记——复旦大学和上海籍红岩英烈事迹展""陈毅与上海——纪念上海解放70周年图片、资料展""壮丽70年,奋斗新时代——复旦大学庆祝新中国成立70周年主题展",帮助广大后勤员工了解中华民族悠久灿烂的历史文化以及改革开放和社会主义现代化建设的丰硕成果,教育引导后勤员工牢记党的性质宗旨、理想信念和奋斗目标,从党的初心和使命中汲取奋力前行的不竭动力,为学校"双一流"建设发展目标而不懈奋斗。

二、在"作风建设"上下功夫

一是把群众观点和群众路线植根在思想中,落实在行动上,通过师生管理工作小组、微信公众号平台、邮箱、院系座谈会、教代会、学代会等多形式、多渠道、多平台与广大师生及时沟通,及时发现问题、解决问题,确保第一时间响应。二是主动树立和宣传"看得见、摸得着、在身边"的榜样人物和先进典型,宣传平凡岗位上不平凡的工作意义,形成劳动最光荣、劳动最美丽的校园风尚。三是引导后勤工作者以德立身、以德施教,通过日常主动、热情、周到、耐心的服务塑造金牌后勤形象,潜移默化地熏陶和影响学生,争做钟扬式的好党员。四是在社会企业中探索设立"党员服务岗",所有社会企业党员挂牌上岗,建立"服务突击队"和"流动红旗手"机制,营造创先争优氛围。五是根据后勤保障特点,分类制定标准,量化考核指标,将党建工作与业务实际相结合,以年度为单位对社会服务企业进行考核评议。

三、在"做深做实"上下功夫

一是通过"问题引导、主题推进"式教育,根据学校不同时期后勤保障工作的重点要点、痛点难点,分阶段、分类别、递进式地在总务处、社会企业党员和入党积极分子中举办针对性强、目标集中、主题突出的学习教育活动,邀请校内外专家学者走进总务处,打造后勤"业务本领充电站"。学习教育分为三大模块:知识型课程,内容涵盖政治、经济、管理学等内容,让后勤工作者紧跟时代步伐,了解国情校情,转变观念,解放思想,与时俱进,谋求转型提升;能力型课程,结合后勤工作实际,着眼后勤保障工作中出现的重点、热点、难点问题,进行专题学习,提升业务能力与监管能力;拓展性课程,通过外出考察学习、分组调研等形式,不断深化学习成效,切实解决后勤工作中的实际问题,更好地完成学校的各项后勤保障任务。业已开展复旦大学"双一流"建设发展规划校情报告、大数据人工智能时代组织管理的机遇与挑战——后勤智慧治理学习、后勤管理干部领导力培训、管理人员安全意识与技能培训、审计巡视视角下高校后勤风险防控、高校后勤服务质量监控评价体系研究、大数据时代的新校园生活、行政公文撰写与信息报送、投诉意见处理技巧、大学生思想状况与需求情况等业务能力培训讲座,前往上海电信 10000 号、阿里巴巴以及清华大学等单位学习调研,全面提高后勤工作者的服务意识和保障水平。二是把育人和思政贯穿后勤工作始终,以后勤体验为平台涵育学生劳动精神,打造文化载体,提升后勤文化影响力。深入推进"一领域一品牌"行动计划,培育一批诸如学生后勤体验岗、"卿云森林"绿色文明校园建设活动、一分钱年夜饭等后勤文化品牌,营造劳动育人氛围。三是加强高校与社区互动,主动与社区基层党组织联学共建,与青年教师居住集中的尚景园支部签署《党建联建协议书》,利用"党建＋"平台,有效互动、同向发力,实现党建资源共享、社会责任共担、和谐稳定共促,通过规范化制度化运作,加强人才队伍建设,共同推动业务发展。

四、在"凝心聚力"上下功夫

一是开展团建和素质拓展活动,让所有参与的后勤工作者体悟信任与支持所提供的关键作用,大局意识与协同配合所蕴含的强大力量,培育所有后勤工作者的凝聚力、向心力和集体荣誉感。二是开展后勤文化摄影比赛、趣味技能比拼、体育节等系列活动,让社会企业后勤员工亲身体验"我们都是复旦人""我们是一家人"的理念,更好地融入学校,增强社会企业员工的归属感和使命感,不断提高服务意识和水平。三是开展后勤评比表彰活动,构建活动激励大平台,给总务处以及所有服务企业从事后勤服务工作的集体和个人提供展示先进性的舞台,通过事迹申报、个人答辩、风采展示等方式,全面展示后勤先进集体和个人优秀事迹,进一步弘扬劳动精神与工匠精神。

当下正处于实现"两个一百年"奋斗目标的历史交汇期,2020 年全面建成小康社会之际,复旦大学要建成中国特色世界一流大学。在这个"船到中流浪更急,人到半山路更陡"的时候,复旦后勤工作者更要不忘初心,牢记使命,爱岗敬业,精益求精,坚持学习和贯彻习近平新时代中国特色社会主义思想,秉持全员育人、全程育人、全方位育人的理念,并自觉践行在工作和学习的方方面面中来,合总务处与社会企业之力、合党员和群众之力,营造心齐、气顺、劲足的和谐发展氛围,优势互补、整体联动,使后勤大党建格局成为学校"双一流"建设发展的重要支撑。

倾情教育事业　践行育人文化

——辽宁龙源高校后勤管理有限公司着力打造"服务育人"核心文化

辽宁龙源高校后勤管理有限公司　刘效凯

多年来,辽宁龙源高校后勤管理有限公司(以下简称"龙源")先后荣获全国高校后勤服务优秀企业、全国高校后勤文化建设优秀示范单位、校园物业服务特色单位等诸多荣誉,令人瞩目。楼长马桂华被誉为全国高校"感动公寓"十大人物、"中国好宿管",《光明日报》、辽宁电台等20余家媒体曾报道她的先进事迹。"服务育人"特色奠定了龙源作为优秀企业的市场地位,铸造了"龙源"知名品牌。2019年8月,龙源荣获2018年度沈阳市市长质量奖。

一、龙源发展战略的顶层设计:"四个更重要"的价值理念定位,"服务育人"为核心的企业文化

如何正确对待学生、激励员工、回报学校、奉献社会,是龙源2000年创建之初就思考的问题。根据高校后勤服务宗旨、校企合作内容和大学生成长需求实际,龙源确立"四个更重要"价值理念,努力创建以"服务育人"为核心内容的企业文化。

一是责任比利益更重要。用责任担当来体现诚意,获得校方高度信任。龙源服务坚持对学校后勤的安全稳定负责;对学校后勤服务的社会声誉负责;对学校的食品安全负责;对学生的健康成长负责。19年来,龙源与高校合作"零事故""只有牵手没有分手",合同到期续约率100%。

二是信任比合同更重要。用良好沟通来建立互信,实现校企合作深度融合。龙源首创五条沟通管道,建立联合治理平台和合作育人平台,把服务保障地盘交给学生,让他们自我管理、自我服务。组织学生开展创意设计色彩鲜明的指

示牌、生动活泼的提示语,体现以文化人和以文育人。2014年11月26日,《光明日报》以"让文明提示语先文明起来"为题对龙源进行了报道。

三是专注比专业更重要。用专注服务来提升品质,建立优质高效服务模式。企业创建初期,龙源不为利益所动,也不为困难所惧,专注打造专业能力,分析、整理、提炼各项服务要素,建立企业标准体系。截至2019年,牵头起草地方标准3部、团体标准1部,参与审查相关标准5部,成为行业标准制订单位。

四是爱心比职业更重要。用人文关怀来诠释服务育人理念,打造企业文化品牌。龙源把对学生的关心、关怀、关爱作为服务的基本要求,把"爱的能力"作为职业素养的基本要求。近年来,帮助学生成长、成才的工作包括:发放"寒门学子"奖学金超过100万元;资助学生超过500人;为学生开展就业专题培训或讲座超过100次;让学生懂生活会生活爱生活开办厨艺班80余期;为优秀大学生提供社会实践岗位被聘任荣誉经理2000余人。

二、龙源"服务育人"的中层设计:五条沟通管道,校企联动"服务育人"

有效供给,来源于对需求的精准把握。多年来,龙源总结出将涉及学校、学生的各项服务工作贯穿在月份之中的常态化工作规律,立足学校中心工作,关照学生、服务学生。通过优质服务和科学管理,与校园文化、学科特色、学生实际相融合,寓"育人"于动手做事、用心服务、真情服务之中。具体做法如下:

秋季学期:9月份迎新,迎新主题活动、安全月、基础工作建档,"我爱我家"征文;10月份中秋、运动会,满意度和需求调研、识别率考核;11月份换季,供暖状况跟踪、寝室文化节、"我的食堂我做主"调研报告征集;12月份新年元旦,传统文化活动、节能主题活动、社会成功学堂、"最美管理员阿姨"推选;1月份考试、寒假,设施保障、安全放假、资产清查、大中修申报;2月份总结检讨,教训总结、素质培训、经验交流。

春季学期:3月份开学回校,"家乡美、校园美"书画、摄影、寝室装点大赛;4月份换季防病,食品安全月、春季疾病防控月、"走进厨房"活动;5月份踏青旅游,员工学生联合趣味运动会、母亲节、地球熄灯一小时;6月份考试季,毕业生全质量服务、感恩离校系列活动;7月份离校,安全提示、平安返家。

后勤服务是高校教育管理的必要组成部分,引进优质企业提供社会化服务是后勤改革的趋势和必然。学校与企业的关系,从供求关系来看,学校为需求侧,企业为供给侧;从合同关系来看,学校为甲方,企业为乙方。而从"三服务、三育人"的宗旨来说,学校与企业只有建立起校企联动机制,二者有效文化融合、成为有机整体,才能最大限度地开发利用教育资源,实现管理、服务、育人效能最大化,圆满完成立德树人的教育根本任务。

龙源通过五条沟通管道渗透,达到多层面融合,实现无缝对接。五条沟通管道为:一是基层员工与普通学生沟通,满足学生及时便利、服务周到的基本需求;二是一般干部与学生干部沟通,满足意见和建议被重视的心理需求;三是中层干部与学校相关部门基层管理者沟通,满足情感交流、彼此工作支持的合作需求;四是区域领导与各二级学院领导的沟通,满足提升管理与服务水平、创造工作业绩的价值需求;五是集团领导与各学校领导的沟通,满足确保校园安全、有效保障教学和科研的核心需求。

三、龙源"服务育人"的深度设计:建立激励机制,员工真情投入,用心服务,与学生需求无缝对接

(一)工作目标与思路

目前,龙源为高校提供的全业态后勤服务,分布在北京、沈阳、长春等17个大中城市,为200万人次大学生提供日常饮食、住宿、购物等生活服务以及学校教学、科研等保障性服务。

校园是育人的第三课堂。在校期间,学生每天将近一半的时间在生活区域度过。随着高校学分制的实施和学生生活的多元化,生活区域不再只是食宿的地方,而是越来越多地成为他们的生活空间、学习空间、文化空间、社交空间、锻炼空间、成长空间和学校思想政治工作阵地。在生活区里,有人际关系、也有社会规则,有生活哲学,也有处世之道,生活区域成为学生走出校门的第一社会、离开父母的第二家庭、历练自我的第三课堂。

龙源把"服务育人"作为衡量企业社会责任和履责担当的标尺。基于此,龙源积极参与高校"三全育人",把企业的服务延伸到育人的全过程,把育人渗透在服务过程之中,实现校企优势互补、合作共赢、文化融合、共同育人。

(二)实施方法与过程

一是用先进标准助力"服务育人"质量提升。龙源承担国家级和省级标准化试点工作,按照 GB/T 24421 要求,构建管理与服务标准体系。牵头起草辽宁省"高等学校学生公寓社会化服务""高等学校学生食堂社会化服务"地方标准、牵头制定中国教育后勤协会"高等学校学生公寓管理服务规范"团体标准,引领行业高质量发展。

二是用职业素养打造"服务育人"能力提升。新员工入职后，龙源商学院要进行服务内容、工作标准、操作规范、业务流程等培训，为员工服务能力"赋能"。工作中，还要接受思想道德、行为习惯、沟通技巧及心理学、教育学、国学等对员工"育人"能力"修为"教育。

三是用咨询公司促成"服务育人"自我提升。为了让学生既能参与管理、监督服务，又能感受体验、培养技能，充分发挥学生主体作用，龙源创建大学生咨询公司，让学生在自我管理、自我服务、自我监督中受到锻炼、增强能力、接受教育，是龙源服务的又一特色。

（三）工作成效与经验

龙源"以生为本、校企联动，全员参与"的潜移默化式"服务育人"模式，是学生在课堂上、教科书中无法找到、无法学到的。其文化理念设计和特色模式实施，对学生世界观、人生观和价值观的形成产生了深远影响。

一是优质服务，影响学生。龙源每年都开展面向学生的主题征文活动，每次都收获学生"万颗"感动之心。

二是真心真情，感染学生。图书馆保洁员赵玉珍，为临近考研的学生缝坐垫，成为网红阿姨，"温暖'整个冬天'"。

三是妈妈呵护，转变学生。在学生当中，有着"隐蔽"的特殊群体，一线员工建立"心中"档案，问寒问暖、处处体贴，经常同他们聊天，观察他们的心理变化，了解他们的思想动态，从没发生过涉及学生人身安全的事件。

四是自我服务，改变学生。龙源独具特色的大学生咨询公司运行多年，惠及数千名学生。学生在这里锻炼、成长、成熟，在这里与社会实现零距离，在这里将理性、感性与实操相契合。此项创新荣获全国寓专会优秀成果大奖。

五是校企联动，彰显共赢。通过校企联动，增强了学校后勤周期性工作有效性，提高了学生"三自"能力，增进了学生与龙源之间感情，提升了龙源管理服务品质。龙源服务的学校在国家和省级行业评比中多次荣获先进单位称号，龙源服务过的学生经过社会实践历练后参加工作适应能力更强，许多学生在3～5年内脱颖而出，成为企业中层管理者和业务骨干。

六是"龙源故事"，传颂不断。优秀员工马桂华、唐晓玲，分别获选为全国高校"感动公寓"十大人物、"最美公寓人"十大人物，是两次获奖者中唯一的企业代表。良好的校企合作关系，使企业与学校、员工与师生结下了深厚友谊。即使是已经毕业多年，学生仍然谨记龙源的"服务育人"文化，并把它传播开来，惠及他人，服务社会。

坚持姓"教"，文化强企

——苏大教服集团的思想文化建设之路

苏州苏大教育服务投资发展（集团）有限公司　韦曙和

苏州苏大教育服务投资发展（集团）有限公司（简称苏大教服集团）是苏州大学贯彻国务院关于高校后勤社会化改革的精神，通过明晰产权组建起来的具有教育属性的法人企业。

集团于2004年出台《苏大教服集团基本法》，将十年积淀的企业文化进行总结，并成为集团百年发展的纲领性文件。集团以"做高校后勤社会化改革的探索者、推动者、领跑者"为使命；确立了"把苏大教服集团建设成具有教育属性、学习型组织特征，具有创新能力和可持续发展的国际化现代服务型企业"的共同愿景；制定了"两高一总"的发展战略目标和"品质立企、效益稳企、人才兴企、文化强企"的业务战略目标；以"诚信、务实、和谐、致远"为核心价值观，坚持"主动、热情、优质、高效"的服务理念；贯彻"追求卓越，崇尚诚信，提供优质服务，满足顾客与法律法规要求"的质量方针，始终如一地为业主与顾客提供高品质服务，在全国教育后勤领域产生了广泛影响，受到中央电视台采访，并曾在美国纽约通过大屏展示中国后勤新形象。

一、客户至上、员工为本

为客户提供高质量的服务，保障业主美好生活，是集团持之以恒的追求。截至2019年6月，集团已服务高校150余所、中小学50余所、医院20余家、综合写字楼100余座、创业园产业园20余个、大型公共设施20余个。集团坚持客户至上，把提升服务质量当成企业的生命线，通过大力推进标准化、机械化、信息化、专业化建设，提高服务质量，收获了业主的广泛好评。标准化方面，集团先后导入ISO9001质量管理体系、ISO14001环境管理体系、ISO45001职业健康安全管理体系、ISO22000 食品安全管理体系、ISO27001 信息安全管理体系、ISO50001 能源管理体系、《卓越绩效评价准则》、实施 GB/T 27922—2011 售后服务评价体系，贯标《江苏省诚信体系》，并成为设施（FM）标准化技术委员会观察员、全国资产标准化技术委员会委员，集团旗下东吴物业公司成为国家高校物业服务标准化试点单位，旗下东吴保安公司参与了国家《保安服务管理体系要求及使用指南》的编制。机械化方面，集团不仅投入数千万元在后勤服务的各领域配备先进设备，更与多个优质供应商签订战略合作协议，优先试用最先进的机械设备和智能化设备；多年的努力让集团的劳动生产率得到了提高，提升了服务响应速度与质量，为客户提供了更优质高效的服务。信息化方面，集团自主开发的信息软件平台，获得了 12 个由国家版权局颁发的软件著作权证书，荣获"高校后勤信息化建设先进单位"称号。专业化方面，集团成立培训学校，建立专业的企业讲师、培训师团队，集团多名员工成为行业和相关高校的兼职教师，定期总结分析服务中出现的问题，根据需求开展专业化培训，中高级专业技术人员不断增加，全体员工的职业素养大幅度提升。另外，集团成立后勤研究院并成为中国教育后勤协会专家委员会秘书长单位，协办了协会权威内刊《教育后勤参考》，集团对外积极承接中国教育后勤协会研究课题，对内自主开展课题研究，为解决行业难题作出了贡献。

集团是以"学校'零产权'，员工'均股份'"为特征成立的独立法人经济实体，实行"骨干入股"政策；经过 15 年的发展，与员工共同打造了"事业、利益与命运共同体"。集团开展系统培训，鼓励员工考取各类强制型、素养型、竞争型上岗证书，提高员工素质素养；通过组织每年读一本书、党委中心组学习和干部读书会、研讨会等活动打造学习型组织，组织赴国外考察学习，不断提升干部队伍整体素质。集团持续开展"平凡好人"评比活动，弘扬了正能量；集团以党建为引领，通过党团工组织举办徒步活动、趣味运动会、羽毛球等球类比赛，开展员工生日会、青年联谊会、节假日一线员工慰问等活动，坚定了员工信心，激发了员工活力。集团设立了"爱心帮困基金"，累计帮助困难职工 1000 余人，发放援助金上百万元；多年来连续举办员工子女夏令营活动，助力员工家庭幸福，产生了积极的社会影响。

二、诚信务实、和谐致远

集团始终坚持"诚信、务实、和谐、致远"的价值观，为客户提供可靠、优质的服务与保障。集团旗下各子公司连续多年被评为国家级、省市级"守合同、重信用"企业。集团荣获"商务服务行业中国民族品牌"称号；旗下东吴物业公司系中国教育后勤协会学生公寓管理专业委员会常务理事单位,被评为江苏省名牌企业,获评江苏省省长质量奖,江苏省质量管理优秀奖等;旗下科桥餐饮公司被评为中国餐饮名牌企业,江苏省质量安全示范店(食堂),多个食堂被评为江苏省A级食堂示范单位;旗下科桥物业公司荣获苏州市质量奖称号;旗下恒信商贸公司被评为全国教育超市"样板店、标准店"建设先进集体;旗下科桥汽车公司的改革也成为江苏省高校后勤改革的样板。

集团公司恪守契约精神,不断赢得和扩大市场。集团为苏州市工业园区某单位学生公寓提供的服务合约到期,项目撤场交接时间是12月31日午夜12点。临近撤场时刻,有位学生突发疾病,由于当时大雪纷飞、学校位置偏远,等待120可能耽误病情,现场的项目经理当机立断,安排公司的车送其去医院,并派人陪护,事后业主单位、家长师生、接盘单位都对公司深表敬意;后来,由于接盘单位缺乏高校物业管理经验出现很多困难,业主单位又请回集团东吴物业公司再次接管该物业项目,并指出"看样子,高校学生公寓的管理是具有教育属性的"。集团这种"诚信务实、和谐致远"的态度和行为,不仅得到了各方的尊重和好评,也为集团带来了更多的发展机遇。

集团不仅恪守契约精神,更勇担社会责任,经常组织员工参与献血、关爱残障人士等公益活动;在高校设置奖助学金,帮助贫困学生完成学业;集团在全国的各个单位经常主动帮助当地开展扶贫工作,如远在天山脚下的新疆苏新中心项目的同仁们与少数民族同胞心连心,主动解决村民们吃水难问题,被当地电视台大力宣传和报道;贵阳学院餐饮项目不仅为11名贫困生提供数万元助学金,而且提供全年的免费用餐;集团不以营利为唯一目的,主动担当社会责任的态度得到了业界同仁、业主单位的一致好评。

三、坚持姓"教"、服务育人

集团坚持教育属性,与多所高校共建"走进后勤"、"宿舍文化节"、开展"勤工助学"等服务育人活动,在全国高校塑造了"服务育人"的品牌。

集团通过组织"走进后勤"活动,让学生有机会亲身体验后勤工作,锻炼生活技能,提高劳动意识;通过开展"宿舍文化节"活动,与高校后勤处、学生处、团委共建文明宿舍,提升了学生的素养;通过设置勤工助学岗位,让学生在安全的校园环境内得到锻炼,同时也协助学校实现"劳动育人"的目标。多年来集团已在数十个高校设置勤工助学岗位或建立勤工助学基地,为1000余名学生提供了勤工助学机会;集团通过设置"员工功德录",鼓励集团员工践行爱岗敬业、助人为乐、拾金不昧等传统美德，言传身教影响学生的成长。此外，集团各单位经常根据不同院校的实际情况，与院系共建党团组织活动，开展"书院制建设"探索、在毕业季开设跳蚤市场等。在这些高校特色活动中涌现出一大批"服务育人"的典范，获得了业主单位的高度认可和当地媒体的报道。

苏州大学曾有一名学生，母亲过世、父亲残疾，该学生只能背着父亲来苏求学；除了学校提供的贫困补助外，集团特地为其安排了力所能及的勤工助学工作，帮助其顺利完成学业。该学生在集团的帮助下，顺利完成本科四年、研究生三年的学业，考取了上海市公务员，完成了自己的人生梦想。

四、奋斗拼搏、转型创新

集团始终坚持鼓励拼搏，向奋斗者倾斜的管理方针，在集团文化的滋养下，教服人同舟共济，奋斗拼搏，形成了一支不怕吃苦、乐于奉献、勇担重任的战斗队伍。无数教服人为集团的发展奉献了自己的青春、激情和智慧，用吃苦奉献精神书写了对事业的无限忠诚。在艰苦卓绝的条件下，他们任劳任怨，努力做好市场开拓工作；在集团需要的时候，他们舍弃与家人的团聚，毅然决然地去外地项目勇担责任；为了在市场竞争中那可能的希望，他们绞尽脑汁，连夜赶制标书……

奋斗是教服人刻在骨子里的文化，在多年来的奋斗史中，集团涌现出了"将青春献给新疆的天山伉俪李小龙与周青青"、"让青春与列车同飞驰的邱耀星"、"用一腔热血，谱写青春之歌的安广庆"……教服人勠力同心，精益求精，注重细节，提升品质，为集团在社会上树立起了守望初心、有口皆碑的企业形象。

新时代呼唤高质量，高质量引领新后勤。苏大教服集团锐意改革，坚持"理念创新、管理创新、服务创新、产品创新"，努力从单一型、低端项目向综合型、高端项目转型；从传统普通劳动密集型后勤企业员工向"知识、技术、文化"素养较高的现代后勤企业员工转型；从质量符合型企业向质量卓越型企业转型；从传统实干型企业向学习型、研发型、创新型企业转型。2014年，《苏大教服集团基本法》正式出台，这是对集团十年改革的总结，更是集团百年发展的纲领性文件。2017年，苏大教服集团后勤研究院正式成立，为研发型组织建设树立了里程碑。2018年，集团组织考察团赴美日交流学习，开启了管理国际化目标的探索。2019年，集团成立FM研究所，开始了探索现代后勤的征程……

苏大教服集团始终坚持道路自信、体制自信、文化自信，荣获了"高校后勤文化建设优秀示范企业"荣誉。集团自觉把自身发展和我国高校后勤事业、现代服务业紧密联系起来，怀揣后勤报国的梦想，努力打造国际知名的中国现代后勤服务企业民族品牌。

以文育人　以文化人

——浙江农林大学后勤集团文化建设实践与探索

浙江农林大学　俞月华　王莉波

　　企业文化是企业的灵魂,是企业生存发展的重要资源,也是企业综合实力的重要标志。浙江农林大学后勤集团自2002年成立以来,逐步形成了具有自身特色的企业文化,并根据不同时期,相继推出《文化建设工程实施意见》《文化强企计划》《文化后勤建设实施方案》,将企业文化贯穿于集团管理的整个过程,积极发挥企业文化的导向作用、凝聚作用和激励作用,以文化引领集团健康持续发展。

一、文化建设的主要举措

(一)一条主线,贯穿始终

　　集团自成立以来创建并不断丰富完善文化理念体系,立志于后勤服务事业,秉承"三服务,三育人"宗旨,发扬"坚韧不拔,不断超越"的浙农林大精神,逐步形成具有自身特色的企业文化。2006年提炼形成以"和"为核心的企业文化理念体系,2015年进一步传承和丰富"和、诚、勤、韧、创"的核心理念,进一步完善集团目标愿景、宗旨、价值观和发展观,2018年,对核心理念进一步进行拓展,提出了"后而先行,勤务师生"工作理念。集团文化建设始终围绕这条主线,既明确、又清晰,一脉相承见主次,一张蓝图绘到底,一以贯之抓落实。与此同时,编印《文化手册》,明确基本理念(MI)及其内涵,制定了后勤行为规范(BI),设计了后勤视觉形象(VI),营造了浓厚文化氛围,提升了后勤整体形象。

（二）二大目标，铭记在心

一是以文育人。寓文化建设于价值观引领中，以"章学青名师工作室"为载体，以"全员、全过程、全方位育人"为目标，致力于以自身文化建设推进服务育人的开展；搭乘信息化之车，利用新媒体优势，积极开展学生的线上线下互动活动，给学生提供更便捷的渠道，充分体现了创新价值观理念引领作用，拉近了与学生的距离。通过体验式服务育人、爱心式服务育人、互动式活动育人、沟通式服务育人等平台，不断创新育人载体，实现服务育人。

二是以文化人。寓文化建设于工匠锤炼中，弘扬"工匠精神"，厚植"工匠文化"，将"和"文化体现员工发展中，培育严谨认真、精益求精、追求完美的"后勤工匠"。一是充分利用报纸杂志、新闻网络等主流平台，走"开放式"学习路子。二是运用学习培训、讨论交流的学习方法，走"研讨式"学习路子，促使员工常怀学习之心，坚持修身求知。三是建立健全以考促学、奖惩挂钩的制度机制，走"激励式"学习路子，形成一种尊重知识、尊重技能的良好氛围，唱响岗位练功、技术比武的"主旋律"。四是拓宽员工队伍发展通道，走"梯队式"培养路子，以员工发展促进集团发展。与此同时，坚持以员工为主体，加强人文关怀，保障员工权利，发挥员工才能，让员工真正融入集团文化建设中来，发挥文化熏陶和感染作用。

（三）三项平台，各显身手

集团积极打造有特色的文化宣传载体，建立并不断完善"一网一刊一微信平台"功能，即门户网站、《后勤人》季刊、"掌上后勤"微信公众平台，做到线上线下互动、纸媒网站呼应、前台后台沟通，不断提升集团影响力和美誉度。网站作为集团综合性门户，积极发挥信息宣传、后勤服务和信息共享的功能。集理论研究、管理实务、实用技能、文艺创作、生活感想于一体的《后勤人》季刊，面向员工，打造后勤人的精神家园，使集团宣传工作做到贴近工作、师生和员工，已出刊 30 期，连续 8 年被评为学校"年度校内优秀刊物"，成为集团对外交流一张亮丽名片。2015 年集团推出的具有支付功能微信公众号，提供一卡通充值、商超支付、电瓶充电、公寓报修、校园订水等功能，满足师生日常生活需求，实现"掌上后勤"。目前已有用户 46465 个，师生覆盖率达 98%。

（四）四个节庆，持续进行

连续举办 14 届公寓文化节、12 届饮食文化节，其中公寓文化节被评为学校的"校园文化品牌",饮食文化节被评为"创先争优十大党建品牌"。以文明、健康、生态为主题的公寓文化、饮食文化活动,在传承基础上不断创新,以学生喜闻乐见的方式满足广大学生的精神追求,丰富学生的课余文化生活,潜移默化地发挥育人作用。

安全生产教育月,以牢记红线、珍爱生命,职责明确、制度先行,落细落小、即知即行,文以载道、以文化人的安全文化教育活动内涵,推进集团安全生产工作,连续两年获全国"安康杯"竞赛优胜单位。

职工文化艺术节,建设团队文化,推进幸福工程。面向全体员工,开展形式多样、内容丰富的活动,更好地营造集团文化氛围、增强团队的凝聚力和向心力,着力提升员工归属感和幸福感,活动包括"六一"亲子活动、趣味运动会、登山比赛、拔河比赛、演讲比赛、棋牌类比赛、元旦文艺晚会以及各分工会小组"一月一活动"等。

(五)五叶并举,耕耘深入

在集团核心文化理念的指导下,倡导"一个中心一个品牌,一个班组一个特色",集团下属各部门根据自身的服务内容、服务对象,形成各有特色的"中心文化"。物业服务中心以创建美丽校园为目标,餐饮服务中心以打造健康美食为目标,接待服务中心以建设品质接待为目标,商贸服务中心以彰显校名品牌为目标,卫生保健中心以健康保驾护航为目标,推动各行业品牌发展,提升中心综合实力。

二、文化建设取得的成效

(一)文化理念体系深入人心

全面推进后勤集团文化建设,在继承中创新了后勤集团的文化,丰富和拓展了以"和"为核心的、具有浙农林大后勤特色的文化理念体系,并注重在平时的工作、活动和培训过程中潜移默化地进行宣传、引导和灌输,使广大员工认同、信奉、实践和社会公众理解、接受,使集团的核心文化理念更加深入人心。

(二)后勤凝聚力进一步增强

在长期的后勤服务与管理中,培养了员工良好的行为习惯,促进员工发展,最大限度地激发了员工的积极性和创造性,在规范员工行为、增强队伍稳定性和凝聚力、促进共同价值观的形成、提高服务保障、加强管理等方面发挥了积极作用。而凝聚力建设又为后勤文化找到了很好的载体,在各项服务保障和重大活动中,体现了后勤团队强大的队伍凝聚力和战斗力,赢得了师生的肯定和各项荣誉。

(三)后勤形象得到有效提升

经过努力,基本形成了理念先进、特色鲜明、氛围浓厚、成效显著的后勤文化新格局,在高校后勤系统及社会中具有一定影响力,塑造了良好的企业形象,打造了文化品牌,提升了后勤核心竞争力,师生服务满意率连续 10 年保持在 90% 以上;社会知名度和影响力进一步提高,多次获省级、国家级荣誉,2017年,后勤集团被评为全国高校后勤文化建设优秀示范单位。

(四)后勤发展更加健康稳健

任何一个企业的企业文化,都是为企业的发展战略和经营目标服务。我校后勤企业文化的建设,唤起了全体员工的主体意识和使命感,充分发挥了员工的积极性、主动性和创造性,形成了企业共同的价值观和责任感,实现了管理与被管理的科学统一,推动了后勤不断创新和变革,促进了后勤发展战略和经营目标的实现,推动了企业健康持续发展。

三、文化建设的经验启示

(一)坚持服务育人是文化建设的立足点

高校是培养接班人和建设者的摇篮,育人是高校的主要职能,高校后勤企业是为高校发展提供保障,为高校育人提供服务,在其发展过程中也形成了"三服务、三育人"的宗旨。自成立以来,我校后勤集团始终把"三服务、三育人"作为后勤工作的出发点和落脚点,紧密结合后勤服务工作的实际,立足人才培养大局,坚持育人为本不动摇,将后勤文化建设与育人工作紧密结合。一方面通过文化建设,提升员工的服务意识和服务技能,进一步提升后勤服务水平,为学校教学、科研和师生员工提供坚实的后勤服务保障;另一方面也通过打造行为文化和寓教于乐的校园文化活动,用后勤员工自身的模范行为,为广大同学作表率,达到服务育人的目的。

(二)创新活动载体是文化建设的切入点

企业文化建设载体是企业文化建设体系的重要组成部分,进一步推进企业文化建设,必须不断创新和丰富活动载体。后勤集团以生产经营和管理活动为载体,将文化建设寓于后勤各项管理活动中,形成了和谐的企业氛围;以后勤文化活动资源为载体,如饮食文化节、公寓文化节、职工文化艺术节、后勤改革20周年纪念活动、大型元旦文艺晚会等丰富多样的、寓教于乐的文化活动,增进了与师生沟通和理解,有效提升了后勤的影响力和美誉度;以平面媒体和信息化平台为载体,发挥一网一刊一微信平台以及宣传片、宣传画册等媒体作用,积极拓宽了后勤文化建设的渠道,增强了后勤文化建设的影响力。

(三)打造独特品牌是文化建设的支撑点

品牌是文化建设载体,文化与品牌形影相随,后勤集团文化的至高境界是品牌,品牌的至高境界是文化。打造具有浙农林大后勤特色的文化品牌,在学校里体现后勤行业的特色,在行业里体现浙农林大的特色,使职工感到后勤文化既是后勤行业特有精神状态的真实写照,又是浙农林大后勤所具有的独特表述,从而起到鼓舞士气、激励斗志、形成良好的精神氛围的作用。同时通过服务、品牌将后勤文化传播到消费者和全社会,对内增强凝聚力,对外增强竞争力。

(四)坚持以人为本是文化建设的着力点

以人为本是高校后勤发展的根本,后勤集团在文化建设过程中,始终坚持以人为本,在建设中强调关心人、尊重人、理解人和信任人,把师生员工的切身利益放在第一位,通过切切实实为师生员工办实事,努力做到让师生满意、让员工满意。保障和实现后勤职工的基本文化权益,使广大职工共享后勤文化建设成果,以先进的文化理论武装职工,以正确的舆论引导职工,以高尚的精神塑造职工,以优秀的文化产品鼓舞职工,从而促进员工全面发展。

打造高校后勤品牌活动　创新东大校园文化建设

东南大学　吕忠宏　吕霞

> 东方云初起，南山水流深；
> 百载文脉，江左名都，
> 既建三江，庠序乃出；
> 植梧桐而引凤凰栖聚，
> 凿澧泉兮揽群英荟萃；
> 秉菜根之精神而薪火相传，
> 逐至善之大道而风华尽展；
> 传两纪乎名满华夏，
> 分三区而弦歌不辍。

——前言

大学校园文化建设是高校发展永不衰竭的力量源泉，对培育教育核心竞争力具有重要的意义，每所高校都有其独特的文化性格。校园文化对于浓郁人文氛围、提升人的精神境界、形成优良的教风学风和工作作风、激发创造力、增强凝聚力、弘扬主旋律，都能发挥不可替代的积极作用，同时体现校园的人文精神，对于塑造学生良好的精神风貌产生巨大影响作用。

校园文化建设与学校各个部门的全力配合息息相关，其中高校的后勤部门作为高校中具体保障广大师生教学、科研、行政和生活的主力军，加强后勤思想文化建设，提升后勤部门的文化底蕴，配合学校开展系列活动，对校园文化的建设具有重要影响。

东南大学作为一所百年名校，在近些年发展迅猛，由一所以工科见长的高校逐步向综合性大学迈进。在发展过程中东南大学一直重视校园文化建设，注重提升学校的人文气息，加强人文关怀，将社会主义核心价值观教育融入校园生活的方方面面。东南大学的后勤部门不仅积极配合学校文化建设相关工作，而且主动探索创新校园文化建设新路径、新内容、新形式，为东南大学校园文化的发展贡献力量，主要是通过打造校园文化创意设计大赛等优质活动品牌，在师生中积攒良好的口碑，为学校发展提供强大精神动力，助力打造一流校园文化，塑造名校风采。

一、依托文化创意　讲述东大故事

自 1902 年湖广总督张之洞创立三江师范学堂伊始，东南大学已历经 100 余年的风霜雨雪，为更好地向名校献礼，展示东大学子风采，讲述东大故事，由东南大学校长办公室、东南大学党委宣传部、东南大学总务处、后勤党工委、东南大学总务处商贸中心及东南大学学生会等联合策划的东南大学校园文化创意设计大赛应运而生，该活动自 2017 年开始已连续举办三届，在校园内的影响力也不断提升。

校园文化创意设计大赛的设立初衷是希望为有想法、敢尝试的东大学子提供一个可以充分发挥自己创造力的广阔平台，激发广大学子对学校的文化认同与文化自信，并通过各类文化创意产品传播东大品牌形象、弘扬东大文化传统。校园文化的载体具有多元性，大赛征集作品并不拘泥于传统宣传纪念品，既可以提交实物作品，亦可提交电子产品，重在展示校园文化的与时俱进与推陈出新，加强文化传承。大赛面向全校学生征集设计作品，鼓励学生从校史、校训、校景以及校园生活等素材中发掘、整理和创意有温度、有情怀的作品，进一步彰显东南大学的校园文化形象，营造更为浓郁的校园人文氛围。

二、立足后勤部门　面向全校师生

校园文化建设是学校为学生提升自我能力的平台，而东南大学后勤部门本着服务育人的宗旨，在为学校师生提供优质服务的同时，努力做好校园文化传播，精心打造一个集文化、创意、教学、社会实践于一体的公共平台，为国家培养栋梁之材奠定重要基础。

后勤部门作为学校的重要组成部分，一直为推动校园文化建设、提升校园文化底蕴发挥着重要的作用，其作为校园文化创意大赛的主办方之一，在活动前期谋划、宣传、与相关部门对接、作品评审、奖项设置等方方面面均发挥了重要的作用，学校后勤部门的领导对文创大赛非常支持，并为活动的顺利进行提供了众多帮助。

校园文化创意大赛当然称得上东南大学后勤部门在新时代思想文化建设中取得的重要成果,文创大赛不仅有利于东大校园文化的传播,对于提升后勤部门的人文气息、加强后勤部门与学校师生之间的文化联系也有着极其重要的意义。

三、加强活动宣传 发挥引领作用

东南大学校园文化创意大赛在筹备过程中进行详细的策划,利用校园各类媒体,包括微信公众平台、线下海报等,在前期作品征集、作品投票、作品展示等环节大力宣传,扩大活动影响力。在此前的三届文创大赛中,东南大学、东南大学总务处、东南大学学生会、东南大学研究生会、各个院系等官方微信工作平台均对赛事进行了报道。

校园文化创意设计大赛已成功举办过三届,受到了全校师生的认可,参与活动的人数逐年增加,参与的人群也更多元化,除了院系教师参赛外,还有外国留学生参赛并获得奖项,学校后勤部门的工作人员也积极参加,可见大赛的影响力越来越大。同时,校庆原创文化产品一经推出即获得全校师生的一致好评,相关产品还参加了由江苏省高等学校后勤协会举办的商品陈列大赛,并荣获最佳创意奖,为东大文化的传播提供了广泛渠道。

四、展示学生风采 提升文创水平

校园文创大赛举办以来,共收到全校20多个学院100余名学生的作品,文创作品内容围绕东大的学校建筑、草木植被、历史文物等展开,有兼具实用性与创意性的学习和办公用品,有可爱生动的生活用品,既有手绘明信片、原创书签、东大卡贴等文具产品,又有火漆印章、校景摆盘等纪念产品。学生们将创意创新的视角和自身专业所学结合,既考虑到将设计、艺术和生活融入文创,又努力把文化、情怀和东大联结起来,这些凝聚着学生才华与汗水的作品,充分展现了学生们对于母校的尊敬和热爱,对于学校后勤部门、总务处商贸中心发展好校园校名纪念品的支持。

东南大学校园文化创意设计大赛努力将东大特色聚焦成为新的文创热点,激发活跃了师生的创作热情,展示了东大学子的创新创意实力,涌现了不少优秀文创作品,为东大学子搭建了发挥专业特长、展示创意才华的大舞台。

五、传播校园文化 传承东大精神

东南大学后勤部门极其重视校园品牌活动对于文化建设的推进作用,积极推动校园文化创意设计大赛的开展,在很大程度上培养了学生创新精神和实践能力,进一步丰富了校园生活,增强了学生们的热爱校园文化的意识,广泛传播了东大百年校园文化,从而进一步促进学校后勤部门发展校园文化、服务全体师生工作的开展。

活动参赛选手从东南大学深厚的文化历史以及学校的校训、校景、校园生活等撷取创意的灵感,将文化、创新、生活有机结合,以丰富的文创作品为载体向全校师生讲述了一个个生动的校园故事,传递着学子们对学校的款款深情,促进学生的文化创意水平得到进一步提升和发展,让创新创意以更加崭新的方式融入学生学习生活的肌理和核心,让学子们在积极参与中加强和深化对东大文化精神的认同,为传承东大精神文化注入了充满朝气的青春力量。

在西迁精神引领下　以文化建设助推学校后勤发展

——西安交通大学后勤文化建设综述

西安交通大学　张西亚　代晓勇

交通大学西迁以来扎根西北,塑造了"胸怀大局、无私奉献、弘扬传统、艰苦创业"的西迁精神。60多年来,交大后勤人在西迁精神的引领下,始终保持昂扬向上的精神风貌,在推动学校发展的历程中发挥着至关重要的角色。近年来,学校后勤文化建设逐步推进,日益渗透到各项服务以及管理工作当中,引领着学校后勤保障工作,为学校"双一流"大学建设提供有力支撑和可靠保证。

一、后勤文化建设综述

经过多年的实践和探索,学校逐步形成了"奉献报国的使命文化、严谨精致的卓越文化、开拓进取的创新文化、团结奋进的集体文化"的后勤文化,"凝心聚力、建章立制、全心服务、文化自信"的后勤精神,"师生为重、智慧管理、服务育人"的服务宗旨,"大部制、大后勤、大服务、一盘棋谋划、一站式服务"的运行格局,"服务设施现代化、服务方向一体化、服务团队品牌化"的工作目标,"创新型后勤、智慧型后勤、服务型后勤"的发展态势,成为学校建设"双一流"大学的重要组成部分。

二、发挥文化引领的作用

后勤文化建设是学校"思想交大"建设的重要组成部分,"功由才成,业由才广",文化建设是后勤思想政治教育工作中的精神内涵和重要载体,后勤保障部将文化建设列入后勤年度计划和长期发展规划,稳步推进后勤文化构建。

结合学校《"思想交大"建设纲要》要求,坚持以传统文化、革命文化、现代文化为基本要求,以创新文化、和谐文化、绿色文化为核心要素,加大对校园历史建筑和现实环境的保护力度,做好校园林木、道路的设计,提升人文气息,形成了一批与校园环境有机融合的文化景观和文化设施。在校园环境美化和布置上,彰显特色文化,做到标识鲜明,装饰优雅,院容整洁,绿植茂盛,营造科学和谐美观的校园氛围。

结合学校办学定位及理念,深挖典型事迹和西迁人物,塑造了"沈炳南维修队""丁阿四饮食服务窗口""赵保林绿保小分队"等若干个交大后勤服务精品和名牌,实现后勤文化引领作用,继承和弘扬西迁精神。

三、强化组织领导与实施

后勤保障部党委是推动落实后勤文化建设的主体,党委书记是第一责任人。每年在后勤文化建设上投入专项资金,强化基础建设,提升校园文化品位。各二级单位党支部和行政班子共同负责具体分解落实各项任务。分党委将文化建设的推动落实情况纳入各二级单位考核内容,充分利用各种宣传媒介做好后勤文化建设的宣传和氛围营造,将文化建设的落实与日常中心工作紧密结合起来。

四、管理文化建设

2016年,为适应学校"双一流"大学建设的需要,打造一支素质精良、业务精湛、高效精干的后勤服务保障队伍,学校实施后勤综合改革,成立后勤保障部,实行"大部制、大后勤、大服务"管理体制,按"部统筹规划与协调、各中心独立核算、强化过程监督与目标考核"的机制运行。后勤保障部代表学校履行后勤管理服务职能。

后勤综合改革明确了后勤是学校创建一流大学的重要组成部分及有力支撑和可靠保证;目标是建立一个既能严格把控,又能够随着外部市场成熟程度伸缩自如、进退有度的后勤管理架构;构建一支素质精良、业务精湛、高效精干的后勤骨干队伍;构建学校、后勤和师生广泛参与的监督体系,加强良性发展的后勤文化建设;通过改革财务管理,支持转型期的后勤轻装上阵,进入良性发展轨道。

通过后勤综合改革,强化了党委在后勤工作中的地位,明确了党委的职能。党委负责后勤系统各中心目标任务考核、干部聘任、质量监督、队伍建设、文化建设和党风廉政建设工作。成立后勤保障部纪委,主抓后勤党风廉政建设,负责后勤管理和服务的质量监控。建立后勤保障部党政联席会议制度,明确党政联席会是后勤管理工作的决策机构。集体讨论决定涉及后勤人事、财务、队伍建设、思想政治工作和行政管理等重大决策和重要事项。

通过后勤综合改革，明确了为建设一流大学提供保驾护航的后勤工作目标，出台了一系列后勤管理服务标准规范，实行标准化管理，制定了后勤绩效考核与分配办法和后勤员工聘用管理办法，树立后勤员工的主人翁精神，利用互联网技术、物联网技术手段，优化服务流程，提高服务效率，全方位多维度推进后勤文化建设。

五、构建文化体系

后勤保障部结合学校办学定位及理念，打造学习型团队。后勤的学习教育体系有计划、有效率、有落实、有成绩。长年组织职工课堂、技能讲座、知识竞赛、救援演练、主题实践调研、党建教育等教育培训活动。将每年12月确定为的"后勤文化建设月"，建立评优创优机制。深入开展后勤工作研究，积极申报党建研究课题，探索和总结后勤工作经验，提升后勤文化建设内涵。

通过专题学习、主题活动和行业培训活动等措施，丰富后勤服务内涵，提升后勤服务品位，强化后勤优质服务，传播后勤服务文化。

六、创新文化载体

后勤保障部通过丰富多样的文化载体，引导和传播后勤和谐团结、肯干实事的文化氛围。

集中建设后勤保障系统网站群，建立信息员队伍，综合运用部门网页、网上报修服务与服务监督平台、后勤综合业务管理平台、节能监管平台、智能教室管理平台等多种信息服务平台，及时发布后勤工作动态，保障沟通渠道顺畅和信息公开。编撰《后勤暑期动态》，宣传后勤暑期工作，弘扬假期服务精神，塑造后勤服务形象。举办"交大饮食文化节""交大公寓文化节""每月一次门前卫生保洁"系列活动，创建宿舍文化、物业文化、楼宇文化、饮食文化、健康教育文化等，充分发挥后勤文化建设的载体作用，努力营造服务育人、环境育人、文化育人的良好氛围。

七、注重人文关怀

以人为本，丰富以员工为主体的职工活动。多年来坚持组织新入职后勤人员培训、先进经验分享会、后勤职工运动会、后勤职工风采展示等职工喜闻乐见、教育及文体特色活动,寓教于乐。与校内外相关部门广泛合作,"众智之所为,则无不成",加强与学校各级组织、学院、书院、学生会等的共建活动,建立师生广泛参与的智慧社区、教工之家等创新型文化服务机构。

八、管理因时而进

因时而进,管理服务理念先进,合理运用现代化工具,优化资源配置、线上工作测评、完善沟通途径。因事而化,理论与实践相结合,分门别类做好后勤服务保障。因势而新,紧跟社会趋势,广纳外聘员工。开展"高校后勤外聘员工思想政治工作研究与实践"的党建专题研究,注重对外聘员工的管理、培训和关怀,将外聘员工纳入后勤整体文化建设布局中。

后勤文化建设是高校思想建设的一项重要内容,要围绕"服务与保障、变革与创新"的重点,践行"服务教学、服务科研、服务师生"和"服务育人、管理育人、实践育人、文化育人、环境育人"的理念,努力使后勤成为学校全方位育人的重要阵地。要锤炼以凝心聚力为核心的团队精神文化,狠抓以建章立制为重点的制度机制文化,构建以全心服务为基础的行为规范文化,提升以后勤形象为主体的物质环境文化。

西安交大后勤厘清了具有交大特有精神气质和内核的文化发展思路,提升了后勤文化软实力,强基固本、推陈出新,发挥工匠精神、劳模精神,助推了学校各项建设事业的发展。

立德树人　攀高行远　打造优雅校园

——华东师范大学后勤文化建设成果综述

华东师范大学　戴立益　赵健　罗燕

高校后勤文化是实现管理育人、服务育人、环境育人的重要抓手,华东师范大学后勤保障部以习近平新时代中国特色社会主义思想为指引,以立德树人为目标,注重制度建设,完善长效机制,构建了理念先进、特色鲜明、成效显著的后勤文化育人体系,为实现学校"在优雅学府中培养栋梁学子"的建设目标作出了积极贡献。

一、强引领,重价值,提升后勤文化的精神内涵

(一)强化顶层设计

学校文化是高校内涵建设的灵魂与核心。为此,华东师大将文化建设纳入学校事业发展的整体布局,提出"建设优雅学府,培养栋梁学子,以一流大学文化引领一流大学建设"工作目标,成立文化建设委员会,出台文化建设纲领性文件和相应管理办法,组织开展"大学精神与文脉传承""校园文化环境建设""师生综合素养提升""主题思想教育""对外文化传播"等不同类型文化建设项目,着力为优雅学府建设奠定坚实基础。

(二)重视价值引领

对照学校目标理念,后勤保障部以"办师生满意后勤"为宗旨,提出了建设"文化后勤、智慧后勤、生态后勤、效率后勤、安全后勤"工作目标,以"廉洁从业＋勤劳、勤俭、勤恳、勤勉"的价值共识,创新服务,追求卓越,为师生提供温馨、和谐、优雅的工作、学习、生活环境,让后勤工作成为学校人才培养的保障、科学研究的支撑、社会服务的窗口、大学文化的载体和服务育人的重要

阵地。

二、打基础，立长远，构建后勤文化的四梁八柱

（一）完善决策制度

后勤保障部注重制度建设，强化规则意识。坚持党政联席会议制度、党工委委员会议制度，定期召开党建工作会议和经理主任（含社会企业负责人）例会，部署决策后勤"三重一大"事项和日常工作，及时传达中央和学校相关文件精神，凝聚集体智慧，共谋长远发展。修订内部管理办法，完善内部控制机制，坚持每年对规章制度进行修订汇编，形成"学校管理、后勤实施，监管部门考核、服务单位落实"的一整套规章制度体系。

（二）重视队伍建设

后勤党政领导班子做好政治表率和业务表率，定期学习习总书记重要讲话、党内重要文件、决策部署等，强化"四个意识"，坚定"四个自信"，做到"两个维护"。坚持全员培训，面向党员群众、中心管理人员及青年骨干，分级分类地开展培训活动。提升培训层级，会同学校党委组织部、党校举办"后勤管理干部培训班"，紧抓"关键少数"。拓展思路视野，组织骨干人员分批赴国内外知名高校学习调研。推动职工轮训，注重素质教育与业务技术教育相结合，内部培养与外部培养相结合，理论技术学习与考察实践相结合，内容涉及廉政教育、岗位职责等 11 个大类，全面提高后勤职工综合素质。

（三）落实专项措施

在学校文化建设委员会的领导下，后勤保障部明确目标责任，成立文化建设领导小组，后勤党工委书记主抓文化建设工作，后勤甲方、乙方均设有文化建设专项负责人，落实主体责任。目前，后勤文化建设专项队伍达 40 余人，开展专题培训五期。学校设立文化建设专项资金，近三年来，用于后勤文化建设研究项目资金 163 万元，用于后勤文化建设工程资金 513 万元，有力保障了后勤文化建设工作的开展。

（四）提升治理效能

自 2012 年起，后勤保障部按照"规范、改革、提升"的路径，推进后勤管理服务的规范化、专业化、精细化和信息化，不断完善"一个甲方、监管多个乙方"的管理运行模式，形成了以服务质量为核心的甲方管理体系、乙方服务体系和

多方评价体系。2017 年起，后勤保障部开始构建质量安全、应急响应网格化管理体系，全面覆盖后勤所有服务区域、服务岗位。2019 年以来，在全面施行网格化管理的同时，进一步提出服务、质量、安全标准化管理，通过"点长制"和"五定'6T'"工作方法（"五定"即"定制度，定网格、定岗位、定责任、定奖惩"；"6T"即"天天规范、天天检查、天天整改、天天反馈、天天提高、天天记录"），将分散、零星、被动应对问题的管理模式，转变为集中、统一，主动发现问题、跟踪问题和解决问题的新模式，有效地提升了后勤服务保障质量和安全管理水平。

（五）餐饮管理系统

将"互联网＋"和后勤管理服务结合起来，融合优化已有服务和保障资源，为学校师生提供更加便利、快捷、准确的后勤服务。已形成学生公寓管理系统、餐饮理系统、报修系统等 10 余项后勤管理信息系统。在学校"智能＋"战略思想的指引下，推进建设后勤保障数据中心，实现学校后勤保障服务信息互通和资源共享。

三、建平台，抓服务，营造后勤文化的良好氛围

扎实推进阵地建设。成立后勤宣传核心小组，组建后勤宣传员队伍，专设"后勤宣传达人奖"；建设后勤门户网站，专设新闻动态和部门快讯栏目，集中发挥文化宣传作用；聚焦基层一线工作，定期编辑发布《后勤动态》，建设学校企业公众号后勤服务矩阵，及时向师生通报后勤工作进展；制作后勤宣传册，拍摄后勤宣传片，展示后勤文化风采。

发挥群团组织优势。成立华勤工会，服务外聘员工，相继开展了体检、子女免费家教、帮扶送温暖等活动，举办了职工运动会、健步走、青年职工联谊会等群众性文体活动，丰富职工生活，满足职工精神文化需要。

突显示范引领作用。制作党员示范岗、文明示范岗等展示牌，发挥模范带头作用；统一订制印有师大后勤 LOGO 的专属工装，服务理念、文明用语上墙，规范员工言行；评选服务之星，设置好人好事专栏，提高工作积极性。

打造优质文化品牌。传承师大后勤优秀文化，至今共开展节粮月活动 30 届、"我爱我家"文艺晚会 17 届、校园食品节活动 6 届、优质文明服务月 5 届。推进绿色校园建设，积极开展节粮、节水宣传活动，先后获得"全国学生公寓 50 强"和"节水型学校"等荣誉。

四、创特色，求实效，彰显后勤文化的育人贡献

（一）传递爱在师大的温度

任务决策注重对接师生需求，任务实施注意听取师生意见，重要举措出台前，进行充分调研、沟通、协商，不定期召开与校长助理团、学生参议会、研究生权益保障部的答疑会，对于涉及后勤的意见建议，做到事事有回应，件件有着落。心系师生，细致贴心，如开学日提供迎新班车、校园短驳车服务，为献血师生提供红豆粥，高温日赠送绿豆汤和点心，台风和雨雪冰冻天气有力应对等。

（二）彰显学在师大的魅力

根据楼宇特点，完成两校区部分教学楼公共空间文化建设，为师生营造良好的教学与学习环境；结合院系特色，完成冯契学术成就陈列室、思勉人文高等研究院内庭改造等项目，提供更加优良的学术研讨交流空间。建设田家炳教师工作站，为教师提供临时办公场所，搭建师生沟通交流平台。

（三）体验吃在师大的乐趣

在确保安全、放心的基础上，尽力满足师生个性化、多元化的餐饮需求。准备传统佳节美食，切实让师生感受到传统文化与食品不可分割的联系；举办校园食品节、师生厨艺比赛，为校园增添亮丽的"美食"风景线；引领校园菜肴创新潮流，推出玉米炒葡萄、油条灌蛋、荷塘月色和"第四餐"夜市等，受到师生欢迎和社会媒体广泛关注。2019年9月，师大后勤创新菜团队应邀参加湖南卫视《天天向上》开学季节目。

（四）感受住在师大的温暖

加强学生公寓规范管理，营造温暖、有爱、舒适的住宿环境。完善基础设施，配备爱心屋、洗衣房、厨房、讨论室等多功能用房；打造主题文化，满足不同院系、专业的学生个性化发展；重视人文关怀，提供直饮水机、吹风机、微波炉等便利设施和代煎中药、缝补衣物等爱心服务；发挥育人功能，配合学校书院制改革，探索社区管理新模式。

（五）共建美在师大的环境

大力开展校园形象提升工程，推进厕所革命，升级改造灰色空间，切实满足师生的实际需求。加强绿色校园、生态校园宣传教育，开展节能节水、垃圾分类宣传活动，创立绿色校园企业号，完成灯具节能技改，创建节水型校园；优化校

园环境,邀请师生开展植树活动,推进花园单位评审,进行古树养护,开展秋季落叶十天不扫、毕业花海等活动,精心打造绿色、生态的校园环境。经过师生的共同努力,中北校区和闵行校区分别被评为"全国绿化模范单位"和"上海市花园单位"。

在学校党委和各级后勤协会的大力支持下,后勤理清了具有师大特有精神气质和内核文化发展思路,提升了后勤文化软实力,助推了学校各项事业的建设与发展。三年来,先后获得"全国高校后勤文化建设标杆单位""全国教育后勤信息化建设先进单位"等国家级、省市级集体荣誉45项,获得"上海市五一劳动奖章"等国家级、省市级个人荣誉14项;在2017年学校机关考核中获评优秀(资源保障组第二名),近五年后勤服务师生总体满意度持续提升,频频收到来自师生的感谢信,好人好事不断涌现。

百尺竿头更进一步。在华东师大统筹推进"双一流"大学建设的时代背景下,后勤保障部将深刻理解和准确把握新时代赋予的新使命,强基固本,开拓创新,以科学化标准化精细化管理方式,构建现代化后勤服务保障体系,满足师生对美好校园生活的向往。

注入文化基因　融入中心工作
不断提升后勤工作新站位

——长春中医药大学后勤文化建设成果介绍

长春中医药大学　王新琪　牟疃

　　长春中医药大学是吉林省唯一一所以中医药学科为主的省属重点大学。多年来,学校认真贯彻落实上级有关文件精神和习近平总书记系列重要讲话精神,发挥大学职能,保持文化自信,始终坚持以文化人、以文育人,不断传承和弘扬中华优秀传统文化。

　　后勤文化是大学文化的重要组成部分。搬入新校区以来,学校坚持在后勤工作各个环节注入文化基因,坚持服务教学、服务科研、服务师生,实现后勤工作与学校中心工作的深度融合,着力打造文化后勤、和谐后勤、美丽后勤、智慧后勤、活力后勤,全面推动后勤文化建设和各项工作发展,为一流教学研究型中医药大学建设提供坚强的后勤保障。

一、加强制度文化建设,提升后勤工作保障力

(一)注重顶层设计,将后勤文化建设纳入学校整体规划

　　学校将后勤文化建设纳入"十三五"发展规划,明确提出"加强文化建设,强化服务理念,拓宽服务方式和服务内涵,实现服务水平和能力的整体跃升"。明确后勤文化建设发展方向,将文化建设作为不断推进后勤服务发展的内动力与加强后勤思想政治工作内涵建设的重要载体。凝练后勤文化建设总目标,提炼出以"服务育人"为中心,提供"厚德服务""人性服务"两个服务,做到"时间到位""质量到位""态度到位"三个到位的后勤服务核心价值理

念。

（二）增强制度刚性，推动后勤文化建设科学发展

学校严格落实《长春中医药大学后勤文化建设实施方案》《后勤党总支廉政制度》《后勤党总支集体领导制度》《后勤服务集团（后勤保障处）例会制度》及各科室中心管理、服务、培训制度，不断推进后勤服务规范化、制度化，提高后勤队伍的服务能力和水平，提升师生满意度。

（三）完善保障体系，保证后勤文化建设的顺利实施

学校成立了以主管后勤工作的校领导为组长，相关职能部门共同组成的后勤文化建设工作领导小组，领导小组下设办公室，配备6名工作人员开展后勤文化建设日常工作，并把文化建设纳入学校后勤保障部门年度考评体系，表彰在后勤文化建设中表现突出的先进集体和优秀个人。设立了后勤文化建设专项资金，用于后勤理论学习、队伍建设、业务培训、调研考察、阵地建设、文体活动等，保障后勤文化建设稳步开展。

二、加强队伍文化建设，提升后勤工作战斗力

（一）加强领导，内外兼修，全面提升后勤科学化管理水平

坚持"以上率下"。领导干部带头示范，坚持每月开展一次中心组理论学习，自觉增强"四个意识"，进一步强化了党对后勤工作的领导；每双周开展一次业务研讨会，提高创新实践水平，进一步提升了后勤干部的服务能力与综合素质。

坚持技术革新。"走出去、引进来"，先后组织管理干部赴中国海洋大学、浙江大学、江南大学等17所后勤文化建设先进高校考察学习，引进了优秀管理模式，提高了后勤工作效率和管理水平。

坚持学生参与。切实保障学生的知情权、参与权、表达权和监督权。发挥学生宿舍管理委员会、学生伙食管理委员会、学生治安保卫管理委员会的重要作用，开展寝室文化节、食堂卫生检查、宿舍巡视巡察等活动，引导学生参与后勤管理。发挥校园文化使者团作用，对校内中医药文化景观、特色建筑进行宣讲，增强对校园文化的认同感。

（二）增强意识，精技强能，全面提升后勤精细化服务水平

凝聚职工力量。建设后勤"职工之家"，强化归属感。关爱家庭经济困难

职工、患病职工、退休职工,解决职工实际问题;开展工间操、棋类比赛等健身益智活动,促进职工身心健康发展。真正做到了凝心聚力谋发展,一心一意干事业。

提高职工素质。以社会主义核心价值观为引领,结合工作实际,每年制定培训计划,通过文明礼仪培训、实用技能培训、职业道德教育、廉政教育等多种形式的培训教育活动,提高后勤职工综合素质。截至目前,已经开展各类培训23次,培训人员100余人次。

树立先进典型。自2016年至今,围绕社会主义核心价值观,发挥文化建设导向引领作用,在后勤服务体系中,发掘典型人物、寻找感人事迹,连续三年开展"最美后勤人"评选活动。通过组织推荐、师生推荐、个人自荐的形式,三年来,共有34名后勤服务系统职工被学校授予"最美后勤人"荣誉称号,并邀请师生开展表彰大会,公开表彰先进典型,在激励后勤全体职工的同时,增强了职工以劳动为荣、以奉献为乐的服务意识,营造后勤人向上的整体氛围,发挥了后勤在高等教育中"服务育人"的作用。

三、加强阵地文化建设,提升后勤工作支撑力

(一)打造特色环境文化,建设美丽后勤

建设景观文化。突出中医特色、时代特征、学校特点,进行校园文化景观建设,彰显深厚中华传统文化内涵。建设了以"一条龙脉""日月双子座""三才轩""四象城""五行宫""六君子居""七星百草园""八卦广场""九宫喷泉""创实大厦"等为内容的核心建筑群和单体建筑,建设了河图、洛书、望龙阁、五彩参络、岐黄壁魂图等彰显中华传统文化底蕴的人文景观,使师生置身于中医药特色文化校园中,无时无刻不受到中医药与传统文化的熏陶、感染和教育。

以中医典故轶闻"岐黄问道""悬壶济世""菊井泉香"等为题材的校园小品景观带和以校训石、名医石雕为重点打造"校园十六景";以中国传统文化典故、中医药文化典故将学校建筑道路进行重新命名、分区,传统文化命名区体现学校对师德、教学的要求,寓意我校教学事业兴盛发展,教师旁征博引,循循诱导,培养出济济人才;中医药文化命名区体现学校对莘莘学子的厚望,寓意中医教育普济众生,济世救民。

提升建筑文化。2018年经查阅典籍,学校对校园楼宇名称和释义出典,在原有基础上进行了再次梳理、补充和完善,将学校中医药博物馆更名为启德馆;办公楼更名为明德楼;创实大厦更名为格物楼;体育馆更名为行德馆。以卉木

六君子"莲、菊、兰、竹、梅、松"命名学校各会议室,将日新楼会议中心更名为兰蕙国际会议中心;明德楼会议室更名为竹轩会议室;启德馆报告厅更名为菊韵报告厅;四象城北雪会议室更名为梅清会议室;致知楼报告厅更名为莲心报告厅;四象城贵宾厅更名为松春厅,将文化建设融入校园各单体建筑中,全方位实现环境育人。

（二）打造信息化服务阵地,建设智慧后勤

建立"长中大后勤保障处"微信公众服务号。以此为信息化服务、文化建设宣传阵地,为师生提供快捷便利的个性化服务,取得了明显的成效。2015年上线至今,长中大后勤微信公众号处理师生报修、意见反馈100余起,推送图文消息143条,累计阅读量79597人次。2018年后勤微信公众号,被评为"校园十佳微信平台"。

四、加强载体文化建设,提升后勤工作凝聚力

（一）创新文化载体,建设和谐后勤

以"2016后勤服务质量提升年"为载体,完成学生公寓维修改造工程,改善、美化学生住宿环境。打造"轻松十分钟"项目,实现教师休息室、茶歇室、音乐角、迷你沙龙的综合作用。开展"阳光食堂"工程,每日编辑微信推送当日食堂菜谱,每周在指定档口推出"特价菜""创新菜",在校园内设立有机菜、主食流动售卖点等。

以"2017后勤文化建设年"为载体,开展"我爱我家"工程,营造校园"家"文化。建设"公寓文化墙",积极营造和睦的寝室生活氛围;将中医药文化融入日常文明标语中,大力弘扬传统中医药文化;持续开展"寝室文化节",在全校范围内营造"以校为家,爱家护家"的和谐氛围。开展"一碗生日面""一杯开水暖心田""免费养生保健汤"等"暖心"活动,充分体现"以人为本"的服务精神。

以"2018生态校园建设年"为载体,开展节约型公共机构示范单位创建工作,推进学校能源监管平台二期工程,细化学校商户用能智能计量,规范水电费收缴流程;做好新能源使用推广,打造空气能浴室,在满足在校生洗浴需求同时,减少能耗,节约资源。

（二）开展多彩活动,塑造活力后勤

积极组织后勤员工参与丰富多彩的文体活动。持续在后勤员工中举办员

工风采展、"两防"业务竞赛、拔河比赛、球类竞赛、健康徒步走等活动,丰富后勤员工的业余文化生活;在学校运动会、文艺会演等大型活动中充分展示后勤人的风采,培育积极进取的团队意识和爱岗敬业精神。

开展"进社区、进乡村"志愿服务活动。后勤党总支组织党员干部,多次赴对口扶贫村长发村进行精准扶贫,发挥学校中医药特色及后勤服务优势,指导开展中药种植,堤坝修筑,为困难村民发放米、面、油等生活物资,获得了较好的社会反响。

开展"杏林杯厨艺大赛"技能竞赛活动。通过校内外专家、省内兄弟院校以及 100 名在校大学生的评选,促进了专业技能提升,强化了学生的参与,加强了净月大学城区域高校饮食文化交流。活动受到了全校师生的广泛关注和好评。

与吉林电视台第 7 频道《聊聊天》节目组共同筹备拍摄了《走进中医药大学——药膳养生 健康你我》节目,以更接地气、简单易懂的手把手教学将中医药文化带进寻常百姓的日常生活中。节目的播出,进一步推广了中医药饮食文化,取得了良好的社会影响力。

通过不懈的努力,后勤文化建设做到了以立德树人为根本,把核心价值观引领贯穿后勤文化建设的全过程、各环节,努力把每一次有形的保障服务工作都化成无形的育人课堂,对学校人才培养作出了重要贡献。学校获评第四届全国文明单位、第一届全国文明校园称号。学校后勤先后获得"全国高校后勤文化建设先进单位"、"全国高校后勤系统信息与宣传工作先进单位"、"国家级节约型公共机构示范单位"、"吉林省高等学校绿化优秀单位"、"吉林省高等学校学生公寓管理先进集体"、"吉林省非工业重点能耗统计工作先进单位"、"吉林省食品安全标兵食堂"、长春市"高校文明杯"竞赛"先进集体"、长春市"高校文明杯"竞赛"文明食堂",连续两届获得学校"'三育人'工作先进集体"等多项荣誉。

长春中医药大学始终秉承"启古纳今,厚德精术"的校训精神,加强后勤文化建设,用文化的力量和精神推动后勤各项事业的全面发展,为实现文化后勤、和谐后勤、美丽后勤、智慧后勤、活力后勤的建设目标砥砺前行。

新时代兰州大学后勤文化体系与建设

兰州大学　豆永杰　祁晓红

近年来，兰州大学后勤保障部扎实贯彻习近平新时代中国特色社会主义思想，始终秉承"立德树人，三全育人"的宗旨，坚持学校"讲政治、促改革、抓队伍、强管理、提能力、重落实"的工作主线，落实"以学生为中心、以教师为主体"的理念，围绕中心，服务大局，以提高师生满意度为目标，以提高服务质量和保障能力为核心，深化后勤管理体制改革，创新运行机制，增强后勤工作的统筹性、协调性和联动性，逐步建立学校管后勤、社会办后勤、师生评后勤的体制，聚焦"六位一体"模式，多管齐下，积极探索建立符合兰州大学实际的新型后勤服务保障体系。

一、注重文化引领，全力打造新时代文化后勤体系

按照"双一流"大学对后勤服务保障工作的高标准、新要求，谋划学校后勤发展大局。2018年7月，学校组建成立了后勤保障部，将原后勤管理处部分职能和后勤集团、场馆中心合并，实现了学校后勤行政管理职能、服务保障职能、经营职能和监督评价职能的统一，形成了"大后勤"的格局。新一届后勤班子积极凝练后勤文化体系，在秉承后勤优良传统，体现新时代后勤的新目标和新任务基础上，集广大后勤员工和师生的智慧与力量，形成了高度概括，内涵丰富，科学态度与人文精神合一的文化体系，文化体系坚持"管理求质量、激励求效益、创新求发展"的发展理念，积极践行"夯实基础、理顺关系、细化流程、完善制度、提升效率"的工作思路，倡导"协作、进取、创新"的精神，贯彻"细心服务、精心管理、用心经营"的方针，全面落实"管理精细化、制度规范化、队伍专业化、手段信息化、服务个性化"的改革任务。同时积极探索建立以"按岗定薪、岗变薪变"薪酬机制，以"多层次、立体式、全覆盖"为主要方式的监管机

制,构建契约化管理机制,与各中心签订服务协议,与全体员工签订目标责任书,明确服务内容、标准与要求,明确责任和义务,推动形成自主经营、自负盈亏、自我约束、自我发展的经营机制,着力解决师生日益增长的美好生活需要与后勤服务保障不平衡不充分的矛盾。我们始终把让师生满意作为衡量工作成效的标准,通过信息化建设,服务大数据分析,精准把握师生需求,精准评价服务质量,全方位落实文化体系内涵。

二、拓宽文化载体,全力打造科学透明公平公正环境

制度和流程是文化的重要载体。我们坚持以完善管理体系为目标导向,深入分析后勤使命愿景,委托学校管理学院教授团队,对后勤11个科室中心建立绩效考核评价体系,为提高服务质量、激发团队活力和动力提供专业化支撑。委托管理学院教授团队,分析后勤业务流程和制度,建立完善内部控制和风险控制体系,保证经济活动合法合规,让每一位员工将流程制度内化于心、外化于行,建立起有效、管用的后勤内控体系。委托师生团队、艺术学院、档案馆等参与文创产品开发研究,打造集文化、历史、艺术于一身的文创产品精品,拓宽后勤育人平台。全面进行制度"废改立留",紧密结合"作风建设年""队伍建设年""管理质量提升年"3项活动,建立物资管理、服务保障经营、质量监控、纪委监督执纪问责全环节的监督管理体系。落实落细部门绩效考核评价,建立各科室中心月度绩效考核、二级主管专责人员月度考核、部领导班子成员季度考核的三维考核体系。制定领导干部"十不准""十必须",强化班子成员工作目标和履职要求。建立覆盖全岗位的《目标责任书》,明确规范岗位职责和工作目标。推行"网格+链条"管理模式,将城关校区划分为8个一级网格,88个区块,实行网格化管理,按区块确定用工人数和物资配额,按服务标准开展考核,确保管理纵到底、横到边、全覆盖,部领导班子成员带头认领校园环境卫生"责任田",把重点难点工作落实在一个个网格上。

三、坚持以育人为根本的文化建设理念,探索实施"六个育人计划"

实行公寓育人计划,一体推进生活空间与学习空间联动机制,新建公寓布置文化长廊;每栋公寓楼设立爱心小屋,配备医药箱、单人床、方便凳、熬药锅、电饭煲、电磁炉等;开展浴室进公寓项目,提升学生住宿体验。实行场馆育人计划,建设榆中校区教师健身房,建立公共场馆展示橱窗,在教学区公共空间创设

"共享书廊"、"菜鸟驿站"、休闲区、学习区,增加学生自习和休闲空间。实行劳动育人计划,制订《后勤保障部劳动体验岗实施方案》,开展劳动教育课,在学生中弘扬劳动精神,以健康劳动教育培养人。实行文创育人计划,制定《"萃英轩"校园文创纪念品经营与管理办法》,打造富有时代感和兰大精神、彰显校园文化特色的优质文创产品,举办学校110周年校庆文创产品发布会,提升学校文化影响力。实行环境育人计划,实施"校园焕彩"活动,推进"绿色校园"建设步伐,创造"一区一景一意境"的生态文明校园,在榆中校区种植100余万株紫嫣花、马鞭草、百日草、八瓣梅,形成2万多平方米的图案式花海;在城关校区西区修建丹枫园、东区建造梧桐树大道,营造良好的教学环境,以优美物化环境陶冶人,提升学生幸福感。实施饮食育人计划。弘扬饮食文化,全方位提升师生获得感和幸福感。坚持社会化改革方向,以育人为导向和出发点,以满足师生就餐和休闲学习为目标,以"优质、安全、放心"为底线,全力打造放心食堂、文明食堂、文化食堂,提高师生就餐体验,彰显"吃在兰大"的饮食文化魅力。引入苏大教服集团科桥餐饮有限公司、陕西晏煌餐饮管理有限公司、天猫北蒙校园超市等社会优质企业,引进数十种地方小吃和风味特色到食堂,引入平价水果超市、自助咖啡机,让师生有更多选择,激发餐饮竞争活力。及时调整各食堂定位,对食堂进行整体改造,加强软硬件环境建设,打破食堂传统售饭模式,推行自助称重售卖,师生根据口味、食量自主选餐,提升育人功能。延长夜宵开放时间,提高夜宵质量。实施"6T"管理,制定食品安全操作规范,建立各食堂目标责任制,执行目标化、定量化、制度化的管理方法。做好明厨亮灶工程,保障食品安全。不断加强饮食文化建设,定期举办"食堂开放日",开设"学生活动中心萃英年华咖啡屋",联合学生会建立学生权益保障微信群,与研究生会建立伙食监督会,提供学生勤工助学岗位,鼓励学生参与食堂运营管理,增强学生对食堂的信任与认同。探索设立西餐厅,满足师生多样化的就餐需求。倡导文明用餐、光盘行动,拒绝"舌尖上的浪费"。每年开展美食嘉年华、厨艺比武、厨卫运动会、名师厨艺展、家常菜培训等活动,倡导健康饮食、享受美食。加强饮食文化宣传,营造饮食文化氛围,学生食堂显著位置张贴宣传社会主义核心价值观和中国梦、习近平语录、中国优秀传统文化、廉政文化等标语标识,如礼义廉耻、仁义礼智信、二十四节气,营造浓厚百年老校文化气息,加强传统饮食文化对大学生精神面貌的影响研究和教育。通过大学生社团组织和校园主题活动,拓宽饮食文化宣教渠道。注重饮食情怀,在110周年校庆期间,为让校友吃出饮食内涵和文化,专门开设校友怀旧餐窗口,制作校庆月饼和蛋糕。对新竹苑、丹桂苑、玉树苑、芝兰苑四大食堂餐厅灯箱、大厅文化牌、桌椅板凳进行设计改造，在食堂环境建设上注入校史和校园文化元素，让学校文明从食堂开始，让勤俭节约从食堂开始，让安全卫生从食堂开始，让学生食堂上升文化层次，让广大学生在就餐中感受到知识文化的熏陶，让同学们吃得放心、吃得舒心、吃得开心，真正让学生食堂成为服务育人的重要场所。

四、提升文化软实力，全力打造职业专业化职工队伍

坚持以培养卓越团队，全面增强文化软实力为目标，苦练"内功"，将后勤服务保障队伍纳入学校队伍建设整体规划，探索实施有效管用的培养使用管理激励机制和聘用人员成长机制。研究建立后勤事业发展核心团队，淡化事业编与聘任制人员界限，按照同尺度进行绩效考核。选聘综合能力突出的非在编聘用人员进入管理岗位。建立完善绩效考核机制和评价体系，推动一线岗位定岗定编。主动建立与高职院校的实习实训基地。制定《后勤保障部2019～2025年队伍建设规划》《后勤保障部行家能手评定办法》等多项制度。创设"后勤讲堂"，发挥教育培训作用，分层开展服务保障队伍与专业技术人员的培训轮训，制订《后勤保障部年度综合培训方案》，打造"整体培训＋部门内训"的双线培训工作品牌。实行二级主管以上管理人员一月一报告制度。邀请物业公司、专业培训机构，开展"理论＋实践"培训，全方位提升员工的服务意识和服务能力，让每一个后勤人都肩负育人职责。针对一线保洁员、维修员、服务员等，分类开展传帮带新型师徒制、岗位轮训、岗前培训、晨会夕会培训，使其更好地掌握基本工作方法。针对新入职管理人员，组织开展"我与后勤共成长"青年员工沙龙，激发内生动力，搭建成长平台。坚持"请进来、走出去"，有计划地组织管理人员赴北京大学、复旦大学、山东大学、中科大、天津大学、上海交通大学、武汉大学等20余所高校调研学习，开阔眼界。扩大本科以上人员的招聘规模，2018年以来招聘本科以上学历人员近百人，逐步培养高层次管理队伍。提升校园形象视觉标识，统一员工工服和工牌，塑造良好精神面貌，着力建设一支学习型、实干型、专业型的后勤服务保障队伍，为实现"健康、绿色、开放、可持续"的一流后勤建设目标打牢基础。

五、夯实文化基础，全面发挥党建与工会的重要作用

落实全面从严治党责任，牢固树立党建与业务一盘棋思想。开展"不忘初心，牢记使命"主题实践教育活动，组织党员参观学习红色革命教育基地，接受

革命传统教育。以"支部＋工会"形式开展共建党员林暨喜迎新中国成立70周年系列活动。以庆祝"七一"、迎接中国共产党成立98周年为契机，举办以"党纪法规刻于心，敬纪畏法树新风"主题的知识竞赛。通过党政联席会、党委会、务虚会、支部书记工作例会、纪委工作例会、工会工作例会、工作调度会7个例会，一体推进党的建设。深入推进"微腐败"专项治理工作，重点突出教育倡廉、制度保廉、监督促廉、惩处警廉"四廉"建设，开展"十个一"廉政教育计划，大力推进校园廉政文化建设。编印发放《后勤保障部全面从严治党材料选编》。紧盯后勤领域风险点，开展廉政风险点排查，建立廉政风险防控手册。与党支部书记和科级以上管理人员分别签订了党风廉政建设责任书、意识形态工作责任书。开展"后勤品牌文化活动"，在学生公寓、食堂、运输等中心设置"党员示范岗""三全育人示范岗""文明校园示范岗"，挂牌示范，强化引领。举办职工读书会、微党课比赛；建立"党员＋员工"机制，推动100名党员带动1000名员工，宣传教育引导员工聚力改革发展。加强生态文明教育，深入开展学生"节粮、节水、节电"活动，帮助学生日常节俭行为习惯养成。

面向基层建立9个工会小组，构建了联系各校区、覆盖各部门、服务全体职工的新型工会组织模式。坚持以职工为中心的工作导向，为全体职工编印普法宣传读本《遵纪守法，爱岗敬业》，制订《后勤保障部员工守则十条、安全"七必须"及消防安全"四懂""四会""四能力"》《后勤保障部员工工作纪律规则》《后勤保障部员工文明行为规则》等。发挥工会在关心群众、关爱群众、联系群众方面的作用，抓住职工群众最关心、最现实的利益问题，每年寒冬酷暑集中开展一线员工和困难员工慰问。经常性开展丰富多彩、健康向上、格调高雅的员工文化活动，先后举办"学养后勤，砥砺奋进"表彰联谊会、职工趣味运动会、诗歌朗诵比赛、红色经典诵读活动、"劳动最美"摄影比赛、岗位技能比武、职工篮球赛、拔河比赛等活动，增强员工的认同感、幸福感，塑造向上向善的校园新风。针对不同工作属性，分别在城关校区、榆中校区建立"职工小家"，购买运动健身器材，将职工小家作为工会联系职工、服务职工的重要平台，让职工真正感受到工会是职工之家，增强归属感。

六、打造智慧文化，全面创建健康和可持续文化氛围

坚持把服务师生放在首位，更加关注师生需求，以信息化为手段实现工作流程"再造"。结合"云上兰大"和智慧校园建设，推进"智慧化后勤平台"建设，建立后勤大数据预测系统，让数据多跑路，让师生少跑路。按照"科学、智

慧、雅致、绿色"的方针,充分运用现代化技术手段,逐步实现后勤动态化、可视化与智能化服务,提升后勤服务监管反馈的信息化水平,让全校师生享受到"智慧后勤"带来的优质、高效、便捷服务。探索建立公寓零距离沟通服务系统,学生可在线与公寓管理人员互动交流解决问题。自主开发仓储采购管理系统,提高后勤物资管理效能。建立人力资源管理系统,实现人员考核、培训、绩效等精细化管理。强化校内建筑的智能管网、智慧楼宇建设,建立物业流程管理与数据分析系统系统,深化物业改革工作。大力推行"报修及公共环境监管系统""通勤车预约系统""后勤微信公众号",提高后勤信息化水平,提升服务效率和能力。开发上线物业管理信息系统、家属院门禁倒闸管理系统、菜品评价信息系统、食堂人脸识别门禁系统、视频会议系统、车辆安全与数据管理系统、文创店线上商城等。升级教职工家属院服务,在家属区安装自助洗车机、无人值守停车场系统、丰巢智能快递柜、刷脸门禁、刷码门禁系统、智能可视对讲门禁系统、微型消防站等,充分利用智能化手段,提升服务能力。在校区公共楼宇卫生间安装烘手机、喷香机、感应皂液器。规范引入品牌快递、票务等入驻校园,EMS自助投递、火车票自动售票等智能设备,建设榆中校区学生综合服务体,开设"一站式"服务大厅,为师生提供"24 小时"服务。在食堂建立原材料检测实验室,采购餐具表面洁净度仪器、自助称重售卖系统等。在医学实验楼、杏林教学楼、医学学生宿舍 8 号楼等重点楼宇使用清扫车等机械设备,不断提高管理和服务的技术手段。通过智慧服务,坚持后勤把文化融入服务广大师生需求之中,用管理服务的辛苦指数换取师生的满意指数。

总之,一流大学必须有一流后勤为支撑,更需要有一流的后勤文化为精神。高校后勤文化是学校文化的重要组成部分,发挥着独特且不可替代的育人作用。营造和谐校园文化氛围,推进学校各项事业,文化是发展的灵魂。下一步,我们将进一步坚定旗帜方向,紧盯目标任务,切实将后勤与育人结合起来,聚焦师生最急、最忧、最怨、最盼的问题,持续加强后勤文化建设,让后勤文化在兰大校园开花结果,为建立学校满意、师生满意、员工满意,符合世界一流大学建设需要的新型后勤保障服务体系而努力。

郑州大学后勤集团以文化建设引领服务转型升级

郑州大学　杨玉亭

作为国家双一流大学建设高校和"部省合建"高校,郑州大学后勤工作实行甲乙方的管理体制。乙方郑州大学后勤集团公司成立于 2001 年 5 月,现有各类职工 2000 余人,实行四校区一体化运转,工作范围涉及餐饮服务、水电暖保障、宿舍管理与服务、班车运行、通信保障、教学楼管理、校内维修、校园绿化保洁、幼儿教育等,为我校教学科研和师生生活提供后勤保障。后勤集团以打造"专业、优质、高效、便捷"的后勤服务保障体系为目标,以师生满意为导向,形成了以"管理精细、保障有力、服务至上、发展共赢"为核心的企业文化,通过文化建设引领服务质量、管理水平、工作效益同步提高,为学校建设世界一流大学提供坚实的后勤保障。

一、党建引领文化建设,坚定职工理想信念

我们坚持"党建文化"的主导引领作用,把党建文化融入职工的思想、作风、生活等方方面面,充分发挥党员的先锋模范作用,从根本上提升干部职工的思想境界,助推各项工作全面发展。具体做法:一是坚持开展理想信念教育,组织现场学习,思想文化建设有声、有色、有形、有情。2015 年后勤集团组织党员干部赴革命老区新县参观学习,重温革命岁月,激发工作动力;2017 年全体劳模奔赴井冈山,牢记革命初心;2018 年优秀党员及劳模在遵义开展现场学习,传承红色基因;2019 年赴革命老区卢氏、桐柏开展主题党日活动,进一步坚定理想信念、提升服务热情。二是丰富学习形式,增强学习效果。2017 年,后勤集团组织开展"不忘初心、牢记使命"专题培训班,邀请知名专家学者开展了 7 次专题党课讲座,深入开展"两学一做"教育,系统提升党员干部思想境界;2018 年举办"喜迎七一·践行十九大"主题知识竞赛,在全体职工中掀起学习习近平新时代

中国特色社会主义思想和十九大精神的热潮;2019年开展"六个一"党建活动,即开展一次"主题党日活动"、一次习总书记"金句"演讲比赛、一次专题党课培训、一次红色教育、一次红歌比赛、一次廉政教育,多措并举激励全体职工坚定理想信念,切实增强"四个意识"、坚定"四个自信"、做到"两个维护"。

二、强化规范、注重引导,增强队伍整体认同

我们坚持用优秀的文化引领人,以建章立制为基础,不断提升保障能力与服务水平,带领职工将服务标准内化为统一的价值取向,营造良好的干事创业氛围。一是严格落实并不断完善"三重一大"制度和集团会议制度,规范权力运行,制订一系列20余项管理制度,用制度管人、管事、管钱、管物,刚性规范后勤服务。二是为促使职工自觉践行工作规范,集团针对200多个岗位每个岗位制定了100多条量化考核标准,并持之以恒地每天检查考核,以全员绩效考核为核心,以竞聘上岗为手段,坚持"人员向一线流动、待遇向一线倾斜、干部从一线提拔"的用人导向,"爱岗敬业、以校为家、吃苦耐劳、敢打硬仗"成为集团长期积淀的优良传统和作风。三是以人为本,凝聚职工智慧促进事业发展。2016年至2019年召开三次职工代表大会,充分发挥工会桥梁纽带作用,积极组织职工参与民主管理和民主监督,集思广益、群策群力。四是实施后勤形象提升工程。主动加大宣传力度,每年在各类媒体发表宣传稿件300篇次以上;2015年和2017年举办两届"最美后勤人"评选活动、2018年举办"践行十九大,争做后勤服务标兵"活动,吸引师生广泛参与,线上线下累积投票超200万人次,极大地激发了后勤职工荣誉感和自信心。

三、丰富管理理念、创新文化载体,激发队伍整体活力

我们坚持用先进的文化激励人,借助先进的管理理念和管理手段激发队伍整体创造力。一是坚持双体系认证。后勤集团在全国高校中率先通过了ISO9001国际质量管理体系和HACCP食品安全管理体系认证,2016年又通过了新版双体系认证,统一工作标准、规范工作流程。二是为加强引导效果,集团加强网站建设,并通过微信群、微信公众号等强化内外沟通,展示后勤良好形象、弘扬后勤价值观。后勤集团微信公众号关注人数达6.2万人,多次在中原新媒体排行榜高校机构微信综合影响力榜单中排名第一。三是开展系统培训助力职工成长成才。定期邀请行业专家开展业务培训,并对培训效果进行评估,水电维修、厨师等岗位将业务考核结果与职工薪酬直接挂钩,激发职工学习

热情与主动性。四年来,集团职工在《高校后勤研究》等杂志上刊发专业论文20余篇,承担了7项全国和河南省后勤研究课题,1项成果获河南省教育厅人文社会科学优秀成果二等奖。

四、统筹规划、持续推进,以文化建设凝心聚力

我们注重文化建设的长期性和连续性,每年围绕一项专题,开展专项文化建设活动,以"改革""制度""服务""廉洁"等为主题开展的文化建设与宣传,不仅得到了后勤职工的积极参与,而且在学校内外得到了广泛赞誉。后勤集团每年至少投入专项资金30万元,用于打造功能完备的职工活动室,营造优美温馨的办公环境,组织开展丰富多彩的集体活动。集团组织的多项活动不仅深受职工喜爱,而且在校内倍受赞誉——职工合唱团在全校文化艺术表演中屡获金奖、集团大型歌伴舞"阳光路上"成为合校15周年庆典的开场节目、集团女工"阳光健身操"成为每年校运会开幕式表演的保留节目、连续五年在校运会荣获教工组团体总分前三名、定期举办趣味运动会、积极开展扶贫活动等。2015年被中共泌阳县委、泌阳县人民政府授予"扶贫定点开发帮扶工作先进单位",得到河南省总工会的关注和认可。

五、以立德树人为根本,丰富深化校园文化建设

我们坚持用生动的文化服务人,创新育人手段,通过文化建设指导服务型、节约型、创新型后勤建设。在校园文化建设中,我校着力打造以"郑发声""郑观察""郑开讲""郑青春""郑学习""郑引领""郑服务"为核心的校园文化特色品牌,由后勤集团牵头的"郑服务"成为其中的闪光要素。一是为提升师生对后勤服务的体验,后勤集团自筹资金建设省内首家数字化后勤服务平台,根据师生诉求不断完善"微后勤"平台建设,通过微信公众号引导师生参与监督、体验后勤服务过程,如邀请师生参与采购监督、体验"校园美容师"工作、在相关考核中参与评分等,既有效改进后勤服务,又加强了与师生的沟通交流。二是为倡导节约理念,连续五年组织开展"光盘行动",充分发挥节能监管平台的作用,不断划小水电核算和管理单元,"节粮、节水、节电"成效显著。三是不断优化育人环境。着力打造黄河文明和中原文化元素构成的核心景观带以及樱花林、牡丹园等特色校园文化品牌,不断提升校园文化品位,为学校赢得了"郑州西郊国立公园"的美誉,对我校荣获"全国文明单位"作出积极贡献,多次被评为学校"精神文明建设先进单位"。四是每年自筹资金用于开展"早餐工

程"，倡导学生走下网络、走出宿舍、走向操场，早起晨读锻炼可享受免费早餐，受到了中央电视台、中央人民广播电台、河南电视台、中国共青团网、《中国青年报》《河南日报》等全国180多家媒体的关注报道。

文化建设凝心聚力，文化建设助推发展。近年来，后勤集团通过开展红色教育、举办评优活动、丰富管理理念、强化规范管理、提升职工素养、创新育人手段等举措取得了一定的成绩，连续五年被评为学校目标考核先进单位，省级示范性学生食堂和宿舍数量位居全省第一，先后获得"河南省高校先进基层党组织""河南省高校后勤工作先进单位""全国高校后勤十年社会化改革先进院校"等荣誉称号，在河南省内高校中充分发挥引领示范作用。今后，我们将不断丰富与加强后勤文化建设，充分激发后勤队伍整体活力，引领广大职工为学校建设世界一流大学作出积极贡献！

着力构建"12345"工作模式 全力打造后勤文化育人功能

——中国矿业大学后勤思想文化建设案例

中国矿业大学 杨爱东 刘建光

高校后勤是"三全育人"工作的重要参与者、重要支撑者、重要保障者,后勤文化建设则是后勤育人工作取得实效的工作引领、工作指南、工作灵魂。近年来,中国矿业大学高度重视后勤文化在后勤管理服务中的重要作用,聚焦一个目标、建立两种机制、打造三类环境、搭建四大平台、形成五种成效,构建了后勤文化建设的"12345"工作模式,充分发挥了后勤文化育人功能。

一、聚焦一个目标,为后勤文化建设指明方向

"一个目标"即"立德树人"。围绕"立德树人"这一根本目标,总务部研究制定了《中国矿业大学总务部作风与思想文化建设规划(2016~2020年)》,明确了工作思路、工作理念、工作宗旨、工作目标、工作作风和服务承诺。

通过工作精神和价值追求的引领和践行,推动立德树人贯穿于各项后勤管理和服务工作链条和过程中,不断优化学校育人"软环境"和"硬环境",充实后勤文化建设内涵,充分彰显"没有讲台的课堂"的后勤和"不上讲台的老师"的后勤员工在学校育人中的地位与作用。

二、建立两项机制,为后勤文化建设提供保障

为深入推进学校后勤文化建设落地落实落细,学校建立健全了"组织领导机制和工作推进机制",保证后勤文化育人功能的发挥。

（一）加强组织领导机制

建立健全了总务部党政联席会议决策机制等五项运行机制和包括作风与思想文化建设工作领导小组在内的 12 个专门工作领导小组。作风与思想文化建设工作领导小组具体负责拟定总务部党风廉政建设和思想文化建设发展规划，督查落实党风廉政建设、工作作风建设、思想文化建设、对内对外宣传工作计划等。在其领导下，通过 6 个党支部和工会等组织积极落实后勤文化建设责任，让总务部的工作精神和价值观逐渐深入总务部全体员工的内心，践行于后勤管理与服务中，并进而成为凝聚起全体总务人干事创业的"精气神"。

（二）强化工作推进机制

（1）充分的投入机制。成立专门办公室并指定 2 名主管和 1 名工作人员具体负责落实后勤文化建设相关工作；每年设立 50 万元的后勤文化建设工作专项经费。人力、物力和财力的足额投入，有力地保障了总务部后勤文化建设的顺利推进和有效落实。

（2）有效的激励机制。总务部要求各二级单位在工作中彰显工作精神和价值观，并纳入年终绩效考核，实行"一票否决制"。各单位均制定了后勤文化建设实施细则，做到支部工作与文化的融合、行政工作与文化的融合、日常工作与文化的融合，切实发挥文化在后勤管理与服务中的引领和支撑作用。

（3）全面的监督机制。建立健全以党风廉政建设为主体，以宣传工作和绩效考核为两翼的监督机制。成立总务部纪委办公室，联合作风与思想文化建设领导小组指导监督后勤文化建设。在每年年底的绩效考核中，专门就后勤文化建设设立考核指标。

三、打造三类环境，为后勤文化建设注入内涵

后勤文化虽是观念、理念，其内涵却十分丰富。学校极力打造"管理育人、服务育人、文化育人"三类环境，进一步充实后勤文化建设内涵。

（一）规范的管理育人环境

要创造一个良好的管理育人环境首先要规范后勤员工的行为方式。总务部坚持以人为本，出台了《总务部领导接待日实施办法》《总务部领导干部"5＋3"工作法》等规章制度；设立"部领导接待日"，举办"我与后勤有个'月'会"，召开学生座谈会，虚心听取师生员工意见；在工作日践行"5＋3"工作法，深入基层一线、深入师生员工、深入实际现场，了解情况、听取意见、解决问题。

各二级单位结合自身实际,制定了《岗位工作职责》《服务工作规范》《服务工作标准》等,规范后勤员工的行为,让后勤管理服务做到制度化、标准化、科学化,并通过后勤员工的规范化、标准化的服务行为影响和教育学生。

(二)标准的服务育人环境

总务部打造集餐饮、学习、休闲等多功能于一体的书香餐厅、音乐餐厅等,让食堂不仅是师生吃饭的地方,同时也成为师生学习讨论的场所;午间增设"流动配餐车",方便师生就餐;建立"公寓爱心服务漂流区",开设"爱心缝纫点",用生活的一点一滴关爱师生;按照"一处一空间、处处有特色"的理念,充分利用教学区公共空间,改造建成"大学生研讨区",努力创造了轻松愉快的学习环境,为大学生搭建学习空间、创意分享空间、互动交流空间;开设了"厨艺课堂"全校公共选修课,让莘莘学子在享受美食的同时接受饮食文化和饮食知识的熏陶。

(三)浓厚的文化育人环境

总务部通过海报、横幅、灯箱片和LED屏在服务场所积极宣传社会主义核心价值观、"健康饮食"、"节约水电"等主题内容,开展"光盘行动",倡导勤俭节约优良传统;精心打造油菜花田、麦田、梅花鹿园、黑天鹅湖等景点,既陶冶了情操,又增长了知识;建设了校友林、励志碑,布局了校友捐赠的树木、孔子雕塑、文化石等,增强学生的认同感和自豪感。当下,学校的校园环境文化已经成为学校的一张靓丽名片,受到了社会的广泛认同。

四、搭建四大平台,为后勤文化建设创建载体

后勤文化作为一种"软文化",还需要"硬着陆"。为此,学校搭建了四大平台,为后勤文化建设提供形式多样、内容丰富的载体。

(一)思想政治教育平台

总务部党委认真履行自身职责,优化设置党支部,配优配强党支部书记,指导推进"两学一做"学习教育的常态化制度化,部署推进"不忘初心、牢记使命"主题教育活动,坚持每月政治理论学习,结合工作开展研讨,进一步增强了后勤员工的"四个意识"。

（二）素质教育培训平台

总务部充分认识到后勤队伍"数量较大、素质不齐"的特点,成立"总务部培训中心",通过内部培训和外派培训的方式开展后勤员工素质教育培训,推动学校后勤工作创新发展。

（三）"青春总务"活动平台

总务部坚持寓教于活动的原则。认真组织员工参加学校各类活动并开展具有后勤特色的系列文化活动。基本做到每月有 1～2 项文化活动,除职工喜爱的扑克牌赛、乒乓球赛等传统活动外,还积极开展"党团共建""三化三比"活动、趣味安全运动会、"班组晨会比赛"等,尤其是"最美劳动者""明星窗口""服务之星"评选,"美食文化节""迎'七一'职工合唱比赛"和"新年联欢晚会",已成为后勤人的特色和品牌文化活动。

（四）"智慧总务"建设平台

总务部通过校企合作的方式,开发了具有我校特色的"CUMT 微生活"微信公众平台。截至目前,自主开发了具有我校特色的后勤在线支付系统,实现了学生公寓电费在线缴纳功能,开辟了"迎新专栏",整合了学生公寓洗浴热水充值服务、共享单车、宿舍查分、离宿请假、智能充电等服务资源,将学校零散的后勤服务功能进行了有效整合,真正做到"一个平台办事,一个窗口服务,一部手机解忧"。

五、形成五种成效,为后勤文化建设提升品质

后勤文化哺育师生活,成效凸显后勤文化品质。学校通过不懈努力,大力加强后勤文化建设,发挥了后勤文化独特的育人功效,提升了后勤文化建设的品质。

——就餐环境的改善、色香味俱全的菜肴、"文明食堂"的创建,使学生就餐时感受到美的存在,提升他们的审美素养,让饮食中心成为大学生审美素养提升的场所。

——微笑服务的宿管、温馨体贴的问候,"文明宿舍"活动的开展,使学生就寝时感受到"家"的存在,提升他们的道德素养,让公寓中心成为大学生道德素养实践的场所。

——智能化的管理、高效率的服务、一站式的体验,使学生感受信息化的便捷,提升他们的创新素养,让物业中心成为大学生创新素养提高的场所。

——"老师,您辛苦了,您请坐!"温馨的问候变成行动的自觉,使学生感受礼让的愉悦,提升他们的文明素养,让运输中心成为大学生文明素养彰显的场所。

——"珍惜每一滴水、节约每一度电!"小小的宣传语化成主人翁意识,使学生感受节约的重要性,提升他们的节约素养,让水电中心成为大学生节约素养养成的场所。

后勤文化建设永远在路上。今后,我们将坚持走后勤文化育人之路,全面提升学校后勤管理服务质量,为学校早日建成能源资源特色世界一流大学提供坚实的后勤服务保障!

精准管理　精细服务　精心育人

——浙江海洋大学后勤服务育人文化建设纪实

浙江海洋大学　徐献忠　华洁　吴晨红

习近平总书记在党的十九大报告中指出:"没有高度的文化自信,没有文化的繁荣兴盛,就没有中华民族伟大复兴。"在全国高校思想政治工作会议上,习近平总书记强调:"要坚持把立德树人作为中心环节,把思想政治工作贯穿教育教学全过程,实现全程育人、全方位育人,努力开创我国高等教育事业发展新局面。"作为"十育人"一体化的育人体系,高校后勤服务育人的功能应与课程育人、科研育人等融合起来,形成高校育人的合力。浙江海洋大学基建与后勤管理处(以下简称"浙海大后勤")多年来围绕"精准管理,精细服务,精心育人",以新思想、新观念为导向,以新技术为手段,不断提升后勤服务的质量与水平,推动学校育人工作的开展。

一、不断积淀,渐成共识

浙海大后勤在社会主义核心价值观引领下,多年来全力打造"阳光后勤、绿色后勤、信息后勤、快乐后勤"的后勤文化体系,认真贯彻"一切为了师生,为了师生一切"的服务理念,积极发挥后勤服务育人功能。

(一)成立领导小组

2016 年 12 月,浙海大后勤成立了后勤文化建设领导小组,由处主要领导牵头,制订后勤文化建设规划,深入贯彻"全员育人、全过程育人、全方位育人"的后勤文化宗旨,不断提高员工主动服务的意识,提升后勤服务品质。

(二)完善管理制度

完善的制度建设是催生和凝练文化的前提,浙海大后勤从学校、后勤部门及各服务中心三个层面,全面修订了后勤管理规章制度,制度体系完善。学校领导亲自指导,编制了《后勤精细化管理与服务手册》,细化岗位职责和工作标准,进一步提升服务品质。

(三)设立专项资金

浙海大后勤每年在编制预算时,充分考虑本年度文化建设资金需要,列入年度预算,近几年来共投入文化建设经费90余万元,为文化建设提供充足的资金保障,主要用于后勤信息化建设、文化活动、激励典型等方面。

(四)校训精神实践

"海纳百川,自强不息"的校训精神,是后勤文化的土壤。近年来,浙海大后勤把弘扬和传承校训精神作为基石,积淀后勤文化内涵,提升品牌服务效益,增强员工的服务意识、质量意识、发展意识、创新意识、大局意识、奉献意识,形成了独具特色的后勤服务育人文化。

二、理念科学,方法得当

高校后勤"管理育人、服务育人、环境育人"的宗旨和"为学校发展服务、为教学科研服务、为师生生活服务"的目标,决定着高校后勤文化的核心功能就是育人。浙海大后勤以科学的管理理念、完善的培养体系、信息化的管理手段、多样化的文化载体,形成了颇具特色的后勤文化,在学校育人工作中发挥着重要作用。

(一)以科学管理促思想提升

浙海大后勤在开展服务与保障过程中坚持常做常新,进一步推进精细化管理与服务工作,在推行过程中不断发现问题、解决问题。同时,强化目标责任管理,细化考核细则,加强监督管理。此外,还要求各服务中心合理运用全面质量管理、PDCA循环法等先进的管理理念,对与后勤服务质量有关的全过程加以管理,保证"人人有事管,事事有人管",避免出现管理与服务的"真空"。

(二)以学习培训促能力提高

浙海大后勤以转、培、引的方式加强对员工队伍的培养,着重建设干部队伍、大学生管理队伍和技术骨干队伍三支队伍。针对后勤管理与服务存在的主要问题,分领域设立课题,组建课题小组,开展专题研究,形成研究成果,为推进精细化管理与服务提供理论与智力支撑。其中,由分管副校长徐士元、处长徐献忠撰写的《高校后勤工作的理念更新与实践创新》在《高校后勤研究》上发表。每年面向专技岗和技能岗员工开展岗位技能考核，形成"比、学、赶、帮、超"的学习氛围，增强服务育人的能力。

（三）以多种载体促氛围浓厚

为营造后勤人"育人自育"的氛围，浙海大后勤设立了荣誉榜、文化墙、学习室等，形成了浓厚的文化氛围。设置了党员示范岗、服务明星岗，发挥模范带头作用，以点带面，激发员工"人人争先"的热情，提升员工的思想境界和育人本领。建立了"一服务一品牌"思政工作法及后勤干部联系学生寝室制度，主动关心学生成长成才。

（四）以科学技术促服务质量

浙海大后勤积极打造信息化平台建设，集订餐、物业报修、缴费等功能于一体，以实现快捷、高效的后勤信息化管理与服务，为师生提供便利。

（五）以学生融入促沟通顺畅

浙海大后勤组建民主监督会、膳管会、物管会、"三自"会等学生社团，让学生参与后勤的管理和监督，搭建与师生沟通的桥梁，促进后勤服务质量的提升。

三、成果显著，深得好评

多年来，浙海大后勤以"海纳百川，自强不息"的校训精神为基石，以"精准管理、精细服务，精心育人"为特色，提升了后勤文化品牌，得到了学生、教师、员工及社会的认可。

（一）学生满意

浙海大后勤积极探索"八小时"之外的育人途径，每年11月份举办优质服务月活动。将后勤服务，尤其是学生公寓管理工作，与育人工作紧密结合，积极开展文明寝室建设，每年公寓文化节推出书画大赛、跳蚤市场等活动。推出了千人饺子宴、中医诊疗等活动，曾多次被新京报客户端、浙江在线、浙江新闻客户端、舟山电视台等媒体报道。推出了4元特价套餐，被浙视频报道为"最有良心的大学食堂"。推出了节假日回家直通车，师生可直接在学校和浙江省各县区间往返，学生非常满意。

（二）教师称心

为解决教职工下班买菜难问题，浙海大后勤在校内设立了蔬菜直供点，为教职工提供平价新鲜蔬菜。为感恩回馈教职工对后勤工作的支持，推出了爱心生日餐、优惠工作餐、免费咖啡茶点等活动，让教职工感受到学校及后勤的关怀。代办车辆年检、班主任校内临时住宿、母婴爱心房等服务，深得老师们的赞许。

（三）员工开心

浙海大后勤每年开展春、秋两季趣味运动会，员工参与面达到75%以上；每年举行年度总结表彰大会暨迎新联欢会，在表彰先进的同时，发挥后勤员工的特长，由员工自编自导自演，以唱歌、舞蹈等载歌载舞的方式迎接新年的到来，学校主要领导出席并向后勤员工送上真诚的新年祝福，温暖着每一位后勤人的心，深得员工喜爱，员工的归属感和认同感日益增强。

（四）社会赞许

每年4月，樱花竞相绽放，学校的樱花节活动已连续开展5年，吸引了约6万人次的市民朋友前来观赏。校园的美丽和整洁离不开后勤人平时的精心养护和打理，市民们对樱花的赞许也正是对后勤服务的点赞。后勤党总支、后勤团支部与结对学生党支部走出校园、走进渔农村、深入第一线，开展"送医送药送温暖""红色志愿，情系白泉"等社区志愿服务活动，深受居民好评，在传递"爱"的同时，也让学生在服务社会中成长。浙海大红十字会致力于应急救护培训，充分利用节假日服务地方、奉献社会，利用渔民休渔期，对普陀区选派的2800余名船员开展应急救护知识和技能培训，助力舟山政府打造海上救援团队，守护渔民平安，获得社会的广泛好评。

经过多年来的努力，浙海大后勤多次获全国以及浙江省高校后勤系统信息与宣传工作先进单位、浙江省教育系统"三育人"先进集体等荣誉。《浙江海洋大学后勤服务育人长效机制》获高校后勤服务育人内容与长效机制研究课题征集典型案例二等奖。校红十字会代表舟山市获第三届浙江省红十字应急救护大赛团体一等奖，并将代表浙江省参加全国比赛。后勤第一党支部被评为学校先进基层党组织。后勤指导的爱心社、同伴社、"三自"会、物管会、膳管会等学生社团被评定为学校星级社团。同时，涌现了一大批先进个人，如校医院副院长俞晓明被评为浙江省"三育人"先进个人；物业会场管理员高定龙被学生评为学校首届"我心目中的好老师"。

后勤文化对校园文化有着至关重要的作用,可以将之概括为以下三点:

（1）后勤文化践行和丰富了我校"海纳百川、自强不息"的校训精神;

（2）作为"十育人"一体化的育人体系,后勤服务育人与课程育人、科研育人等融合,形成了高校育人的合力;

（3）后勤文化有利于提升师生和员工的凝聚力,加深了一届又一届"海大人"对母校的情怀。

坚持后勤文化引领 打造后勤品牌亮点

——鲁东大学后勤文化建设综合论述

鲁东大学 孙德新

近年来,鲁东大学后勤工作秉持"学在鲁大"办学理念,不断推进后勤各项事业改革,以实现管理科学、保障有力、服务到位、构建师生满意后勤为目标;坚持"以师生为本""三服务三育人"两条原则;推进由管理本位向服务本位转变、由保障型后勤向保障经营型后勤转变、由粗放型管理向精益化管理转变;深化管理体制和运行机制改革、分类管理改革、分配制度改革、用工制度改革;搞好后勤干部职工队伍建设、后勤工作顶层设计和制度建设、后勤文化建设、节约型学校建设、校园基础设施建设。在重视日常业务工作开展的同时尤为重视后勤思想文化建设,通过打造"鲁大后勤"服务品牌、完善各类规章制度、构建专业文化团队以及开展丰富的文化活动来营造后勤文化氛围,以做好师生切实关注的民生大事来打造优秀后勤服务文化、树立后勤服务形象,达到服务育人的目的,荣获"山东省2018年度高校后勤管理先进单位"称号。

一、重塑后勤文化氛围,营造全民参与的服务育人理念

长期以来,高校后勤都是保障学校教学、科研的服务单位,涉及师生生活、学习的方方面面,"吃苦、吃怨、吃气、吃难"是后勤工作的最大特征,"有事情找后勤"是众多院校对后勤工作最直接的体现。长期以来,后勤人艰苦奋斗、任劳任怨的"工人形象"深入人心,但也使得后勤人对后勤文化建设的认识程度、重视程度不够。后勤一线工作者通常存在错误观念,本职工作与后勤文化建设剥离。因此,我们把解决思想问题作为推行后勤文化建设的首要目标,为重塑后勤文化氛围,提高后勤人员对于服务育人以及后勤文化建设的认识,鲁大后

勤坚持以人为本的思想,先从自身员工入手,关爱员工、帮助员工,从情感上对后勤职工给予关怀和慰藉,通过行动让后勤员工感受到后勤文化建设的重要性,激发他们参与后勤文化建设的自觉性与热情。再者就是营造浓厚的学习氛围,通过每月两次的党政联席会,提高后勤班子成员对于后勤学习文化氛围营造的认识,通过各党支部自主学习、党课学习,充分发挥党员的先锋模范作用,最后就是开展各类形式的培训、学习课,如开展全员培训,提升队伍整体素质,为科级以上干部购买并发放了《如何在组织中成就卓越》《后勤流程管理》等书籍,饮食服务中心每年都会举办礼仪培训、职工烹饪技术培训、食品卫生安全知识教育培训;修建、能源中心联合开设了专业技术课;校园管理中心职工举办了认识植物外观、熟悉植物特性的现场讲座。通过一系列培训活动的开展,营造良好的后勤文化建设氛围,积极纠正部分后勤职工事不关己的错误心态,真正以主人公的姿态投入到加强后勤文化建设的工作中来,解决了员工的思想问题,也使后勤思想文化建设工作有了重要的思想保障。

二、完善管理机制,通过制度建设保障后勤文化健康发展

后勤思想文化建设与后勤日常工作息息相关,要想使后勤思想文化这棵大树健康成长,使后勤文化建设走上制度化、规范化、科学化的轨道,那么后勤各项业务作为土壤,就必须健康、平整。只有完善的后勤管理制度,才有利于后勤文化的合理灌输与培植,实现制度与文化理念有机对接。鲁大后勤通过建章立制强化基础管理和监督,促进文化建设与后勤发展战略、管理体制深度融合,把后勤文化建设融合到日常业务开展的全过程,针对加强后勤服务标准和服务质量制订出台了《鲁东大学后勤服务经营工作考核办法》和《鲁东大学校园物业监管考评标准》,进一步完善了《鲁东大学后勤服务市场监管考核办法(试行)》《鲁东大学后勤社会化项目监督管理实施细则(试行)》,制订印发了《进一步改进后勤工作的实施方案》,此方案包含《后勤处考核工作方案》等十余个子方案,为后勤各项业务工作有序开展夯实了基础,并在这一过程中将一系列后勤精神、价值观念、经营理念、服务意识和后勤文化的行为规范渗透到管理制度和机制中,有效地规范了后勤各项业务的开展以及员工的行为方式,使职工既有价值观的引导,又有制度化的规范,逐步形成了后勤文化植根于后勤具体业务又引导后勤业务开展的良好局面,两者相辅相成,确保了后勤文化的正确发展方向,避免后勤文化建设重形式轻实用。

三、以后勤品牌丰富后勤文化，突出后勤服务文化亮点

多年来，经过不断加强对鲁大后勤品牌的建设，后勤服务品牌建设成效显著，逐步打造了"鲁大饮食""鲁大接待""鲁大绿化""鲁大保洁""鲁大节能""鲁大修建"等后勤服务品牌，后勤工作也取得了相应成绩。节能减排措施到位，施工队伍能打敢拼，医疗服务意识提升，用工制度改革效果明显，职工队伍相对稳定，用工风险降到最低，劳动纠纷基本消除。学生膳食服务已成为烟台威海地区高校伙食工作的标杆，实现了食品原材料的集中统一采购和进、销、存动态管理，做到了食堂精细化成本核算和成本控制；建立了猪肉、鸡产品厂家直销进货渠道，确保了饭菜质量，先后荣获了"高校伙食工作先进集体""山东省高校示范餐厅""山东省高校伙食管理工作先进单位""山东团餐优质服务餐厅"等多项荣誉称号。校园道路全部实现沥青化，达到 6 万多平方米，建设数十个塑胶篮球、排球、网球场地和田径场地，建设校园休读、绿化景观 12 处，校园绿化工作持续高质量服务，校园主干道柏杨伟岸、银杏成排，牡丹园花香四溢，镜心湖景色温馨，思源湖匠心独特，校友园硕果累累，2018 年荣获"全国绿化模范单位"称号。冬季供暖质量过硬，抢修、急修及时到位，供暖效果明显优于烟台市供暖平均水平。接待服务工作始终坚持"对内紧紧围绕服务师生、对外积极开拓市场、创造收益"的原则，促进接待服务工作健康、稳定、可持续发展。通过校园供水水质改造、供暖社会化、社会大型餐饮公司经营学校餐厅、高标准体检、校园高质量绿化保洁、构建服务 QQ 群等重点民生项目的开展及落实，有效打造了优秀的后勤文化氛围，进而树立了后勤良好的服务形象，师生满意度逐渐提高，基本实现了保障有力和服务到位，后勤社会化改革取得了阶段性成功。

四、打造专业文化团队，着力提升文化建设水平

高校后勤文化建设作为高校后勤一项需要长期坚持的工作，还有很长的路要走。既需要长远规划，也需要短期目标；遵循文化建设的规律，循序渐进，注重积累，也需要短时间内时不我待的创新工作；既需要稳扎稳打，也需要奋勇向前。在这一过程中，就需要一支想干事、能干事、敢干事的优秀后勤文化建设队伍作为中枢把控全局。近年来，鲁大后勤逐步加大对后勤文化建设队伍的搭建力度，由主要负责人带队，不断地构建像后勤宣传队伍这样的专业团队，逐步地补充、引进高层次或者是专业人才，不断提升后勤职工的文化内涵和道德素养，

不断增强创新意识和创新能力,逐渐形成了一支作风优良、接受新事物能力强、学习能力出色、干事热情出众的后勤文化建设团队。通过加强鲁大后勤官方网站建设、增设校园宣传栏,积极借助微博、QQ群、微信公众号等新媒体平台加大对后勤文化建设的宣传力度,对后勤文化建设进行多维度补充,保持后勤文化的活力和生命力。

五、丰富后勤文化活动,形成后勤文化价值观

高校后勤文化建设不是一朝一夕的事情,而是一个长期复杂艰巨的过程。通过高校后勤文化活动的开展,将高校后勤文化建设理念的宣传灌输搭载于具体的活动形式或工作内容中,逐渐形成后勤职工对高校后勤文化建设的认知、认同并积极主动执行的后勤文化价值观。鲁大后勤充分认识到,想要更进一步的发挥后勤服务育人、管理育人的功能,就要让全校师生更加了解后勤、认可后勤,因此近年来,鲁大后勤制订了一系列的后勤文化活动方案,与学校学生会开展合作,开展了"大学生进餐厅帮厨""节水节能宣传周""光盘行动""端午节包粽子""中秋节制作免费月饼"等特色活动;充分利用各党支部以及后勤党员的主题党日时间,组织了"义务除草""义务植树""后勤登山""后勤趣味运动会""井盖涂鸦"等特色活动,丰富多彩的后勤文化活动促进了师生对高校后勤文化的认可。

随着高校后勤社会化改革的不断深入,后勤工作也不仅仅满足于过去的基本服务保障,而高校后勤文化建设作为后勤工作的一项长期的系统工程,是推动高校后勤事业发展的重要支柱,鲁大后勤将更加努力把握高校后勤发展的客观规律,全力推进高校后勤文化建设,为学校师生提供更加优质、多元的后勤服务内容,进一步发挥后勤服务育人的功能。

聚焦立德树人目标 践行服务育人文化

—— 安徽财经大学后勤文化建设成果介绍

安徽财经大学后勤服务集团

安徽财经大学后勤服务集团以习近平新时代中国特色社会主义思想为指导,以社会主义核心价值观为引领,牢固树立"三服务、三育人"根本宗旨,努力把"三全育人"贯穿后勤服务工作的全过程,把思想政治工作融入服务工作的各个环节,不断加强员工思想道德建设,强化服务育人意识,完善服务育人机制,优化服务育人环境,创新服务育人载体,让服务育人落到实处,不断增强学生的社会责任感、创新精神和实践能力,更好地促进学生成长成才,逐步形成了具有安财大特色的后勤文化体系。

一、创新文化建设理念,引领核心价值

后勤服务集团按照学校校园文化建设的要求,积极推进后勤文化建设,不断加大集团文化建设力度,广泛开展后勤文化建设理念征集活动,并组织召开集团文化建设研讨会议,最终经过集团职工代表大会审议确定将"甘于人后,勤于人先"后勤精神;"诚信为本、科学发展、办学校师生员工满意的后勤"的质量方针;"师生为重、服务至上、真诚奉献、追求卓越"的服务理念;"智慧后勤、人本后勤、绿色后勤、平安后勤"的奋斗目标成为集团文化内涵。

二、主要做法及特色

(一)创建文化品牌,凸显文化育人特色

1. 环境育人文化

目前,学校的校园整体布局、建筑风格、自然生态凝聚了安财大全体师生的

文化思考和审美价值,凝聚着后勤人的勤劳和心血,学校被评为"全国绿化模范单位"。集团组织开展"美丽安财"摄影征文活动及书法绘画大赛,并将获奖作品裱框挂于学生公寓楼内,营造文化氛围,强化环境熏陶和价值引导。对教室、场馆、食堂等的楼道、大厅、主文化墙进行文化展示设计;联合艺术学院对全校100余个窨井盖进行彩绘,以节水、节粮、绿化、环保等为主题,让校园环境充满生机,校园的绿化、美化、净化、亮化为师生们学习、工作和生活提供了一个优质舒适的校园环境,进一步增强了环境育人功能。

2. 管理育人文化

集团于2009年进行了ISO9001管理体系认证,现已形成了系列服务质量管理程序文件,为每一个服务岗位和工作都制定了控制程序,并不断巩固和优化管理体系的建设成效;开通400服务热线,启动后勤一站式服务,并依托后勤数字化信息平台,实现科学、高效的后勤管理,为师生提供更加全面的服务。集团不断创新管理文化,通过开展"智慧后勤""和谐后勤"等主题活动,以精细化管理、智慧后勤建设为抓手,积极开展"互联网+后勤服务"行动,建设了数字化服务大厅,以师生需求为导向,在现有信息化平台建设的基础上,利用手机终端建立校园一站式、菜单式、引导式、互动式的后勤服务新模式,搭建后勤服务报修服务、订餐服务、借教室服务等管理的云平台,提高服务质量和工作效率,为师生提供精细、贴心的服务。

3. 服务育人文化

集团以"品质后勤"为引领,以服务为主要载体,在学生情感体验、审美情趣、思想道德、行为规范及实践养成上,发挥教育、引导、感染作用,助力学校"立德树人"根本任务的落实。餐饮中心围绕"安全、实惠、营养、美味"八字方针积极开展"校园美食文化节""舌尖上的安财"等食堂文化活动和用心烹调真情打造"爱心病号饭""安财老味道"等系列"暖心"服务举措,形成"暖心情怀"餐饮文化品牌。公寓中心着力于"安心工程""温馨工程""成长工程"三项工程建设,坚持举办"公寓文化节",开设"爱心微波炉"、设立"综合服务室""爱心屋"等,打造了具有安财大特色的"安心、舒心、温馨"公寓文化品牌。维修中心的"党员义务维修"与张贴温馨提示进行预约服务和教保中心"微笑服务"等。通过设立"党员示范岗""优秀党员示范岗""劳动之星""服务之星"等评选活动,构建了服务育人示范岗的遴选、培育和考核评价机制,选树服务育人先进典型模范。集团多措并举,把师生的呼声作为第一信号,把师生的需要作为第一选择,把师生的满意作为第一标准,急师生之所急,解师生之所难,办师生之所盼,努力把每一次有形的保障服务工作都化成无形的育人活动,始终将育人理念与点滴文化相结合,育人效果得到了全校师生的高度认可。

(二)构建学习培训体系,打造"学习型后勤"

1. 学习培训

集团每年制定学习培训计划,着力把后勤精神、服务理念等文化精髓固化到每名员工心中,并成为支配后勤员工言行的自觉意识。集团举办了新学期员工培训、管理人员培训等,并通过参加会议、调研等形式加强学习。

2. 工作研讨

集团每年定期开展部门经验交流和个人座谈交流,围绕后勤重点工作、存在的问题和后勤发展建议等进行交流研讨,从而明确了方向、统一了思想。

3. 理论研究

集团注重集团文化研究,撰写的《"安心、舒心、温馨"学生公寓建设研究》荣获"全国高校学生公寓工作优秀成果一等奖",并在中国教育后勤协会相关大会上分享我校学生公寓工作新成果、新思路、新举措、新经验。

(三)发挥新媒体作用,推动文化建设

1. 推广集团网站

后勤网聚集集团宣传、服务、内部交流等功能。网站设计风格新颖、文化气息浓厚,充分体现了后勤文化特点,是全面丰富的形象展示平台,及时有效、丰富多彩的展示集团动态,使建设阵地发挥着积极的作用。

2. 建设服务平台

建设后勤服务大厅,开展一站式服务。后勤微信公众号共设置了"微生活""微服务""微热点"3个主栏目以及"教室服务""维修服务""校园订餐"等27个子栏目,囊括了后勤所有服务。

3. 宣传文化建设

集团在后勤网、微信公众号、LED屏、QQ群、微信等媒体平台上进行宣传报道,努力营造良好的舆论氛围和外部环境,及时发布后勤工作动态、文化及服务信息,展示了后勤人服务精神和新形象。

（四）丰富文化载体，构建和谐氛围

1. 以和谐温馨的人文关怀感化人

集团强化依法用工，推进和完善了集团薪酬分配制度，努力构建和谐的劳资关系，几年来，聘用员工收入逐年增长。为员工定期体检、发放生日蛋糕券、防暑降温饮品等，召开职工座谈会及走访慰问困难职工，让员工感受到在小家庭之外的"大家庭"的温暖，增强员工的归属感，实现了集团的和谐发展。2014年集团荣获"安徽省劳动保障诚信示范单位"称号。

2. 以文体活动，增强后勤凝聚力、向心力

集团通过举办趣味运动会、登山比赛等活动，增强了后勤员工的归属感和荣誉感。连续几年在学校运动会中荣获冠军，在学校组织的拔河比赛等活动中均获得佳绩。集中体现了后勤员工团结拼搏、相互协作的精神，展现了后勤人良好的精神风貌。

三、取得成效

安徽财经大学后勤文化建设工作成效也获得了上级领导以及同行专家的肯定和认可。先后获得了"全国绿化模范单位""全国百佳食堂""安徽省工人先锋号""全国高校后勤十年社会化改革先进院校""全国高校后勤文化建设先进单位""全国高校后勤系统信息宣传先进单位""全国高校学生公寓工作优秀成果一等奖""全国高校学生公寓文化建设成果一等奖"等荣誉。集团公寓管理员王维忠先后被授予"安徽省先进工作者""2011年全省十大教育新闻人物"等荣誉称号，《安徽日报》、中安在线、安徽教育网、《淮河晨刊》、蚌埠电视台等多家媒体先后报道了王维忠的先进事迹。2019年5月人民网安徽频道以《立足人本、承载智慧、绽放绿色——安徽财经大学后勤集团以匠人精神打磨"服务育人"真谛》为题，报道了我校后勤集团以匠人精神打磨"服务育人"真谛、《淮河晚报》、十点直播等媒体报道我校60周年校庆学生公寓情景再现活动。

安徽财经大学后勤服务集团将以习近平新时代中国特色社会主义思想为指引，继续秉承"诚信博学、知行统一"的校训精神，守正创新，砥砺前行，以后勤文化为引领，以建设一流后勤为目标，不忘立德树人初心，牢记服务育人使命，积极研究和探索后勤工作服务育人的功能，努力办好学校和师生员工满意的后勤，为培养新时代的合格建设者和接班人提供强有力的保障。为实现师生对校园美好生活的向往而不懈奋斗。

聚焦后勤文化内涵　引领一流后勤发展

——扬州大学后勤文化建设巡礼

扬州大学　王琳

近年来,扬州大学坚持"以师生为中心"的发展思想,坚持走提高质量、彰显特色的内涵式发展道路,不忘初心,牢记使命,大力实施"文化强校"战略。扬州大学后勤保障处紧紧围绕学校文化建设总体部署,全力聚焦一流,全面深化改革,通过各种举措加强后勤文化建设,增强后勤凝聚力,树立后勤良好形象,提高后勤服务保障水平,促进后勤高质量发展。

一、加强顶层设计,构建后勤发展新格局

学校和后勤保障处高度重视文化建设,将后勤文化建设纳入"十三五"发展规划,对后勤文化建设发展战略进行长远规划、整体布局,提出长期目标、总体要求。构建了由价值追求、科学管理、部门形象三大板块组成的扬州大学后勤"文化模型"。后勤保障处党政联席会定期研究后勤文化建设,将其列入每年年度工作要点,重点部署相关工作,并对后勤文化建设近期目标提出具体措施和实施步骤。

成立后勤文化建设领导小组和工作小组,每年设立文化建设专项经费20万元,制订《后勤文化建设实施方案》和《文化建设活动奖励办法(试行)》,同时将文化建设纳入科(室)、中心年度考核细则和干部职工个人年终考核评价,确保后勤文化建设重点突出、环环相扣、分步实施、整体推进。

二、凝练核心内涵,开创后勤文化新局面

经过长期积淀,不断总结,后勤保障处高度凝练出后勤文化建设的总体目

标和核心内涵。

总体目标：以建设文化后勤为核心，着力创新文化理念、健全文化制度、提升文化素养、营造文化氛围、塑造文明形象，推动后勤保障工作规范化、现代化、人文化，构建文明、平安、和谐的后勤文化体系，以文育人，以文化人，造就一支高素质后勤职工队伍，为高水平研究性大学建设提供坚实保障。

核心内涵：

（1）后勤精神：坚守、奉献、至善、创新；

（2）质量体系：保障有力、服务优质、运转高效、安全和谐；

（3）工作理念：勤奋务实、服务为本、规范管理、持续改进；

（4）管理文化：讲政治、勇担当、善管理、精技术；

（5）育人文化：爱心、贴心、细心、精心；

（6）服务文化：微笑、主动、精准、满意。

三、落实主要举措，实现后勤发展新突破

（一）着力思想文化建设，凝心聚力创和谐

近年来，后勤保障处大力弘扬社会主义核心价值观和校训精神，以精神文明建设和思想道德建设为核心，点面结合，突出重点，不断推进后勤思想文化强基固本。具体体现在：一是增强党建引领，奠定文化之基。后勤党委坚持扎实推进"两学一做"学习教育常态化制度化，饮服党支部微党课荣获全国高校"两学一做"支部风采展示活动特色作品奖。制定党员教育培训规划，开展廉政文化知识测试活动，连续四年举小暑期党员干部培训班。建立党风廉政建设责任制网络，签订廉政协议书，积极开展廉政文化建设主题系列活动。二是加强理论研究，凸显文化自觉。充分利用全国、江苏省教育后勤协会理论研究会的活动载体和交流平台，组织干部职工积极申报各级各类课题项目，推动后勤理论研究工作深入展开。鼓励广大员工撰写论文，组织参加校内外各类征文、论文评比活动，为后勤文化建设提供理论支持。每年课题项目立项 10 项左右，发表论文 20 余篇。学校先后荣获"全国高校后勤文化建设优秀示范单位"称号和全国后勤研究力排行榜第八名。三是弘扬主旋律，践行核心价值观。加强后勤员工职业道德建设，努力做"政治强、情怀深、思维新、视野广、自律严、人格正"的不上讲台的教师。组织参加学校"情暖校园""校园先锋"评选活动；开展"后勤十佳之星""活力青年""青春·赛场""争做时代先锋"等评选活动，塑造先进典型。后勤双职工刘忠夫妇自 2011 年起"隐形资助"基层社区残联和贫困残疾人，《中国教育报》《光明

日报》等多家媒体给予综合报道；"宿管妈妈"汪国珍获江苏省首届"感动公寓"人物称号；"最美保洁员"群体被授予学校"情暖校园"人物提名奖。后勤青年职工参加的志愿服务项目"益往黔行"荣获中国青年志愿服务项目大赛金奖。四是举办文化活动，彰显文化功能。积极组织与服务对象参与的特色文化活动，连续组织16届"美食文化节"、17届"宿舍文化建设月"、10届"红五月上门维修服务活动""楼宇文化建设月"、"自培菊花展"等活动。组织参加全省、全校等各类文艺演出、田径运动会以及球类、棋类比赛等430余场次活动；连续六年举办后勤员工趣味运动会、棋牌比赛、卡拉OK大赛以及自编自导自演的特色元旦晚会，以文化感染人、凝聚人、塑造人，努力打造育人后勤。

（二）着力制度文化建设，规范管理促发展

后勤保障处于2015年9月通过ISO9001质量管理体系认证，2018年完成质量管理体系转版工作，每年定期组织内部审核、管理评审和第三方监督审核，不断修订质量管理体系性文件，开展岗位规范化作业竞赛活动，完善行业标准，推进服务与管理标准化建设。一是完善保障机制。后勤保障处积极完成校级层面以及全处制度的"废、改、立"工作，加强内控体系建设，开展"质量提升年"活动，编印《后勤保障处制度汇编》；实行服务工作提醒制度，编印《后勤保障处服务工作周期律》《后勤党委工作月历》，加强工作前瞻性和计划性，固化常规工作，推进主动服务。二是健全激励机制。出台《后勤保障处内设部门年度考核办法（试行）》和《后勤保障处科（室）、中心年度考核细则》，完善绩效考核方案和业绩绩效分配细则；构建内部监管与服务体系评价相结合的评价机制；坚持完善用人机制，连续五年推行全员聘任，打破身份界限，建立人才引进机制，人才培养机制，人才激励机制，做到重点培养，层层把关。三是强化机制创新。建设"智慧后勤"，融合优化现有信息和服务资源，开通后勤官方微信，自主研发重管理、便服务、增效益的特色应用系统34个，如教职工体检预约、食堂风险源管理系统等，其中零星维修抢单系统获得国家计算机软件著作权专利。坚持"让信息多跑路、让师生少跑腿"，推行后勤OA管理系统，运行物业绩效综合管理系统，建立校园路灯智能管控系统等。学校先后荣获"全国高校后勤信息化建设工作优秀单位""全国教育后勤信息化建设优秀示范单位""全国高校教育后勤新科技应用领跑单位"等称号。

（三）着力行为文化建设，服务育人暖人心

后勤保障处坚持发掘服务潜能，形成"四化一体"的服务理念，打造文化品

牌。四化：①精致餐饮文化。开设"教工服务窗口""共产党员服务窗口"，推出"餐桌110"和"私人订制"服务，将餐饮服务向个性化服务发展。②温馨公寓文化。建立学生公寓"全时服务"机制，加强公寓环境建设，建设生活岛、学生休闲活动场所，设立"辅导员工作坊""党团进公寓"，提升宿舍文化品位，彰显公寓服务特色，发挥服务育人功能。③美丽物业文化。推进物业服务精细化、规范化管理，推行项目化管理，推进"厕所革命"，提升楼宇服务品质，强化楼宇环境质量，打造楼宇文化建设特色品牌。④厚德医疗文化。加强医德医风建设，改善医疗软硬件条件，推行网上预约体检系统。规范服务行为，提升服务技能，创新服务内容，开展患者评医活动，举办形式多样的健康教育文化活动。一体：推进后勤文化品牌输出。饮食服务中心为扬州市社保局、树人中学等单位提供优质的餐饮服务，成为扬州市食堂餐饮金字招牌。物业服务中心代管的扬达物业公司为扬州市供电公司等多家单位提高物业服务，全力推行精致服务和创新服务，物业服务品牌效应凸显。医疗服务中心组织精兵强将成立"扬马"志愿者团，积极参与每年一度的扬州鉴真马拉松赛的医疗卫生保障工作，得到市卫计委好评。学校与邗江区政府举行合作办园签约揭牌仪式，共建附属西郡幼儿园、附属泰和幼儿园，扬大幼教品牌进一步向外辐射和拓展。学校先后荣获"全国五一巾帼标兵岗"（幼儿园）"国家节约型公共机构示范单位""中国好食堂""中国高校后勤优秀物业服务项目评比优秀单位""全国高校学生公寓工作优秀成果奖三等奖""江苏省平安校园""江苏省高校后勤行业先进集体"等国家级、省级荣誉。

（四）着力环境文化建设，创造条件求质效

后勤保障处坚持正确价值引领，使后勤服务多维度呈现"以人为本"的温度。通过价值引领，做到师生有所呼，后勤有所应，学校有所需，后勤有所为。一是环境熏陶，以文化人。通过文化墙、荣誉墙、走廊橱窗展示先进人物和先进事迹感动人；通过教室和宿舍布置名人名言和高雅艺术熏陶人；通过温馨提醒、LOGO标识等方式感染人。科学规划、合理布局校园环境，弘扬学校丰厚的历史文化，提高文化品位。二是文化传播，以文育人。制作后勤宣传片、后勤文化建设宣传片，近年来，后勤保障处共有1500余篇通讯在中国院校信息网、省高校后勤协会网等处报道，位列全省高校第二。《新闻联播》《江苏新闻》《中国教育报》（9次）《光明日报》《大学生科技报》等媒体数次报道学校后勤工作举措，连续两年荣获"全国教育后勤系统信息宣传工作先进单位"等称号。三是

坚持以人为本,打造爱心工程。每年定期组织员工健康体检、福利劳保发放、节日慰问等;建设职工之家,修缮阅览室、活动室,配备乒乓球桌、健身器材等;充分发挥"职工文化学校"作用,丰富员工文化知识,拓宽员工视野,提高员工素质;安装电视、空调等持续改善员工住宿条件;为困难职工建档,实施精准帮扶;开展"益课堂"公益帮扶活动,实施外聘员工子女成长关爱行动,通过课程辅导、兴趣培训、社会实践、节日送暖等措施,帮助外聘员工解决最关心的子女课后学习和兴趣培养问题,免除其后顾之忧。

扬州大学创建高水平研究型大学的号角已经吹响,后勤保障处将继续发挥后勤文化的滋养、浸润功能,让文化底蕴亮起来、动起来、活起来,整合后勤育人资源,梳理后勤育人元素,创新后勤育人模式,实现后勤育人新成效,形成扬大后勤特有的文化品质。

服务学校发展 争当行业领先

——上海财经大学后勤中心文化建设成果介绍

上海财经大学 胡佳媚

时光流转,四季更迭,高校后勤社会化改革阔步前行,二十载峥嵘岁月弹指一挥间。上海财经大学后勤中心于 1999 年成立,伴随高校后勤社会化改革走过了不平凡的岁月,一路风雨兼程,一路砥砺奋进。后勤中心始终坚持服务学校发展,争当行业领先,努力建立与学校"双一流"建设相适应的一流后勤保障体系。尤其在"文化后勤"建设过程中,始终坚持以习近平新时代中国特色社会主义思想为指导,以社会主义核心价值观为引领,大力推进后勤文化建设,为中心发展打下了扎实的文化基础。

一、注重顶层设计,形成文化建设长效机制

长期以来,后勤中心坚持将文化建设贯穿整体后勤保障工作,将文化建设列入后勤年度工作计划和长期发展规划中。每年年初制定的中心整体工作思路和目标都具有明确的价值观引导,树立符合新时代特征的管理理念和服务理念,将文化建设作为开展后勤服务管理工作的重要载体。

二、凝练文化理念,构建文化建设特色体系

经过长期实践与探索,形成了具有上财特色的后勤文化建设体系,即"三心""三讲""三有"有效结合。"三心"是我们的工作目标,"三讲"是我们的思想引领,"三有"是我们的力量支撑,从而推动后勤保障工作稳步前行,完成管理升级、服务升级、形象升级以及成果升级,有效融合管理育人、服务育人以及环境育人,提高师生满意度。

（一）"三心"为工作目标

1. 让师生舒心，品质必须有保障

后勤中心全体员工为全校师生提供餐饮、物业、社区管理、留学生管理、校园维保等后勤服务。让师生舒心，品质是生命线。学校餐饮的运行管理模式，由传统的食堂向餐厅逐步延伸和改变，用心打造装饰风格各具特色的港式风、宜家风、异域风等风格餐厅，营造更加舒适、优美的就餐和休闲环境，餐厅流水线式的选餐方式，自助智能结算系统，让师生在感受上财味道的同时，更有了方便快捷的用餐体验。学生宿舍管理员拥有一双"火眼金睛"，他们通过工作中日复一日、年复一年"用心、用法、眼勤、嘴勤"的累积，上岗后三个月内能认识楼里的每一位学生。每天坚持在上下课高峰时间段立岗服务，亲切的问候让学生真切感受到了家庭般的温暖。楼宇物业人员严格遵循"精细化管理、人性化服务"的理念，注重细节，加强沟通，也在师生中形成了良好的口碑。

2. 让领导放心，制度必须要夯实

通过多年的积累，后勤中心形成了以质量管理体系为抓手，以"6T"现场实务管理为操作准则，以后勤中心内控制度为依托的基本管理模式。自 2004 年引入 ISO9001 国际质量管理体系以来，始终保证工作常态化稳定运作；自 2013 年启动上海高校食堂"6T"规范和学生公寓"6T"实务现场管理达标星级公寓创建以来，取得了良好的成绩。

3. 让员工安心，关爱必须全方位

每年农历年初一清晨，后勤中心党政领导会亲临各服务现场，向坚守岗位的员工慰问拜年。将各类节日慰问覆盖至中心全体员工，慰问金额逐年递增。每年组织员工体检和疗休养过后，都及时进行问卷调查以了解需求，让员工们倍感尊重，同时在各项活动中感受到中心大家庭的温暖。

（二）"三讲"为思想引领

"三讲"精神对于后勤中心全体员工来说，不仅仅是一句口号，更是内化为每名员工的行动指南。

1. 注重思想政治学习，把准政治方向

后勤中心党支部作为学校二级党组织，十分重视党建和思想政治工作。中心党政领导严格遵循议事制度，党风廉政建设常抓不懈，保障各项事业平稳发展。

2. 学习培训齐头并进，增强团队活力

中心高度重视学习型组织建设，大力开展内部学习交流与培训，形成"培训、竞赛"相配套的训、练格局，以《培训手册》记录员工的学习和工作历程。倡导领导干部带头学，以上率下做示范；促进党员干部主动学，厚积薄发有创新；推动基层员工跟进学，不甘人后争先进。并加强与兄弟院校间的沟通与交流，组织多层次的学习调研，拓宽视野、打破固化，形成了丰富的学习培训体系。

3. 凝心聚力情暖师生，传承奉献精神

不怕苦，不怕累，朴实无华，默默奉献，无论时光流逝，岁月变迁，这是刻在后勤人身上的烙印，也是后勤人传承的精神财富。无私奉献体现在平凡工作的点滴之中。通过在食堂的工作实践，让学生切身体会到食堂员工是如何将日月星光酿成了美味佳肴；从宿舍楼长手把手教学生铺床叠被、储物收纳的过程中感受到了家的贴心和温暖。无私奉献还体现在对不忘初心的坚守之中。在防汛抗台、紧急抢修时，总有后勤人逆风前行的美丽身影；默默服务的物业人穿梭于学校的各个角落，努力践行管家式的服务理念。后勤人将服务、奉献和育人有效结合，在长期坚持、点滴渗透中感染、培育学生。似春风化雨，润物无声，引导学生实现自我教育、自我管理、自我服务，帮助学生全面健康发展。

（三）"三有"为力量支撑

1. 队伍是保障

后勤中心自上而下，用心打造专业队伍：厨师团队、楼长团队、应急抢险队；质量管理休系内审员、学习组织员等等，从而做到工作执行有章法，规范操作守底线。

2. 制度为基石

中心各部门均建立了完善的二级管理制度，餐饮部将《食品安全管理规范》《食堂"6T"规范化操作》等规章制度作为日常工作的标准；学生宿舍制定了《首问责任制》《楼长工作手册》《门卫工作手册》《培训手册》四本通俗易懂、操作性强的使用手册。通过制度的建立和不断健全，加大考核、监督、检查力度，确保服务规范落到实处。

3. 温度乃成效

中心以"尊重员工、理解员工、保护员工、关爱员工"为着力点，通过为员工不断改善集体宿舍的内外在环境和基础设施，增加了员工的归属感。通过广泛

开展形式多样的工会活动,如以歌颂党、歌唱祖国为主题的歌咏比赛,展现后勤人风采的校运会和龙舟赛等,增强了员工的认同感。

多年来,后勤中心更是给予员工"工作年年有进步,收获年年有提高"的美好祝愿,希望员工们不仅收入年年有增加,逐步提高生活品质,还能从心底真正收获后勤中心给予大家的这份温度。中心从扬州大学招聘的首批应届毕业生中,有一位员工通过自身的努力和积累,获得了中国烹饪大师称号;餐饮部经理在全国性评奖中,荣获"锋火杯"中国餐饮发展功勋人物;学社部员工获"生乐杯"上海高校"感动人物",由此提升员工的自信心和满足感。中心营造的温暖氛围也让后勤人心手相连,每有员工遭遇困境,大家便守望相助,由家属奉上的感谢信充分体现了中心便是员工温暖的大家庭。而中心也因此收获了越来越多的优秀员工,积累了宝贵的人才资源。

三、强化优质服务,凸显文化建设显著成效

后勤中心各部门始终坚持立足本职,在为学校大型活动提供用餐、物业、供电等各类保障服务的同时,将自己的服务理念充分运用到了日常工作中。如餐饮人践行了"用善心,做膳食"的服务理念,推行食品健康营养体系,将早餐上财、特色青团、专属月饼、龙虾嘉年华以及夜宵江湖发展为特色餐饮文化品牌;邀请师生参与校园美食节、教工烘焙活动、美食品鉴会等活动,与师生全方位的互动,加强了后勤人与学生间的文化沟通和思想碰撞,逐步形成体验式服务品牌,弘扬正能量,传播后勤文化。

四、坚持内涵发展,实现文化建设美好愿景

奋进新时代,开启新征程。高校后勤事业面临诸多新情况、新问题、新挑战,也蕴含全新的发展机遇。后勤中心将继续秉承厚德博学、经济匡时的校训精神,以师生满意为己任,以文化建设为引领,坚持内涵发展,在实践中大胆探索,不断推进文化后勤、智慧后勤、绿色后勤建设,聆听时代的声音,服务学校发展,争当行业领先。

自强不息 力促东北大学后勤文化深远发展

东北大学 姜孝宇 何春茂 杨定鹏

东北大学是中国教育后勤协会伙食管理专业委员会副秘书长单位和辽宁省高校伙食专业委员会主任单位,学校后勤文化建设在辽宁80余所高校中始终走在前列,2016年获中国教育后勤协会思想文化建设与人力资源管理专业委员会颁发的"高校后勤文化优秀示范院校"荣誉称号(全国共5所)。同时,学校将后勤文化建设作为重要发展战略,组织开展总体布局和全面设计,在顶层规划、管理制度、管理手段、品牌工程方面进行全力塑造和打磨,着力建设后勤文化高地。

一、注重顶层规划,打造后勤文化战略

(一)加强规划建设,强化后勤文化根基

东北大学后勤服务中心是东北大学后勤文化建设的牵头部门和保障载体,负责对后勤文化进行全局性、系统性、战略性建设,并设置文化专员负责日常文化建设工作。学校将后勤文化建设定位为学校"十三五"发展战略的重点任务,从根本上树立和肯定了后勤文化的权威地位与重要作用。同时加强后勤文化建设模式研究,通过对兄弟院校的广泛学习和对本校后勤发展实际的扎实钻研,形成了《教育部75所直属高校后勤管理模式概览》《高校后勤文化的功能及实现路径研究》《一流大学需要一流后勤》《论大学精神对高校后勤文化的培育与塑造》《发挥大学精神对高校后勤文化的培育与塑造作用 打造"锐意进取、勇于担当、干在实处"的东大后勤文化》等研究成果,通过理论和实践的双重发力,为东北大学后勤文化专业化建设提供有力辅助。

(二)加强改革举措,增加后勤文化活力

学校高举后勤社会化改革大旗,进一步深化实施社会化改革方案,通过多

方走访比对、重点参考学习,先后在餐饮、保洁、供暖等核心业务版块引入社会化服务力量,通过严格招投标程序,引入高校后勤服务经验丰富的外包公司提供相应业务服务,并已开始逐渐显现优势,推动后勤服务由计划经济条件下的事业型、供给型、福利型等服务方式向现代经营型和企业化方向转变。此举不仅引入了一支新鲜的后勤服务队伍,更带来了先进的管理理念和模式、提升了后勤文化层次和高度。同时,学校在采购方式、服务模式、激励机制等方面大胆改革,突破传统体制下激励不足、模式固化等瓶颈,以此建立管理体制规范化、服务标准化的刚性管理文化和人力资源专业化、管理工具丰富化的柔性管理文化。

二、发挥制度建设功效,打造后勤制度杠杆

(一)细化管理制度,规范运作流程

学校确立规章制度在后勤管理中的核心地位,建立制度文化,以制度为杠杆调动管理服务溢出效益。先后出台了《东北大学校园环境管理条例》《东北大学饮食卫生管理暂行规定》《东北大学修缮工程管理办法》等数十项管理政策和文件,明确了各个管理主体的定位和职责,规范了各项后勤管理事务的操作机制,让校园环境管理、食品安全卫生、工程维修等业务工作能够有规可依,有章可循。同时,在餐饮业务版块启动"7S"管理制度,做到标准化操作、精细化管理和人性化服务。还建立了"食堂开放日"制度,每年邀请师生代表走进食堂一线,沿着食品采购、安全检测、食品存放、食品加工、卫生保障等从原料到成品的全过程逐一观摩,让师生吃得明白、吃得放心。

(二)细化培训体系,编织人才培养摇篮

学校注重"学习型"后勤建设,提出要把后勤人才梯队建设、人才引进、员工培训与技能提升作为后勤文化建设重点,从不同层次、不同侧面开展人才培养体系建设。建立了三级培养体系,即后勤干部精品教学、在职员工常规培训、新进员工入职教育,以各级层发展需求为导向,为不同岗位、不同资历的职工提供极具针对性的教育教学;建立了专项培训体系,通过文化专家专题报告、校史学习、食品安全、防火防灾等不同主题的学习和实战演练,丰富文化教育形式和内容;建立了"请进来"和"走出去"的后勤培训体系,在丹东大梨树等地建立了后勤文化培训基地,定期指派员工进行实地学习,并多次组织后勤干部赴兄弟高校考察调研,同时邀请校外同行、专家进校开展经验交流和讲座。

三、提升管理手段,打造后勤数字平台

(一)进行网站更新改版,提供后勤网上服务

2016年,学校对后勤服务中心网站进行大刀阔斧的优化改建,围绕师生后勤服务需求,在新闻动态、规章制度、文化建设等常规功能基础上,新增了服务申报、失物招领、便民服务等业务功能,并由专人负责后台监管和执行,以便及时反馈和对接需求信息,做到线上线下互动、前台后台沟通。师生只需要通过网站上的一点击、一填写、一提交,就能轻松申报服务项目。同时,网站后台还具备数据统计和分析功能,能够即时反映单位和个人受理效率、单位和个人满意度等排名,单位工作量、楼宇维修量、维修项目等数量统计信息,不仅能够反映申报业务受理和处理情况,有效监督业务部门和负责人员的执行效率,还能及时掌握相关建筑、资产等折损情况,为学校组织相关设备设施购置、整体大修提供论证依据。

(二)设计微信服务平台,提供后勤掌上服务

学校以"信息化""智能化"为抓手,以微信为创新载体,具化管理形式,积极开发后勤掌上服务功能。后勤服务中心已创立了"东大后勤服务"官方微信平台,在该平台上以文字、图片、视频等形式定期向校内外师生推送住宿、餐饮、物业、维修等各类后勤服务资讯和新闻动态信息,为后勤服务提供了对外交流互动和宣传展示窗口,实现了一机在手可知校园后勤事,进一步促使后勤服务从汗水型向科技型转进行转变。同时在专门版块特别设置了相应微信公众号,如针对党建工作的"求是之家",针对浑南校区后勤服务的"东大浑南校区",以及"东大微后勤"、"东大基建"等公众号。通过官方平台、专项平台等多层级的宣传和沟通通道,全方位为全校师生提供后勤掌上服务保障。

四、丰富文化载体,打造后勤品牌工程

(一)开展多方面的评先评优活动,彰显榜样力量

学校将爱国文化、创新文化和劳模文化融入后勤系统,广泛寻找后勤典范,精心打造后勤保障服务形象,影响和带动后勤职工奋发进取。每年组织开展东大好厨师、好楼长、好医生、好护士等主题赛事,后勤员工积极参与,在比赛中各显神通。通过活动,后勤员工积累了工作技能,提升了工作满意度,也增加了对后勤文化建设的参与感和认同感。同时每年开展"最美东大后勤人"评比活动,树立后勤典型模范样板。其中后勤人九舍食堂打汤师傅徐军最让师生赞颂,徐

师傅因常年如一日地向每一个来盛汤的学生说一句"你好",被同学们亲切地称为"你好哥",并有同学为徐师傅专门谱写了《"你好哥"之歌》。后勤中心将徐师傅作为榜样标杆,同时徐师傅被评为 2014 年辽宁十大新闻人物,并被辽宁都市频道《新北方》、央视财经频道《第一时间》所报道。

（二）开展多种形式的文体活动,提高员工积极性和创造性

为了让员工获得更多的归属感和荣誉感,学校通过工会等群众组织,鼓励员工成为后勤文化建设的直接实践者,发动员工参与各种形式的文体活动,并鼓励员工参与活动的前期设计和策划,强化员工的主人翁意识,形成"我的活动我做主,我的活动我参与"的活动文化。学校每年举办员工趣味运动会,为增加活动吸引力,不断丰富和创新趣味游戏和素质拓展项目,让员工在锻炼身体的同时也愉悦了心灵;组织"后勤杯"职工乒乓球比赛,让员工有展示体育专长或爱好的专门渠道和机会;举办食品安全知识竞赛,并多方改进比赛形式和内容,努力提高活动的挑战性和体验性,让员工们在欢乐中掌握了食品安全知识;举办"安全生产月"等专题演讲比赛,让员工在专项知识、演讲发挥、应变水平等综合能力上在不觉中提升。

培育卓越后勤文化　打造全方位育人阵地

——中国石油大学（华东）后勤文化建设综述

中国石油大学（华东）　刘海庆

大学作为创造知识、传播文化、引领风尚的主阵地和辐射源，在体现社会主义核心价值观和先进文化建设方面，具有突出战略地位。作为校园文化的重要组成部分，后勤文化发挥着不可替代的教育力量。65 年来，中国石油大学（华东）始终秉持"实事求是，艰苦奋斗"的校风，为石油石化工业和国民经济建设输送了数十万名各类毕业生。随着"双一流"大学建设新局面逐步打开，如何传承和发展学校的优良校风，使之适应新时期社会需求；如何将绿色生态可持续发展融入石油特色教育，培养新时期的优秀人才；如何适应文化多元化的发展需求，对学生进行共性培养和个性发展是中国石油大学（华东）校园文化也是后勤文化建设面临的新课题。

经过探索实践，中国石油大学（华东）立足石油石化行业特色，围绕"双一流"建设和育人，结合时代发展的要求和新时期大学生的群体特征，以社会主义核心价值观为引领，传承与发扬"石大精神"，倡导与播撒绿色理念，融合与发展多元文化，求真务实，开拓进取，内涵发展，打造公寓、餐饮、环境、绿色生态、科技五大育人阵地，铸造了具有石大特色的后勤文化建设品牌。

一、提升内涵品质服务，夯实公寓育人阵地

公寓文化建设作为后勤文化的重要组成部分，对于引导大学生深刻领会中国梦的精神内涵，树立社会主义核心价值观具有十分重要的意义。

中国石油大学（华东）通过构建并完善第一课堂与第二课堂紧密结合的人才培养体系，积极支持各种类型健康向上的学生社团和俱乐部建设，开展丰富

多彩的课外活动。先后在公寓内建成创新实验室、红色先锋践行社活动室、优良学风建设协会活动室、"向阳花"女生素质拓展基地、唐岛湾团体训练营、党团活动室等，多次开展"宿舍文化节""变废为宝 DIY 大赛"、"法律大讲堂"进宿舍、宿舍微电影大赛等活动，使学生受到良好的感染、熏陶和激励。建立"非常 1 ＋ 6"宿舍结对子工作机制，即一名教授和一个宿舍 6 名同学结成联谊对子，一大批优秀教师走进学生宿舍，走近学生生活，走入学生内心，取得了良好育人效果。

中国石油大学(华东)生源区域涵盖了全国 30 多个省级行政区，有汉、回、蒙、维等 32 个民族近三万学生。与港澳台地区，美国、加拿大、澳大利亚、英国、俄罗斯等国家和地区近 80 个高等院校和学术机构建立了实质合作交流关系。不同的国家、区域，不同的民族带来了不同文化之间的交流、渗透和碰撞。中国石油大学(华东)积极适应发展变化，援引中国古代哲学智慧的"和而不同"理念，积极探索多民族、多生源区域及国际化办学形势下的公寓文化建设，开辟出一条具有石大特色的公寓多元文化建设。

在坚持各类学生民族文化、宗教信仰独立性原则的基础上，承认、包容乃至尊重差异，以达共存共荣，使得公寓文化呈现出和谐、多元化发展。公寓提供多种语言标识，体现人性化服务。充分尊重留学生、少数民族学生信仰不同，合理安排学生公寓住宿；以民族传统节日、重要纪念日等为契机，定期组织开展"公寓征文比赛""少数民族文化节"活动，让各民族学生相互尊重了解，相互交流借鉴；建立联谊互助宿舍，成立中外联谊协会，中外学生互帮互助，建立起深厚友情；留学生也积极学习中国文化，积极参加"宿舍文化节"、"后勤杯"节能环保创意大赛、《我与"中国梦"》征文等活动，展现其独特的文化理念。

二、加强饮食文化建设，打造餐厅育人效能

餐饮工作是后勤工作直接面对学生的窗口，如何用烧火棍指挥出美妙的旋律就是石大后勤一直在探索和实践的餐饮育人文化。

通过开展形式各异的餐饮文化活动在员工和学生间营造相互学习、换位思考、交流提高的育人氛围。通过开展学生面对面、我的餐厅一日行、餐厅帮厨之体验、水果拼盘大赛等活动，邀请学生实地参观餐厅的后厨工作，亲身体验餐厅员工一天的工作，增加学生对餐饮工作、后勤工作的了解和理解，并结合用户角度和体验感受提出对餐厅工作的意见和建议，加快餐饮工作的改进和提升。

在三个餐厅轮流开展后勤杯厨艺大赛等活动，让后厨的大师傅齐聚前台切

磋技艺、展示绝活,比刀工、比技巧、比味道,让观摩师生从眼、耳、鼻、口尽享饮食魅力,让员工在煎炒烹炸中交流、比拼,在比学赶超中追赶跨越。

与学校图书馆联手打造书香食家活动,借馆藏内古今文人墨客的妙笔诗文,解读菜品的历史渊源和文化背景,并给出菜品的档口信息。让师生在大快朵颐的同时,也嗅出满满文化的味道。

通过邀请食药监等部门来校检查和食品安全第三方技术服务,寻找工作薄弱环节,开展食品安全教育课堂和安全知识大比拼等活动,让员工充分了解食品安全法律法规和操作注意事项等,形成争相学习的餐饮氛围。

不断改善餐厅环境,提升学生就餐体验。近两年引进肯德基餐厅,对荟萃苑餐厅、玉兰苑餐厅和唐岛湾餐厅进行改造提升,将石大文化及校史元素融合进环境建设,打造符合当代大学生审美及消费需求,集休闲、娱乐、文化于一体的特色文化餐厅。

三、完善后勤文化环境,强化后勤育人功能

中国石油大学(华东)始终坚持和践行"三服务、三育人"的后勤工作宗旨,强化后勤"环境育人"功能。在绿地、教学楼、公寓等环境通过设置文化雕塑、宣传屏、书架书籍等方式,对教学环境、休闲环境、生活环境进行改造提升,在打造舒适、温馨的校园环境同时,将石大精神、传统文化传输给学生,真正发挥环境育人润物无声的作用。在学生中开展休读区创意设计大赛,将优胜设计方案付诸实施,引导学生关注爱护校园环境、提升主人翁意识,通过点点滴滴的改变和引导,让更多的师生享受到积极、智能、多彩、舒适的学习生活环境的同时也受到多样文化的熏陶。

四、建设绿色生态校园,营造优雅育人氛围

中国石油大学(华东)积极发挥大学精神高地和文化辐射源作用,成立了学校首支绿色环保协会,组织、开展、参加各级各类绿色环保活动,使大学生从入校一开始就树立节能环保、低碳生活的理念,将绿色行为养成逐渐转变为学生内在涵养,这种低碳环保理念也将伴随着他们日后的学习工作和生活,培养他们成为建设祖国绿色生态文明的生力军。

通过开展"后勤杯"大学生节能环保创意大赛,开展光盘行动,拍摄《水来水去》微电影,环保电影展播,制作创意书签等活动在校园内积极营造绿色生态氛围;积极参加教育部、环保部、青岛市组织的各类绿色活动;开展水体调研

等实践活动;积极总结活动效果,撰写各类活动报告,参加绿色宣讲。

近几年,绿色生态育人文化建设取得了一批成果:Green Oil 大学生绿色环保协会连续三年被译为团中央"绿色离校,绿色感恩"全国大型环保公益项目优秀社团;2015 年,社团成员受邀参加环保部 2015 千名青年环境友好夏令营;2015 年,选送"压差式止漏水表"荣获环保部"清洁节水青春行"全国高校节水创意方案大赛科技发明类一等奖;2016 年,选送作品《2Q84》获环保部全国高校节水主题微电影大赛三等奖;2016 年,选送的《沿海城市黑臭水体治理模式探索》和《保护水资源》分获 2016 全国环保创新培育计划优秀扶持项目和入围扶持项目;2017 年,获教育部中国绿色校园联盟暑期交流会最佳风采奖;2018 年,受邀参加联合国环境规划署与同济大学共同举办 2018 年国际学生环境与可持续发展大会,并获一等奖;中国石油大学(华东)后勤管理处与储运与建筑工程学院承办 2018 年中日绿色校园学术论坛,日本立命馆大学、同济大学等多所院校专家参加,对绿色校园建设进行研讨,在学生中引起很大反响;2019 年,参加国际学生环境与可持续发展大会(ISCES)暨亚太区绿色校园联盟大会(ASCN),并获两项"最佳演讲奖"、两项"Excellent Student Activity"奖和"最佳海报奖"。

五、发挥智慧平台功效,推进科技育人发展

一流的大学需要一流的后勤保障,一流的后勤保障需要先进技术的支撑。中国石油大学(华东)着重开展了科技育人建设。

一是创新开展科技实践活动。组织师生建设节电、节水、节气等 20 余个节能减排项目,其中 10 余项成果获省部级以上科技奖励;动员大学生参加各级节能减排科技竞赛,一批科技作品脱颖而出。其中"双层套管油气回收装置""高校餐厨废弃物的综合治理与发展"等数十项作品获奖并被评为优秀组织单位;组织计算机、测绘、地理、信控等专业近 100 名研究生开发校园节能监管平台,实现校园水、电、气、暖等能耗的实时监控、数据查询、潜力分析,现已成为指导学生科技创新的实习基地,提高了学生实践能力;组织师生研发节能设备和方法。如教室内高效利用照明、公寓内节水节电、工作中废品利用等。

二是开展后勤信息化建设,利用先进的技术提升后勤服务的体验感,提高后勤科技含量。通过支撑体系、管理体系、服务体系、移动端体系建设,打造品智后勤平台,让后勤服务流程化、可视化、智能化、便捷化。完成了五位一体的报修服务平台、绿色校园信息系统、学生公寓管理系统等一系列管理、服务平

台。完成后勤服务 App 和微信企业号建设，推出了展示后勤工作，倡导绿色理念等的微观后勤版块；推出了新生住宿查询、微信报修、公寓电费充值、后勤事务在线申请等的后勤微服务版块；推出了"@后勤我想说"的后勤服务互动版块，拉近与师生的距离，消除隔阂，增进沟通与交流，用智慧纽带有力传输后勤文化。

后勤文化大而广，又粗中带细，后勤文化建设，既是后勤自身发展的需要，又是学校文化的重要组成。发展后勤文化、提炼后勤文化、沉淀后勤文化，打造卓越后勤，必将指导石大后勤博观而约取，进取而日新，厚积而薄发。

以文化人　以文育人
以"幸福海大"创"快乐后勤"

——大连海事大学后勤文化建设综述

大连海事大学　牛玉娜

大连海事大学后勤服务（集团）公司以习近平新时代中国特色社会主义思想和党的十九大精神为指导，学习贯彻习近平总书记在全国思想政治工作会议和全国教育工作会议上的重要讲话精神，坚持立德树人，践行"三全育人"，以学校师生的需要为导向，紧紧围绕学校的中心工作，着力加强"文化后勤"建设，积极创建富有海大特色的后勤精神文化、制度文化、物质文化和行为文化，以文化人，以文育人，构建一流后勤保障体系，打造全方位服务育人阵地。

一、以党建工作为引导，构建后勤集团文化核心体系

后勤集团文化核心体系的构建离不开党建工作的思想指引，党建工作为集团文化的构建指明了发展方向和路径，对于集团文化建设工作来说具有非同寻常的意义。

后勤集团通过开展系列党建实践活动，如大连市烈士陵园祭奠先烈活动、校庆前的校友墙描红、校庆爱心捐献活动、"七一"前夕的公益捐赠活动、参观关向应纪念馆及"不忘初心、牢记使命"主题教育活动等，充分发挥了党支部的战斗堡垒作用和党员的先锋模范作用，切实发扬了后勤人"乐在人后、勤于人先"的品格，展现了后勤人始终坚守初心、牢记使命、服务师生、爱岗敬业的优良品质，深入推进了后勤集团文化体系建设。

通过党建工作的引领，后勤集团确立了"做师生满意的海大后勤人，建后勤人满意、师生满意的海大后勤集团"的建设目标，形成了"以满意为宗旨，以

改革谋生存,以服务创效益,以创新求市场,以质量树形象"的经营理念,"师生至上、尽心尽力"的服务宗旨,"不讲不行的理由,只讲能行的方法"的工作作风,"团结、奉献、敬业、诚信、创新、拼搏"的后勤人精神的文化建设核心体系。

集团各中心(部门)在集团文化核心体系的基础上,还形成了自己的特色文化。如物业中心坚持"待生如子、爱校如家";修建中心坚持"小修不过夜,大修有交代";幼教中心坚持"让孩子自由成长,让家长走进课堂";饮服中心坚持"用心做好每一餐,甘心奉献无怨言"等等。

二、以制度建设推进文化建设,助力以文化人

集团实时制定、修订《大连海事大学后勤服务(集团)公司货物／服务类采购管理办法(修订)》《大连海事大学后勤服务(集团)公司督查督办工作办法(试行)》《大连海事大学后勤服务(集体)公司公务接待管理规定》等 40 余项制度,力求所有工作"有规可循、有据可依",建立起"靠制度管人、靠流程管事"的管理机制,实施规范化管理,并将其转化为员工自觉的行为规范和准则,从而衍生为生动的文化实践。

2018 年后勤集团制定的《后勤集团慰问金管理办法》对后勤职工尤其是社会用工人员起到了很好的帮扶作用,2018 年全年共帮扶 16 人,帮扶资金 8800 元。每逢节假日,集团领导亲自带队慰问一线工作职工,为他们带去节日的问候与祝福。除此之外,集团领导还非常关注社会用工的待遇问题,《社会用工薪酬管理办法》正在讨论修订中。种种举措深化了员工的归属感、认同感,增强了员工以"我为海大做贡献"为荣的自豪感。

三、以创新文化载体推进文化建设,助力以文化人

集团文化载体建设形式多样、内容丰富,主要通过集团网站《后勤人》《半月刊》《后勤学习参考》等媒体宣传增强文化建设。集团还以职工趣味运动会、参观校史馆、征文比赛、主题演讲、表彰大会等文体活动为载体,不断增强后勤员工的凝聚力和向心力。

集团积极发挥工会职能作用,增强文化建设,丰富职工文体生活。近年来,集团先后投入 50 万元装修后勤职工宿舍,建设了近 500 平方米的"职工之家",其中包含培训室、图书室、舞蹈室、棋牌室等,职工培训、活动设施齐全。集团工会曾于 2015 年荣获省级模范职工小家称号,2018 年被评为"全国模范职工小家"。集团先后共出资数十万元,开展多种形式的文体活动,成立了乒乓球俱乐

部、羽毛球俱乐部、徒步俱乐部、校吉他协会分会等,丰富了职工的精神文化生活,对于后勤文化建设具有重要的意义。

四、以教育培训推进文化建设,助力以文育人

集团非常注重对各中心(部门)管理干部政治理论、业务技能的学习培训,提高其全面工作能力,建立起了一支综合素质高、业务熟练、管理能力强的后勤管理队伍。同时,集团还采取多渠道培养管理干部,不断完善用人机制,大胆启用并充分发挥社会用工青年管理者的积极性和创造性。

集团通过开展校际交流与合作、取长补短,为后勤职工创造继续教育的机会,同时,集团还非常重视新入职员工的培训,鼓励发扬"师傅带徒弟"的优良传统,营造"师傅愿意教,徒弟积极学"的传、帮、带氛围。集团通过开展"十佳员工""优秀员工""先进班组"评选活动,充分发挥榜样的模范带头作用,将榜样精神渗透到后勤集团工作、生活的各个方面;开展"技能比武"活动,为后勤员工搭建"展示自我、提升技能"的重要平台,创造"比学赶超帮"的浓厚氛围,推动了岗位练兵、勇于创新的工匠精神,激发了后勤职工提升技能、互相交流学习的热情。

以职工技能提升为基础,集团不断提升职工的服务育人理念,用职工良好的职业道德和职业素养向学生展示平凡职业的伟大,从而达到示范育人;同时,提高职工后勤服务的主动性,通过其优质的后勤服务让每个学生在学校都能感受到家的温暖,并在潜移默化中影响学生价值观的形成,做到服务育人。

五、以品牌建设推进文化建设,助力以文育人

集团持续推进"生日面""教授午餐""爱心屋""爱心伞""幼儿咨询""幼儿讲座"等后勤服务品牌建设,用品牌带动服务升级,让后勤服务更贴心;凝心聚力、巩固重点,不断完善教师休息室、学生自习室配置,主动探寻校级重要活动、重点岗位教师的需求,如部党组书记杨传堂到校访问会议前期准备;原校长王祖温、时代楷模曲建武老师工作室修缮,始终坚持"为师生做实事、办好事、解难事、求实效"。结合海大110校庆,持续开展"环境美化工程"以修建为主体、以环境绿化为主线,实现环境提升校园、绿植美化校园、灯光装点校园,并打造"综合楼区域""心海湖区域""国际海事培训中心区域"亮点风景线,营造校园艺术氛围和人文精神环境,以利于调节学生情绪,培养和陶冶学生高尚情操,从而达到环境育人、服务育人、管理育人。

集团建立"后勤讲堂",用品牌打造育人环境。通过持续开设"新生入学安全教育""厨艺技能培训""花卉树木栽种小讲堂""修建教学实习基地"等体验式课堂,强化学生"爱生活、懂生活、会生活"的能力和劳动实践能力,增强劳动感情、珍惜劳动成果,形成热爱劳动的优良品格,从而实现后勤"三全育人"格局。

后勤集团以文化引领思想、凝聚人心,塑造并展示了后勤集团良好的服务形象、员工形象和社会形象,赢得了学校领导、师生以及社会的赞誉。集团荣获中国教育后勤协会思想文化建设与人力资源管理专业委员会授予的"2018年高校后勤文化建设优秀单位"荣誉称号;后勤集团工会被中华全国总工会评为"全国模范职工小家";饮食服务中心2018年1月被辽宁省高校伙食专业委员会授予"高校伙食工作先进集体"荣誉称号,物业管理中心经中国教育后勤协会、物业管理专业委员会评审通过了"全国高校物业优秀"院校,全国高校前45强;物业管理中心还获得全国2018年"高校物业管理优秀项目"荣誉称号;物业管理中心的学生公寓管理获得大连市高校公寓专业委员会授予的"公寓管理规范奖"荣誉称号;接待运输中心在2018年中心卫生量化工作中荣获"高新园区卫生量化先进单位"荣誉称号;接待运输中心、幼儿园也获市级先进集体称号;我校获评大连市"十佳绿色学校"。

初心如磐,砥砺前行。新时代,新的挑战,后勤集团将进一步贯彻落实习近平新时代中国特色社会主义思想和党的十九大精神,充分发挥自身优势,提高后勤集团文化软实力,努力展示海大后勤文化独特魅力,不断提升后勤服务保障能力和服务育人水平,为我校"双一流"建设提供有力保障。

从容生活　做大学问

——浙江工业大学着力打造以育人为中心的容大文化

浙江工业大学　章彩燕　周丽贞

浙江工业大学是一所坐落在世界文化遗产上的高等学府,有朝晖、屏峰、莫干山、之江四个校区,朝晖校区为主校区,京杭大运河支流呈人字形穿过校园,具有厚重的历史底蕴和浓郁的文化氛围。一直来,浙江工业大学坚持以文化建设引领大学发展,用文化成果助力立德树人,构造起底蕴厚重的校园文化,而这正是容大后勤文化的沃土和来源。

在浓郁的校园文化熏陶下,浙江工业大学容大后勤集团高度重视企业文化建设,遵循高等教育和市场经济双重规律,积极探索企业文化创建机制,经过多年的努力,逐步构建起既符合本校校情又有明显特色的新型后勤文化体系。

一、容大文化的定位

容大后勤集团的"容大"二字取自"海纳百川,有容乃大":一方面是指高校后勤服务的内容涉及各个方面,涵盖为师生服务的各个领域;另一方面是指后勤部门、后勤人要具有豁达的气度和宽阔的胸怀,能够虚怀若谷,听得进意见,受得起委屈,经得起考验。

"从容生活,做大学问"是容大品牌的定位语,一是指后勤工作包罗万象,后勤人当有宽阔胸怀,从容生活;二是邓小平同志说过"后勤工作也是一门学问",因此为"做大学问";三是指在容大后勤默默无闻的服务下,广大师生员工在校园里能够快乐生活,安心工作,把学问做大、做深。同时也蕴含着"后勤在服务中全方位育人"的功能定位。在高校全方位实施素质教育的过程中,必须做到教书育人、管理育人、服务育人的有效统一,而后勤工作的服务育人具有特殊的地位和不可替代性。

徽标取雄壮有力的牛头为设计之本，加以抽象化的处理，强化牛角的力感，含"俯首甘为孺子牛"的精神；徽标图形似字母"H"，"H"代指"后勤"的"后"字的第一个拼音字母，也代指"heart（心）"的第一个英文字母，寓意后勤员工要有一颗"火热的心"，为师生热心、用心服务。徽标图形似字母"Q"，代指"后勤"的"勤"字的第一个拼音字母，也代指"Quality（质量）"的第一个英文字母，寓意质量是后勤服务的生命线，后勤服务要永远遵守质量第一。徽标图形又如双手托起明天的太阳，寓意高校后勤的明天是美好的。

二、容大文化的主要内容

容大文化主要由服务文化、管理文化、品牌文化、育人文化、民生文化五个方面组成，它们相辅相成，相互影响，相互制约，是缺一不可的统一整体，无论缺少哪一部分都无法构成和谐的、有品位的文化。

（一）外化于行的"服务文化"

服务是后勤工作的生命线。集团在服务中关注服务细节，推行人性化服务。最早推出"承诺服务28条"，开展"奉献在岗位、满意在校园"为主题的优质服务月活动；推行一站式综合服务、实行"零干扰式"服务；开展学生现场生活服务咨询，满足师生 的需求；开展厕所革命，改善环境，做好人性化服务；推出师生"走进后勤"系列活动，通过网上"回音壁"、24小时服务热线、座谈会、领导接待日等方式收集学生的意见和建议，容大后勤依托集团网页、宣传橱窗、微信公众服务号等宣传载体，增进互信和了解。

（二）固化于制的"管理文化"

按照模拟企业化的运作方式，逐步引入现代企业管理理念，建立责、权、利相统一的层级管理体系。而规章制度是实现管理文化的最直接的体现。容大后勤集团在工作中建立健全了人事、物资、监控、水电管理等162个规章制度并汇编成册，近40万字。出台了《员工在职进修培训管理办法》《单位及中层管理人员绩效考核办法》《员工奖惩管理规定》《员工请销假管理规定》《员工劳动争议处理办法》《员工宿舍管理办法》等，把制度内化为员工的文化行为，追求刚性管理与柔性化管理的完美统一。

（三）内化于心的"民生文化"

坚持以人为本是容大后勤集团文化建设遵循的主要原则。多年来，集团充分利用民主管理、民生工程构建良好的文化环境,让员工充分感受到后勤大家庭的温暖,不断延伸文化内涵。在日常工作中,集团以关爱员工为切入点,提高员工对企业的忠诚度。每月为员工过集体生日;每年为全体员工进行健康体检;持续改善员工住宿条件,投入30万元进行员工宿舍管理,为他们安装电扇、空调、电视、空气源热水系统和门禁等。同时,集团开展员工春秋游、游园活动、趣味运动会、篮球赛等活动,丰富职工业余生活。

值得一提的是容大集团十年如一日坚持的外聘员工子女(留守儿童)成长关爱行动,从2007年开始至今已持续12年。集团组织管理人员、骨干党员及在校大学生与留守儿童结对,推出了亲子礼包、爱心夜校、节日送暖等举措。每年暑假,集团都会组织夏令营活动,让孩子们在大学校园里度过难忘的暑期时光。关爱留守儿童活动引起了一定的社会反响,得到了诸多媒体的关注。

每年一次的元旦文艺晚会,集团为后勤员工提供了一个展示自我的平台,通过后勤员工自编自导自演的小品、朗诵、表演唱、舞蹈、相声等节目向全校师生展现后勤人积极向上的精神风貌。文艺晚会已成为有影响力的校园精品晚会之一。

(四)体化于教的"育人文化"

容大后勤集团根据多年的后勤工作经验和广泛的调研、访谈,综合考虑大学生的特殊性,提出了环境、行为、体验、大爱"四结合"育人途径。在环境育人中,集团引入田园式校园的概念,在校园空地上尝试反季节种植向日葵。在行为育人中,集团从人性化服务入手,研究学生需求,通过人性服务感染和引导学生,如尊重穆斯林学生的风俗习惯,为他们开设专窗,提供清真菜肴;推出了"病号餐""生日餐"服务。在体验育人环节上,集团提供多种勤工助学岗,与教务处合作开设劳动实践课、设立学生助理岗位等,增加其才干和实际工作能力;开辟实习基地,与职业技术学校合作,让该校学生到后勤实习,并依托职业学校对后勤员工开展厨艺培训。在大爱育人中,作为育人途径的内在升华,集团推出爱心套餐,充分考虑到营养搭配、菜肴更换,努力做到让学生既能吃饱又能吃好。

(五)实化于效的"品牌文化"

改革伊始,就确定"三服务,两育人"为后勤的服务宗旨,"以人为本,服务至上"作为经营理念。文化建设是集团"十三五"规划的重要目标,提出"新启程、新梦想、新服务"的工作目标。每年核拨一定的文化建设费和培训费,确保元旦文艺晚会、员工生日会等专项活动经费所需;确定专人专职负责文化建设工作。有力的组织和资金保障成为品牌文化建设的强大后盾,构建了集团文化建设的长效机制。2009年,集团借庆祝后勤改革十周年的契机,谱写了"容大之歌",将后勤文化用歌声表现出来。在日常管理中,规定窗口单位员工统一着装,统一佩戴工号牌等标识,把企业精神、服务理念灌注员工思想,规范员工行为。容大后勤集团与时俱进,2015年就建立了微信公众号,结合实际不定时推出后勤人、后勤事等系列报道,有英语很溜的宿管员,热爱书法的值班大叔,马拉松小"砖"等等,从个体后勤人展现整体容大文化。2019年初,作为浙江省内高校第一家推出了容大后勤官方抖音,拉近与同学们的距离,增进互相了解。

三、容大文化的育人成果

容大文化,它以育人文化为中心,以让学校满意、师生满意、员工满意为目标,在服务教学、科研和广大师生员工的实践中,使容大文化建设成为自身发展的内在要求,提高了管理效能,增强了后勤的凝聚力和核心竞争力。

经过几年的努力,容大文化在校内外赢得了良好的声誉和影响力。2010年,"从容生活,做大学问"的容大文化品牌被学校评为十大精品文化。2016年,荣获高校后勤文化建设先进院校称号;2017年,入选中华全国总工会《共和国的脊梁》;2019年光荣入选学校第一届教职工文化品牌。后勤系统先后出版了《服务的价值》《感悟服务》《风雨征程——浙江高校后勤改革三十年》《服务育人——高校后勤服务育人的理论与实践》等书籍。可以说,容大后勤集团初步实现了容大文化与服务育人的和谐统一,容大发展与员工发展的和谐统一,容大文化与校园文化的和谐统一,凝练和稳固了容大核心文化理念与价值取向,构建了积极健康向上的文化环境。

东坡湖畔　后勤文化建设果满枝

——海南大学后勤文化建设巡礼

海南大学　符万祺

继获得"全国教育后勤系统信息宣传先进单位"称号后,2017年11月,海南大学再获"全国高校后勤文化建设优秀示范单位"称号,与国内知名的江南大学、复旦大学、西南大学等高校后勤一起,走上了代表全国高校后勤文化建设最高荣誉的领奖台。

近年来,海南大学师生事务保障中心(原后勤集团,以下简称:保障中心)高度重视文化建设工作,尤其是2017年后勤管理处、师生事务保障中心合署办公后,组建了新一届领导班子,形成新共识。在汲取往年文化积淀精髓基础上,不断推陈出新,致力于培育符合时代精神、展现后勤特色的优秀文化,实现了以文化促管理、以管理促发展,以发展构和谐的良好局面。

一、文化铸魂,夯实根基

文化是统领管理、激励员工的"灵魂"。保障中心始终将精神文化培育作为党的政治建设的关键,筑牢思想文化内核,发挥引领作用,精心提炼出了"至诚、至善、唯精、唯美"的后勤精神,并不断创新宣贯方式,通过总结会、读书会、演讲、党课、迎新等实践活动,传递和展示后勤文化精髓。

在文化宣贯的过程中,榜样力量是无穷的。中心领导利用周末休息时间,带头担当作为,以办公室为家,夜以继日地操劳,在工作中树立起一面率先垂范的旗帜,让广大职工从中看到后勤的希望与方向,充满信心和力量。其他中层管理干部也以言传身教的方式将文化理念传导给每一位员工,在各项重要任务面前,敢于担当、攻坚克难;在与其他单位的合作过程中,高效协同、无缝衔接。

为了使文化理念得到广大员工的认同,中心着力创新传播手段,充分利用"一网一报一群一号"(网站、简报、微信群、公众号)四大宣传阵地,加强宣传引导,通过创作《海南大学后勤之歌》,编印一系列文集,制作一系列宣传短片和编排一批代表性的文艺作品等多种形式,全方位多角度地展示了后勤文化建设成果,扩大后勤文化的影响力。

保障中心党委负责人张树亮说,要把党建工作与文化建设有机地融合起来,努力为后勤发展注入新活力。如何找准党建工作与文化建设融合的切入点,确保实现"共融共进",保障中心党委以"党建+"工作模式为抓手,持续将党建思想与文化创新融合到管理、服务、经营的各个环节,先后举办海南高校文化建设经验工作交流会,邀请全国后勤管理领域的资深专家来我校开展后勤工作交流研讨活动,从而更好地夯实文化建设的思想根基,促进后勤文化的落地扎根、开花结果。

二、文化示范,立道塑形

作为海南唯一一所"211工程"大学的后勤,保障中心既要自觉承担起"举旗帜、聚民心、育新人、兴文化"的使命任务,又要写好后勤文化发展这一大文章。中心党委大胆提出建设"省内一流、国内知名"的后勤品牌文化,明确典型引路、示范先行、整体推进的工作思路,发挥文化建设在管理中示范塑形作用,构筑精神高地,一批顾大局、明大义、敢担当、善作为的优秀员工塑造了后勤人的良好形象并赢得了师生的尊重。

徐凤莲,在退休之年临危受命担任海南泰和顺资产管理有限责任公司董事长,带领团队把一座闲置了整整10年的中日友好交流中心搞活了,用一般人无法理解的付出和无比坚强的信念,向学校交上一份高质量的答卷。

唐端光,军转干部,始终保持着"服从命令为第一天职"的优良工作品质,主动接过工程维修这块"烫手山芋",凭着在部队多年练就的"攻山头""钉钉子"的精神,用实际行动诠释着一名共产党员的责任与担当。

王联春,扶贫第一书记,扎根扶贫一线,用真心和真情为东方市乐妹村的产业发展打开了一条新路子,帮村民致富增收,改善村容村貌,带领村民走上幸福小康路。

徐小华,在后勤工作的20年里,始终把服务工作当作事业来做,干一行爱一行,在身体不太好的情况下,始终战斗在服务第一线。

李进登,工程部门负责人,面对历年来最重的维修任务,听从组织安排,勇挑重担,既当指挥员又当战斗员,较好完成了迎新的各项维修工作任务。

黄小柳,14 号公寓管理员,因工作需要,要调整她到其他的楼宇任职,楼内上百名学生得知后联名请愿,上演了一场"挽留楼管"的接力赛。

……

很多小故事、小人物感人至深、催人泪下,这背后就是文化蕴含的巨大力量,是后勤文化建设中的一笔宝贵的精神财富。

三、文化凝心,鼓劲提神

通过多年来的管理实践,后勤人清醒地认识到,只有提升职工的幸福指数才能谋求更好的发展。保障中心党委一方面恪守人文管理理念,始终把打造"情感工程"、建设"温馨之家"作为重点工作来抓。2017 年,保障中心通过多方沟通努力,给每位非编职工发放午餐补贴。2019 年 7 月,中心按人均 400 元的标准提高非编职工的待遇,购置员工制服及劳动工具,解决职工子女入园入学等问题……极大地增强了员工的获得感和归属感,提升了后勤的凝聚力和向心力。每年安排不少于 50 万元的文化建设经费,组织开展丰富多彩的文化活动,中心木球队打出国门,合唱团唱出后勤力量,志愿服务秀出员工风采,亲子活动带动家庭和谐,素质拓展激发青春活力,健康体检保障身心健康,节日慰问体现真情关怀……一系列的细小入微的举动,切实让员工及家属感受到"大家庭"的温暖。

四、文化自觉,汇聚合力

在教学区"献血达人"王新红看来,参与志愿服务既是助人也是乐己,在为他人送去玫瑰的同时,自己也收获到芬芳。

这无私奉献的热诚已经成为后勤人一种根植于内心深处的工作方式、价值观念和信仰力量,是一种内生的文化自觉。后勤人以服务大局为使命,以服务师生为宗旨,发扬奉献精神,步履稳健,解决多年想解决而未解决的问题,办成多年想办而未办成的大事。

公开招标引进 11 家国内知名餐饮企业,并自筹资金装修改造,学生就餐环境得到明显改善,食堂营业额首次突破 1 亿元。

拔掉一批"钉子户",分三批清退 106 个分布在海甸校区各个区域的商业摊点,一定程度上改善了校园商业氛围过浓的情况。

开展一系列转作风、提效能攻坚行动,实行重心下移,权力下放,解决问题近 100 项,办成一批关乎民生的实事,出台一批规章制度,工作作风得到极大的转变。特别是 2019 年暑假的维修工作,被群众和施工方称为史上任务最繁重、管理最规范、监督最严格的项目。

涉及人事、财务、工程、采购等一批历史遗留问题,在学校领导的高度重视下,在学校其他部门的大力配合下得到全部解决。

每次的台风暴雨,后勤人坚守岗位、忠诚履职,用高度的责任感、坚强的毅力,无私奉献的精神谱写一曲众志成城,共担风雨的赞歌……

一分耕耘一分收获。在有声有色的后勤文化熏陶下,后勤队伍建设有了新面貌,工作作风有了新转变,工作成绩有了新突破。在 2019 年的暑假工作会议上,骆清铭校长在工作报告中说后勤工作取得新进步。在现场聆听报告的保障中心主任徐凤莲倍感振奋,感慨地说道:"太振奋、太感动了! 后勤工作能有这么多篇幅写入学校的工作报告还是头一次。"这样的肯定是学校对后勤工作的最大鼓励和鞭策,同时也反映了学校党委对后勤保障工作的关注和支持。

雄关漫道真如铁,而今迈步从头越。这是一个以发展为主题曲的时代,"我们都在努力奔跑",徐凤莲说,下一步,海南大学后勤人将继续在学校党委的坚强领导下,不忘服务初心、牢记育人使命,不断丰富载体,创新工作思路与方法,用文化的"软实力"催生发展的"硬实力",为学校建设世界一流学科提供有力的服务保障。

打造以人为本的高校后勤文化

——四川师范大学后勤集团文化建设探析

四川师范大学 胡显海

四川师范大学后勤集团成立于 2001 年 5 月,集团坚持走内涵式发展路子,充分发挥后勤文化在管理育人、服务育人和环境育人中的功能。集团在文化建设方面通过不断地凝练、传承和创新,形成了"勤俭、诚信、务实、创新"的文化内核,"和谐发展,高效务实,文明服务,确保安全"的工作理念,"为学校提供保障、为师生优质服务、为员工搭建平台、为社会承担责任"的价值观,以及"尽职尽责、尽心尽力、尽善尽美"的后勤精神。

集团党委高度重视后勤文化建设,集团成立以来,一直把文化建设列入年度计划和长期发展规划中,形成了由集团党委书记主抓,领导班子配合,各党支部、工会小组牵头的良好格局。每年投入 100 万余元经费,用于加强集团文化建设。经过多年探寻与摸索,集团在文化建设方面形成了一套自身的经验和方法。

一、坚持以人为本的管理理念,切实保障员工的基本权益

后勤文化建设的核心就是坚持以人为本。集团在后勤文化建设中,始终把师生员工利益作为后勤文化建设的出发点和归宿点,使之成为推动我校后勤事业可持续发展的不竭动力。

集团坚持推行政务公开化和决策制度科学化,实行民主决策、民主管理、民主监督。重大事项实行集体研究,"双代会"表决通过;在员工升职、调资、评优、奖惩等方面实行公开透明,切实维护广大员工的知情权。每年召开"中层干部座谈会""工会组长座谈会""青年职工代表座谈会""贫困职工代表座谈会"

等,加强领导班子与员工的沟通交流,拉近彼此距离。

集团制定了《后勤集团职工福利管理暂行办法》,保障集团员工平等享受各项福利待遇。在五一、国庆、端午、中秋、元旦等节日为员工发放慰问金或实物,组织看望结婚、生子、生病的员工,解决他们工作、生活上的困难。同时,想办法解决员工的住宿难题,向学校申请了闲置的100余间学生寝室作为后勤单身职工宿舍。又将校内零散的闲置房进行整修,将100余个房间供夫妻职工居住,并为没有占用学校房屋资源的员工每月发放100元住房补贴。同时,集团投资建设"后勤职工之家",为员工工作之余的学习、娱乐提供场所。

自2008年起,集团开设"后勤职工子弟校",每年组织一批优秀大学生,定期对后勤职工子女进行免费课业辅导。"子弟校"开班十余年来,有500余名员工子女受益,其中部分优秀学子还考取了北京大学、复旦大学、同济大学等名牌高校。

二、坚持刚柔并济的管理艺术,努力提升员工的综合素养

文化作为一种精神积淀和价值体系,有着直至心灵、凝聚人心的力量。要将文化的力量转化为工作的动力,并在服务过程中落地见效,旨在让员工的素养与文化深度契合。

为加强制度建设,集团先后印制了《四川师范大学后勤集团管理制度汇编》《四川师范大学后勤集团财务管理制度汇编》,制定了《后勤集团工会章程》《后勤集团员工行为准则》等各类制度。通过制度的约束和引导,促进制度文化与精神文化的融合,以刚性的手段让员工更好地融入集团文化。并对员工开展多层次、多类型的培训工作,培训内容涉及管理制度、岗位职责、技术技能、消防安全、职业道德等多方面,在培训工作中强化后勤文化的灌输,提升后勤员工的综合素质和业务水平。空闲时间大力开展员工思想道德与专业知识学习、各类主题教育活动、党支部主题组织生活、兄弟单位工作技能交流学习等活动。学习活动是后勤文化的一部分,后勤文化更是活动中必学的课程。

三、培育互利共赢的服务理念,拴牢与师生联系的感情纽带

树无根不生,而师生正是后勤这个大树的本源之根。后勤因有师生而存在,后勤工作以服务师生为根本,后勤文化更是以师生需求为支撑。后勤文化的建设只有紧密联系学校师生,才有灵魂与温度。

为加强联系与宣传,集团创办了《师大后勤报》,建设了集团网站,搭建了

后勤服务实体大厅和信息化大厅,运行了"后勤服务"和"川师学生之家"两个微信公众号,形成了报纸、网站、大厅、新媒体四位一体以及线上线下交叉的综合宣传平台。全方位、多层面地开展信息宣传工作,这不仅是集团思想政治工作和企业文化建设的重要阵地,也是与师生保持畅通交流的重要桥梁。

集团党委以广大师生需求为切入点,组建了水电维修、抢险救援、医疗救护、通信保障、校园维护、员工子弟课业辅导、成龙校区服务队7个党员志愿服务队,定期开展活动,并在各部门设立党员服务窗口和党员示范岗。通过党组织牵头,党员干部带动,加强了与师生的交流与互动,也将服务理念与文化印入了师生的心中。

集团建设了一支公寓辅导员队伍,成员以本科学历以上的年轻的优秀党员为主,通过与学生同吃同住、面对面心贴心的交流,进一步加强学生的思想政治教育工作。同时,成立了学生公寓分团委,强化学生自我管理、自我服务、自我育人功能,通过举办学生公寓歌手大赛、学生寝室文化节、学生公寓安全知识竞赛、中秋灯谜游园会等活动推进公寓文化建设。

集团通过多种渠道广泛听取师生意见和建议,如定期召开学院交流座谈会、学生代表座谈会、后勤工作联席会、退休老领导座谈会等。集团党委牵头,开展大学习、大讨论、大调研活动,2019年的主题为"创新服务模式,提升服务质量,不断满足师生员工对美好校园生活的需求",立足实际和师生切实需求,调研效果良好,整改措施得力,深受师生好评。

四、开展丰富多彩的文体活动,营造和谐融洽的文化氛围

结合集团实际,党委、工会牵头,每年坚持开展"七个一"活动,组织形式多样,内容丰富多彩。一张生日券,每位员工生日时,集团都送上一张生日慰问券;一个协会,集团成立了文体协会,下有羽毛球、钓鱼、登山、乒乓球、舞蹈、足球、篮球、瑜伽、读书九大分支机构,定期开展活动,极大丰富了职工文娱生活;一次联谊会,每年开展一次青年职工联谊会,为青年职工搭建沟通交流的平台;一次职工运动会,组织全团职工体育竞技,发扬拼搏向上的精神;一次年终文艺会演,职工们自导自演,自娱自乐,乐趣横生;一次公寓歌手大赛,已连续举办了17届,现已成为学校最具影响力的赛事之一;一次美食文化节,已举办14届,是后勤职工及全校师生最期盼的美食大联欢。工作与生活相互协调,活动与竞技深入融合,"七个一"活动的开展,不仅增进了职工的身心健康,陶冶了情操,增强了集团的凝聚力,也让职工们充分感受到集团的人文关怀与温暖,为师生员

工提供了展示自我的舞台。

在文化建设的道路上,川师大后勤集团不断进行新的尝试与探索。我们认为后勤文化的实质,归根结底是后勤人精神的体现。记得"5·12"地震时期,众多后勤员工冒着余震危险,坚守在岗位上,为学校师生提供饭菜、饮水,守护着学生寝室、教学楼,为学校地震时期的稳定提供了坚实的后勤保障。他们不能陪伴亲人,却没有怨言,也不要感谢,甚至自发组织为灾区捐款。这就是后勤人精神。作为校园内最普通的人,却勤奋上进、甘于奉献;作为师生背后的守护者,却工作在后勤保障的最前沿;尽管没有豪言壮语,却有一颗热诚服务师生的心,默默在校园内谱写着平凡的感动。后勤人在服务保障中做的每一件小事,呈现给师生的每一个微笑,辛苦工作中流的每一滴汗水,无一不是后勤文化的体现。只要我们团结、奋进、积极向上、努力拼搏,相信后勤文化之花会更加鲜艳,高校后勤事业的明天会更加美好。

创建后勤文化品牌　打造服务育人高地

——武汉理工大学创建后勤服务育人文化品牌纪实

武汉理工大学　王志方　赵高山　雷忠

武汉理工大学后勤集团紧紧围绕落实"立德树人"这一根本任务,坚持为学校教学、科研和师生服务的宗旨,牢固树立"后勤文化无时不在、后勤文化无所不在、后勤文化无事不在、后勤文化无人不在"的后勤文化观和育人工作"人人有责"的后勤育人观,积极开展后勤服务育人文化建设。

一、品牌内涵

后勤集团坚持党建思想政治工作在后勤服务育人文化中的核心地位和指导作用,以服务育人文化带动并促进集团各项工作稳定、健康、协调发展。借鉴现代企业文化建设先进经验,紧密结合我校后勤集团教育属性及服务特点,初步构建了立足表层、显层、中层和深层四个维度,涵盖物质文化、行为文化、制度文化和精神文化等四个层次的后勤服务育人文化体系。

服务宗旨:"三服务,三育人"(为教学服务、为科研服务、为师生服务,管理育人、服务育人、环境育人)。

服务理念:以人为本,服务至上;质量第一,安全保障。

后勤精神:吃苦耐劳,爱岗敬业,诚信友善,务实担当。

奋斗目标:创建"六大后勤"(文化后勤、平安后勤、满意后勤、绿色后勤、和谐后勤、幸福后勤)。

文化精髓:抓安全文明生产,为师生优质服务;立企业生存根本,与师生共生发展。

文化标识释义:后勤集团的标识由汉字"后"演化而成,构图简捷,色彩明快,富于动感,充满活力,隐含在信息时代即"e"时代(也暗指我校地处湖北,湖北省简称鄂)我校后勤保障服务和经营发展在后勤社会化改革过程中冲破重重阻力,像"凤凰涅槃"般浴火重生,一飞冲天,一鸣惊人,勇往直前;也象征着我们的服务没有最高,只有更高!

二、品牌建设

(一)创建后勤物质文化

物质文化是我校后勤服务育人文化建设的表层部分,它以其物质显现状态来折射出学校整体文化气息和后勤集团的经营理念、工作作风以及服务质量。

(1) 推进"明厨亮灶"和食堂服务提档升级工程,确保师生舌尖上的安全。对照《湖北省学校食堂食品安全管理规范》的要求,集团逐年加大投入对老旧食堂进行维修提档升级,积极推进明厨亮灶工程,增加食品加工生产售卖过程的透明度,实行面对面监督。

(2) 建设教育超市标准店,为师生提供优质服务。2014年,南湖教育超市通过省高校超市标准店评估专家评审,被授予标准店称号。

(3) 建设西院老年服务中心,为老同志提供助购、助餐特色服务。按照校领导的要求,集团建立了西院老年生活服务中心,该中心本着"爱老敬老、服务创新"的宗旨,秉承"精细化管理、贴心化服务"的理念,为广大离退休教职工提供温馨服务。中心根据老同志身体状况,划定了休闲区域,配备了休闲座椅和报刊书籍,为离退休教职工营造了舒适的购物、休闲环境。

(4) 建设校园现代智能快递服务中心,打通快递"最后一公里",整合校园快递资源,变店面分散、规模较小、杂乱无序现状为集约化、规模化、规范化、智能化管理;成立"五星"车友俱乐部,引进社会资源,为广大车主提供汽车美容、维修保养、保险理赔等"一站式"服务。

(5) 在车队、食堂、超市及办公场所开启动静态结合宣传教育模式,使后勤服务育人文化教育做到长时效、全覆盖。创新宣教育教形式、平台,采取润物无声的方式对思想文化进行宣贯。在运输中心所有校园巴士均设置核心价值观内容标语,让师生在乘车时受到教育引导,扩大宣传教育的受众面。

(6) 加强机关作风建设,营造温馨和谐工作氛围。广泛宣传、应用集团文化标识,凝聚人心,提高集团员工归属感、认同感、自豪感。以事关集团健康发展的高度认识机关人文环境建设的重要性,按照以上率下、示范引领的要求,重点加强精神文明、人文知识、岗位职能、敬业尽责、工作作风、服务态度等方面工作,切实通过机关的人文环境建设,营造和谐融洽、积极向上、关心基层的健康氛围。

（二）创建后勤行为文化

行为文化是我校后勤服务育人文化创建的显层部分,是后勤全体员工言谈举止的总和,表现出后勤员工的综合服务素质。

（1）先后组织开展优质、文明服务培训和业务技能培训,不断增强员工服务意识,提高服务质量,提升师生满意度。通过组织培训,要求广大职工做到:胸中有大爱,脸上有笑意;心中有责任,肩上有担当;做人有准则,行事有规范;奖惩有依据,学习有榜样;形象有提升,质量、安全、效益、尊严有保障。

（2）开展"优质服务月"、"厨艺大赛"及"十大服务标兵"、"党员示范岗"等各类评优评先活动,树立学习榜样,弘扬正气、积聚正能量。通过组织厨艺等比赛,展示了参赛者精湛的技艺,达到了交流经验、共同提高的目的。

通过开展"优质服务月",组织"优质服务窗口""十大服务示范标兵""十大菜肴"等评选活动,激发了职工爱岗敬业、默默奉献精神。

（3）开展"光盘"行动和餐具回收活动,养成文明就餐行为,传承中华民族勤俭节约传统美德。由饮食服务公司携手交通学院"秦豹青年志愿者协会"开展的"拒绝舌尖上的浪费,让餐具回家"文明用餐活动,由当初的餐盘回收活动月,升华成餐盘回收的常态化自觉行为,极大美化了就餐环境,形成师生文明就餐的良好习惯。

（4）组建乒乓球队、羽毛球队、合唱队,开展丰富多彩的文体活动,培养团队协作精神,凝聚集团力量。

（5）开展服务师生"惠民赶集会",以物美价廉的商品展销回馈全校师生员工;为更好地服务广大师生,集团每年都举办 3～4 场"惠民赶集会",精挑细选引入近百家生活物资供应商,携带物美价廉优质商品到现场,以低于市场价格的优惠价格展览销售,赶集会深得广大师生、教职工家属欢迎,此做法也被越来越多的兄弟院校借鉴推广。

（6）成立质检部,专门负责集团安全、文明服务检查、考评,形成创建行为文化的长效机制。

（三）创建后勤制度文化

制度文化是我校后勤服务育人文化创建的中层,科学规范的内在行为制度是后勤文化建设的重要组成部分,是后勤员工必须遵守的各种行为准则或规章制度,体现了集团组织的创造力、自我约束力和制度的权威性。在长期的管理、服务、经营过程中,后勤集团及时总结经验,制定了符合自身特点的系列规章制度,成为规范安全生产、促进改革发展的重要保证。各二级单位严格按照全面、全程、全员、全时"精细化"管理的要求,进一步明确了各个具体工作岗位、工作环节的管理规范和操作流程,做到了"固化于制,内化于心,外化于行",不断强化职工的规范意识、安全意识、质量意识和主人翁意识。

一是制定出台系列规章制度。

二是规范工作流程,实行精细化管理,各二级单位在出台规章制度的基础上,又严格按照全面、全程、全员、全时精细管理的要求,明确了具体工作岗位、工作环节的管理规范和操作流程,不断强化职工的规范意识、安全意识和质量意识。

(四)创建后勤精神文化

精神文化是我校后勤服务育人文化创建的内核,它是一种更深层次的文化现象,是我校后勤物质文化、行为文化、制度文化的升华,是我校后勤员工的核心价值追求和内在文化自觉。

(1)将党建思想政治工作作为后勤集团精神文化建设之核心。严格落实政治理论学习、"三会一课"、党政联席会、民主生活会、"一岗双责"、党员评议、领导结对帮扶等制度,激发党员干部队伍创业活力,充分发挥党委、支部和党员的"三个作用"。

(2)举办"激情六月,唱响后勤"系列联欢晚会,凝聚力量共识,弘扬主旋律。"激情六月,唱响后勤"是集团以文化后勤为引领,积极打造"六大后勤"推出的一个文化品牌,每年精选一个主题,历经5年发展,品牌知名度日益深入人心。实现了内容与形式、艺术与技术、传统与时尚的深度融合。

(3)开展支部共建活动,教学相长,共同进步。发挥党员干部模范带头作用和党支部的战斗堡垒作用。在共建中把"责任、诚信、成才"教育结合起来,共同创建先锋团队。

(4)开展老党员、困难党员及职工慰问,创建和谐幸福校园。每逢"七一"、春节等节日,由集团领导带队对学校部分老党员、困难党员、职工代表进行走访慰问。

(5)开展精准扶贫和助老送货服务,体现责任担当。成立小组赴保康扶贫村了解困难,上门服务、扶持贫困家庭;推出"免费送货上门"等助老扶老志愿服务,解决行动不便老教职工"买饭难、购物难、提货难"等后顾之忧,体现集团的责任担当。

(6)成立党员突击队,大灾大难面前勇挑重担,冲锋在前,彰显共产党员本色。在 2016 年学校遭遇特大暴雨袭击救灾任务面前,各单位主要负责人和党员干部坚持"冲在前、干在前";2019 年长江防汛抗洪工作中,11 名党员组成"后勤集团防汛党员突击队",全体队员严肃认真,纪律严明,风餐露宿,出色地完成了巡堤查险任务。

(7)举办"书香满后勤、助力中国梦"职工书画摄影展,积极参加学校组织的有关征文大赛,相继获得一、二、三等奖。

三、品牌成效

精神物质相互转化,相互促进,相得益彰,后勤服务育人文化品牌创建初显成效。

(一)职工干事创业精、气、神大为改观

涌现出"追赶太阳,拾金不昧"的校园巴士文明服务车队;邻里守望,扶危济困,好人好事层出不穷;大灾大难面前大显身手。在 2016 年 7 月份防汛抢险救灾工作中,后勤集团迅速启动应急预案,成立党员突击队和救灾工作队,圆满地完成了七昼夜长江防汛查险、涉水转运 70000 人次、物资配送饮用水 25000瓶、干粮 18000 份(袋)、鸡蛋 10000 余个、盒饭近 8000 份,储备米、面、肉蛋及生鲜物资近 35 吨,按照学校工会和学工部要求紧急调拨发放慰问物资 700 份,价值近 66 万元,以及通信保障等紧急任务,受到上级领导及师生一致好评。

(二)硬件设施及服务环境更上层楼,造血功能、经济效益显著增强

建设了一批具有典型示范意义的"放心食堂"、"教育超市标准店"、"一站式"汽车服务中心和快递超市服务中心。经济规模 5 年内翻番(产值从 2012 年不到 1 亿元增长到 2018 年底的 2.38 亿元),圆满完成学校下达的经济目标任务。

(三)社会效益和社会声誉明显提高

师生就餐率及服务满意度逐年提升,2017、2018 年连续两年师生满意度高于 90%,文明就餐餐具回收率高于 95%;职工收入与产值同步增长及翻番,职工获得感、归属感、成就感、幸福感进一步增强;餐饮、交通、通信、商贸服务多次获得国家、省、市及区级先进单位和个人奖励。其中饮食服务公司近年来获得的全国性奖励就有中国食品安全委员会"全国百家诚信示范单位"、学生最喜爱的校园餐厅、全国食品安全与营养示范校园、"全国高校伙食工作先进集体"。商贸服务公司被中国教育后勤协会表彰为"校园商贸优秀服务企业"。通讯服务中心年年获评"湖北省高校网络与邮政管理先进单位"。

名后实先　以文化人

——浙江理工大学后勤文化建设综述

浙江理工大学　黄兆林　张玉斌

浙江理工大学始终高度重视文化建设在推动后勤工作中所具有的重要意义和作用，从战略高度和全局角度来看待文化建设的重要性。后勤文化建设秉承衣钵、一路传承，得到历届后勤机构领导班子的高度重视，具有牢固的意识、明确的目标和扎实的基础。2014年，制定《关于加强后勤文化建设的实施意见》，高起点、多维度、全方位阐述了后勤文化建设。经历后勤管理体制改革后，2018年出台《新时代后勤文化建设方案》，方案紧扣时代潮流，把握发展趋势，从认识论到方法论全面系统地阐述了我校后勤文化建设的思想目标、架构体系、实施步骤等，成为未来一段时间指导后勤文化建设的总纲。

浙江理工大学后勤文化的总体框架为"一一四"后勤文化体系。"一"即一个核心，以"家·蚕"为核心统领后勤文化品牌建设，紧密围绕和畅、奉献、创新的核心内涵，贯穿后勤文化建设的始终。"一"即一科一品，以科室为单位，建设科室的特色文化品牌。"四"即四位一体，建设家和文化、绿色文化、安康文化、廉洁文化四位一体的四个子系统。

一、名后实先，提高后勤文化站位和格局，发挥好引领和推动作用

兵马未动，粮草先行。后勤工作是高校整体工作不可或缺的一部分，后勤保障能力的强弱某种程度上直接制约了学校发展的速度和潜力，后勤工作是实至名归的名"后"实"先"。我们在文化上提出了后勤人要"以红花的站位、绿叶的心态来实现根的作为"，提高政治站位，开阔视野格局，不等不靠，有所作

为，以党建为龙头，落实以师生为本的服务工作理念，以师生满意度为核心，充分发挥文化建设对后勤工作的引领和促进作用，推进"幸福浙理"建设。

重视阵地建设，丰富载体形式。以党员之家、职工之家为基础阵地，结合党的主题教育活动，组织各类理论学习、业务学习和凝聚力提升的活动。开展"两堂两比两树"活动，即业务课堂和素质讲堂、知识比赛和技能比武、树先进和树典型活动，充分激发员工的创造力和积极性，以主人翁意识投入日常的管理和服务工作中去。

俭以养德，廉以立身，结合后勤工作实际打造特色廉洁文化。后勤常被认为是贪腐问题的易发高发之地，而廉政教育是高校政治理论和思想道德教育的重要内容，后勤通过廉洁文化发挥育人功能具有天然的优势。我们组织开展"廉政文化建设"主题菜品征集活动，围绕廉政主题思想，面向全校师生征集具有鲜明警示作用和深刻教育意义的菜品。活动一经推出立即得到了广大师生的热烈响应，"铁面无私""两袖清风""反腐倡廉"等一批内涵丰富、寓意深刻、创意精良的主题菜品横空出世。以食为媒，一时间人人思"廉"、人人话"廉"。举办"廉洁入我心"廉政主题晚会，各部门精心组织，创作编排了歌舞、三句半、朗诵等形式多样、寓意深刻的节目，通过喜闻乐见、全员参与的方式旗帜鲜明地表达反腐倡廉的决心。我们开辟"廉政林"教育实践基地，专门引入蜡梅、紫竹、五针松等寓意高洁、品格坚毅的五种花木，吸纳师生形成制度化的管理养护机制，将其作为廉政教育基地，充分发挥环境育人的功能。

想在前，做在先，全力打造安全生产的安康文化。我校以安康杯竞赛为依托，建立体系化、网格化的安全生产管理机制。质监部门是后勤服务中心安全生产监管的牵头责任部门，负责对各部门安全生产情况进行日常监管和专项督查。各部门设立专兼职安全员，负责对本部门或本岗位安全生产情况进行全时段、全过程和全方位的检查、监督、整改和反馈。一系列制度化安排使得人人都是安全员，人人紧绷安全弦；杜绝了安全责任事故的发生，我们也连续多年成为安康杯竞赛优胜单位。

后勤保障，民生为大。如何在完成基础保障任务的同时，把服务全校师生员工的民生做细、做实一直是我们的梦想。在家和文化指引下，我们始终将民生和"家"紧密联系、融会贯通，始终将关注点聚焦吃、住、行及环境治理。实施"爱心早餐"工程，完成了教职工早餐供应从传统方式向五星级宾馆供餐方式和品质的转变，为教职员工能够舒心健康、元气满满地开始一天的工作贡献后勤人的力量。优化餐饮结构，合理按需布局业态；改善就餐环境，全面提升餐厅品质。通过引进优质社会企业参与服务,形成保障型与改善型相融合,美食广场、特色档口与普通快餐共竞艳的良性服务格局。通过连续几年的餐厅环境提升改造,我校食堂已成为"网红"餐厅孵化器,成功地成为"别人家的食堂"。后勤服务中心在做好全校班车运行和零星用车保障的同时,想教职工之所想,急教职工之所急,建设车辆洗护驿站,为广大教职员工车辆提供暖心周到的洗护服务,让私家车辆这一流动的"家"保持整洁舒适的状态。

二、以文化人,充实后勤文化育人功能,发挥好示范和导向作用

育人是高校的核心使命,育人的根本在于立德。高校立身之本在于立德树人,立什么"德"是立德树人要解决的培养什么样的人、怎样培养人的根本问题和核心问题。后勤是学校实现管理育人、服务育人和环境育人的重要阵地,增强后勤文化的育人辐射功能是新时代后勤向高层次发展的标志。我们在后勤文化中不断充实、融入育人功能,引导学生德智体美劳全面发展,充分发挥文化在育人过程中的示范和导向作用。

培育绿色文化,推动节能减排往深里走。倡导绿色节能理念,推进节约型校园保障体系建设,顺利完成国家及省级节能技改项目,建成各类服务管理平台,组建学生社团,开展形式多样、主题丰富的宣传教育活动。通过组织校内节能知识讲座、参加后勤协会节能知识竞赛等,向师生员工传播和普及节能知识。积极践行垃圾分类新时尚,承办浙江省高校生活垃圾分类管理工作现场会,在高校中率先启动垃圾分类工作,制订《生活垃圾分类管理方案》、设施配置和检查标准,形成垃圾分类的"浙理样板"。

融合育人功能,建设育人基地。以"三进公寓""爱心公寓""绿色公寓"等特色品牌为依托,建设学生公寓育人基地。美化公寓环境,通过招贴画、海报、景观墙等形式对学校的历史沿革、专业特色、杰出校友等校史校情进行宣传,激发广大学生对母校的认同感和自豪感。建立生活指导员、公寓辅导员、宿管员、保洁员四位一体的公寓管理队伍体系,规范公寓管理制度;建立健全公寓楼内成才咨询室、心理咨询室和党团活动室的功能作用;开展"文明离校,整洁如初"的绿色文明实践活动、"毕业季,让知识在浙理接力传承"爱心捐赠、互通有无等毕业季和迎新季的各类活动,使学生公寓真正成为合格公民行为养成的主要场所和思想政治引领成才的重要阵地。建设水环境保护教育实践基地,实施"五水共治"绿色水环境提升工程,改善生活园区环境,吸纳学生组织参与,形

成水环境治理的长效机制,增强学生对环境治理的忧患意识、参与意识和责任意识,以点带面,加深对生态文明建设的理解和认识,推进美丽校园建设。

三、春风化雨,形成后勤文化软实力,发挥好凝聚和堡垒作用

随着学校硬件设施的改善,后勤服务从单纯的物质条件的保障逐步提升为物质保障与人文关怀并重的阶段,后勤管理服务的层次和水平更多地体现在了精细化运行和人性化保障程度上,这些都对后勤文化提出了更高的要求。我们通过长期坚持的、体系化的文化建设着力形成具有学校特色的后勤文化软实力,发挥了好文化凝心聚力和战斗堡垒的作用。

从百年学府的深厚历史积淀和学科传统中凝练出"家·蚕"作为后勤文化的核心统领,既体现了学校跨越三个世纪办学的鲜明特色,又融合了后勤人的价值目标和初心使命。后勤"家·蚕"文化建设被列为学校文化建设重点项目。我们面向全校师生开展了后勤文化标志形象LOGO征集活动,活动本身既是对后勤文化的宣传和推广,加深了服务对象对我们工作的理解,同时也提高了后勤工作的关注度,提升了后勤形象的辨识度。

实施"一科一品"文化品牌建设工程,以部门工作职责为蓝本,以品质服务为目标,以品牌建设为动力,精心选取一个块状工作作为科室品牌进行精品化建设。后勤服务中心通过项目化方式对各部门品牌建设进行管理和监督,并提供一定的经费支持。"一科一品"建设首批确定了包括"幸福浙理"餐饮文化、多彩职工课堂、绿色爱心公寓等在内的7个文化品牌,覆盖后勤服务的主要方面及多个层次。工程实施以来,广大员工提高了服务意识、树立了品牌意识,打造出了领导赞美、师生赞誉、媒体赞扬的具有影响力和美誉度的浙理后勤特色,形成了后勤服务品牌群体效应。

在"红色引领,绿色发展"的理念指导下,我们不断提高政治站位,坚持服务育人初心,以文化建设为依托,以民生工程为抓手,着力完善后勤保障体系和治理能力建设,着力提高管理服务的精细化水平和综合服务能力,走内涵式发展道路。学校先后获评全国节约型公共机构示范单位、全国高校后勤事业发展先进单位、全国教育后勤信息化建设先进单位、全国"安康杯"竞赛优胜单位、浙江省工人先锋号等荣誉称号。文化的积淀需要持之以恒的建设,文化的传承需要守正创新的担当。浙理后勤人,文化建设始终在路上!

文化建设引领佳木斯大学后勤工作又好又快发展

佳木斯大学　李俊峰

党的十八大以来,佳木斯大学后勤管理处始终以"师生至上,服务优先"作为工作理念,以"用心工作,以情服务"作为工作精神,以"优质服务上水平,开拓创新谋发展"为统领,全力做好各年度后勤保障工作,后勤工作局面发生了可喜变化,各项工作取得了长足进步,受到上级领导和全校师生好评。2017年11月被中国教育后勤协会评为高校后勤文化建设先进单位,2017年、2018年连续两年被中国教育后勤协会评为全国教育后勤系统信息宣传工作先进单位,2018年1月被黑龙江省教育后勤协会评为高校后勤先进单位,2019年3月被佳木斯大学评为先进单位。现将我们的工作情况与兄弟院校交流,请批评指正。

一、强化文化建设机制

新的后勤管理处成立以来,党政主要领导非常重视后勤文化建设,每年都将文化建设列入年度工作要点中,特别在制定《佳木斯大学后勤管理处"十三五"规划》时,结合学习习近平总书记2016年12月8日在全国高校思想政治工作会议上的讲话精神,在规划中明确提出要加强文化建设,注重政治理论和文化学习,探索后勤体制、机制改革,提高后勤服务效能,以"智慧校园"引领加快后勤信息化、数字化、智能化建设,不断提高后勤保障能力和服务标准。

新的后勤管理处党委成立以来,党委班子充分凝聚各方共识,加强后勤工作宣传,加强后勤业务技能学习,加强工会组织建设,积极参加学校各项文化建设活动,设立专职人员2名,分别负责文化建设和工会工作。

二、丰富文化建设载体

在坚持原有文化建设的基础上,不断拓展文化建设载体,丰富文化建设内涵,后勤职工的精神面貌发生很大改观,后勤正能量越来越突出。主要体现在以下几方面。

（一）延续原有文化载体

后勤工会每年都组织开展文体活动,通过职工跳绳、拔河、踢毽子、乒乓球、羽毛球、篮球等比赛活动,进一步强化后勤职工的集体荣誉感和工作向心力。

（二）拓展公寓文化活动

公寓管理部门及时与学生沟通,增强与学生之间的友谊,了解工作中存在的不足,化解个别学生的住宿矛盾,已连续开展多届"公寓系列文化节"活动,进行"文明寝室"评比和"走廊文化"建设,已有10栋公寓走廊张贴和悬挂国学经典名言警句,引导学生积极向上的阳光心态;连续四届举办"爱心送考"活动,助力考研;2018年9月,5号公寓422寝室举行了"学霸寝室"挂牌仪式,全寝5名本科生均考上了研究生。公寓楼长沈立夺2018年被省后勤管理协会评为"最美公寓人",并被佳木斯大学评为"感动校园人物";公寓管理中心王羽轩的论文《如何开展多样性公寓文化活动》获得"黑龙江省高校第二届公寓文化节活动优秀成果(2018)"二等奖。

（三）创新饮食文化活动

餐饮服务部门在积极推进"6T"建设的基础上,连续多届开展佳木斯大学美食展,每届展出主副食品种将近300种;连续多届开展"学生餐厅开放日"活动,2018年举办了首届"厨神入化"比赛活动,让广大师生品尝佳大美食的同时,了解餐厅采购、加工、储藏等各个环节,逐步形成餐饮"5566"管理模式。参加省伙专会举办纪念"中国高校伙专会成立30周年"演讲比赛活动,"平凡的岗位,不平凡的伙食人"获得第二名;第一餐厅获省2015年"文明餐厅示范单位"荣誉称号,佳木斯大学获省2016年全省高校伙食工作先进集体。

（四）加强后勤工作宣传

2015年12月《佳大后勤报》第1期顺利刊发,并对全校各部门进行了派发,增加了全校师生对后勤工作的了解;三年来,在抓好部门网站《文化建设》专栏的基础上,又新增"不忘初心、牢记使命"等4个专栏,积极向上级部门网站投稿,据统计,向省教育后勤网投稿300余篇,及时报道了各个时期后勤战线的先进典型人物和工作业绩,向全省高校同行展现了佳大后勤工作风采。

（五）创新后勤学习机制

新的后勤管理处成立以来，每年都安排相关职能部门负责人外出学习，学习回来后，安排专门时间对全处管理员以上人员培训行业新知识、新政策，进一步开阔了全体后勤职工视野。

三、深化文化建设内涵

（一）深化育人环境建设

"曲径深幽处，自有暗香袭；园林错落间，恐惊晨读人。"几年来，我校以市花（杏花）为依托，论语墙、孔子像、名言警句石刻错落点缀园林景观间；实施了楼体亮化工程，校园内所有路灯全部更换为高亮节能灯，"校园的灯亮了，我的心也跟着亮了"，供电保障路上的追梦人苏长春2019年被佳木斯大学评为"服务育人"标兵；大客车司机孙富军2018年被省教育后勤协会评为"龙江高校后勤工匠"。"春赏花、夏入林、秋观叶、冬戏雪"四季场景为师生营造出更加舒心的学习生活环境，提高了全校师生员工自觉维护校园的主人翁意识，起到了环境育人的效果。

（二）强化基层党组织建设

在深入落实"三推两强"和"百优"党支部建设工作的基础上，2019年上半年启动了"三树一动"活动方案（树正气、树形象、树典型、动真情）和"不忘初心、牢记使命"主题教育活动，着力加强基层党组织建设；科级机构调整后，重新优化基层党支部，选优配强各支部书记、委员，组织支部书记、党委宣传委员进行网络学习，全体党员每天都自觉浏览"学习强国"App；落实并创新"三会一课"活动，处党委委员分别为全体党员讲专题党课；按《"两学一做"教育学习方案》认真开展活动，整改突出问题，所有党员参加"全省百万党员'学党章党规'网上答题"、手抄"入党誓词"及"两学一做"知识测试活动，创新"两学一做"教育开展载体，微信群转发学习信息200余条、后勤网发布理论学习69期、典型事例20余个；组织处级干部参加学《党章》测试；"两学一做"做法被学校网推广。举办多届迎"七一"文艺汇演或书法、绘画、摄影、征文展，2018年9月举办了"聚共识、兴佳大、展风采"迎国庆徒步活动。

按照习近平总书记在黑龙江考察调研时"坚持把改进作风作为振兴发展的重要保证"要求，以作风建设破题开路，全面实行服务受理零推诿、服务方式零距离、服务质量零差错、服务结果零投诉"四零"服务承诺，对作风整顿情况进行公开评定打分,对机关出勤率、在岗率、专注率"三率"等突出问题明察暗访,对作风整顿实行全程督查,对热点难点问题跟踪督查、推动整改。同时,以"弃三个坏把式,改五个坏作风,兴五个好作风,扎实做好后勤各项工作"为作风整顿民主生活会主题,建立了作风整改长效机制,逐步在后勤形成"勤于学习、严谨细致、勤勉高效、务实担当、严格自律"五个好作风,争做"追求卓越的好把式、雷厉风行的快把式和埋头苦干的真把式",扎实推进后勤各项保障工作又好又快发展。

(三)抓实后勤专项整改

牢固树立"以学生为中心"的服务思想,进一步改善学生的生活条件。2018 年,投入 4000 余万元进行了后勤专项整改,一是完成学生浴池、厕所革命工程和学生公寓厕所蹲位不足改建,采取 BOT 模式进行了学生第一、二浴池改建,新增淋浴喷头 111 个(淋浴喷头数达标),对 919 个卫生间蹲位隔断门进行了人性化加高安装改造,新增公寓厕所蹲位 101 个(蹲位数达标);二是大力实施"暖屋工程",对 28 栋楼宇进行了供暖管网室内改造,对 18 栋公寓楼进行了塑窗更换,对 16 栋公寓楼进行了外墙保温工程。2019 年,又投入 5000 余万元进行了省"百大项目"高校后勤专项整改,项目共分五类,对 5 处道路进行了改扩建,对 9 栋教学楼进行了外墙保温、塑窗更换和粉刷,对 14 栋公寓、10 栋教学楼卫生间进行了改造,对近 20 栋办公、教学楼宇进行了采暖及上下水改造,对五餐厅进行整体改扩建(集学生餐饮、休闲、学习于一体)。经过连续两年后勤专项整改,学校校容校貌明显改观,整改成果惠及师生,全校师生获得感、幸福感、归属感不断增强。

几年来,通过文化建设活动,将后勤职工紧密地团结在学校党委周围,广泛凝聚各方智慧,后勤全体职工牢固树立"四个意识",坚定"四个自信",坚决做到"两个维护",牢牢把握"改革、提高"的发展主题,进一步提升了后勤服务保障工作质量,后勤工作业绩成果斐然,受到全校师生广泛认可,先进集体(个人)、优秀党支部(党员)、先进工会组织激励后勤职工戒骄戒躁,勇争第一,再立新功!

为学校的发展而存在　为师生的满意而荣耀

——宁波大学后勤文化建设概览

宁波大学　胡静力

　　文化是土壤,是积蓄力量、滋养理想的智慧源泉,文化是组织之魂,是组织塑造共有价值观、凝聚共识、聚焦目标的强大精神动力。后勤文化是高校校园文化有机组成部分,担负着"服务育人、管理育人、环境育人"的育人功能,是后勤发展的高阶层面,是后勤人共同价值观、发展愿景、服务理念、精神风貌的体现、传承和创新,是后勤行为文化、制度文化、发展文化的集合。宁波大学后勤人经过多年的努力,逐步凝练出以"为学校的发展而存在、为师生的满意而荣耀"为核心的后勤文化,后勤文化的形成,为后勤发展统一了思路,凝聚了共识。

一、构建后勤文化理念,着力制定新方向

　　宁大后勤文化是受社会文化、校园文化影响和制约的,以校园后勤规章制度和物质现象为载体的一种校园服务文化。以什么样的理念来指导后勤文化建设,是建设文化后勤的成败关键。宁波大学后勤通过 2016 年度深化改革,确立了"主体甲方、管做分离、一甲多乙"的新型后勤管理服务模式,由后勤管理处和五大实体以及一个直属单位组成,负责为全校 3 万余名师生提供住宿、餐饮、卫生保洁、绿化、房产和家具管理、交通运输、水电运行与维护及水电工程改造、物业管理、幼儿教育、卫生防疫与保健等方面后勤服务与管理工作。目前有职工 900 余人。学生在校时间长,后勤保障和服务面广,这对后勤管理提出了更高的要求。宁大后勤团队"认清角色、做好本职"的管理理念,确保提供优质、高效、人性化服务。同时,还确立了"师生至上、务实创新、诚信敬业、科学管理"

的总体宗旨,针对后勤不同的专业和部门,提出符合自己工作实际情况的保障服务理念。

二、激活后勤文化资源,着力焕发新生机

校园是师生生活和活动的载体,是文化建设的主要阵地。校园中后勤文化无处不在,包罗师生在校园里的吃住行。宁大后勤从小处着眼,从实处入手,并以师生的校园生活为重心,开展了多种多样的活动。

在社区服务方面,学生社区文化节一直是后勤文化品牌活动,目前已举办14届。而2016年度文化节,以"爱•家园"为主题,以文明生活、绿色环保为宗旨,开展了废旧自行车改造大赛、绘画摄影大赛、3对3篮球赛、"夺宝奇兵"竞速赛、"致青春"校友回"家"活动、寝室交换空间活动等赢得了校内外媒体的广泛关注。此外,为传播中国传统文化,学生社区举办了传统文化为导向的特色活动,如中外学子共度中秋活动,来自内地、港台及国外的30余位同学在做月饼、看表演、猜灯谜和玩游戏中欢乐中秋;"剪爱社区"特色剪纸活动,让留学生在动手剪纸中感受到非物质文化遗产的魅力。

在饮食服务方面,在校庆系列活动中,充分展示了宁大校园餐饮文化,开展了厨艺争霸赛,活动以年代为线索,将宁波大学的美食文化不断传承,为观众呈上了一场精彩绝伦的味觉与视觉盛宴。活动不仅宣传了校园饮食文化,充分展现了宁大学子的风采,更是通过对宁大不同年代味道的找寻,反映了对校友的思念和怀念,薪火相传更是体现了自强不息的宁大精神。此外,为庆祝校庆,饮食服务中心为每位教工和同学精心准备了餐券一张,邀全校师生共享"宁大味道"。

在物业管理方面,物业服务中心以提升校园环境为目标,注重各个校园功能区绿地的合理划分,将生态环境有机融合,各类绿化植物合理搭配,并定期组织员工进行修剪与清理,保证校园每个角落都能成为宁大校园独有的美丽风景,突出与时俱进的时代气息,体现人与自然和谐共存的校园文化,用实际工作成效赢得了"全国校园物业服务百强单位"的荣誉称号。

在节能管理方面,我校节约型校园节能监管平台项目顺利通过由国家住房和城乡建设部专家等组成的验收组的现场评审。2017年度获评浙江省高等学校能源管理工作示范单位。此外,积极开展一系列节能活动,如与宁波市节能办、宁波市节能协会共同举办"2018年宁波市节能宣传活动暨宁大节能宣传周"活动;学生节能减排协会开展地球一小时活动、寝室节能大赛活动等,协会

还获评浙江省十佳优秀环保社团。

三、提升后勤文化内涵，着力讲好心故事

后勤人、后勤事，讲述着每一位后勤人为师生服务的故事，从中也涌现出了一大批优秀员工，从学生社区服务中心的辛春兰到物业服务中心的季洪飞再到饮食服务中心的张继惠、学生社区服务中心的陈恭清、水电服务中心的胡财福等等，他们的事迹和名字在校园里耳熟能详。他们是后勤育文化内涵的重要显现，更是后勤在师生员工心目中的鲜活形象。

学生社区服务中心宿管员辛春兰，不过是宁大后勤人的普通一员，却用她微笑的力量影响了一幢寝室楼几百名学生，用两年半时间与他们沉淀出如亲似友般的深情厚谊。当得知她辞职返乡，学生们连夜拍摄赶制视频《致三号楼阿姨的微笑》，并压制成光盘送给了这位离校返乡的宿舍楼管理员阿姨。后来这个视频在网上悄然传播开来，并在宁大学生间引起了极大的关注。这便是辛春兰，一个平凡的人，用微笑的力量影响着她周围的世界。

物业服务中心教学楼门卫季洪飞，有人说他是教学楼道里的艺术家，有人说他是退隐的美术老师，甚至有人说他是失恋女生心理安慰师。自从他的故事放到网上后，网友评价说：宁大大伯像隐退的武林高手一般存在。他是3号教学楼的门卫大伯，在做好本职工作之余，他自学画画装饰楼道，用自己不一样的生活方式影响着学生，给进出楼道的学生带去了精彩的视觉享受。

饮食服务中心第五餐厅主任张继惠，多年来用意见簿建立了与学生们沟通的桥梁，积极听取学生的意见，改进菜品。人们称他为"高校食堂标配主任"，民谣歌手川子专门为他撰写、演唱《张主任》；CCTV-13《真诚·沟通》栏目组为其拍摄公益宣传片《友善在哪里？》。

水电服务中心工程部部长胡财福，扎根后勤32年，是学校后勤战线上的一名老兵。有人戏称他是校园线路"活地图"。他常年工作在第一线，对学校所有线路的走向几乎了如指掌，要是发现地下管道线路故障时，他都能第一时间找到维修点。有人又戏称他的团队是深夜"听漏人"。胡财福时常带着他的团队，深夜在校园各角落检查自来水管是否破裂以及破裂位置。还有人戏称他是紧急"事故"保障员。胡财福面对脏活、累活总是冲在前，在遇到临时停电和管道破裂的突发事件时，总是第一个赶到现场，组织协调维修人员进行处理。

……

这样受师生爱戴的宁大后勤员工还有很多，他们用实际行动向师生展现了

责任和担当的魅力,用最默默无闻的劳动诠释着宁大后勤的育人文化内涵和宁大后勤一线人员的风采。

四、强化后勤创新意识,着力打造心工程

文化是一种温度的存在,宁大后勤文化更是一种暖心工程的打造。后勤暑期爱心家教班自 2011 年起,已连续举办了 7 年,为后勤外来员工子女提供了暑期学习场所,寓教于乐。学生社区服务中心用"心"出发,特别策划了宿管大伯大妈给 2017 届毕业生小黑板留言真情"告白"活动,被《宁波日报》《中国教育报》等众多报纸媒体报道。此外,还与学生处、学生社区党工委联合主办"吾爱吾家"第三届寝室文化节中的"旧物新语·寸角天涯"旧物回收建公益书吧活动,强化了毕业生文明离寝的观念,还为建立公益书吧提供了资金。宿管会学生们对学生社区外围垃圾桶进行涂鸦,经过他们的精心设计、作画,原本"灰头土脸"的垃圾桶改头换面,让人耳目一新,此次活动被《宁波晚报》报道。

更值得一提的是,学生社区在今年举办了"寓"见 2018 年员工游园会,大大提高团队凝聚力;同时,继续深化"互授渔道"系列活动,截至目前已开展 6 讲,以活动为载体,增加管理人员的知识储备,提升管理人员的工作水平。同时,为了营造浓厚的社区文化氛围,中心联合校团委在宿舍楼里设置了文化墙及长廊,校史文化、校园文化、学院文化及宁波帮文化,得以一一展现。

五、健全文化传承机制,着力延续新辉煌

宁大后勤文化的形成,是将后勤全体员工思路和力量凝聚在一起,这是具有感召力的文化,它深深地根植于后勤这片肥沃土壤,经过几代后勤人知识和经验的积累酿造,是具有旺盛生命力的优秀文化,它把全体宁大后勤人紧紧团结在一起,心往一处想,劲往一处使,这才有了团结向上的后勤集体。

在工作中,宁大后勤不仅做好师生生活的校园文化建设,而且对内部提出了建设"学习型、服务型、创新型、研究性"后勤,从而真正实现"为学校的发展而存在,为师生的满意而荣耀"。宁大后勤经过 2016 年深化改革,后勤管理方法、服务理念、工作作风、工作态度和员工精神面貌等都有了较大转变。

在推进工作,严格要求员工同时,设身处地为员工的工作、生活着想,解决员工的实际困难,做到心系员工,情暖人心。通过解决员工的实际生活困难,真正做到"以职工为本,想职工所需",受到了广大员工的高度认可,员工的凝聚力进一步增强。在员工的职业发展方面,通过鼓励员工进行专业知识学习,参

加专业认证考试、职业资格考试等提高专业水平,通过劳动竞赛、师徒传帮带、校级交流等提高专业技能,为员工职业发展提供技术支持和保障。

作为校园文化的重要组成部分,"为学校的发展而存在,为师生的满意而荣耀"的后勤文化与学校校训"实事求是,经世致用"既一脉相承,又体现后勤自身特点,既丰富了校园文化的内涵,又带领后勤人更好地服务于学校的长期发展。后勤人会坚定理想信念,做好后勤文化的传承与发扬工作,使这精神与智慧的结晶薪火相传,从而更好、更久地为学校育人工作服务。

品牌文化软实力　后勤发展硬道理

——青岛大学后勤服务品牌发展之路

青岛大学　周轶

高校后勤文化是指在一定环境条件下,以后勤职工为主体,以服务师生为宗旨,在长期的管理服务、经营过程中逐渐形成的具有后勤特色的价值观、行为准则和思维方式的综合体。如果说高等教育是一棵参天大树,后勤就是根脉,默默于土壤中吸纳水分,静静于烈日下采纳光合,不求崭露头角,甘愿坚守平凡。这种担当,这种奉献,是后勤人的真性情、大情怀。怀揣对后勤事业的执着与理想,青岛大学后勤秉承"真诚奉献,追求卓越"的后勤精神,继往开来,高定位,找差距,抓创新,树品牌,为建设一流大学提供高水平的后勤保障和服务,探索出一条创新引领、党建铸魂、文化聚心的工作思路,取得了丰硕的成果,营造出快乐工作、积极向上的工作氛围、凝心聚力的工作合力,为后勤持续发展增强了软实力。

青岛大学后勤 2016 年进行资源整合,由原来的校区分散后勤合并为后勤管理处,整合学校饮食、教室、场馆、物业、能源、宾馆、商贸、邮电、通信、信息、车辆、幼教等后勤资源。目前青岛大学后勤管理处有 3 个科室、10 个中心,干部职工 143 人(刚合并时达到 222 人),社会用工 450 人,服务企业 10 余家。

合并初期,面临学校多重发展却又多方待兴的局面,青岛大学后勤人选择了承担起历史的"问号",消化掉边角的"包袱",革新自己,保障服务中心工作的重任。以改革求突破,用创新求发展,创新后勤理念,提升服务品质,形成了后勤的服务理念、保障理念、工作作风;创新服务形式,搭建了"六位一体"的综合服务平台;组织编写了《后勤服务与管理规范文件汇编》,并不断修订和完善,制度之树、"6T"之器、安全之基和监管之法已经形成体系,树立了后勤"按章办事、廉洁奉公、公正办事"的良好形象。扎实推进后勤"暖心、聚心、交心"的"三心"工程,持续推进文化建设"六个一工程",在内部营造尊重人、塑造人的文化氛围,增强员工的归属感。后勤的领导常说:后勤应当是有温度的,后勤是一个家庭,要让生活在这个家庭中的每一个人感受到温暖和快乐。后勤是一个集体,要让工作在这个集体中的每一个人感受到依靠和力量。青大后勤提出要人本对待全校师生,就是以提高服务质量和师生满意度为目标,创建具有青大后勤特色的服务品牌,让更多的师生享受到更加人性化的后勤服务。

经过艰苦的工作,后勤上下组织学习和考察,组织座谈和讨论,形成共识,达成一致,以创建服务品牌为抓手,成立品牌工作领导小组,统筹协调指导推进后勤服务品牌创建工作。后勤主要领导在一线与员工同劳动、通体会、共升华、齐浇灌。经过几轮的申报和筛选,2017 年 12 月 12 日,后勤党政联席会决定建设 6 个服务品牌,即教室与场馆服务中心:37℃服务;饮食服务中心:妈妈的味道;饮食服务中心:砂锅大爷;车辆服务中心:流动的温馨;信息中心:52315 一号通;商贸中心:文化驿站。同时培育 3 个后勤服务亮点,即能源管理服务中心和物业服务中心:半小时服务圈;教室与场馆服务中心:小憩之隅;幼教服务中心:境润童心。

品牌给产品和服务带来迭代、升级和附加价值。近三年的创建活动,品牌意识成为大家的一种追求,成为践行后勤精神的重要抓手,给校园带来温暖,给服务带来提升,后勤人也在品牌创建过程中体验到后勤品牌文化的自信和力量。 青大后勤人坚信,品牌是从事业精进中生长出来的。青岛大学的"砂锅大爷",就是先从学生口中叫响的,2017 年百度搜索"砂锅大爷"点击率超过14 万人次。"砂锅大爷"张守义十几年如一日的坚守,守护出了"足量"的砂锅、热情的微笑,更守护出了对学子的关爱和温情。他成为学校的网红人物和后勤工作岗位示范典型,他身上讲述的就是青大后勤人奋进的故事。

"每天凌晨四点,当同学们还在熟睡中,餐厅各个岗位的工作人员已经开始了一天的忙碌,阵阵饭香从后厨间里飘出。走近餐厅,深吸一口,是熟悉的味道,是来自味蕾的蠢蠢欲动。这个味道打开了记忆的闸门:是家门上的挂件、是妈妈围裙上的斑点、是餐桌上的青菜,更是一家人一起就餐的其乐融融……一帧一帧地在脑海里回放。原来,学校里也有家的味道,也有和妈妈做的饭菜同样的味道。"这是学子们在"妈妈的味道"征文中对青大饮食的描述。饮食中心推出"妈妈的味道"服务品牌创建,旨在挖掘和提高炊事队伍技术潜力,增加师生互动,以"饮食润爱,让美味飘香"为主题,最大限度满足师生的个性化需求。"妈妈的味道"服务品牌不仅仅是倾听了学生的声音和需求,变"我做你选"到"你说我做"的模式;更重要的是从学生中征集一批承载亲情、乡情的地方菜品,用熟悉的味道唤起学生对家乡的记忆和对父母的感激,这种味蕾触发的人文"通感"和精神共鸣,提升了服务品质,融入了感恩教育、劳动教育和国情教育等元素。"妈妈的味道"不再是一道菜,而是一系列饮食"名品",是一个标准,一份责任,一种情怀。

2019年3月,为满足来自不同地区的师生的就餐需求,饮食中心通过菜品征集活动,了解师生们的家乡菜,了解平时最受大家欢迎的家常菜品,根据他们的相关图文推荐,根据同学们的征文和菜品推荐,饮食中心组建专门的研制小组,认真甄选适合学校餐厅大锅灶制作的菜品,从食材采购到烹饪制作再到试吃改良,他们精益求精,推出了3期学生最喜爱的"妈妈的味道"菜品(家常烧鸡块,风味茄子,鱼香鸡柳,炸豆腐卷、松鼠鱼等),并在仁园一食堂进行试点展销,力求让师生在学校的餐桌上也能品尝到家乡的味道,感受到家的温暖。这份深厚的爱与暖意,感动着学子们,他们主动走近饮食人,赞扬后勤一线职工的勤劳与奉献,同学们拍摄的《凌晨三点,青大不眠》登上了腾讯新闻首页,点击量达到45万。

2018年青岛大学获评全国高校后勤信息化建设先进单位,此殊荣得益于后勤服务"52315一号通"为主体的"六位一体"服务平台建设。平台涵盖热线服务、PC端、手机App和微信服务、实体大厅服务,让后勤接访、派工、管理、回访等实现了信息化服务闭环,实现了后勤服务"能问、能查、能看、能听、能办、能约",成为全青大、全天候的服务终端。全年无休,每天24小时守护服务,他们坚持下来了,这批可爱的后勤人、话务员守着一部"小"电话,可是拥有一个"大"心脏。电话一响,拿起来的就是责任、首接负责的承诺。他们必须清晰把握后勤的工作职责,必须具备百问不厌的工作涵养,必须能感同身受电话那端焦急的情绪,必须守得住、静下来,不急不躁,咽得下苦水和泪水,说不出埋怨和牢骚。平凡的岗位,见证不一样的担当。"52315一号通"年均受理服务4000余次,回访满意度98.7%,这后面承载后勤人多少的汗水和微笑。

后勤服务一号通的优质服务,极大支撑了另一个服务亮点——"半小时服务圈",这是由我处能源、物业、邮电服务中心共同打造的服务亮点。只要有报修,"半小时服务圈"承诺在半个小时内响应进行维修,如遇复杂工程,也要在半个小时内进行应急处置、安排和反馈。服务圈让维修服务的快速响应更加高效、科学。这些探索和实践,充分体现出青大后勤追求卓越不懈怠的作风、不忘初心担使命的政治文化素养。

后勤有育人的职责和功能,后勤的文化建设自然将育人作为重要内涵。青岛大学对校园内原有的商场进行改造,精心打造了"浮山书店文化驿站",采用以书香文化带动商超与零售的复合经营策略,打造集阅读、文创、座谈、超市、休闲于一体的多元、动态的文化驿站,它不仅是一个书店,更是一个创意文化空间,一个校园会客厅,一张校园文化建设的名片。前不久,教育部专文要求在高校建设实体书店,这一次,青岛大学想到了前头,走在了前面。"浮山书店"为学生、教师提供思想碰撞的空间,为学术艺术提供展示精彩的舞台,为学校注入了治学书香的文化功能。

书店周边集结了国内外知名服务品牌,为学生的生活提供了多样的保障。书店外围还开设了"文创空间",免费向学生创客提供空间,助力学生创新创业。"让更多富有创新精神、创业能力的同学入驻,是我们浮山书店的公益初心;他们来了,我们书店的文化驿站功能将更加丰富,我们其实是互相扶持的业态,希望我们牵起手为青大师生提供一道文化盛宴。"浮山书店的运营人如是说。

"37度服务""小憩之隅""流动的温馨""境润童心"等品牌的建设也在逐步推进和完善。品牌文化的感染,让每一个后勤人也在全校树立了爱岗敬业、敢闯能创的职业形象,实现了行为模范育人、岗位示范育人、劳动价值育人、管理服务育人。国际学术交流中心"青大服务"品牌,打造了"诚信交流,温馨家园,文化传承,好客青大"的服务文化,多次斩获全国教育宾馆服务技能大奖。青岛大学 2017 年获评全国高校后勤文化建设先进单位。

品牌的创建是一个过程,品牌的成效需要师生的检验,随着学校发展和师生需求的不断提高,青大后勤人需要以滚石上山的意志不断探索,反思品牌建设中的服务标准,寻找蕴含在品牌的生长过程中内涵和魅力。用更高的标准成就品牌的更大发展,并树立品牌化的思维,让后勤的各项工作都呈现出品牌化,高标准,实现高品质高质量的发展。

青大后勤必将厚重而多彩!

春风化雨　润物无声

——上海海洋大学教育保障中心党支部文化建设综述

上海海洋大学　陈四梅

近年来,上海海洋大学教育保障中心在习近平新时代中国特色社会主义思想和党的十九大精神指引下,在学校党委领导下,不断加强后勤文化建设,广大后勤员工爱岗敬业、勇于担当、乐于奉献,着力提高服务质量、增强后勤保障能力。创一流高校必须有一流后勤,一流的后勤必须有一流的文化。一流的后勤文化规范后勤发展,明确后勤奋斗目标,推动后勤工作步入新时代。

一、党建文化引领全局

上海海洋大学教育保障中心直属党支部成立于 2017 年 4 月。党支部以基层党员的有序组织和丰富活动为工作重心,把后勤党建文化贯彻于业务工作的始终。

党支部以习近平新时代中国特色社会主义理论和党的十九大精神作为指导思想,组织了形式丰富的学习活动,从现场热议到微信群发言,从拉家常式谈话到专题讨论,多形式全方位地开展,使政治文化学习有热点、有温度。

在工作中,党支部始终坚持服务学校发展、服务教学科研、服务师生员工的宗旨:趁暑假时间修补行政楼会议室桌椅;调研并协调解决师生反映强烈的风雨操场灯光问题;协调解决机关工会"妇女小家"用房;门诊部在新生体检添置设备运用等。

以主题党日活动为契机,多维度开展后勤群团文化活动,全方位增强后勤员工的使命感。组织集中观影《厉害了,我的国》《榜样》系列,组织收听《奋斗吧,我和我的国》,通过影音传媒,向大家呈现创新、协调、绿色、开放、共享的新中国,用先进典型模范事迹传递社会主义核心价值观。结合"我的初心使命"

主题党日参观洋山深水港四期;让大家切身感受新时代的创新力量,感叹奇迹般的新技术和新生产力;"我是党员我承诺""进博先锋党员行动"活动,让后勤党员时刻牢记身份、履行党员职责。

整个党建文化工作,既遵循组织纪律、完成规定动作,又充满人情味,在充分发挥党员、入党积极分子的先锋模范作用和支部主体作用同时,提升了基层党组织的影响力、凝聚力和战斗力。为学校事业科学发展和教育保障改革提供了坚强的组织保证。

二、廉政文化为后勤健康发展保驾护航

后勤领导班子成员自觉提高廉政意识,突出主体责任。将民主集中制、"三重一大决策"等制度落到实处,认真履行"一岗双责"。

完善的规章制度为后勤廉政建设提供制度保证。推进后勤党务公开、政务公开、强化对关键领域、薄弱环节的纪律约束。结合上海市委第十巡视组反馈问题,新建廉政制度15项、修订制度3项,如《上海海洋大学后勤管理处(教育保障中心)廉政风险防控制度》《上海海洋大学采购管理办法(试行)》等。

以典型案例为教材,廉政教育贯穿日后勤管理服务的各个环节,促使后勤员工在工作中践行廉政品德。组织后勤全体员工开展警示教育专题会和专题组织生活会;学习《事业单位工作人员考核暂行规定》和《公职人员政务处分暂行规定》;后勤员工人人撰写警示教育学习体会。

开展丰富多样的后勤廉政文化宣传实践活动。结合学校自身条件,以校园网站、校园微信公众号为载体,刊登廉政先进事迹,组织收看廉政文化教育宣传片,举办廉政文化专题讲座,使廉政文化入心入脑。

三、新时代教育思想大讨论活动助推文化建设再上新台阶

活动以"凝聚共识、抢抓机遇、提高质量、开拓创新、加快发展"为目标;分学习调研、梳理问题、总结整改"三步走";引导广大后勤职工树立先进的服务理念,打造有亮度、有态度、有效度、有热度的后勤服务体系。围绕新时期师生对美好校园生活的需求、一流后勤保障建设的机制体制、后勤员工服务能力,结合深化教育教学改革,加强队伍建设措施、校园运行后勤保障体系和监督机制建设,优化内部管理体制机制等方面进行重点研讨思考。

针对后勤一线员工占比95%以上的特点,大讨论活动结合实际情况,创新载体,分别举行座谈、讲座、调研、规章制度培训和安全生产知识竞赛。通过新

时代教育思想大讨论活动,教育保障中心各部门对服务流程进行了再细化,对服务标准进行了再提高,对服务领域进行了再拓展,思想认识进一步提升,实际行动一直在路上。

四、核心价值观提供后勤工作精神动力和智慧源泉

教育保障中心以非事业编制人员居多,而且后勤属于劳动密集型行业,后勤服务面向全体师生,后勤员工的队伍形象在一定程度上也代表了学校的形象。在长期的工作中,我校后勤员工逐渐形成了"勤朴忠实、服务到位、群策群力、师生满意"的核心价值观;形成了"为教学服务,为科研服务,为师生员工服务;服务育人,管理育人"的工作宗旨;形成了"目标认同、平行运转、换位思考、联动改革、和谐发展"的工作方针;形成了"特别能吃苦,特别能战斗,特别能奉献"后勤精神;形成了"主动服务、用心服务、优质服务、创新服务"的服务理念,"以人为本、科学规范、高效务实"的管理理念,"德才兼备,以德为本,发挥潜力,岗位成才"的人才理念和"全员学习、终身学习、学以致用"的学习理念。这些文化沉淀已经得到广大师生的充分认同,成为后勤服务工作不断开拓创新的精神动力和智慧源泉。

五、普及员工培训促后勤文化可持续发展

针对后勤员工普遍文化水平不高的特点,教育保障中心不断完善教育培训体系,提高各级人员的思想道德素养、科学文化素养和专业技术能力。制定了"教育保障中心培训实施办法",并将各二级部门开展业务培训工作纳入部门目标责任制考评、各类评奖评优、岗位晋级等工作环节。为提高员工的专业技能,围绕安全生产、技术提高、设备升级、财务知识、消防技能、食品安全、职业道德、服务礼仪、心理健康等方面内容开展高质量的培训。同时按照"学以致用、讲求实效"的原则,分别用笔试、口试、知识竞赛、技能比武等形式进行考核,对成绩优秀者颁发奖励证书及奖金。

六、服务现场和服务区域展现后勤文化育人功能

教育保障中心加强餐厅、门诊医疗等服务区域的文化建设,体现服务的"规范化、精细化、人文化",把后勤核心价值观的和各个部门的服务理念体现在具体工作环境中,提升服务行业文化品位。如餐饮管理部实行的"6T"管理法,门诊部倡导"博学、厚德、严谨"的工作作风。通过"学雷锋活动月""文明窗口

评选""消防安全宣传周""卫生日教育宣传周"等系列主题活动,拓展服务范围,传递服务理念,在潜移默化中实现育人功能。

　　近年来,上海海洋大学教育保障中心在后勤文化建设上,健全制度、提升技能、以评促建,开展了形式多样的后勤文化建设活动,取得了丰富成果。站在继往开来的新起点,后勤人展现出有非凡的勇气和自我加压、自我挑战的精神,对标一流,勇创佳绩。

创新后勤文化 助力"双一流"建设

——北京工业大学后勤思想文化建设巡礼

北京工业大学 刘佳 李梅

北京工业大学后勤保障处以文化建设为统领,以"一宗旨、二规范、三精、四化、五目标"为发展理念。秉承"三服务、三育人"的宗旨,依靠制度规范与行为规范,通过精准施策、精细管理、精心服务,达到管理的标准化、专业化、人性化与智能化,从而实现平安后勤、质量后勤、科技后勤、精细后勤、文化后勤的目标。北京工业大学后勤文化建设在长期发展过程中,党政工团齐抓共管,逐步形成了自己独特的脉络体系,成为校园文化不可或缺的一部分。

一、以文化价值为引领,以思政学习为依托,根植后勤文化建设理念

后勤保障处严格学习教育,重视思想引领,分层分类开展学习教育活动,使理论学习常态化、科学化。在统一认识、凝聚力量中筑牢意识形态主阵地,举旗帜明方向,坚定信仰信念。

(一)丰富职工内涵

"北京工业大学后勤培训学校"作为后勤文化建设的品牌,开展岗位技能培训、管理经验交流、文化素质提升、技术技能比拼、种子计划培养等教育活动,努力将培训学校打造成人力资源的蓄水池、普及知识的大讲堂、职工发展的好学校、弘扬能量的根据地、孕育文化的大摇篮。

每年暑期开展管理岗位和各中心重点岗位的培训,内容涵盖思想文化建设、党建与后勤工作结合、日常管理能力提升、团队凝聚力提高等方面,多领域、多角度、多层面浓厚育人氛围。

（二）彰显后勤文化

结合后勤党委、工会、各中心的工作，统筹安排各类技能提升和素质养成培训，基本上形成了以技能培训为基础，综合培训为保障，文化培训为提升的教育体系。培训面向全校师生开展特色技能培训及岗位实践，希望助力教学科研发展，增强师生的获得感和幸福感。

（三）彰显后勤文化

后勤保障处每两年开展一次"爱国、爱党、爱校、爱家"先进评选，并举办"讴歌劳动者，颂扬后勤人""五一"表彰大会，表达对劳动者的尊敬，树立后勤学习榜样，营造"比学赶帮超"的工作氛围，形成职工认可的后勤价值观和文化理念，彰显后勤人为学校双一流建设贡献力量的决心与热情。

二、以基层党建为引领，以校园共建为依托，拓宽后勤文化发展广度

后勤党委作为文化建设的倡导和规划者，一直致力于将党建工作与文化建设相结合，走出了一条旗帜鲜明、特色引领、可持续发展的道路。在"两学一做"教育常态化的基础上，按照"四结合"的要求，在基层支部和党委两个层面，创立"党建＋"和学院共建、精准扶贫、服务社区系列活动。重点突出了党员示范、学生参与、思想引领、党工结合、以人为本、服务育人、文化传承、协同创新的活动特色，反映出后勤党建和思想政治工作以"实"为基、落地有声。通过"一中心一文化，一班组一特色"工作的实施，推动形成具有后勤职业特色的文化体系。

（一）党建＋制度建设

机关支部将制度建设作为提升党建工作规范化水平、防范廉政风险，助推管理效率提高的有力抓手，规范工作流程，标注岗位风险，带动中心工作发展。

（二）党建＋师德建设

幼儿教育中心党支部，把师德建设纳入长效管理机制中，依托"一个创设、两个关注、三项举措"强化内部管理，加强师德师风建设。通过开展基本功展评、团队拓展、师德月活动，使教师牢记宗旨，树立全心全意为幼儿及家长服务的思想。

（三）党建＋餐饮安全

饮食中心党支部将支部学习与餐饮安全教育、梳理风险点相结合，加强责

任意识,增强活动实效。采用多种形式对安全工作常抓不懈,既丰富了党建工作内容,又促进了中心工作开展。

(四)党建＋绿色建设

校园中心党支部与学院党支部开展"红色1＋1""植绿护绿、美化校园""树木挂牌"等活动。学生们既体会到了园林工作的艰辛,也享受到了劳动的快乐,强化了美丽校园共爱共享的环保意识。

(五)党建＋实地学习

动力与维修服务中心党支部邀请学生到锅炉房、配电室等进行实地学习。工人师傅对燃气锅炉的工作原理及配电室设备及主要线路的走向等方面的知识绩效讲解、答疑,使同学们拓展了知识领域,增加了实践经验,进一步激发了学习热情,同时后勤职工也提升了自身职业自豪感,鼓舞了工作干劲儿。

(六)党建＋岗位体验

学生社区学生党支部将发展对象按照所学专业分配到不同岗位进行实践,为学生党员开通教工支部委员挂职通道,参与教工支部的管理,达到互学互促的目的,形成师生互动的良好局面。综合中心党支部在"双十一"等快递繁忙时期,邀请学生党员体验投递活动,既缓解了快递压力,又增进了相互理解,减少了矛盾摩擦。通过这些体验活动,增强学生们的归属感和责任感,增加了彼此的感情和信任,为提升学生的实践能力和促进和谐校园建设均作出了有益贡献。

(七)党建＋社区文化建设

后勤党委每年围绕学习雷锋日和重阳节举办"雷锋精神传万家、后勤服务进社区""重阳敬老爱老,真情服务社区"活动。以支部为单位开展义务理发、免费配钥匙、义诊、防火防盗资料发放、幼儿教育咨询、绿植养护咨询、直采蔬菜优惠售卖等活动。活动现场气氛热烈,既服务了社区居民,又弘扬了雷锋精神,倡导了尊师重教、敬老爱老的传统美德。

(八)党委与学院共建

为推动后勤服务职能向校内整体育人环境的延伸,将后勤发展的成果与校内师生共享,后勤党委与学院等举办联合共建系列活动。后勤党委向教师们教授厨艺课程,提升教师们烹饪技能,同时,学院为后勤职工与子女提供参观"微特电机博物馆和工程训练中心""3D打印研究中心""光电物理实验室"等高科技实验室的机会。大家在感受科技飞速发展的同时,也提升了归属感、自豪感,增加了干事创业的动力。

(九)精准扶贫与张泉村共建

后勤党委倡导互助奉献,利用自身资源尽力帮助校精准扶贫对象,收购农副产品,提供产品展卖等服务助力脱贫。同时,利用革命老区资源对党员开展实地学习教育,提升党性修养。

三、以团队凝聚为引领,以多彩活动为依托,浓厚后勤文化建设氛围

后勤保障处工会拓宽思路,创新理念,打造了系列富有后勤特点,效果深入人心的文化活动。在凝聚队伍、激发热情、精进技能、树立自信上取得实效,逐渐形成了"动静结合""内外兼修"的活动风格,不断将健康、向上、拼搏、奉献、团结、和谐的文化理念种植在每一位后勤人的心中。多次成为校其他工会效仿的对象。

通过"包饺子"的形式举办新老中级岗工作经验交流及活动,增进了彼此之间的距离,为工作的开展打下了良好的基础。

后勤保障处工会举办了"搭建爱心桥梁,点燃未来希望"爱心捐赠活动,在后勤员工的带动下,校内师生纷纷热情参与,宣扬后勤爱与奉献的文化精神。

四、以文化宣传为引领,以创新平台为依托,放大后勤文化带动效应

为了拓展文化载体,后勤党委精心打造了报纸、网站、微信、宣传栏"四位一体"的宣传平台。

《后勤心声》作为最早的宣传媒介,是后勤文化的传承和延续。

微信公众号"后勤大白"精心打造了"两学一做""讲述后勤""养生贴士""美食志"等品牌栏目,发表消息200余篇/年,文章阅读总量达20万人次/年,发挥了弘扬正能量,扩大后勤影响力,提升工作形象的重要作用。

文化墙宣传栏是增强服务现场和工作区域文化氛围的环境建设,精心设计了制度法规、廉政建设、党建专栏、工会风采、工作提示、党员示范岗、光荣榜等板块,突出思想道德建设引领,成为弘扬后勤文化新风的窗口。

同时,后勤党委不忘做好思想文化建设的传播者与引领者,多次在全国性教育媒体发表文章,其中《立足岗位,精益求精,走好新时代高校后勤发展之

路——北京工业大学后勤保障处发展侧记》作为《高校后勤研究》2018年第二期封面报道，传播北京工业大学后勤好声音。同年，北京工业大学后勤党委荣获"高校后勤文化建设优秀标杆单位"称号，开创了我校后勤文化建设新局面，进一步激励我们为学校事业发展与人才培养保驾护航。

五、以"三全育人"为引领，以特色项目为依托，挖掘后勤文化育人功能

后勤党委坚持走内涵发展、特色引领的道路，紧扣"三服务、三育人"宗旨，落实立德树人根本任务，推进"三全育人"，从自身特点出发，挖掘出后勤独特的育人渠道，打造了多个亮点品牌。

（一）学生社区支部搭建文化育人平台

学生社区党支部，打破了传统的学生党员培养模式，致力于学生8小时以外全方位的培养和锻炼，为学生党建工作开辟了一条新的途径。坚持党员发展"三步走"，推行支部建设"八个一工程"，积极搭建文化育人环境。因其独特的人员构成、党建模式、党员发展以及作用发挥等特色工作获得同行认可，并多次获奖。

（二）以节能教育促进教育节能

后勤保障处坚持绿色校园发展思路，按照"教育节能、管理节能、技术节能"三位一体模式，以科技为先导，以管理为保障，推动绿色校园文化建设。每年借助全国节能宣传周等契机，开展节能减排作品征集大赛等活动，主动承担起传播绿色校园文化的责任。

（三）推广文创产品

文创产品是学校历史积淀和文化底蕴的体现，传播着校园精神文化、营造了校园文化氛围，增加师生校园认同感和归属感。

"不息为体，日新为道"的校训深深影响着一代又一代的后勤人，后勤文化也在这一校训激励中，不断努力创新，助力学校双一流建设目标的实现。后勤文化从广大师生对美好生活的追求中产生，自繁杂工作中成长，为服务质量而升华，我们将在探索中不断先行，在成长中逐步完善。

讲好后勤人的故事　展现后勤人的风采

——江汉大学后勤服务保障中心(后勤集团)思想文化建设综述

江汉大学　陈军

大学的教育教学过程,包括教书育人、管理育人、服务育人、环境育人等,实质上是一个以文化人、以文育人的过程。近两年来,江汉大学后勤服务保障中心紧扣服务育人、环境育人的需求,在做好做实后勤保障、构建江大特色"社会化、信息化、标准化"后勤服务的同时,坚持以文化人以文育人,以文化建设来助力后勤事业发展的为导向,聚焦后勤服务主业,创新文化建设形式,搭建职工交流学习平台,进一步增强员工文化自信,为参与落实高校立德树人根本任务、培养高素质人才贡献后勤人的智慧和力量。

江汉大学后勤服务保障中心下设办公室、人力资源与考核部、财务部、房产管理科、信息部、饮食服务部、公寓管理部、物业服务部、水电保障部、修缮服务与工程管理部、运输服务部、商务服务部等 12 个二级部门,负责学校 5 座食堂、29 栋学生公寓、58.6 万平方米校舍、53 万平方米绿化面积的管理工作,全面助推后勤改革和发展,力求打造江大特色"干净、安全、智慧、高效、绿色"的后勤服务保障。近年来,江汉大学后勤服务保障中心以文化建设和思想引领助力后勤事业,中心主要领导抓,各部门积极参与,后勤文化建设形式多,内容实,文化氛围也越来越浓;以文化建设助力后勤事业,加快推动各项改革创新,江汉大学后勤服务保障中心自上而下统筹开展大量文化建设工作,员工称赞,师生受益,取得很好的成效。

一、以学习为抓手,营造浓厚后勤文化氛围

近两年,江大后勤保障服务中心通过"走出去、引进来"的方式坚持抓学

习、强素质、提能力,鼓励员工既要埋头做事,也要抬头看路,通过学习强化职工的业务能力及理论储备。

2019年4月2日,中心党总支与辛亥革命博物馆党委在该馆举行党建共建签约仪式,并揭牌成立辛亥革命博物馆第一个共建的党员实践教育基地。在共建期间内,校后勤集团与辛亥革命博物馆积极加强党建理论交流,充分利用相互优势资源,开展形式多样、内容丰富的党建活动,将敢为天下先的首义精神运用工作岗位上,更好地提升服务品质,共同助力武汉城市发展。基地的建立为江汉大学后勤战线党员同志提供一个知行合一,学以致用,服务社会,践行追求卓越精神的良好平台,后勤集团党员同志通过这一平台,进一步讲好江大后勤服务故事,展现江大后勤服务风采。党员同志纷纷表示珍惜这难得的机会,将理论学习与实践教育结合起来,努力提升服务本领,更好助力学校育人工作。

2018年11月,后勤服务保障中心组织开展学习习近平新时代中国特色社会主义思想周周讲活动,特别邀请到全国道德模范王争艳医生来中心开展专题讲座,她用质朴的语言给后勤员工上了一堂关于"初心和使命"的讲课。王争艳回忆自己从医初衷,讲述自己从医经历,用一个个鲜活的事例来告诉大家:"从事服务工作,在服务他人的时候,也是在成长自己,做好本职的工作无愧于自己一生,也为子女后代做好模范榜样。"

中心还在职工中大力倡导廉洁文化,促使大家树立廉洁自律的意识,营造风清气正的后勤生态环境。2019年3月,中心开展"安全生产教育宣传月",启动仪式上特邀全国道德模范刘洋作"安全生产——万无一失,一失万无"主题报告,通过宣传教育提升大家安全意识的基础,同时后勤各部门主动作为,细化岗位责任,强化培训,对管理层、各班组负责人、一线工作人员开展有针对性的培训,全面提升了后勤保障人员的安全事故处置能力,推动后勤员工"不忘初心、服务育人"。同时,中心坚持组织员工观看重大会议、活动盛况,提升员工心怀国家发展、立足岗位服务育人的自觉情怀。

江汉大学后勤服务保障中心始终能坚持与时俱进,在后勤干部职工中深耕"后勤不后,服务先行"的后勤文化理念,效果明显。

二、以榜样为旗帜,强化后勤员工服务意识

榜样的力量是无穷的,江汉大学后勤服务保障中心在近两年通过外学先进内树典型,在全集团内发挥了很好的示范引领作用。2018年11月29日,中心组织党员同志走进了全国先进工作者、全国五一劳动奖章获得者王群同志的警

务室工作室、禁毒工作室和她帮扶的社区居民家里，随着她带着集团党员同志们的参观和实地讲解，尤其是处理的一个个社区百姓的事情经历，让每个人都真切地感受到了王群警官把群众当亲人，把群众的事当自己的事的奉献精神和敬业精神。2019年5月，中心组织党员赴我校优秀校友、省市区三级人大代表胡丹的企业武汉市黄陂区东升米业有限公司开展以"体验农业新变化，助推后勤新发展"为主题的党日活动。胡丹是原武汉市委陈一新书记表扬树立的青年创业典型，中心党员同志向胡丹纷纷询问创业过程的细节以及农业发展的各项政策，对她艰苦创业的精神表示由衷的钦佩。大家表示，胡丹的企业向社会供应大米，满足"民以食为天"的需求，我们中心的工作也是"兵马未动粮草先行"保障师生校园生活、教学、科研的需求，两个工作之间有很好的契合点，我们要把此次学习参观的心得体会和自己的岗位职责结合起来，努力工作，创新方法，为学校发展提供优质的保障。

2019年3月～5月，中心为认真学习贯彻习近平新时代中国特色社会主义思想和党的十九大精神，积极培育和践行社会主义核心价值观，在"后勤不后，服务先行"的服务理念指引下，为彰显后勤优质、高效的服务，传递江大后勤人"乐于奉献、积极向上"的正能量，经决定开展首届"寻找江大'后勤服务先锋'"评选活动，并在"五一"国际劳动节邀请全国劳模蒋扣分为教职工分享劳动故事，召开首届"后勤服务先锋"表彰会。用心创造美食的食堂大叔、亲切热心的宿管阿姨、校园绿化的园丁等13位个人和1个团体受到表彰。蒋扣分同志的成长经历以及为民奉献的心路历程深深地感染了广大职工。兵马未动粮草先行，通过服务先锋的评选树立，激发了大家向榜样看齐，共同想方设法把后勤的各项事业做到更好。中心还结合他们的事迹，拍摄了微视频，真人真事、真情实感地再现了后勤人履职敬业、追梦筑梦、奋斗圆梦的故事，通过中心微后勤公众号及武汉教育电视台等官方渠道的播放和宣传在全校师生中产生了积极反响。

三、以融合为动力，提升学校后勤文化软实力

2017年丹田物业承接江汉大学物业后，后勤服务保障中心根据工作需要以及未来校园服务需要，联合商学院、丹田物业成立现代校园服务创新研究中心。研究所的成立改变了高校后勤人重实务轻研究的思维惯性，推动了后勤员工和教学一线教师的互动借力，把理论与实践、培养与需求对接起来，实现资源共享、合作共赢。中心结合学校实际情况，开展后勤新业态研究，充分调动后勤员

工开展后勤工作的积极性,鼓励他们积极参与后勤理论研究工作,及时了解后勤改革发展中出现的新需求,并为之提供新的解决方案,目前已经完成几项校内物业新业态的调研并承接教育部相关课题一项。

2018年6月,中心着力打造高校后勤服务体系的"江大特色",响应武汉市委"红色引擎"工程号召,探索校园后勤服务体系的新模式,和商学院联合成立了湖北省高校首家"学生党员红色物业服务站"。服务站主要招募优秀学生党员参与到学校后勤物业服务工作中来,在"实践育人""服务育人"的同时,真正搭建起学校师生和后勤的一座"桥梁",充实了学校后勤服务保障体系的实质内涵,得到社会各界和新闻媒体的肯定。

与此同时,后勤服务保障中心积极与各学院、党政职能部门、党群组织以及直属机构等部门沟通和协调,营造团结和谐、积极向上的育人环境和氛围,稳步推进后勤文化建设,提升学校后勤文化软实力。

四、以宣传为依托,打造服务育人文化矩阵

近年来,以大数据、人工智能为代表的信息化迅猛发展,微博、微信公众号的普及,让信息的传播与交流更加便捷。江大后勤服务保障中心紧跟需求,抓住机遇,积极打造服务育人文化矩阵。以"两微一网"为依托,以后勤资讯为核心,以服务师生为导向,一方面积极传播优秀传统文化,利用时事节日,如"世界无烟日""世界环境日"等,影响后勤职工与广大校园师生关注中华优秀传统文化,提升文化素养、增强文化自信。另一方面宣传展示后勤文化建设的亮点,弘扬工匠精神,传播社会正能量,引导大家在学习、生活和工作中坚定理想信念,自觉践行社会主义核心价值观。同时将"后勤服务先锋""后勤时事热点"等新闻资讯进行展板宣传,力求传达本校后勤文化特色,践行"三服务、三育人"的工作宗旨。

2019年8月,正值新生开学前期,中心利用暑期进行新生宿舍大改造,利用文化墙大力弘扬以"服务育人"为核心的先进后勤文化,并邀请校长寄语,积极营造和谐稳定、蓬勃向上的校园氛围。截至2019年9月,中心利用后勤职工及校园师生对于信息接收的习惯与偏好,用图文并茂、音视频结合的方式,为后勤一线员工拍摄如《后勤一分钟》《后勤二十四小时》《沙漠骆驼》等宣传视频,潜移默化地丰富着、传达着江大后勤独特的文化内涵,吸引师生形成对后勤文化的认同感。其中《沙漠骆驼》在网上播放量达60万,不仅展现了后勤饮食文化风采,更展现了江汉大学独特的文化精神风貌,吸引更多师生了解江大、认识江大。

中心利用"两微一网文化墙"打造文化宣传矩阵,在进行后勤文化宣传的同时,也促进了后勤文化与大学校园文化的融合共生。

五、以输出为导向,展现高校后勤人文风采

江汉大学后勤服务保障中心坚持文化引领,让广大员工既能在岗位上建功立业,也能走出江大展现江大人风采,从而增强后勤人归属感、幸福感、成就感。2018年11月,中心党总支来到军山街道龙湖社区开展在职党员进社区"双认领"活动,根据后勤工作特点和党员自身特长,中心组织帮助社区群众解决实际问题。并参观社区"乡愁博物馆",让后勤员工了解村民居住环境的改变、红色文化的传承、党建工作的社区建设情况。2019年4月,中心与龙湖社区签订"双进双服务"活动协议书,并参观了社区党建文化活动阵地,学习了社区管理治理工作方式方法。进一步提升后勤人员对社区的认同感、获得感,反哺社区、奉献社会。2019年5月,学校后勤服务保障中心携手辛亥革命博物馆、武汉经济技术开发区龙湖社区组织,开展以"缔造先从江汉始,追梦当以党员先"为主题的共建活动,带领博物馆原创精品展览走进社区,激发党员群众热爱武汉、建设武汉的热情。

2019年7月4日,在纪念中国共产党成立98周年之际,江汉大学后勤服务保障中心党总支与巴东县教育局党组联合开展了"为建党献礼,为扶贫助力"党建共建活动。江汉大学后勤服务保障中心党总支和丹田物业一起向溪丘湾初级中学捐赠12台电脑、1台投影仪、1000册图书及15套学习用具,受助学生纷纷表示,在今后的学习生活中,会更加努力,艰苦奋斗,将来为国家、社会贡献自己最大的力量。随后,开展了"为建党献礼,为扶贫助力"的党建共建座谈会,会后,还签订了党建共建协议书,进一步明确了双方协议阶段的共建内容和落实措施。紧接着,江汉大学后勤服务保障中心党员与溪丘湾初级中学党员教师联合开展了主题党日活动,一起深入到贫困学子杜斌和宋扬的家庭,送上了爱心物资,详细了解家庭情况,鼓励孩子怀抱梦想,勤奋学习,感恩珍惜,回报社会。参加的中心同志表示这样的活动非常有意义,既帮助了贫困山区的孩子,还在现实生活中受到了精神的洗礼,在与山区教师的交流中找到了差距,明确了下一阶段的努力方向。

当前,面对经济发展进入新常态、改革进入攻坚期、各种矛盾相互叠加、社会思想多元多样多变的新形势,加强文化建设,增强文化自信,激发精气神,汇聚正能量,不仅对于坚持和发展中国特色社会主义尤为重要,而且也是高校坚

持以文化人、以文育人、培养人才的迫切要求。江汉大学后勤服务保障中心将一如既往地坚持文化引领,把文化建设融入后勤服务领域、服务项目等具体工作中来,以一流的后勤文化建设助力后勤发展,增强后勤人归属感、幸福感、成就感,积极塑造后勤人团结奋进、蓬勃向上的良好形象,营造和谐稳定、风清气正的服务育人氛围,助力学校各项事业发展。

不忘服务初心 牢记育人使命
努力打造一流后勤文化

——江苏大学后勤文化建设巡礼

江苏大学 马骁

江苏大学后勤管理处(后勤服务集团)(以下简称"处(集团)")秉承"三服务、三育人"宗旨,围绕中心、服务大局,不断建立健全规章制度,推进科学化、规范化管理。坚持以人为本,努力构建学习型组织,以文化建设为抓手,积极拓展文化活动载体,打造亮点工程,丰富育人内涵,构建了具有后勤特色的催人上进、励人精神、陶冶情操的价值体系和文化氛围,并在实践中斩获新成果、凝练新经验、实现新发展,促进了后勤工作全面、协调、可持续发展。

2019年3月,学校荣获"全国高校后勤事业发展先进单位(能源管理)"(全国共6所高校)。后勤处(集团)近年来先后荣获全国高校后勤文化建设优秀单位、全国高校后勤系统信息宣传工作先进单位、江苏省高校后勤行业2015～2018年度先进集体、江苏省高校节能先进单位、江苏省公共机构节能示范单位、江苏省高校后勤信息化建设先进单位、第二届江苏省高校"美食文化节"最佳DIY家乡美食奖、2015年和2017年江苏大学先进单位等荣誉,连续五年蝉联江苏大学校运会教职工团体总分第一名,2015年和2019年荣获江苏大学教职工篮球赛冠军,恒昌公司荣获江苏省高校后勤行业2015～2018年度先进集体、2018年度全国优秀物业管理企业。同时,涌现出一批优秀干部职工,其中1人获第三届"感动江大"人物,1人获"2015年度全国教育后勤系统信息宣传工作先进个人",1人获"2017～2018年度省高校后勤行业节能工匠",1人获江苏省高校"感动公寓"人物提名奖,1人获2018年中国淮扬菜大师邀请赛金奖,第六届江苏乡土烹饪大赛特金奖、2015年江苏省素食烹饪大赛区特金奖等。

一、强化组织领导,形成建设合力

(一)党政高度重视

后勤党政高度重视文化建设,将文化建设与党政工作同研究、同部署、同落实、同检查,在资金和场地上给予了大力支持,五年来累计投入160余万元,对学生食堂等公共区域进行文化装饰与氛围营造,并将后勤机关楼三楼改造成为党员活动室和职工活动室。

(二)内控日益完善

处(集团)以制度建设为抓手,按照"继承、完善、创新、提高"的原则,不断完善规章制度。2017年结合ISO9001:2015新版标准和体系要求,重新编制质量管理手册和程序文件,修订部分相关文件,使体系运行和实际工作紧密结合,逐步形成了一整套适合后勤工作实际的运行体系。2018年底被选为江苏省高校内控机制建设试点单位,在第三方公司的配合下,全处上下积极参与,目前基本完成了内控机制建设,制定了内控手册(梳理一级流程16类,二级流程67项及三级子流程120个),并针对科级及以上干部、六岗及以上管理骨干进行了内控手册实用培训,处(集团)内控体系初步建立。

结合内控体系建设,处(集团)共制(修)定了《后勤服务集团企业编制人员聘用管理办法》《后勤处(集团)目标考核实施办法(试行)》等制度40余项。各部门梳理、编制、完善岗位作业指导书,明确岗位职责和育人内容,为文化建设提供了坚强的制度保障。

二、打造特色亮点,展现文化活力

(一)打造学习型后勤

自2005年以来,坚持每年开展读书交流活动,年初由各党支部自行推荐书目,经后勤党委审定后统一发放,年底遴选优秀读书心得进行现场分享交流。截至2019年,累计为干部职工购买《赢在责任心,胜在执行力》等各类图书2000余册,营造了浓郁的学习氛围。

2011年起,每年利用暑期举办科级干部及管理骨干培训班,不断创新培训形式、丰富培训内容,采取专家讲座、辅导报告、专题研讨、经验交流、实地参观、业务考核等多种形式对全体科级及以上干部、六岗及以上管理骨干人员和新进大学毕业生进行集中培训,有效提升了干部职工的综合素质。在培训班上,后勤处(集团)领导主动为员工授课。2017年,处长(总经理)沈良钧作了题为《当前我校后勤管理与服务面临的挑战与应对策略》的讲座,后勤党委书记朱思银作了题为《提升自我,做好表率——谈怎样做好一名后勤中层干部》的讲座,后勤党委纪检委员、副处长(副总经理)付刚作了题为《绷紧思想之弦,保持清正廉洁》的讲座。2018年,副处长(副总经理)陈斌作了题为《遇见最好的自己》的讲座。2019年,处长(总经理)沈良钧作了题为《人人争一流 事事创一流——后勤保障如何服务学校高水平大学和一流学科建设》的专题报告,后勤党委书记朱思银为大家上了一堂《不忘初心、牢记使命》主题书记党课。通过外请合作培训模式,丰富了培训内容,进行了《强化党风廉政建设 推进全面从严治党向纵深发展》《十九大报告精神与习近平新时代中国特色社会主义思想解读》、《〈监察法〉解读》《公文写作培训》《Office办公软件实用培训》等专题讲座。

(二)开展文化建设月系列活动

每年定期开展趣味运动会、美食文化节、乒乓球、羽毛球比赛、公寓文化周、年终表彰暨迎新文艺晚会等活动。同时,积极发挥群团组织作用,举办"后勤达人秀""3对3"篮球赛等系列活动,增强了后勤的凝聚力和向心力,形成了后勤文化亮点、特色和品牌,营造了良好的文化氛围,提升了后勤文化软实力。

(三)实施文化氛围营造工程

2018年对后勤机关办公楼进行了文化装饰,建设了后勤文化宣传栏。联合校党委宣传部和校团委面向全校师生开展"醉美江大"主题摄影大赛,展现江苏大学优美宜人的校园环境,遴选部分优秀作品,在教学楼、食堂、公寓等楼宇展示,并将入围作品进行装裱,对食堂、公寓、教学楼宇等重要场所进行文化装饰。

(四)礼敬传统文化系列活动

结合后勤工作实际,开展弘扬中华优秀传统文化活动,适时推出传统节日节令饮食品种,组织留学生开展了"进社区、闹元宵"等中国传统文化感知体验活动,开展了"情满重阳、敬爱孤老"重阳节慰问退休老教师活动,为老教师送去了慰问品,帮助老教师进行家庭卫生保洁,提供免费的上门维修服务。

(五)深入推进精细化管理

积极打造"2019精细化管理年",举办"规范服务行为、使用文明用语"主题活动,全体干部职工在工作场所和工作时间佩戴工作牌、笑脸牌,党员佩戴党徽上岗,使用文明用语,进行微笑、规范服务。邀请镇江市政务服务管理办公室机关党委专职副书记汪为民作《工作人员服务规范》专题培训。

(六)开展党团特色活动

为进一步学习贯彻十九大精神和习近平新时代中国特色社会主义思想和党的十九大精神,后勤党委组织开展了"学习十九大、共筑后勤梦"党团知识竞赛、支部书记(委员)能力提升工程、深入推进品质后勤工程 服务学校高水平大学和一流学科建设专题研讨、"清风后勤"等系列活动。

(七)拓展文化宣传渠道

打造 121 宣传平台,即一号(微信公众号)、两网(中、英文网站)、一栏(宣传栏),宣传和展示后勤工作新成绩,塑造良好的后勤形象。

三、实施育人工程,提升文化魅力

后勤处(集团)坚持以人为本,整合后勤育人资源,创新育人模式,2019 年5 月,饮服、公寓、绿卫、经营四个中心获批江苏大学"三全育人"管理服务示范岗,同时制订了《后勤处(集团)"三全育人"工程实施方案》,从服务育人、管理育人、资助育人、实践育人、文化育人等多个领域具体实施,积极参与学校人才培养,教育、帮助、引导、影响学生。

(一)营造育人氛围

自 2011 年起,以"优质服务月"、"学习身边榜样 争当服务标兵""党员示范岗"和"争创优质服务窗口 争做优质服务标兵"等为载体,选树先进典型,营造了"比、学、赶、帮、超"的良好氛围。

(二)打造育人亮点

1.服务育人

积极引进新业态便捷师生校园生活。建设微信报修平台,提升了维修效率和服务;在校园西片区部署流动餐车,引进校园餐饮外卖服务,校内所有食堂开通微信支付,在部分食堂引进人脸识别和智能餐盘结算系统;在公寓内安装自助云打印系统和自助洗衣机,在女生宿舍楼安装自助式吹风机,满足了女生的生活需求;建立"亲情驿站",为学生免费提供日常的生活服务;结合后勤实际,分别在毕业季和迎新季开展"文明离校显真情"和"暖心服务迎新生"后勤服务主题系列活动。

2.管理育人

联合学工、保卫等部门开展管理服务面对面活动,主动了解师生需求,及时回应师生合理诉求。设立处长巡查日,处领导带队深入一线,查摆、解决问题。成立后勤事务学生助理团,充分发挥学生社团力量,让学生参与后勤管理服务与监督,引导学生自我教育、自我管理、自我服务。加强节能宣传,开展"节粮节水节电"、"节能宣传周"、垃圾分类等主题教育活动,推动节约型校园建设。

3.资助育人

为需要陪读照顾的特殊学生提供个性化住宿安排,并免费安装空调等生活配套设施;每年为 30 名特困生提供免费用餐,提供近 300 个勤工助学岗位,提供 1～2 元低价菜和免费汤。

4.实践育人

大力推进"学工—后勤"共建,在饮服、公寓、绿卫、经营等中心建立思修实践基地,免费为学生开设园艺知识、绿植养护、生活小窍门等培训。2019 年进一步拓展育人内涵,充分发挥后勤第二课堂的优势,开设具有后勤特色的大学生素质教育类课程,不断丰富课程内容,创新课程形式。

5.文化育人

坚持以生为本,分批学生食堂、公寓、浴室等校园基础设施等进行改造。目前已对全校三个浴室进行了能源改造,全校 18 个食堂已对其中 16 个进行了改造出新,仅剩的 2 个食堂也已列入改造计划,2 个食堂荣获江苏好食堂,2019 年新改造的七食堂被《江苏公共·新闻》等新闻平台竞相报道,成为刷爆朋友圈的网红餐厅。新生宿舍每年进行维修出新,并进行标准化公寓建设,改善学生的住宿环境。同时完成了图书馆中央空调维修、三江楼中央空调维修、新生宿舍维修出新、雨污水分流工程、校内田径运动场改造等。建设校名文化产品展示中心,宣传和展示校名文化产品。建设了梅园、樱花园、樱花大道、百竹园、百果园、健身步道、"江大精神"绿植工程等特色景观,营造了宜居、宜学、宜研、宜业的校园环境。

2017 年,学校以镇江市海绵城市建设为契机,积极争取政府投资,将海绵校园建设纳入镇江市 2017 年重点工程,成为全国第一所进行海绵校园建设的高校。依托海绵校园建设实施家属区 1200 余户直供水改造、玉带河治理等一系列民生工程,家属区实行雨污分流,并就地建设雨水花园,主干道路全部铺设黑色沥青路面。玉带河沿线引入上游孟家湾水库的"活水",提前净化进水。在沿岸排水口处建设 13 个重力流湿地,拓宽部分河道,建设植栽雨水过滤区、生物滞留区等,沿新图书馆东侧水系建设健身步道,与玉带河海绵校园工程相连,沿水系东侧建设了一条蜿蜒曲折、长 880 米的"江大绿道"。

四、注重人文关怀,增强文化动力

切实为职工谋利益,用实际行动关心、爱护、温暖职工。每年春节开展"关爱在后勤、后勤一家亲"活动,走访慰问困难职工;每年暑期慰问在岗员工,送去防暑降温物品;每年安排全体员工体检,发放福利油、米、鸡蛋等;及时组织慰问生病住院员工,将后勤党政的关怀与温暖送达职工心坎。同时,共享发展成果,三年来,非编职工年工资人均增长 10000 余元,提升了职工的幸福感和获得感。

"最美后勤人"。好人好事不断涌现,充分展现了后勤职工的"心灵美"。后勤职工沈明十五年如一日照顾邵仲义老人,获得了江苏大学第三届"感动江大"人物。拾金不昧层出不穷:捡拾并归还病人"救命钱"的王芳,捡拾手机物归原主的袁和娣,捡拾戒指归还留学生的秦红霞,还有高春龙、胡文斌、陈小明、殷冬玉、欧光升、施正军、尹迎春、庄祥红、朱成岭、袁敏凤、蒋翠芳等,他们都在平凡的岗位上闪耀出不平凡的光彩。他们都是"最美后勤人"。

今后,江苏大学后勤管理处(后勤服务集团)将继续以习近平新时代中国特色社会主义思想和十九大精神为指导,深刻领会新时代中国特色教育后勤事业发展的总要求,准确把握新时代高校后勤文化建设的总目标,积极参与"三全育人",深化文化后勤,不断开创我校后勤文化建设新局面。

文化引领　科学发展

——云南大学后勤服务集团文化建设综述

云南大学后勤服务集团

云南大学后勤服务集团是学校的后勤保障服务部门,集团下设 30 个中心(部门),现有职工 1951 人,其中在编职工 85 人、离退休职工 237 人、外聘职工 1629 人。

在各级领导的关心支持下,学校后勤保障能力不断增强,后勤服务质量不断提高,师生满意度不断提升,社会影响不断扩大。集团先后获得中华全国总工会"工人先锋号"、"全国高校后勤社会化改革先进院校"、国际人类学与民族学世界大会后勤保障工作"先进集体"、中国教育后勤协会"高校后勤文化建设先进单位"、云南省总工会"工人先锋号"、"云南省教育系统先进基层党组织"、"云南省高校后勤先进集体"等多项殊荣,集团在每年学校的各类考核中均获得优秀。

近年来,集团以文化建设为抓手,多措并举,真抓实干,开拓创新,成效明显,有力助推集团改革、建设和发展。

一、制定规划,科学发展

集团制定《"十三五"发展规划》,提出建设"两大体系"(后勤保障服务体系和后勤开发经营体系)、推行"两大目标"(服务目标和经济目标)、实行"两大工程"(师生满意工程和质量提升工程)、实施"两大战略"(后勤服务品牌战略和后勤创新协调发展战略)、强化"两大保证"(安全生产和党风廉政建设)、加强"两大建设"(后勤队伍建设和后勤文化建设)、坚持"两大管理"(人性化管理和"6T"管理)、构建"两大团队"(学习型团队和服务型团队)、推进"两大进程"(法制集团建设和数字集团建设)、抓好"两大工作"(节能降耗工作和效能提升工作)、打造"两大校园"(精品校园和森林校园)、做实"两大民生"(关爱职工健康和关心职工生活)、建成"两大集团"(实力集团和美丽集团)的发展规划。规划中明确提出了集团文化建设的目标和思路,一是建立文明和谐的后勤服务文化,集团始终遵循"情系师生,服务师生"的服务理念,通过主动热情、细致周到、温馨舒适的后勤服务,展现后勤职工良好精神风貌,努力为师生提供优质高效后勤保障服务;二是建立质量第一的后勤经营文化,教育和引导后勤员工牢固树立"质量就是生命,质量就是效益"的意识,不断提高后勤服务质量;三是建立科学严谨的后勤制度文化,在后勤员工中形成共同遵守的行为规范,为深化改革和科学发展提供有力制度保障;四是建立永无止境的后勤教育文化,不断加强员工教育和培训,不断适应后勤服务工作需要,全面提高后勤职工综合素质;五是建立不断提升的后勤理念文化,通过后勤网站、后勤简讯、宣传栏等载体,强化后勤精神,形成共同认可、积极向上、勇于开拓的价值观,不断推动后勤工作。

二、高度重视,措施有力

集团高度重视文化建设,集团党政主要领导亲自部署、亲自安排、亲力亲为,有力推动集团后勤文化建设。集团通过党政联席会议、中层干部会议等会议,对后勤文化建设提出目标和要求。集团办公室负责文化建设工作的统筹协调,同时设置一名专职工作人员负责具体工作。集团文化建设形成了"人人关注、人人参与"的良好氛围。为落实文化建设所需资金保障,集团设立安全风险防控基金300万元、服务质量保障基金100万元、后勤队伍建设基金100万元、扶贫助困基金100万元、工作奖励基金100万元、后勤发展基金300万元,总计1000万元。基金的设立确保了集团各项工作的扎实有效开展,有力助推了集团文化建设。

三、文化引领,凝心聚力

云大后勤结合工作实际,自觉践行"富强、民主、文明、和谐,自由、平等、公正、法治,爱国、敬业、诚信、友善"的社会主义核心价值观,遵循"会泽百家、至公天下"的云大精神,严守"自尊、自知、正义、力行"的云大校训,坚持"三服务、两育人"的后勤服务宗旨,发扬"特别能吃苦、特别能战斗、特别能奉献"的云大后勤精神,打造"实力云大后勤、美丽云大后勤"。按照推进学习型、创新型、服务型团队建设思路,积极营造比学赶超学习氛围,积极探索不断进取创新理念,努力追求争创一流服务目标。多年来,云大后勤人凝心聚力,团结拼搏,勇于担当,取得了优异成绩,赢得了后勤人应有的尊严和荣誉。"我以云大后勤为荣、云大后勤以我为傲"的思想观念已深深扎根于后勤员工心中。

四、健全制度,规范管理

集团通过健全体制,完善机制,不断实现管理科学化、制度化、规范化、标准化,管理水平不断提高。建立决策制度,实行民主管理;建立报告制度,确保政令畅通;建立会议制度,健全工作机制;建立人事、财务、采购、安全稳定管理制度,规范人事、财务、采购、安全稳定管理;建立工作检查制度,加强过程控制;建立考核评价制度,完善奖惩机制;全面推行"6T"管理制度,确保安全质量。

五、强化学习,不断进取

集团通过开设消防安全警示教育室和交通安全警示教育室,加强对员工的教育引导,强化员工安全意识。通过广泛开展业务技能培训和各类技能竞赛,培养了一批"思想好、作风实、业务精"的后勤职工队伍。饮食服务中心培养了中国注册烹饪大师1名、云南省烹饪大师5名、云南省烹饪名师2名,学校伙食工作成效显著,多次荣获"中国高校伙食工作先进单位"等荣誉;幼儿园积极开展教研活动和参加各类比赛,幼儿园被评为"中国500强幼儿园";教育超市通过与国内知名零售咨询服务企业建立长期合作关系,组织骨干员工到国内各大知名零售企业现场观摩学习,形成教育培训长效机制;云大驾校被评为3A级驾校,受到同行业关注。集团鼓励广大后勤员工开展岗位培训、学历提升、技术技能培训等。

六、营造氛围,环境育人

为营造优美的育人环境,体现集团价值导向,发挥后勤文化引领示范作用,集团设计制作"云大后勤"徽志,统一各类标识标牌,范围覆盖食堂、超市、一卡通充值点、邮政服务点、交通车乘车点等各类服务窗口。"云大后勤"徽志作为后勤服务形象的视觉表达,在校园各个角落生根发芽,于无声处默默散发着后勤气息、后勤品位、后勤精神;按照生态文明建设和学校绿化美化建设要求,集团从规划设计、方案制订、组织施工、维护管养等方面全力投入学校校园绿化建设,出色完成学校呈贡新校区160万平方米的绿化美化建设任务,为全校师生营造了"恬静优美、舒适宜人"的校园环境,得到了广大师生一致赞美,引起社会广泛关注,泽湖、院士林、中外大学校长林、国际林、双创林、长青林、樱花、海棠花、玫瑰花、油菜花、薰衣草、天鹅、锦鲤……一道道优美如画的风景成为美丽云大的一张张名片。学校被评为中国十大最美校园、"全国绿化模范单位"、"全国绿化先进单位"、"'十一五'森林云南先进集体"等多项殊荣。后勤人用智慧和汗水整合资源,改善条件,为师生营造了窗明几净的学习环境、宽敞舒适的用餐环境、干净整洁的乘车环境、温馨怡人的住宿环境;建立职工文化活动室,配备电视机、图书、音像制品、体育设施等,丰富职工业余文化生活。

七、创新理念,提升水平

集团全面实施"6T"管理,取得明显成效。成立全面实施"6T"管理工作领导小组,制订并印发工作方案,全面实施"6T"管理,员工良好习惯不断养成,服务环境日益整洁,集团管理不断规范,服务质量稳步提高,安全生产得以保证,有力推动和促进集团工作。集团在总结全面实施"6T"管理工作的基础上,研究制定考核办法,按照"分类管理、动态考评、奖惩结合、持续推进"的工作思路,采取"周检查、月考评、季总结"的工作方式,强化"6T"考核,建立长效机制。集团"6T"管理受到学校领导充分肯定,受到学校师生一致好评,受到同行广泛关注。

八、丰富载体,文化引领

坚持举办云大后勤四季讲坛(已连续举办7年,每年4讲),邀请省内外、校内外名家名师,为广大后勤员工讲授知识,内容涵盖国内国际形势、历史文化、社会主义核心价值观、法律知识、处世哲理、婚姻家庭、心理健康、服务礼仪、学习方法等方方面面,讲坛深受广大后勤职工喜爱,已成为后勤员工第二课堂,在全国高校后勤中反响强烈,成为我校后勤文化建设的一块金字招牌;坚持每季度刊印《云大后勤》简讯,为传递集团要闻、了解中心动态、展示后勤形象、倾听员工心声、交流互鉴学习提供了有效载体,成为集团文化建设的一个生动缩影;开发云大系列文化纪念品,彰显云大文化底蕴,传承云大精神;加强集团信息化建设,组建"后勤服务110平台",师生通过热线电话、微信公众号、网站等多种形式查询后勤服务动态、办理后勤服务业务、监督后勤服务质量、提出后勤意见建议等。服务平台的开通拉近了后勤员工与广大师生距离,也促进了后勤服务提质增效。

九、开展活动，成效明显

集团连续七年举办"云大后勤杯"职工篮球赛、连续四年举办"云大后勤杯"职工羽毛球赛，职工广泛参与，深受喜爱。集团积极参加各类比赛，均取得优异成绩，荣获云南省高校后勤文艺汇演一等奖、云南大学教职工迎十八大暨校庆90周年文艺晚会一等奖、学校千人体操大赛特等奖、喜迎十九大红色经典诵读特等奖等。

十、服务育人，特色鲜明

集团着力打造"爱校如家、爱岗敬业、无私奉献"的后勤职工队伍，形成了以"云大伙食""云大绿化""云大物业""云大宾馆""云大幼儿园""云大驾校"等为代表的"云大后勤"服务品牌，为我校"一流高校、一流学科"建设提供了坚强有力后勤服务保障服务，为学校立德树人作出后勤人应有贡献。

"文明和谐的服务文化、质量第一的经营文化、科学严谨的制度文化、永无止境的教育文化、不断提升的理念文化"作为云大后勤文化建设的特色和亮点，正不断焕发生机活力，牢牢扎根于云大校园，闪耀在人们心中，温暖着每一位云大人。

加强校园和谐发展　推动后勤文化建设

——河南中医药大学培植与推行先进后勤文化的探索与实践

河南中医药大学　孙爱香

河南中医药大学是省部共建重点高校、是博士学位授权单位、是全国中医药文化宣传教育基地。学校创建于 1958 年,现有龙子湖校区、东明路校区、人民路校区、东风路 4 个校区,占地面积 1594.94 亩。学校秉承"厚德博学,承古拓新"校训,凸显"立德铸魂,德术兼备"育人理念,为社会培养各类中医药人才 10 万余名,已成为河南省中医药人才培养、科技创新、医疗及社会服务和文化传承的龙头和中心。

后勤服务中心紧紧围绕落实中国特色社会主义大学"立德树人"根本任务,坚持以高质量党建引领后勤各项事业发展、以"师生满意在后勤、文明服务我出彩"为目标,牢固树立"三服务、三育人"的服务宗旨,大力培植与推行先进的后勤文化,共谋全面发展的育人环境,为广大师生提供更优质的后勤保障服务。通过管理育人、服务育人、环境育人,使后勤文化无时不在、无所不在、无事不在、无人不在。

一、党建统领、深化内涵

（1）认真学习贯彻党的十九大精神,严格落实学校"双代会"精神,切实提高政治站位,坚持在中心持续营造"学起来、严起来、干起来"的浓厚氛围,坚持用知促行、知行合一,坚持用党建引领后勤文化内涵,把自己摆进去、把职责摆进去、把工作摆进去,努力推动后勤文化在后勤落地生根、开花结果。

（2）深入开展"不忘初心、牢记使命"主题教育,加强全体党员干部的理想信念和党性教育,牢牢掌控意识形态领域的阵地。创新工作方法和活动形式,举办知识竞赛、听党课,利用微信等网络平台,在全中心积极营造"比、学、赶、帮、超"的浓厚学习氛围,引导全体干部职工创一流业绩,不断改进和提升文化建设质量。

（3）充分发挥党的政治优势和领导核心作用,严格落实主体责任和党员领导干部"一岗双责",着力抓好干部队伍和人才队伍建设,举办干部专题培训班,形成以德修身、以德服众、以德领才、德才兼备的用人导向,积极营造吸引人才、使用人才、留住人才的良好氛围。

（4）有效运用监督执纪"四种形态",修订完善中心权力运行制度和运行流程,不断增强职工的知情权和监督权,抓早抓小、防微杜渐。从严净化政治生态,用"治未病"深入推进中心廉政建设,及时选取高校系统最新典型违纪违法案例开展警示教育,增强教育效果,后勤廉政文化建设已制度化常态化。

二、不断创新、更新理念

（1）河南中医药大学后勤服务中心现有 5 个支部、16 个科室。党员 42 名、在编职工 63 人、非在编职工近 500 人,是我校实现人才培养、科学研究的必要支撑。

（2）长期以来,学校高度重视后勤发展,2017 年 11 月,将原后勤管理处、后勤集团公司合并为后勤服务中心,由原来的服务经营型逐步转变为服务保障型,在"办好师生满意的后勤"目标基础上,逐渐向"师生满意在后勤,文明服务我出彩"的目标延伸。

（3）在为学校转型发展提供优质后勤服务保障中,聚焦学校"十三五"发展规划,紧扣学校年度工作要点,"强基础、抓规范、促内涵",着力提升后勤精细化管理水平,形成了以"政策资金"为依托、以"师生需求"为导向、以"保障服务"为格局、以"师生满意"为目标的后勤保障体系,营造了"安全、高效、和谐、敬业"的和谐氛围。

三、营造氛围、引领风尚

（1）把握创新趋势,针对性地破解难题。依托社会资源和国家相关法规制度,着力提升精心谋划、破解难题的本领,强力打造精品工程。着力突破留学生公寓现有的管理理念,关注文化和宗教差异,提供个性化服务,营造"开放包容、兼收并蓄"的良好生活氛围,探讨非在编职工管理办法,增强非在编职工的存在感和获得感,达到凝心留人的目的。

（2）强化制度建设，夯实后勤内涵发展基础。建立饮食风险防控机制，规范饮食原材料管理，提高食品安全监测水平，逐步推行陪餐制，加强食堂形象窗口（党员窗口）建设和服务保障业务标准化实施细则的制订。紧紧围绕"安全、质量、服务、效率"四个方面，抓好《后勤服务中心项目管理实施细则》等各项规章制度落地见效；依托学校绩效考核体系，提高职工的自我管理和工作效能，发掘职工潜能，助推后勤转型发展。

（3）对标学习走出去，先进经验引进来，建立"走出去学、引进来帮"的开放理念和改革机制。拓宽视野，开阔眼界，紧盯一流大学建设的后勤服务需求和后勤建设标准，外出考察或其他形式，把先进的高校后勤建设理念和管理机制与学校后勤建设实际有机地结合起来，逐步实现后勤服务保障稳中求升、快步提升。

（4）聚焦优化后勤文化建设体系，充分发挥文化引领、教育和推动功能。秉承"师生满意在后勤、文明服务我出彩"的宗旨，通过固化于制的"管理文化"，提升谋划全局的能力。通过开展职业道德教育、"示范窗口"评比等践行内化于心的"民生文化"。

（5）倡导员工做和谐人、做和谐事。组织开展"最美后勤人"评比；岗位练兵和技能比武形成常态；一年一度非在编职工健康体检深得人心；职工生病住院等必访工作已坚持数年；职工文体活动彰显特色。中医典籍的名句、药方、汤剂等中药知识，印制在餐厅的地面、餐桌、墙面和柱子上，被媒体戏称为"最学霸食堂"。搜狐、新浪网、环球网、腾讯网等新闻媒体，均以"河南中医药大学食堂写药方，学生边吃边学"为题争相报道。

（6）以"三心"服务，在细节上下功夫，让师生放心、舒心和安心。让广大职工在干事创业中，增强幸福感、获得感和安全感，先后开展了向"白云萍基金会"捐衣捐物、"情暖冬至、情暖元宵、情暖端午"师生同庆系列活动，促进师生交流沟通。迄今情暖系列活动已连续举办三年，并成为后勤文化建设创新品牌。

四、聚焦服务、凝聚力量

（1）增强服务意识，提升服务水平。全面修订完善科室和岗位服务细则，"从大处着眼，从小处着手"，在"外塑形象，内强素质"上出实招、求实效；把"杂"活干"精"，把"粗"活干"细"，形成有针对性、操作性的优质服务提升工作方案；伙食、宿舍、教室等一线服务科室定期组织师生座谈会、调查问卷等，建立评估、改善、提升的良性循环，以爱化人，爱岗敬业，以精湛服务为师生提供保障,着力打造管理育人新格局。

（2）树牢安全生产理念,打造平安后勤。结合科室和行业特点,定期开展安全知识宣传教育,让安全意识入脑入心,增强广大职工的安全生产观念;修订完善安全宣传教育、安全检查防范、值班、报告、安全隐患整改等安全管理制度体系;聚焦饮食、宿舍、校车、施工特种设施设备操作等安全隐患及问题,形成责任明确、专人专管、渠道畅通、反应灵敏的信息工作机制,着力构建"人防""物防""技防""制防"四位一体的后勤安全管理长效机制,形成了一系列安全防控文化体系。

（3）聚焦年度重点工作,提升服务能力。完善奖惩细则,逐步建立完备的饮食服务保障体系持续提高服务水平,持续改善师生教学科研条件和工作生活环境,提高师生员工满意度。以饮食为龙头、以宿教为基础、以动力为主体、以环境绿化为主线,紧紧围绕"安全、质量、服务、效率"四个方面,将传统方式（24小时服务热线、便民服务牌）与网上后勤（后勤保障网）、掌上后勤（微后勤、家温暖、快递App）相结合,打造了"安全警绳不放松、日常工作不掉链,临时工作不推诿,突击工作显本色"的保障格局,后勤服务育人功能日趋成熟。

（4）逐步推行后勤全成本核算,构建后勤服务保障精细化管理体系。进一步修订完善后勤服务保障标准化体系,加快推进校园能耗监控平台建设,建设后勤项目管理平台系统,发挥后勤数字化平台效应,推行饮食服务全成本核算和末位淘汰制度,提高服务保障的精细化、信息化水平。逐步实行校园环境网格化管理,按照"定区域、定人员、定职责、定任务、定奖惩"的"五定"方针,形成"事事有人管、时时有人管、处处有人管"的良好局面。

五、成绩斐然、硕果累累

近年来,先后荣获全国高校伙食工作先进集体、中国教育后勤信息化建设先进单位、全国高校后勤为文化建设先进单位称号;连续多年荣获全省高等学校先进基层党组织、河南省后勤工作先进集体、河南省高校节能减排工作先进单位、河南省高等学校餐饮管理工作先进单位、河南省"文明餐桌"示范学生食堂称号;学校第二届"感动校园"年度群体、文明单位标兵、三育人先进集体、师德师风建设工作先进集体等多项殊荣。

后勤服务是学校稳定运行的"三驾马车"之一,后勤文化建设是一项长期而艰巨的系统工程、是后勤事业发展的推动力和支柱、是实现后勤事业全面可持续发展的本质要求和重要保障。后勤服务中心在为学校教育事业发展提供坚强后勤保障的同时,牢固树立"育人为本、服务至上"理念,全力配合学校教育文化做好后勤育人树人这篇大文章,在为学校中心工作服务的同时,积极创建后勤文化高地,精心打造服务育人精神家园,立足本职将后勤服务与育人工作完美地结合起来,让每一个后勤人都肩负育人职责,真正当好课堂外的先生、不上讲台的老师。

以高水平文化建设促后勤事业发展

——南通大学后勤文化建设巡礼

南通大学　吴慧鋆　保永春

南通大学后勤保障部紧紧围绕"立德树人"根本任务，坚持为学校教学、科研和师生服务的宗旨，构建了涵盖物质文化、行为文化、制度文化、精神文化4个层次的后勤文化体系，凝聚力量共识、弘扬主旋律，取得了较为丰硕的成果，在全校师生和省内外兄弟院校中赢得了美誉。

一、建设规划：科学合理

南通大学后勤保障部坚持思想政治工作在后勤服务育人文化中的核心地位与指导作用，牢固树立"后勤文化无时不在、后勤文化无事不在"的后勤文化观和"人人有责"的文化建设观，将后勤文化建设的目标、项目、保障措施列入部门"十三五"规划，在年度工作计划中细化文化建设的目标与任务。

后勤保障部建立了一支高素质的文化建设队伍，设有独立办公室和专职秘书，具体负责后勤文化建设工作，各科室（中心）也配有专职文职人员，配合落实相关工作的实施。2016～2018年用于文化建设的专项资金年平均为21.5万元。在具体工作实践中，形成了物质文化、行为文化、制度文化和精神文化等4个层面的后勤文化建设体系，以文化建设带动并促进后勤各项工作稳定、健康、协调发展，在全校师生和省内外兄弟院校中产生了良好反响。

二、价值引导：鲜明有力

以社会主义核心价值观作为重要价值取向，通过传承、积淀，形成"一切为了师生，一切为了学校事业发展"的后勤核心价值观，形成思想教育工作全覆盖的教育体系，通过党建工作深入贯彻落实核心价值观。从管理和服务层面践行核心价值观强调服务的精细化,以管理的精细化提升服务能力和保障水平。

价值观是我校后勤文化建设的内核,是一种更深层次的文化现象,是我校后勤员工的核心价值和内在文化自觉。后勤保障部通过开展支部共建,把中心工作与党建工作深度融合,相互促进、相得益彰;举办"五一"优秀员工表彰、"青春在岗位上闪光"专题演讲会,通过典型引领、技能比武、业绩考核等措施,形成"当好后勤人,办好后勤事"的敬业观;自发为困难职工捐款、慰问老党员及困难职工,创建和谐幸福校园;开展党员进社区服务工作、为孤寡老人送爱心餐,成立爱心花卉服务队,体现责任担当,传递社会正能量……通过一系列举措,深化后勤员工的归属感、认同感、自豪感,凝聚后勤力量。

三、制度建设:扎实有效

科学规范的内在行为制度是后勤文化建设的重要组成部分,在长期的管理、服务、经营过程中,制定了符合自身特点的系列规章制度,成为规范安全生产、促进后勤事业发展的重要保障。各二级单位严格按照全面、全程、全员、全时"精细化"管理要求,制定完善《编制核定及岗位设置与聘用管理办法》《后勤保障部经费开支管理规定》《招标采购管理规定》《奖励性绩效工资实施细则》等一系列近40条管理制度,涵盖人、财、物管理的各个方面,进一步明确了各个具体工作岗位、工作环节的管理规范和操作流程,做到"固化于制、内化于心、外化于行",体现后勤服务与管理的创造力、自我约束力和制度的权威性。

四、学习培训:系统高效

后勤保障部坚持把全体员工作为后勤文化建设的主体,把提高干部、职工队伍整体素质作为文化建设的基础,把培养员工健康情操作为文化建设的重要渠道,素质文化已成为后勤文化建设中不可或缺的内容并打造了多个品牌。

每年都把员工培训列为年度重要工作计划,将其作为重点工作按计划、分层次、定主题予以实施,并对培训效果进行考核总结,作为年终考核的重要依据,做到"人人重视培训、人人参与培训"。

每年的常规培训主题各不相同,培训内容因岗而定,培训形式多种多样,培训对象全员覆盖。2016～2018年,后勤培训确立了"思想素质、业务素质、管理能力"三大主题,针对后勤系统支部书记、中层管理干部、一线员工等不同对象,组织开展优质、文明服务培训和业务技能培训,针对性强,效果好,近两年来,后勤系统员工有20余人次在省内外的技能大赛中获奖。

五、工作环境：温馨和谐

多形式展现学校整体文化和后勤的管理服务理念与工作作风，不断增强员工服务意识，提高服务质量，提升师生满意度。

在食堂、公寓、超市、车队及办公场所开启动静态结合的宣传教育模式，如学生食堂的7S管理、公寓管理的"6T"服务标准，时刻提醒、引领员工。

加强机关作风建设，营造温馨和谐的工作氛围，各办公室实现办事制度与办事流程上墙，使得服务对象对办事程序了然于心。

后勤全体员工挂牌上岗，进一步增强服务的责任感；楼宇、环卫、修缮、饮服等服务中心员工着统一制服，以整洁良好的工作形象引导学生。

同时，运用学生餐厅、公寓区的电子屏、闭路电视，广泛宣传、应用后勤"最美身边人"等文化建设成果，凝聚人心；开辟"党员之家"，为党员学习、交流开辟专区。

六、管理理念：先进科学

后勤保障部重视后勤文化理念塑造，坚持以先进的管理理念引领和指导后勤服务与管理工作的开展。

首先，创新文化已成为后勤创造力不断增长的充实源泉，后勤保障部重视服务与管理工作中手段创新和措施创新，除了日常的工作计划，每年都要求各科室（中心）结合自身工作申报一至两项创新工作，通过工作创新，促进服务保障提档升级。保障部组织对申报项目进行评审、立项，并对项目实施进行中期检查和终期考核。正是缘于这样细化的工作创新，南通大学在全省率先建立了校园快递服务中心、校园服务中心等一批在省内高校有影响的品牌项目，报修平台获得了省、市"青年文明号"的美誉。

其次，高效规范的管理是通大后勤人自觉进取、孜孜以求的理想目标。我校后勤服务与管理以信息化和标准化为抓手，不断提升后勤服务与管理的智能化、规范化和标准化水平。

一是加强智慧校园建设。以互联网＋、App等信息化手段，优化资源，形成水电平台管理、公寓智能管理、用车派车App平台、师生健康电子档案等信息化"一站式"服务与管理，建设绿色、节能、安全、高效的智慧校园体系。

二是全面推进服务标准。以饮服"7S"和楼宇"6T"管理为核心，树立标杆，引领精细管理之路。2012年饮服中心建立"7S"管理组织机构，2014年至今，我校不断深化"7S"管理,推行了无水化管理和颜色管理,进一步丰富"7S"管理体系,中心在各校区打造"7S"样板食堂,促进7S管理常态化。2016年9月,楼宇服务中心率先在全省学生公寓管理中正式试点推行"6T"实务管理模式,将每一位员工的工作量化、具体化、定时化,推进公寓管理各项工作规范化、标准化、精细化进程。

七、文化载体:丰富多彩

后勤保障部将后勤文化作为校园文化的重要组成部分,根据后勤工作特色,构建了四个层次的文化载体。

一是纸质媒体。以《通大后勤通讯》——后勤职工自己的报纸,报道宣传后勤工作与后勤职工工作事迹,目前已出版42期,在本校和省内外兄弟院校中产生良好反响。

二是电子刊物。每年以电子刊物形式分季度出版《后勤保障部理论学习期刊》,深入学习习近平新时代中国特色社会主义思想和党的十九大精神,学习后勤服务与管理的理论知识与经验,目前已出版15期。

三是宣传栏、宣传板。如宣传党的十九大精神和习总书记的讲话精神,与学生社团共同举办"后勤优秀职工事迹展播"专题展,与校工会共同举办"美在通大"教职工摄影展等。

四是网站、微信平台等互联网媒体。建立后勤保障部、基建处、保卫处、保障部等4个网站,搭建为师生服务与沟通的平台。成立"通大饮服""通大经营服务"等微信平台,发挥新媒体图文并茂的优势,拉近与师生的距离,让师生互动变得更生动、更多样、更多元。

八、文体活动:特色鲜明

一是每年举办后勤系统职工游艺运动会,包含30个以上的团体、个人项目,并且每年都有项目创新,成为职工喜闻乐见的"金牌"项目。组建后勤乒乓球队、排球队、健美操队等,促发后勤队伍活力。

二是结合特殊节日组织开展活动,如"护士节"组织医疗卫生知识竞赛、开展义诊,"五一"劳动节集体表彰优秀员工,营造"劳动者最光荣""价值在岗位上闪光"的良好氛围。

三是积极组织职工参加校内文体活动,如纪念中国共产党成立95周年暨中国工农红军长征胜利80周年合唱比赛活动,并荣获一等奖;参加全省后勤系统乒乓球比赛……后勤职工的凝聚力、向心力得到有效增强。

九、文化育人：成效显著

根据后勤工作的特点,利用后勤阵地开展师生喜闻乐见的文体活动,对校园文化建设作出了重要贡献。

一是始终把创设优美的校园文化环境视为多层次、全方位的育人力量,全校现有观赏花卉80余种,校园月月鲜花绽放,处处花香四溢,令人赏心悦目的景点达数十个,校园环境建设实现了绿化向美化的升级,形成了良好的育人氛围。校园建设成果被省、市级媒体报道达10余次。

二是举办系列美食文化活动,形成文化品牌。2014年南通市餐饮业商会与我校共同打造"南通高校团膳标准化建设基地",制作100余种团膳标准化菜谱,其中近十道菜肴被编入了《江苏省高校食堂标准化业务指导手册》。同时,每年组织开展食堂"校园美食文化节""烹饪大赛""教师烹饪培训班"等文化活动,成为在全校师生中深有影响力的文化品牌。

三是在学生公寓区举办以"雅舍有雅设,蜗居不窝居"为主题的"魅力雅舍"评比大赛、毕业生离校欢送晚会、宿舍文化装扮大赛等一系列内容丰富、形式多样的"公寓文化嘉年华"活动,丰富了校园生活。

四是廉政文化建设卓有成效。加强党风廉政建设责任制建设,将廉政责任层层分解、落实到位;真查细找,逐一排查廉政风险点,查找各岗位在权力行使、制度机制和个人思想道德等方面存在的廉政风险,有针对性地制定了整改、防范措施,形成《廉政风险防控措施汇编》;多形式开展廉政教育,反复学习《中央八项规定》《中国共产党廉洁自律准则》《中国共产党纪律处分条例》,观看警示教育片和视频,做到警钟长鸣,形成了"不敢腐、不能腐、不想腐"风正气清的工作氛围。

高水平的文化建设为后勤保障事业的发展提供了坚实的精神内核与发展后劲。近两年来,后勤保障部先后获得了"全国校园物业服务实体(企业)百强""全国教育超市样板店创建先进单位""江苏省高校节能先进单位""江苏省青年文明号""2016、2017年度百家中国好食堂"等20多项荣誉。《新华日报》、江苏省教育厅官方微信、交汇点App、南通电视台《江海晚报》等省市主流媒体专题报道我校后勤工作。2017年,师生对后勤服务保障的满意率同比上升4个百分点,实现了社会效益、经济效益双赢。省内外兄弟院校纷纷慕名前来交流。

以党建引领后勤动力引擎，
以文化引领后勤持续发展

南京大学金陵学院　　王金刚

　　南京大学金陵学院后勤服务中心在服务教学、生活和工作中，传递六朝古都博爱的情怀，秉承百年南大历史文化底蕴，以党建、文化建设为引领，以"三服务、三育人"为宗旨，以培养高素质应用型人才为己任，以关心人、培育人、塑造人为抓手，不断深化内部改革，锐意进取，改革创新，凝心聚力，提升素养，创新性地推行以"微笑"服务为核心的"8S"规范化管理，积极构建充满活力的后勤团队，形成了"快乐工作、快乐生活"的良好氛围，使后勤员工在平凡的工作岗位上快乐自信地做好服务保障工作，积极搭建育人工作机制，形成了独具特色的后勤文化。

一、确立后勤文化，增强文化自信

　　高校后勤文化建设是一项长期而艰巨的系统工程，是高校后勤事业发展的推动力和支柱。我校领导高度重视后勤文化建设，在后勤服务中心组建之初，就明确了以党建引领、文化引领后勤发展的思路，确立了学习型组织的发展方向，提出了"快乐工作、快乐生活"的后勤文化理念，把文化建设作为后勤发展的重要着力点，积极培育和践行社会主义核心价值观，充分发挥后勤文化的育人功能和激励功能，鼓舞士气，凝心聚力，传播思想，视后勤文化为组织生存发展的重要基石，不断树立自信后勤人、文化后勤人、快乐后勤人形象。后勤党支部紧密结合工作实际，创建了"一二三支部工作法"，作为金陵学院唯一的支部被评为南京大学基层党支部示范教育点，连续两次被评为南京大学金陵学院先进党支部，受到南京大学党委通报表彰。

　　为了树立后勤文化，2010年，后勤服务中心发动学生征集设计了后勤

LOGO,其整体是由绿色、松树、铁锹、水滴组成的圆形,象征着金陵后勤所倡导的"快乐工作,快乐生活"的后勤文化,代表着后勤人贯彻落实"三服务、三育人"的宗旨,以勤劳和智慧,齐心协力打造绿色校园,为建设和谐校园而努力奋斗的思想境界。2018年,我校荣获"高校后勤文化建设优秀标杆单位"称号。

二、探索管理文化,凝聚员工力量

后勤服务中心不断深化机制改革,推进管理和服务创新,选优配强后勤领导班子,科学定岗定编,强化竞争意识,开展全员竞聘,加强绩效管理,规范合法用工,加强对管理团队及技术骨干人员的培养。2009年,成立了后勤服务中心文化建设领导小组及其工作组,全面负责后勤文化建设,确立了后勤服务中心工作理念、工作原则、后勤精神、后勤意识、战略思想、员工精神。

为了加强规范化管理,在江苏省推行"7S"规范化管理的基础上,借鉴吸收兄弟院校的经验,在后勤文化的引领下,创新性地融入了"微笑"(Smile),建立了以"微笑"服务为核心的"8S"规范化管理体系,并通过了江苏省高等学校伙食管理专业委员会"8S规范化管理阶段性验收"。在学习、研究、实践的基础上,充分运用"8S"工作理念,持续改进,全面开展了"8S"管理"回头看",把工作做精、做细,从而进一步丰富了"8S"的内涵,在人造环境的同时,实现环境造人,达到育人的目的。

积极推进智慧校园建设,逐步形成了以固定资产管理系统平台为代表的信息管理系统,以完美校园为代表的信息服务系统,以后勤网站为代表的信息宣传系统。通过运用先进的管理工具和措施,既提高了效率,又节约了成本,大大提高了后勤服务保障水平,连续两年荣获江苏省高等学校信息化建设先进集体。

后勤服务中心还组织党员、积极分子、管理骨干开展了三届团队拓展训练,锻炼员工的意志和体魄,体现了团结进取的精神和超强的凝聚力。

尊重员工、关爱员工是后勤事业持续发展的基础,通过建立慰问金制度,每年组织全员体检,改善员工宿舍,设立困难员工互助基金等,体现了后勤大家庭的温暖,增强了员工的获得感、归属感、幸福感。

多年来,我们还荣获了江苏省高校后勤工作先进集体、全国高校伙食工作先进集体、全国高校学生公寓管理服务工作先进单位称号。

三、创新育人文化,筑建第三课堂

坚持立德树人的根本任务,开展多种形式的共建活动,多渠道、全方位落实

"三全育人",提升学生自我管理的能力,促进学生自我成长。与外院学生支部相结合,开展"文明监督岗"活动,让学生身体力行,加强自我管理;与传媒学院、艺术学院等相关专业设置相结合,开展平面设计、视频拍摄制作,提供学生专业实践的平台,提升专业素养;与传统优秀文化相结合,开展中秋节、元宵节教师节等传统节日庆祝活动,将儒家"五常"——"仁、义、礼、智、信"引进公寓,弘扬中华传统优秀文化,对学生的德育、行为起到潜移默化的影响;与学生自治组织相结合,开展"青年之声"线上、线下活动,锻炼学生社会实践能力和参与后勤服务与管理的意识;与学生生活环境相结合,如布置公寓文化、宿舍美化大赛、评选我最喜爱的宿管、开展垃圾下楼、参观食堂后场、开展食品安全周等,培养学生懂生活、爱生活,不断追求更加幸福美好的校园生活;与学习环境相结合,开展义务植树、阳光教室、课桌文化清理、建设多功能活动室等,培养学生崇尚学习、热爱校园的情感和真善美的品质。

四、推进制度文化,规范管理体系

制度建设是一个组织生存与发展的根本性建设。后勤服务中心经过多年积累,形成了以《员工手册》为指南,以《后勤服务中心规章制度汇编》《后勤服务中心各部规章制度汇编》、各部安全手册为基础的制度体系,对岗位职责、行为规范等上墙公示,定期对规章制度汇编进行修订、完善,逐步形成了"制度管人、制度管事"的良好格局。

五、构建安全文化,建设平安校园

后勤服务中心以学校"构建教育有方、管理有序、防控有力的平安校园"为目标,着力深化校园安全管理工作,党政同责,齐抓共管,推行"多部门联动机制""8S规范化管理"等创新模式,逐层签订安全责任书,建立"五级四防"的安全管理机制。开展了平安校园到课堂、平安校园入生活、平安校园进后勤等丰富多彩的安全教育与防范宣传工作。与党员、管理干部签订"三防"安全责任书、安全稳定责任书、廉政责任书、消防安全责任告知书,提升安全风险防控意识和能力,增强后勤安全工作的规范性和有效性,有效地促进了后勤服务与管理的科学发展,并荣获首届江苏省平安校园建设示范高校称号。

六、培育激励文化,激发团队活力

实行管理人员轮岗、换岗制度,每两年开展一次全员竞聘,引进竞争激励机制,极大地规范和完善了后勤服务中心人力资源管理制度,造就了高素质管理干部队伍,提升了整体管理水平和创新活力。每年开展优秀员工、先进工作者、优秀通讯员、我最喜爱的宿管评选,树立标杆;每季度开展微笑明星评比,每半年开展五好流动红旗评比,形成示范;对工作中涌现出的好人好事、有效应急处置的员工进行嘉奖,弘扬典型;每年下半年开展岗位技能竞赛、每两年开展一次文明诚信经营户评比,同时对获得全国、省、市各级荣誉的员工给予奖励。通过运用后勤文化的多种激励方式,不断激发金陵后勤人爱岗敬业,克难奋进,比学赶帮超,营造了积极健康的后勤团队氛围,激励着后勤员工健康、快乐成长,有力地推动着后勤事业的健康发展。

七、重视学习文化,提升员工素养

后勤服务中心历来非常重视学习型后勤组织建设,大力开展学习交流研讨与培训,每年开展"读一本好书"活动,积极参加高校后勤协会组织的学习、培训、竞赛等活动,加强与兄弟院校之间的沟通交流,采取"请进来,走出去"、自我学习、校企联合等方式,形成了较为丰富的教育培训体系。鼓励并支持员工持续学习,参加成人高等教育,提供助学金,解决部分学费,在工资结构中对大专以上学历员工实行学历津贴。经过多年积累,后勤服务中心形成了"上半年主培训,下半年主竞赛"的学习培训格局,每项活动都能按照培训计划认真执行,做到有计划、有方案、有实施、有总结、有实效、有表彰。在培训工作中,各部以规范、服务、提升为目的,通过梳理工作要点,组编培训教材,不断强化日常工作的内容、过程、细节、标准和频次。在竞赛活动中,倡导以团队合作、交流提升、技能创新为目的,以赛促学,以赛促培,以赛促干。部分竞赛活动中,邀请专家、学校相关部处负责人、学生代表担任评委,体现了竞赛活动的公平公正性。

八、推动宣传文化,彰显后勤价值

后勤服务中心以文化建设领导小组为组织载体,积极构筑与学生共建的平台;建立了后勤宣传网站、微信公众号,发布后勤工作信息,弘扬正能量,提升影响力;建立了微信报修平台、微信工作群、"老鹰在线"微信服务群、QQ群,及时沟通信息,服务师生员工;创办黑板报、宣传栏、员工文化园地,宣传后勤工作动态,发布友情提醒;汇编了中心及各部的规章制度,编印了《读书研讨、文章集锦》《你就是浦苑一道亮丽的风景》宣传画册,自编自导拍摄后勤工作视频,每年制作后勤工作展板,促进服务规范,展现员工风采,增强文化自信,彰显后勤价值。连续三年荣获全国教育后勤系统信息宣传工作先进单位称号。

九、弘扬美食文化，打造金陵品牌

中华美食文化博大精深，源远流长，高校饮食文化是校园文化的重要组成部分。各学生餐厅通过引进各种风味小吃窗口，满足学生饮食需求，促进饮食文化多元化。每年开展毕业季美食回顾活动，将学生餐厅的经典菜肴集中重现，为即将离校和在校的同学们，真诚地献上一份后勤餐饮人带来的记忆中的校园舌尖美食。自2014年开始，后勤服务中心举办了五届校园美食文化节，其中"弘扬中华美食文化，品鉴异域美食风味""传承非遗文化，共享金陵美食"等活动受到全校师生的高度好评，成为校园文化生活中的一大亮点。活动现场美食诱人，学生组织的歌舞节目精彩纷呈，南京晨报、扬子晚报、新华报业网等媒体争相报道。

十、丰富娱乐文化，展现后勤风采

后勤每一次组织的文体活动，员工都积极踊跃参加，使员工充分感受到了后勤文化带来的兴奋和喜悦。举办了10届后勤工作总结暨员工迎新大会，鼓励员工自编、自导、自演节目，把后勤人的工作、生活搬上舞台。每次大会主题突出，节目风格多样。同时选派优秀节目参加社区、南京大学金陵学院、南京大学、江苏省高校后勤协会的文艺演出活动，并取得了较好的成绩。开展了9届员工趣味运动会，在比赛项目中，逐渐调整、增加了亲子类、团体性的项目，大家在运动场上英姿飒爽，争分夺秒，互相配合，或俯身弯腰，或全神贯注，举手投足间充满后勤人的自信，展现了后勤人团结拼搏的良好风采。

十年磨砺，筚路蓝缕；十年奋斗，桃李芬芳。南大金陵后勤人初步建成了学习型、服务型、开放型、育人型后勤，后勤人得到了全校师生的尊重、肯定和赞誉，也得到了后勤同仁的认可。在发展前进的道路上，后勤人像挺拔的松树，继续伴随着一届又一届学子的成长，携手共建更加美好的未来！

以先进文化带动后勤事业健康快速发展

——河南理工大学后勤文化建设巡礼

河南理工大学　王勇　曲大伟

河南理工大学后勤以百年校园文化积淀为根基，注重文化传承与凝练，突出文化创新与特色，探索形成了以精神文化、制度文化、行为文化为基础，以育人文化为导向，以管理文化为抓手，以创新文化为驱动，以组织文化为保障的文化体系，凝聚形成了强大的文化动力，后勤成为学校文化建设的先进阵地、改革发展的排头兵和跨越式发展的坚强后盾与有力支撑。

一、凝练精神文化，强化后勤围绕中心服务大局的价值追求

精神文化是后勤文化的灵魂，河南理工大学后勤汲取百年理工优良文化传统，立足后勤长期实践，从顶层设计着手，提炼形成了《后勤企业文化》《如何做一名合格的后勤员工》《服务守则》《员工手册》等一系列文化文本，形成了以"为学校教育事业而存在"为宗旨，以"提升后勤保障能力，增强服务育人水平"为目标，以"爱学校、爱师生、爱服务"为核心，以"做不上讲台的老师"为追求的精神文化价值体系。在先进精神文化的指引下，后勤牢固确立了服务中心、保障大局的价值原则，在日常服务中自觉主动维护学校大局、关爱师生点滴；在重大活动会议服务保障中讲政治、讲大局，冲锋在前，不计得失，积极展现学校办学水平、风采与形象；在各类急难险重任务中克服时间紧、任务重、人员少等种种困难，不讲条件、不分昼夜、不分寒暑、加班加点保证教学科研工作顺利进行。后勤以"特别能吃苦、特别能战斗、特别能奉献"的精神，赢得了"学校有所呼、后勤有所应，学校有所需、后勤有所行"的美誉。

二、丰富育人文化，夯实后勤立德树人全员育人的服务根基

后勤文化发挥着独特的育人功能。河南理工大学后勤围绕健全全员全过

程全方位育人的体制机制,不断丰富内涵,创新载体,加大投入。在管理育人上,着力培育学生自我管理自我服务的能力,投入 20 万元设立大学生自主服务团,引进学生进入学生食堂,开创了"学生服务学生、学生管理学生"的服务模式;深入开展"文明餐桌""走进维修组""地球一小时""学霸宿舍评选"等活动,实现了润物无声的育人作用。在服务育人上,以"做不上讲台的老师"为追求,以高效、规范、优质的服务引导学生,以淳朴、充满关爱的言行影响学生,不断丰富关爱师生传递爱心的载体,年投入 20 余万元,免费供应"爱心汤";积极开展义务缝补、爱心互助、免费乘车等特色服务活动,每年为学生义务缝补衣物近 1500 件,为教工提供免费乘车 4000 余人次;设立爱心小屋为伤病学生提供生活便利、提供爱心凳方便学生早读等。在环境育人上,一方面加强绿化美化,让花草树木会说话,让绿色环境熏陶人,校园绿化面积达到 66 万余平方米,栽植各类树木 8 万余棵,建成了四季常绿、三季有花的绿色校园;另一方面构建校园人文景观,设立各类名言警句、文明行为引导语等,激发了学生热爱学习、热爱生活的激情,营造优美舒适、积极向上的环境氛围。

三、健全制度文化,构建后勤现代高效规范运行的治理体系

河南理工大学后勤坚持文化建设与制度创新相结合,建立了后勤人、事、物有序运转的现代治理体系。一是坚持抓好顶层设计,建立健全了以量化考核、监督检查、绩效考核、人事管理、财务管理、双目标管理等相互支撑、互为一体的后勤核心制度体系,形成了管理现代化、运行规范高效的后勤工作长效机制。二是建立健全关键环节管控机制,制定了《后勤维修改造工程(项目)管理办法》《学生宿舍安全管理办法》《学生食堂管理办法》等一系列配套制度。三是按照"权责一致、职责明晰、科学规范、管理有序"的原则,全面修订各单位职责,各单位正副职岗位职责,各项规章制度等,建立了与学校和后勤要求相符的岗位职责体系,与后勤发展的新形势、新任务、新要求相适应的规章制度。通过创新完善科学规范、运行高效的制度文化体系,充分发挥了顶层设计的规划引领作用,使后勤管理理念与核心价值观内化为广大员工的工作动力和行为自觉。

四、铸造质量文化,凸显后勤精益求精追求卓越的服务品质

河南理工大学后勤紧紧抓住质量建设这条后勤工作的生命线,建立现代化、企业化质量管控体系。一是构建全方位、多层次的教工、学生、内控"三方"监管体系,建立处(集团)、中心、班组"三级"质检体系,建立了服务质量分类监督和分区管理体系,聘请了 20 位学院领导、退休教师代表作为后勤服务监督

评议委员,形成了内部检查和外部监督相结合质量监控与评价机制。二是建立与"双代会"代表、机关部门、学生代表和学院的"四位一体"开放性沟通机制,与教职工生精准对接、精准服务,及时解决师生关注的后勤服务焦点、难点、热点、痛点问题。三是实施品牌战略,长期把优质亮点服务品牌培育列为核心工作纳入考核体系,实施服务精品创建工程,打造出餐饮、110维修等在省内有重要影响力的知名品牌。四是强化质量管理工程建设,组建了一支专业检查队伍,配备15名专职检查人员,24小时进行监控;派驻各单位检查员8人,对所派驻单位的工作情况进行时时督查,对重点区域、重点部门进行重点监控;设立满意度测评制度,常态化征求后勤服务意见和建议,实行服务质量"三级检查制"、一票否决制,强力推行挂牌服务制、首问负责制、限时结办制、服务承诺制和责任追究制等。后勤上下重视质量、研究质量的意识不断增强,好人好事层出不穷,表扬信越来越多,师生满意度不断提升。

五、打造管理文化,探索后勤精细化现代化管理的有效途径

河南理工大学后勤紧紧围绕规范化、标准化、科学化、信息化后勤建设工作思路,全面推进后勤服务保障能力建设。一是全面引入"6S"管理手段,自2015年起,大力推行以"整理、整顿、清扫、安全、清洁、素养"为核心的"6S"管理工作,确立了长期实施、反复循环、持续改进的基本原则,我们精心组织,设立了四个工作组,实行每周六集中专职办公,制订了《6S管理推进实施方案》《6S实施标准》《6S深度推进评价表》等,建立了统一的工作标准。邀请专家作专题讲座,购买书籍进行学习培训;定期召开工作推进会、工作评比会和工作总结会;开展"6S标兵窗口评选""6S样板区打造"活动等。经过持续推进、常抓不懈,后勤管理水平大幅提升。二是大力推进智慧后勤科技后勤建设,坚持高起点规划,坚持高标准投入,坚持引进与自主研发相结合,构建了以数字服务大厅为基础,以PC端平台、移动端App平台、微信端平台为主体的"一个平台,三个终端"的综合数字化服务体系,建成包括网络报修、楼宇管理、新生自主选房、宿舍安全检查、人事管理、云办公等30余项服务或管理平台。其中网络报修师生维修满意率达到了98%,微后勤关注人数突破4.8万人,新生网上选房率持续达到90%以上,获得学校领导和师生的高度认可。

六、优化组织文化,凝聚后勤同心同德干事创业的强大合力

河南理工大学后勤着力打造后勤生态化、高效化组织有机体,优化"小机关、多实体"的管理模式,科学整合机构,理顺相互关系,有效发挥机关科室履

行规划、监督、考核与协调职责,充分发挥基层实体管理、服务、经营活力。我们始终坚持"师生职工双第一"的指导思想,全心全意依靠广大职工实现后勤发展。队伍建设方面,打破身份限制,选聘近30名年轻活力、致力于后勤事业的聘用制职工走上中层管理岗位;稳定核心队伍,为聘用制中层管理人员、技术类职工、长期在一线工作的优秀基层职工办理人事代理。连续16年开展了劳动模范评比,连续11年开展了岗位大练兵和技能比武;重视职工培训教育,组建成立培训学校,投入20余万元导入MBA课程,针对不同层级、不同岗位职工,持续开展教育培训。重视职工身心健康,连续多年每年投入10余万元为职工进行免费体检,并为特殊时间段工作的职工办理了意外保险。生活方面,设立困难补助,尽力帮助职工解决生活难题;长期开展各类文体活动,丰富职工业余生活。通过组织文化建设,组建了一支政治性强、会管理、懂经营、业务精、具有大学管理与服务特色的核心团队,后勤职工干事创业的主动性、活力、创造力成为后勤事业发展的原动力和第一生产力。

七、培育创新文化,形成后勤锐意进取持续发展的动力之源

河南理工大学后勤通过改革创新、管理创新、服务创新,不断激发后勤事业发展活力。一是深入推进改革创新,率先在河南省实质性推进后勤社会化改革,成功探索实施了"整体切块,自主发展"的独特后勤企业化运作管理模式,通过开源节流累计为学校节省运行经费1亿多元,减轻了学校办学负担,支持了学校的建设和发展。2016年学校综合改革中,后勤第一个出台综合改革指导意见,实现了后勤改革在先、保障在前。二是积极推进管理创新,在河南省高校率先开展ISO9000质量管理体系认证,建立了HACCP食品安全控制体系,引入了6σ等先进管理理念,率先探索实施双目标管理,充分调动了中心和员工主动工作、干事创业的积极性,双目标管理运行机制成效显著。三是扎实推进服务创新,积极推进服务方式转变,如长年坚持为教职工提供后勤维修上门服务不收取人工费服务,每年投入10万元,在新老校区家属区分别开展四次以上的义务维修活动,获得教职工高度赞誉。通过创新,后勤工作实现了改革提速、管理提效、服务提质,敢为人先,勇立潮头的改革创新文化在后勤蔚然成风并取得良好的经济、社会效益。

后勤文化是后勤工作的灵魂和基石,后勤文化建设永远在路上。我们将以建设一流高校后勤服务保障体系为目标,继续加强理论探索和实践创新,丰富文化建设路径与手段,用先进的文化带动我校后勤事业健康快速发展。

创新后勤　文化育人

——盐城工学院后勤文化建设在路上

盐城工学院　戴建

"清晨,公寓门口管理员阿姨立岗目送同学们上课,食堂里师傅忙碌着准备早餐,校园里保洁阿姨挥动扫帚清扫路面,每次看到他们,深感他们的平凡伟大。"盐城工学院经济管理学院周飞同学说"感谢这些师傅,为了我们,这么辛苦"。

当你走在盐城工学院校园里能感受到绿色的美,扑面花香,飞鸟掠湖而过。走进楼宇,看到为师生提供的便民服务,教室的布局图一目了然,教室宽敞整洁。来到学生公寓,看到墙上的天气预报和温馨提示,宿舍配有空调、洗衣机、开水机等设施,生活环境舒适。进入食堂,就餐的环境十分舒心,有安静的学习和交流空间。

盐城工学院"全国后勤文化建设先进院校"评选材料中介绍道:"学校秉持'服务只有起点,满意没有终点'的服务理念,传承'爱岗敬业,服务育人'后勤文化,让同学们在爱的环境下成长。"一直以来,盐城工学院全面加强大学生思想政治教育,以后勤服务为推手,将后勤服务理念、育人宗旨外化于形,让文化建设落地生根;坚持将后勤的服务规范、活动载体固化于制,让文化实践形成特征;坚持将以生为本、爱岗敬业内化于心,让文化基因紧扣育人。

一、外化于形,让文化建设落地生根

坚持育人文化理念。坚持"三服务、三育人"(即为教学服务、为科研服务、为师生服务,管理育人、服务育人、文化育人)宗旨,按照"服务只有起点,满意没有终点"服务理念,营造"文化后勤、爱心后勤、阳光后勤"良好氛围,用文化后勤打造精神家园,以管理育人培养大学生志气;用爱心后勤打造温馨家园,以服务育人培养大学生勇气;用阳光后勤打造绿色家园,以环境育人培养大学生朝气。

坚持后勤文化硬件建设。加大设施投入,学校先后建成能耗监测管理平台、一卡通管理系统、校园数字化视频监控系统、智能门禁系统以及食堂采购系统,荣获"全国高校后勤信息化建设先进单位"荣誉称号。电子显示屏宣传文明就餐的标语,营造人性化的餐饮环境,让师生在良好的环境中就餐。公寓阿姨立岗服务,并为同学们提供吹风机、针线包、微波炉、茶水等服务,编印《公寓文化之友》杂志,营造"温馨、励志、安全、整洁"的学习生活环境。物业楼宇放置文明服务用语牌,布置名人名言栏,营造良好的文化氛围。绿化美化校园,建设"一区一景、四季有花"的美丽校园,陶冶师生的情操。

坚持开展后勤特色文化活动。已连续开展七届劳动者之歌——后勤员工"五一"文艺汇演、七届后勤系统职工趣味运动会特色活动,后勤员工踊跃参加,献才献艺,这两项特色活动被中国教育后勤协会和江苏省高等学校后勤协会网站报道,在学校师生中形成较大的反响,在后勤职工中产生强烈的共鸣。开展党员示范岗活动和最美后勤人评选,不仅起到树立榜样示范作用,提升后勤服务水平,而且营造出尊重劳动、热爱劳动的良好氛围。积极开展食品文化节、节能宣传文化周、毕业生欢送月等与师生互动交流活动。后勤职工在学校拔河比赛、乒乓球赛、羽毛球赛、教师职工运动会中都获得奖项,展现后勤风采,营造后勤爱岗、团结、和谐、敬业的良好氛围。

二、固化于制,让文化实践形成特征

加强制度化规范管理。实施制度化管理,定期对制度进行梳理,做好规章制度"废、改、立",形成后勤制度汇编,确保出台的制度行得通、用得好、可持续。同时,注重后勤物质文化、行为文化、制度文化的特色凝练,辅以过程控制,绩效考核,奖励员工,提高效率,提升服务水平。

加强食堂"7S"精益化管理。推行先进管理模式,开展食堂"7S"精益化管理,生产加工申请ISO22000—2005质量体系认证,实行"农校对接"和集中统一采购,规范生产流程和后场管理,强化员工责任意识,提升现场管理质量,消除不安全因素,提高劳动生产率,降低运行成本,保证了学生伙食管理质量和价格稳定。

加强学生公寓和物业管理"6T"管理。学生公寓和物业管理中心推进"6T"

管理,按照"天天立岗晨会、天天检查走访、天天巡视指导、天天讲评落实、天天报送反馈、天天考核问责"的要求,规范管理,加强服务管理意识,提高服务质量与水平。

加强能源"四全"创新管理。组织能源管理体系认证,走"四全"(全员参与、全面覆盖、全程监控、全力投入)创新管理之路,紧紧围绕节约型校园建设目标,以现代化要求、专业化管理、标准化建设为重点,降低办学成本、提高办学效益,学校被表彰为"全国高校节能管理先进院校""全国'校园节水·安全供水·智慧管理'样板示范校"。

三、内化于心,让文化基因紧扣育人

盐城工学院通过各种措施让员工爱岗敬业、爱校如家、爱生如子,自觉投入到后勤文化建设的行动中,育人于平时的一点一滴,涌现出了许多典型。

职工楷模,锅炉工刘进中。刘进中师傅后勤工作近40年,一直从事着司炉工的工作,从以前的有压锅炉到现在的无压锅炉,从以前的使用煤炭到现在的天然气,从以前的单身一人到现在全家重担,他总是默默坚守,工作在高温、高噪的锅炉一线,保证学生茶水和浴室用水的供应。当他检查出身患食道癌时,没有和领导提出一点点的要求,没有调换岗位,年终测评时他说:"我化疗过了,指标恢复正常了,我不想一个人在家让同志们养着,我完全可以胜任司炉工这份工作,发挥余热,站好人生的最后一班岗。"

公寓妈妈,管理阿姨陈兆芳。"陈阿姨和方阿姨是我在学校里的'妈妈'。"盐城工学院信息工程学院虞秀慧腼腆地说。公寓管理员陈兆芳和方春莲、王菊本三人一直悉心照顾着身体残疾的虞秀慧同学,每天接送她进出公寓,帮她坐上残疾车,帮她开水打好,帮她洗晒好换洗衣服、床单被褥。当她洗完澡后,主动帮她吹干头发;当她身体不舒服时,大家轮流陪护;当她需要出校门时,谁休息谁主动来陪同。这些无微不至的关爱让虞秀慧同学从未因自己残疾而感到自卑。当记者问陈兆芳为什么这么做时,她说:"我们心里把学生当作自己的子女,照顾好每一位同学,让她们安心的学习生活,我们心里就特别高兴。"

巾帼标兵,餐厅经理严洪萍。希望大道校区教工一餐厅经理严洪萍是学校唯一的女性餐厅经理,她坚持在餐饮一线,整天为师生一日三餐忙碌,没有寒暑假,很少有完整的节假日,不怕苦,不怕累,在平凡的岗位上数十年如一日。她负责的工作总是让领导很放心,她的敬业精神让同事们很佩服,她的服务态度让师生们很亲切,这就是她留给大家的感觉。从事饮服工作近30年,她巾帼不

让须眉，工作中无私奉献、爱岗敬业，多次被评为后勤系统先进个人。作为餐厅经理，她对餐厅十余个工种的工作了如指掌，被同事们称为专家。她是部门中的佼佼者，秉持"服务只有起点，满意没有终点"理念，推进精细化管理，超额完成服务管理目标任务。

绿化园丁，绿化养护班夏金宝。夏宝金是一名绿化养护管理班的班长，从 1997 年就到学校工作，一干就是 20 多年，不论刮风下雨，总会在校园里看到他忙碌的身影，他文化水平不高，但肯虚心刻苦学习钻研园林绿化知识，提高专业管理水平，几年来他基本掌握园林绿化树木品种、农药化肥名称、树木栽植技术。为节省人工支出，提高工作效率，老夏动脑筋、勤思考，不断革新施工程序，在机械化作业上想主意，根据他的合理化建议，先后投入绿篱修剪机 5 台、油锯 4 台、割草机 20 台、电动喷雾器 5 台、电动三轮车 5 台，自行研制劳动工具 6 种，大大提高了工作效率。采用新型的生物治虫，提高了养护效果，减少了环境污染。老夏有一句话常挂在嘴边："虽然每天都重复做这些割草、治虫、修剪、拔草等，但不会觉得很累。因为如果觉得累我就不会来做了，既然来了，就要尽可能做好，如果连自己都老觉得累，怎么会有信心做好呢？"其实不是不累，而是他们热爱这份工作，把学校当成自己的家，是一种无私的奉献精神。

打造"能吃苦、善创新、敢担当、乐奉献"临大特色的后勤文化

临沂大学 董新矫

走进新时代,实现新作为,临沂大学始终秉承抗大"为用而建"的学魂,以沂蒙服务的办学宗旨。当前,学校正以习近平新时代中国特色社会主义思想为指导,贯彻落实党的教育方针,落实立德树人根本任务,坚持"全国知名区域特色鲜明的创新创业型大学"的办学定位,坚持转型提升工作主线,聚力内涵高质量发展,着力建设"五个一流",推动学校各项事业掀开新的篇章。近年来,临沂大学迅猛发展,深入推进后勤社会化改革,积极开展后勤文化建设,不断完善后勤保障新体系。以"新、活、深"的指导思想,逐步深化后勤社会化改革,临沂大学后勤服务项目已经完全实现社会化,确立了"小机关、大服务、社会化"的格局,形成了"一二三四五六"工作思路和服务理念,凝练出"甘为人后,勤于人先"的后勤精神,经过19年的逐步推进和积极探索、稳步推进,实现了独具"能吃苦、善创新、敢担当、乐奉献"精髓的文化底蕴。后勤社会化建设中,主要从后勤社会化改革、后勤文化精神凝聚、创新文化提升内涵建设和党建文化建设等四个方面形成具有"能吃苦、善创新、敢担当、乐奉献"的后勤文化特色。

一、建设后勤文化,积极推行社会化改革

临沂大学以"新、活、深"的指导思想,推进后勤社会化改革并制定了四步走的战略目标,建立准入和退出机制,引进社会优质服务资源,公开招投标完成了对校园绿化保洁、楼宇管理、水电暖维护维修、学生餐厅、学校医院的托管服务。后勤管理处则代表学校履行监管职能,制定社会化服务项目质量监管标准体系,依据合同,加强监管,实现了从办后勤到监管后勤的职能转变。

（一）"新、活、深"的指导思想

1. 改革理念新

思想是行动的先导，改革的前提首先要统一思想，提高认识，以思想观念的不断更新，带来思维模式的转变。从内部讲，就是通过不断深化管理体制改革，进一步明确工作职责，强化责任担当；转变管理模式，提高工作效率。从外部讲，就是运用市场经营理念，使高校后勤这一公共事业成为企业化经营、市场化运作，实现后勤与学校剥离，不是将包袱甩向社会，而是激活后勤市场。

2. 管理机制活

后勤改革是一种实践探索，没有完整现成的模式可以套用。临沂大学在后勤改革中，坚持以师生为主体，多种合作模式并行的"一主多元"原则，后勤管理服务，由专业公司托管，提高了管理的质量与水平；学校履行监管职责，实现管办分离，使学校后勤保障充满生机活力。

3. 改革的层面深

改革管理体制，不是简单的策划组合或更换名称，而是要从深层次入手。2000年，临沂大学制订后勤改革实施方案，实行契约合同管理，学校不再直接负责，做到一步到位，彻底改制，全面剥离。校医院、交通中心，同样是独立核算，自主经营，自负盈亏。尽管改革中没有将实体称作公司或集团，但是，运行态势良好，经济效益显著。到2015年，全校后勤服务项目全部公开招投标实行合同化管理。

（二）四步走的战略目标

第一步，临沂大学后勤经营服务人员、相应资源及操作运行，成建制地从学校行政管理系统中分离出来，组建自主经营、自负盈亏、独立核算的后勤企业实体，形成"小机关，大实体"格局。

第二步，将学校的后勤企业推向社会化。在体制设置上，按照"强机关，多实体"格局，将后勤管理与经营服务分离，形成甲乙方关系。

第三步，后勤服务项目在体制设置上，按照"项目管理、多实体运营、部分服务项目完全社会化"模式运行。

第四步，后勤服务项目完全社会化，按照"小机关、大服务、社会化"的格局，形成适合临沂大学发展的新型后勤保障模式，经过深化改革完成了后勤由自办模式转型为社会化管理模式。

二、深化后勤文化建设,逐步形成"一二三四五六"工作思路和服务理念

(一)工作思路的内涵

一是一个工作目标围绕"让师生满意"的工作目标,为创建全国知名、区域特色鲜明的创新创业型大学和广大师生对美好生活的向往,提供坚强有力的后勤保障和支撑。

二是突出两条主线。突出服务主线,为教学、科研和师生生活提供优质服务;突出育人主线,做到管理育人、服务育人和环境育人。

三是处理好三种关系。处理好服务和育人、市场和公益、监管和廉洁的关系。

四是确立四化发展路径。即以服务社会化、队伍专业化、运行智能化和考核标准化为发展路径。

五是以五做为抓手。即以"做优服务,做强保障,做精管理,做靓环境,做实安全"五个"做"为抓手,狠抓落实。

六是六大服务境界。即培育"大服务理念,大后勤格局,大保障体系,大工匠精神,大教育情怀,大担当勇气"六大服务境界。以"甘为人后,勤于人先"精神凝练出具有"能吃苦、善创新、敢担当、乐奉献"的文化底蕴。

(二)后勤的科学化管理和标准化服务与文化建设深度结合,推进管理和服务育人

(1)成立了临沂大学后勤文化建设工作领导小组,学校领导任组长,成员单位有后勤管理处、基建处、资产管理处、财务处、审计处、师生物业管理中心。

(2)完善了临沂大学监管体系,建立了水电暖服务监管、餐饮服务监管、校园环境保洁服务监管、教学楼物业服务监管、公共医疗保障物业监管体系,明确责任分工,实行网格化管理,以规范化和精细化为核心,完善"天天有检查、周周有落实、月月有评比"的动态监管机制。

(3)建立了"三度、一亮、三好"的工作标准。干工作要有"速度",做服务要有"态度",处理事情要有"风度",一亮是"亮党员身份和服务承诺"。努力做到当"好保姆",做"好园丁",任"好管家"。

(4)学校建有节能监管平台,每年投入100余万元用于改造智能设备。安装智能水表、电表;更换节能灯具、水具等。通过网站、月报、微信、QQ群等形式宣传后勤文化,公开服务信息。畅通服务渠道。推行一站式监督服务系统,所有后勤保障事项只需拨打一个电话（666170），便可协调解决。

三、后勤文化内涵提升与校园建设有机结合，推进四种类型校园建设

四个方面的有机结合和四种校园的建设体现了临沂大学后勤丰富的文化内涵，构成了后勤工作的文化主线，达到了环境育人、管理育人、服务育人的效果。

（一）推进四种类型校园建设

（1）校园绿化与自然景观有机结合，建设生态校园。

（2）节约型校园与新技术有机结合，建设智慧校园。

（3）校园文化与办学理念有机结合，建设人文校园。

（4）校园建设与教书育人有机结合，建设文明校园。

（二）"金红绿蓝"生态校园建设与后勤文化相融合，凸显育人工程建设

学校以"四季常绿，四季花开"为总体规划，把文化建设与"金红绿蓝"深度结合打造生态校园的育人环境。"金色"代表临沂的人文与历史的文化，"红色"代表革命与传统的文化；"绿色"代表生态与活力的文化；"蓝色"代表开放与包容的文化。

（1）围绕打造金色文化景观，后勤管理处在校园文化建设中，注重挖掘临沂悠久的历史文化资源，同时密切结合沂蒙的风土人情。

（2）围绕打造红色文化景观，临沂大学将校园文化设施与沂蒙红色资源及学校的办学历史密切结合。

（3）围绕打造绿色文化景观，临沂大学依托现有的自然环境巧妙构思，立足"做亮主轴线、做优核心面、做精修读点"，绿地布局合理，校园特色突出，生态效益优良。

（4）围绕打造蓝色文化景观，从学校规划到建设一直体现国际化、开放性的原则，教学资源与社会共享，与社会融为一体。

四、加强党的建设，用党建统领后勤工作

充分发挥党组织的政治核心和广大党员先锋模范作用，推进后勤各项事业健康发展，实现了"三大亮点"的突破。其一是后勤改革完全社会化。后勤保障服务已完全实现"社会化"，临沂大学后勤改革起步早，涉及面广，改革彻

底。教育部调研组认为：临沂大学在高校后勤社会化改革方面做了积极探索和努力，引进社会优质资源，顺利推进农校对接项目，实现物业化管理，走在了全国高校的前列。从临沂大学后勤社会化改革的成功经验看，要积极有效利用市场、法治的手段解决高校后勤工作解决不了的问题，为高校的内涵提升、科学发展提供坚强的保障。其二是完成了"全国绿化模范单位"创建工作。其三是"农校对接"获得教育部肯定和好评。2014年5月，教育部朱宝铜处长率调研组来临沂大学调研。2014年7月，教育部葛华副司长率调研组来临沂大学考察。2014年10月，临沂大学应邀在全国高校后勤改革发展论坛上作"农校对接"工作经验介绍。2015年5月，"全国农校对接工作交流会"在临沂大学召开。2016年5月，教育部农校对接研究院调研组来临沂大学调研。2016年9月，教育部"农校对接产业研究院"成立论证会在北京召开。2017年11月4日，教育部"农校对接产业研究院"临沂分院在临沂成立。

近年来，先后荣获"全国绿化模范单位"、"山东省高校后勤工作先进单位"、"山东省高校校园管理先进单位"、"山东省高校学生食堂管理工作先进单位"、"山东省高校能源管理与节能减排先进单位"、"山东省食安山东餐饮服务品牌示范单位"、"山东省节水型单位"和"全国农业院校后勤系统先进工作单位"等荣誉称号。

奔跑吧，文化引领、筑梦前行的后勤人！

——高校后勤文化建设评优活动有感

江南大学　王剑星

为进一步推进高校后勤文化建设，探索新时代高校后勤文化建设的新思路、新方法、新模式，总结推广后勤文化建设新经验，落实"文化后勤"的建设构想，提升后勤文化水平，促进高校后勤工作的转型发展。中国教育后勤协会思想文化建设与人力资源管理专业委员会，从 2016 年起组织开展了全国"高校后勤文化建设评优活动"，64 个高校（企业）在评选活动中脱颖而出，先后被评为"高校后勤文化建设优秀示范单位"和"高校后勤文化建设先进单位"。充分展示了高校后勤文化建设的辉煌成果，彰显了高校后勤文化的鲜明特色，体现了新时代后勤人积极向上的精神风貌，凝练并逐步形成了与学校建设目标相契合的高校后勤文化建设体系。许多高校的经验和做法值得总结、推广，简要总结为六个特点。

一、高度重视、保障有力

以习近平新时代中国特色社会主义思想为指针，认真贯彻"立德树人"、服务育人总体要求，把推进高校后勤文化建设列入了学校"十二五"、"十三五"规划和学校后勤部门年度工作计划，成立了后勤文化建设领导小组，切实加强组织领导，分工合作，确定了后勤文化建设工作的负责部门和人员。主要领导亲自上阵，参与答辩，汇报内容精彩纷呈，图文并茂。确保了各项后勤文化建设经费和条件保障落实到位。

二、价值导向、制度扎实

呈现了学校后勤长期积淀的价值观、先进的服务理念和思想文化。建立了许多切合实际、富有实效的规章制度,促进后勤规范发展。

江南大学:以"理念先行,文化引领"为后勤工作思路,确立"师生为重,服务为先"的服务宗旨,创建"大后勤、大系统、大服务、大保障"的工作体系,形成"一盘棋谋划、一站式服务、一条龙保障、一体化运作"的工作模式,明确"服务手段信息化、服务产品标准化、服务队伍专业化、服务设施现代化"的工作目标,创新后勤系列文化。

浙江农林大学:"以文育人、以文化人,着力厚植高校后勤创新创业文化",形成了系统的文化理念、文化制度、文化符号,在理念层面上,形成了核心理念、目标愿景、价值观和发展观;在制度行为层面上,形成了自有的后勤活动品牌;在符号层面上,形成自己的LOGO,形象识别系统、纪念性雕塑《后勤人》杂志、网站、微信公众号等。

天津大学:为"双一流"建设构筑一流后勤保障体系,深化后勤改革,以后勤文化推动"服务外包、学校监管"服务管理新模式的创新发展。

北京工业大学:致力于将党建工作和后勤文化建设相结合,创新性地提出"党建+"工作理念,促进了后勤党建与其他工作的融合。

哈尔滨工程大学:传承"大工至善、大学至真"的校训,确立了"服务至善、育人至真"的后勤训词,明确了"以学校发展需要为第一使命,以师生教学需求为第一任务,以师生生活满意为第一标准"的全体后勤人的价值追求。

西南财经大学:构建了全方位、多层次的内控机制,修订规章制度670多项,近70万文字。并通过宣讲、内训、自学等途径,不断提高员工自觉运用法治思维和法治手段的能力和水平,逐步形成制度管人、管事、管财的特色文化。

三、教育培训、创新规范

各校都十分注重教育培训工作,结合自身特点组织开展了后勤职工的培训、教育,建立了规范体系。建立职工学校、培训基地、职工之家、警示教育室,努力创建学习型后勤。

江南大学:以"学校后勤办后勤学校,服务育人为育人服务"理念成立了"后勤学校",确立"懂生活、管生活、会生活、爱生活"办学宗旨,充分利用后勤资源,开设了厨艺课题、园艺课堂、生活课堂、安全课堂、礼仪课堂等50多门课,有效探索了服务育人创新机制。

四川师范大学:每年坚持开展管理制度培训、员工入职培训、礼仪礼貌培训、工作技能培训、公文写作培训、办公软件应用培训。

电子科技大学：强化全员培训，办好员工夜校，开展"后勤管理论坛"，通过读书沙龙、征文撰写，编辑了员工论文集。

北京语言大学：每年组织全体员工赴军训基地进行军事拓展训练，零距离体验军队生活。

杭州科技职业学院：传承行知文化，践行爱满天下。每年制定管理线、服务线员工培训计划，校外、校内相结合，多人获得成人教育专科、本科文凭，和物业管理师、培训师、高级电工、技师等证书。

四、理念先进、氛围浓厚

在后勤服务工作中，凝练和创建了非常先进的服务理念，丰富育人内涵，构建具有后勤特色的育人体系，并注重在服务现场和工作区域营造文化氛围。

西安交通大学：践行"师生为重、智慧管理、服务育人"的理念，以"因事而化、因时而进、因势而新"的精神加强对外聘员工的管理。

河南理工大学：优化环境文化，将后勤文化的核心价值观、行为理念、价值导向等在机关、办公室、生产和服务场所上墙；对食堂、宿舍、超市、进行环境改造美化，布置大量的文化图片和标语等人文景观，浓郁后勤文化氛围。

扬州大学：通过文化墙、荣誉墙、走廊橱窗展示先进人物和先进事迹，通过教室、宿舍布置名人名言和高雅艺术，注重环境熏陶，以文化人。同时还突出文化传播，以文育人。先后五次登上《中国教育报》，制作的视频《大数据拧紧餐桌上的"节流阀"》被央视《新闻联播》报道。

宁波大学：利用食堂、公寓讲好后勤故事，展现后勤生活和员工的鲜活形象，表彰先进，激励斗志，宣传后勤精神。

五、载体丰富、形式多样

海南大学：立足文化传播引领道德风尚，组织开展"最美后勤人演讲比赛""读书分享会""环卫工人节"等主题鲜明的文化活动，评比"最美后勤员工"、五一"劳动之星"，组织开展歌咏、拔河、知识竞赛、文艺汇演等丰富多彩的文体活动，木球队、合唱队、篮球队、排球队屡创佳绩。真正使文化传播"响"起来，文化基因"活"起来，文化形象"亮"起来。

北京语言大学：多年举办的后勤新年联欢晚会，自编、自导、自演，后勤职工合唱队、舞蹈队、吉他社，家话剧社，长期聘请专业老师系统指导，已成功登上许多舞台。使后勤文化始终站在校园文化的前列。

佳木斯大学：不断拓展文化载体，每年组织开展文体活动，通过职工开展跳绳、拔河、踢毽子、乒乓球、羽毛球、篮球等比赛活动，进一步强化后勤职工的集体荣誉感和工作向心力。

青岛大学：打造"三心工程""六一工程"后勤文化品牌，"后勤人、后勤事"摄影大赛、"书香青大、享读后勤"读书活动、"感悟服务"演讲比赛，文化讲座、人物专访、新春晚会、秋季登山、体育比赛等文体活动丰富多彩。

长春中医药大学：以"后勤服务质量年"和"后勤文化建设年"为载体，举办员工风采展，结合学校专业优势，开展义务巡诊、保健推拿、养生讲座"进社区、进乡村"志愿服务活动，大力弘扬传统中医药文化。

六、亮点突出、成果斐然

后勤文化建设成果辉煌，先进人物、服务明星、优秀职工不断涌现，在后勤信息化、标准化、专业化、现代化建设中，物业、餐饮、公寓、环境等服务保障第一线，处处彰显文化育人的功能，体现后勤文化建设成果。

中国海洋大学：积极推进"数字后勤服务大厅"建设，以"智慧后勤"推进文化后勤建设，在深化高校后勤改革中，充分展示了后勤文化育人、服务育人的工作成效。

浙江农林大学：常年开展的饮食文化节、公寓文化节被多家媒体宣传报道。在积极发挥育人功能方面成效显著，多位后勤干部、职工被评为"浙江烹饪大师""感动公寓人物""浙江省五一劳动奖章"等称号和荣誉。

浙江师范大学：构建"微服务互动平台"，确立"三一""三有"的服务目标，即：第一时间响应，第一时间处理，第一时间反馈。互动有帮助，参与有实惠，体验有娱乐。建立了微修、微订餐、微导航等平台，智慧门锁、智慧电桩、智慧洗衣、智慧餐盘等便捷高效的智能化设施，取得了五项软件著作权证。建立考评无纸化、统计自动化、分析智能化的各类监督考评平台。

华南师范大学：率先从管理模式到运行机制进行食堂改革，建设品牌后勤，成为广东高校同行中的旗帜性标志，享有"吃在华师"的美誉，被全国总工会、广东省总工会分别授予"工人先锋号"荣誉称号。

华东师范大学：构建理念先进、特色鲜明、成效显著的后勤文化育人体系，建立后勤系统门户网站，推进智慧后勤建设，积极打造与学校建设目标相契合的后勤文化。

在评选活动中，还有些不足之处，简要概括为六点：

（一）有规划缺设计

在学校"十二五""十三五"规划中带到"后勤文化建设"的内容，一般都是原则性、纲领性的几句话。具体如何落实、开展和组织推进，要有宏伟蓝图的基础上，进行统筹规划。既要有顶层设计，宏观设计，高屋建瓴，也要有实施细则的设计，分步计划，逐年递进，互相配套、互相支撑、相得益彰，使文化建设的各项工作有条不紊，连贯地、系统地、有序地开展，达到预期的目的和影响。重点活动的主题、形式、内容等还要重点设计。

（二）有高度缺接地

我们的服务宗旨、服务口号要有特色，总结、凝练有高度，但也要接地气。不要只提：一流、世界、首创等等，有的还显得比较空洞。我们是后勤一线工作，最基层岗位的服务工作，要切合实际，来源于生活，通俗易懂。有"泥土味"，含义深、接地气。

（三）有理念缺体系

学校文化、校园文化、后勤文化是个系统的体系。学校文化是指学校经过长期发展形成共识的一种价值体系，也是一种办学精神和环境氛围的集中体现。如校训等。校园文化包括物质文化、精神文化和制度文化三个方面。如校风、学风等。后勤文化是其中的一部分，是校园文化的具体体现，我们开展的后勤文化建设，要区分好这三者关系。工作理念是后勤文化的基本要素，既要从长计议、全面考虑，又要自成一体的。我们后勤文化要传承学校文化，共塑校园文化，着重体现后勤精神、管理理念、发展目标、运行机制、服务宗旨。

（四）有内容缺载体

在后勤工作中，呈现出开展文化建设活动的内容不少，但一定要通过多种形式来反映、表现、推送、传播、宣传。如会议、刊物、报纸、标语、图片、音像、媒体等。还有注意及时归档、保存、积累。要注重载体的运用和材料的积累。

（五）有活动缺创意

有的学校缺乏创意，活动形式传统、单调，没有挖掘涵义，没有突出主题，没有发挥延伸教育的作用，就活动而活动。其实，组织开展每项活动，都要考虑其形式、意义、目的和效果，要结合学校中心工作，围绕服务、育人等根本任务去创新，去结合，要与时俱进，才有新的效果。

（六）有研究缺课题

现在的后勤，是学习型后勤，研究型后勤，是新时代的后勤。值得我们深入研究，尤其是后勤文化的研究。从申报、答辩中看出，后勤文化的研究已经开始，但还没有进入课题，深入研究。其实，现在后勤大有人才，后勤文化大有素材。如后勤文化建设的标准化、后勤管理的新业态、后勤队伍建设，体制机制创新，如何建设"双一流"的后勤文化等等，都可以组织课题，深度研究，指导实践。

奔跑吧，我们都是追梦人！"文化兴则国运兴，文化强则民族强。"高校后勤文化是校园文化建设系统工程中的不可缺少的重要部分，"高校后勤文化建设评优活动"，在全国高校已经产生了不可估量的积极影响，取得了良好的效果，以评促建的目的在不断显现，为推进高校后勤事业的改革发展，充分发挥了核心、引领作用。

特色篇

"三尺灶台"诠释师大味道

——陕西师范大学打造特色饮食文化纪实

陕西师范大学　路正社

饮食文化是高校思想政治教育重要的文化资源。越来越多的当代大学生喜爱和追捧传统饮食文化。高校作为文化传承、知识与科技创新平台,高校餐饮场所也应当被视为是高校文化传播的一个重要组成部分,将饮食文化与高校文化相结合,从而以传统饮食文化为契机,促进学生成长成才。

而作为被无数学生所羡慕的"别人家的大学"的陕西师范大学,在发展中国饮食文化,弘扬"西部红烛精神",培养一流学校的一流人才之路上不遗余力的努力!紧密围绕学校立德树人的根本任务,带着"坚持改革、增强活力、办好伙食、争创一流"的决心,以"师生至上,服务第一"为宗旨,不断解放思想,转变观念,积极探索,大胆实践,走出了一条"育人为本、持续改革、不断完善"的"陕西吃饭大学"饮食发展之路。推进校园饮食文化传承,为学校"双一流"建设作出新贡献!

把"食"字拆开来,上面一个"人"字,下面一个"良"字,这寓意着食物跟人的密切关系:人只有用心良善,才能做出美味的食物。这里边就有了价值观。高校饮食服务的对象是学生和老师,不仅是认认真真做好一餐食、一粥饮,更重要的是在员工制作饮食和师生品尝美食的过程中,强化服务功能、育人功能,将一个学校的饮食形成文化传承,以达到高校后勤育人的最终目的。

一、民以食为天,夯实饮食基础保障

一日三餐,食在好源头。为了给师生提供味美价廉的食品,我校后勤集团采取多措并举的方式夯实饮食基础保障。深入田间地头采购最新鲜的食材,于建设中央厨房规范食物半成品的加工过程。建设净菜车间及家属区服务点,形成集加工、售卖于一体的综合服务场所,为教职工提供多样产品,努力实现让教工从"30分钟吃上饭"到"30分钟吃完饭"的转变,更好落实"三少一多"的服务理念。

二、食以安为先,坚守饮食安全壁垒

食物很复杂,所谓吃得营养健康,喝得卫生安全,一不小心就会不好吃、吃不好。美食的核心是人,因人而食,食为天,因人而美,美如是。

为了让师生吃得健康,我校两校区建设有食品安全快检室,实现了食品快检的全覆盖,对进入学校食堂的蔬菜、粮、油、肉、熟食及水产品等重点品种进行快检,可以检测农药残留、甲醛、亚硝酸盐等20余项有害物质,为师生的饮食安全再添堡垒。除此之外,很早之前也一直在两校区的食堂建设超声波清洗线,保证饮食餐具的洁净卫生。通过多种方式帮助学生树立绿色安全的饮食观!

三、举办形式多样的饮食活动,弘扬饮食文化

我校为寒假留校师生举办"新春团圆宴",举办"陕西师范大学第十五届美食文化节",举办毕业生"祝福宴"活动,举办毕业30年校友返校回家宴……团圆宴让春节离家在外一顿饭感受到学校的温暖关怀,在盆与碗的交错中,冒着腾腾热气的饺子给了在外的学子一丝内心的慰藉,那份滋味,是团圆,是想念,是合家团圆的象征,它的背后蕴藏着丰富的文化内涵,体现着亲情、责任和温暖。美食文化节,对中国人来说是舌尖上的盛宴,对国际友人来说是文化和桥梁,不遗余力地办好每次美食文化节就是在美食的这个载体上更好的传递中华饮食文化,并将我校的饮食文化传承。祝福宴让毕业生在大学最后的时光通过美食来看社会、察百态、懂反哺,所以以后无论走多高多远,记忆里的指路标都会将他们引回到最初出发的地点,那里三餐四季、果蔬桃李,单纯清简,却是人间至味。传承"记忆中的味道"。回家宴让离校多年的学子重沐母校怀抱,魂牵梦绕的记忆中的味道再回舌尖,很多年后相聚在一起,也许离校的他们会在推杯换盏、快意聊天中,将所有关于母校的记忆一一铺展开来。

四、推陈出新,开发丰富多样的饮食品种

一碗一瓢中,蕴藏一方水土;一滋一味间,融溢万般情怀。在中国人的碗里,装盛的从来都不仅仅是一道美食,更承载着中国数千年的文化底蕴。无论走多

远,在人的脑海中,只有故乡的味道熟悉而顽固,它就像一个味觉定位系统,一头锁定了千里之外的异地,另一头则永远牵绊着记忆深处的故乡。食物像忠实的信使,传递着家和亲情的讯息。

针对日益变化的新的饮食需求,我校中央厨房通过考察市场,结合车间实际情况进行资源整合,不断丰富就餐品种。面食车间推出黄豆馒头、燕麦馒头、高粱馒头、绿豆馒头、全麦馒头、红豆卷、黑米发糕、小米发糕、白米发糕、南瓜包子、杂粮包子等新品种;米饭豆制品车间推出优质米饭、卤水豆腐等新产品以满足师生。除此之外还研发轻食套餐,倡导绿色健康饮食,让更多的学生能够注重个人养生、注意营养搭配。每年中秋都会火遍全国高校的"师大月饼",也在我校18载的关怀传承中与时俱进,开发出"校风""校训""校徽"等系列月饼,打造"师大月饼"品牌,也已成为师大学子追忆母校的"网红"载体。秋季学期伊始,异地求学的学子大多不会返家与亲人团聚,当他们手捧印有校徽的月饼时,家国情怀和爱校情愫会油然而生⋯⋯

五、以科技为载体,吹响节约粮食的号角

一粥一饭当思来之不易,一丝一缕恒念物力维艰。勤俭节约自古以来就是中华民族的优秀传统美德,为了将这一美德更好地在师大传承,我们自主研发了"称量销售"系统,学生吃多少打多少,做到拒绝舌尖上的浪费! 多措并举,形成一整套围绕"光盘行动"的服务体系,使勤俭节约成为师生的自觉习惯。全新售卖模式,学生可以在有限消费下吃的种类更加丰富,营养更加均衡,合理膳食提高体质。引导学生形成良好的饮食习惯,提高学生节约意识,推动社会形成勤俭节约的文明风尚。构建一种销售模式,食堂菜品定价与市场原料实时联动,公开菜品单价核算信息,透明菜价减少学生对饮食工作误解产生的不满情绪,减少群体事件发生的概率,维护社会稳定。为高校饮食售餐管理服务提供可行性方案,解决节约型校园饮食售卖环节无模式可循无设备可用的难题,推进了行业标准的建设进程,为实现节约型饮食建立长效机制,是建立节约型社会的有效探索。

此项措施荣获由国家粮食局、农业部、教育部、科技部、全国妇联联合评比的"爱粮节粮之星",是全国十家获奖单位中唯一一个获奖集体单位。被中央电视台、《人民日报》《中国教育报》《新华每日电讯》等中央级媒体报道十余次。

六、从细节出发,将家的味道带给学生

味道,是滋味,是情怀。人生百味,人何以道?食物是省去了翻译的文化符号,可以快速拉近彼此距离,人类有着相同的味觉系统,酸甜苦辣个中滋味,全世界几乎一样。中国传统饮食文化意蕴丰富、博大精深。

万千网友眼中的"别人家的大学",自采校园水果免费送,加深师生爱校情;学院后勤共联欢,高雅艺术沁人心;共饮"南宫山泉",助力岚皋扶贫;志愿服务搭平台,"第二课堂"收获丰;服务意见征询会,贴近师生促沟通;提供"病号餐""妈妈饭",将家的温暖带到学生身边;通过提供微方便、微关爱、微温暖、微感动,使学生感受到后勤人发自内心的爱,让"爱在后勤"激扬学生不断增强"爱他人、爱学校、爱国家"的美好情怀。

在日常的饮食服务工作中,注重发挥一线工作的熏陶作用,让学生从服务中感受到员工敬业和努力,从而使学生受到感化,形成尊重劳动、尊重劳动者、踏实工作的意识,帮助学生树立正确的劳动观念,养成良好的道德情操。

后勤育人是学校育人工作的重要组成部分,构建了育人的第二课堂,有力提升了学校育人效果。而饮食文化是一个高校一脉相承味觉承袭,将一届又一届的校友牵绊在一起,他们共同撑起了一所学校的饮食品牌文化,在酸甜苦辣咸中发扬学校的精神、传承学校的文化。青葱岁月里,让学生从食物中懂"馈赠"而知"感恩",在他们离校奔赴未来砥砺前行时,更能识得人间滋味!食物的味道,落到笔上成了风格,吃进胃里就成了乡愁,刻在心上那就成了一辈子都解不开的结。就像法国作家法朗士曾经说的,让我们尽情地去享受生活的滋味吧,我们感受到的越多,我们便生活得越长久。

中国人的饮食文化,往往附带有独特的价值观。千百年来,"食"甚至成了中国人体悟世界的方式,我们用饮食借指生活,我们"尝试"、我们"分享"、我们"品味",抑或我们"吃苦",饮食与生活的界限模糊而又圆融。不论在世界的哪个地方,如果一个中国人跟你说起对食物的敬重与虔诚,他往往说的是他的生活。时光匆匆,师大味道陪伴一届一届的学生走过青春的思念,他们的青春可能早已溜走,但那些存留在记忆中的味道和对母校的饮食情思则会相伴一生!有很多人,把美食从舌尖上融入骨血里,甚至是生命里,这其实也就是一种文化上传承。高校饮食建设在时代的浪潮中不断进行新的探索,为师生提供良好的就餐环境,同时为中华饮食文化的传承提供重要阵地。饮食文化代表的不仅仅是食物本身,更是不断传承的制作精神以及蕴含的历史文化!

文化引领　内涵发展

——中快餐饮致力于打造有文化内涵的高校食堂

深圳中快餐饮集团有限公司　罗金郴

中快餐饮集团秉持服务育人的宗旨,专注食堂,聚焦高校,致力于创建"中国高校团餐第一品牌"。25年来,我们坚持文化引领,注重内涵建设,通过与每一个高校合作的食堂载体,将良好的团餐品牌形象及社会化后勤高效率的管理水平真实、全面地展现给师生员工,全力打造安全、放心、有文化内涵的高校食堂,为高校的事业发展提供坚实的后勤基础服务保障。

一、全年投入文化建设资金2100万元

自1999年投入后勤社会化建设以来,中快餐饮的文化建设时刻紧贴中国高校后勤和各合作高校的具体要求,在餐饮服务、食堂管理、企业经营的实践中,不断对企业理念、核心文化等理论层面的凝练和总结,形成了包括六大指导思想、六大单项价值观、六大成功法制、"三三三"经营理念以及"和金文化"在内的中快餐饮集团企业核心文化,并编订成册全员学习,继而引领企业各项工作。

集团一直坚持把文化建设作为企业经营重要的组成部分,每年都会有重点文化建设工作部署和具体的企业文化项目落地实施。集团规定每年总产值的0.5%专款用于企业文化建设工作,2018年集团投入文化建设资金达2100万元,用于员工培训、厨艺比赛、职工文化活动、职工运动会、拜师大会、各分公司年会、优秀员工表彰、校园美食节、奖(助)学金等。

集团党委领导中快企业文化建设工作,旗下各食堂设学习宣传员,负责食堂文化建设工作。集团设新媒体中心,负责《中快餐饮报》和《当家人》内刊编

辑、中快官方网站管理、"中快餐饮集团总部"微信公众号运营及其他企业文化建设工作。

二、天厨商学院培训人才 12000 余人次

中快餐饮设有天厨商学院,是集团技术和管理人才的培训基地,位于英雄城江西南昌。截止到 2019 年 9 月,天厨商学院已培训厨师和食堂管理骨干 12000 余人。

通过多年丰富的高校食堂管理实践,根据积累和沉淀的很多员工培养、营养结构、食品安全管理等的经验,天厨商学院针对各层级、各部门工种开发建立了完整的培训课程,做到有体系、专业化、能落地。

此外,中快餐饮还编制了一系列食堂管理实用教材,包括《现代食堂管理》《企业核心文化》《员工成长手册》《食品安全管理手册》《经理工作手册》系列、《标准化食堂管理手册》、各部门工作手册等,具有理念先进、系统性强、注重实践等特点,对促进集团的高校后勤服务与企业管理的科学发展,推动公司和员工成长起到了积极的作用。

中快餐饮分布全国的各子公司每周、每月均有培训计划,培训课程根据集团的统一要求和本公司实际情况安排,每年暑假组织暑期精英会,全体骨干人员进行集中培训,聘请行业专家、职能部门(食药监、消防等)专业人员授课,集团上下形成了非常浓厚的学习氛围。

三、立足食堂,多样化形式体现服务育人

食堂是校园文化的重要窗口,后勤文化是校园文化的重要组成部分。中快餐饮致力于用最好的美食和服务回报广大师生的厚爱,也特别注重配合学校文化和学校要求针对性的组织文化活动,对校园文化建设贡献力量,服务育人和管理育人的效果得到了合作学校的师生认可。

中快餐饮在南开大学、上海大学、华北理工大学等高校举行校园美食节,在多个高校举行"我爱早餐"活动,"3·15 消费者权益保护日"期间举行食堂开放日活动,在中国海洋大学、中国计量大学等设立中快奖(助)学金,让广大学生真切感受饮食文化魅力,增强健康饮食意识,营造健康和谐的校园氛围,弘扬社会主义核心价值观。

为了提升在食堂更好的体验,中快餐饮在装修设计上更加用心,增添很多创意时尚设计,增加绿色植物墙和阅读休闲区域,并张贴标语宣传社会主义核

心价值观、食品安全和营养知识等,增强文化氛围,体现价值引导。

四、投资电影《当我们海阔天空》上映

中快餐饮集团联合多家机构投资拍摄的电影《当我们海阔天空》于2019年6月6日全国上映。这是中国首部反映新时代大学生扎根中国大地,为实现"中国梦"奉献青春和智慧,唱响新时代奋斗精神的青春励志电影,也是一部向改革开放四十年致敬的主旋律教育题材电影。上映之后反响热烈,鼓舞了更多年轻人投身创新创业实践,实现个人价值和社会价值统一。

五、助力扶贫攻坚,践行社会责任

中快餐饮集团一直在立足企业发展的同时,发挥自身优势,积极参与精准扶贫工作,用实际行动回报社会、助力脱贫攻坚。在企业发展壮大的过程中,公司不忘初心,饮水思源,积极参与和支持精准扶贫工作,投身各项扶贫工作,用实际行动践行企业社会责任。

每年中快餐饮旗下各食堂都会提供大量勤工俭学岗位,为家庭贫困学生提供机会,利用课余时间改善学习和生活条件,累计提供岗位3700多个。我们与宁夏、贵州、江西、山西、河南等地的贫困地区建立招工基地,从贫困地区招工4200多人在中快就业,解决部分失地农民和贫困户的就业问题。资助贫困生190多名,帮助家庭贫困大学生完成学业。累计向贫困地区捐赠现金300万元,捐赠桌椅、体育设施、书籍给偏远中小学累计550余万元。在山东、河北、河南、陕西等地高校出资设立"中快扶贫基金"、"中快助学金"、"中快后勤基金"、"光华管理基金"、大学生创业基金等8个,已累计出资270余万元。消费扶贫方面,中快餐饮利用企业的规模优势,大量采购贫困地区农副产品,其中2018年采购贫困地区蔬菜(土豆、大白菜等)2750余吨,粗粮(小米、燕麦等)270余吨,干货(干木耳、干辣椒、粉条等)80余吨,水果(苹果、西瓜)180余吨,禽类80余吨,肉类120余吨,蛋类20余吨,并在天津大学、中国民航大学等食堂设立精准扶贫窗口17个,由贫困地区人员组成销售专窗,专门销售定点扶贫地区农产品制作的菜品。

中快餐饮集团将自觉提高政治站位,坚守责任担当,把企业发展指导思想和具体行动统一到党和国家重大决策部署上来。脱贫攻坚和乡村振兴是关系国计民生的一号工程,中快餐饮不仅要立志打造中国现代食堂第一品牌,更要承载扶贫济困、回报社会的责任和义务。今后中快餐饮集团会一如既往地全力

支持精准扶贫,促进乡村产业振兴,助力建设美丽中国,用实际行动诠释社会企业的责任和担当,为建设社会主义现代化强国而奋斗。

中快餐饮的目标是打造中国高校团餐第一品牌。我们的企业文化建设要坚持以服务育人为核心,以先进的价值观为引领,不断改进服务和管理,铸造中快餐饮在高校食堂运营中的优秀口碑,争取为中国教育后勤餐饮服务和文化建设贡献更大的力量。

天津大学后勤服务育人工作的实践与探索

天津大学　杨志永　韩婧极　庞旭　卢亚东

习近平总书记在全国教育大会上指出要"坚持中国特色社会主义教育发展道路,培养德智体美劳全面发展的社会主义建设者和接班人",强调在育人过程中要弘扬劳动精神、奋斗精神,要注重培养学生的综合素质、促进学生全面发展。这表明,"新时代"对高校育人工作提出了新的要求:高校后勤不仅是学校各项事业发展的重要保障,更是服务育人的一条重要战线。

一、后勤服务育人课程体系的建立条件

高校后勤部门一直以来的工作重心在于保障,与育人的关联不够紧密。中共中央、国务院《关于加强和改进新形势下高校思想政治工作的意见》指出要坚持全员全过程全方位育人;国家教育部在高校后勤服务育人座谈会上也正式提出了"三服务、两育人"的后勤工作宗旨,进一步明确了后勤工作具有服务和育人两种性质,为新时代高校后勤工作指明了方向。

随着高等教育事业的快速发展和社会化改革的深入推进,我校后勤生产力不断提升,具备了更好地开展后勤育人工作的软、硬件条件,进入到后勤育人的更高级阶段。在过去,后勤作为学校的服务保障部门,更多时候是实现一种"底部支撑"的作用,间接地通过教学、科研工作等为"立德树人"这个大目标服务,而且往往是应约式服务,师生一有需求,后勤立刻行动。如今,我们将后勤工作、服务过程推进到校园生活的方方面面,从被动服务转变为主动服务,通过信息化手段,采用学生监督、师生共建等形式,融入校园生活,从而实现了从底部支撑到系统融入的转变。

二、后勤服务育人课程体系的整体布局

(一)建设思路

第一,坚持育人导向,坚守初心。通过开展"服务育人"工作,引导学生树

立正确的人生观、价值观、世界观,培养学生坚定的理想信念、高尚的道德情操、丰富的兴趣爱好,实现价值引领、知识传承、实践培育的有机统一。

第二,坚持系统谋划,统筹推进。"服务育人"工作涵盖后勤多个领域,范围较广,立足瞄准学生的实际需求,坚持系统谋划,分步骤有序推进。

第三,坚持注重实效,终身受益。要真正给学生带去终身受益的理念、技能,帮助学生树立积极向上的生活观念,提高节能意识、审美趣味和实践技能。

(二)建设举措

紧紧围绕"三全育人"方针,全面渗透服务育人理念。一是树立全员育人意识。加强服务育人榜样的宣传和塑造,形成后勤全员育人氛围,重视职工服务育人意识和服务育人技能的培养,以点带面逐步实现全员育人目标。二是注重全过程育人细节。着眼于学生从入学到毕业的求学全过程,从清晨到日暮的生活全过程,让学生参与到后勤项目设计,从审批到竣工的项目全过程,培养学生实践能力,营造良好育人氛围,打造全流程育人文化。三是打造全方位育人基地。借力后勤业务特色,搭建服务育人课程基地,构建生活技能、绿色节能、餐饮文化、商业经营、青春健康等五大系列课程体系,让学生真心喜欢、真实受益,自发参与互动交流。依托学校自然资源,开辟千亩劳动基地,选聘相关业务骨干为劳动导师,指导学生进行劳动实践,体会农耕不易,学会珍惜和感恩。结合后勤实际工作特点,打造参观学习实践基地,选择电站、能源站、电工队等特色业务项目作为实践基地,帮助学生深入生产作业一线,培养实践动手能力。

(三)课程设置

依托物业、能源、膳食、商贸等后勤业务基础,以课堂理论课程和现场实践课程为载体。提供适应学生需求和符合时代特点的体验式课堂,让学生了解高校后勤工作特点,掌握实用生活技能技巧,树立绿色节能生活理念,了解中西餐饮文化,培养商业意识,体会劳动之美,关爱自身健康,增强自我保护能力,促进德智体美劳全面发展。

以物业工作模块为依托,围绕学生生活技能培养,打造包括衣物收纳、绿植培育、咖啡制作、社交礼仪等内容,理论与实践相结合的课程体系。

以能源工作模块为依托,利用物联网、通信、数字化能源监管系统等方式,阐述冷、热、水、电等能源供应的简单原理,形成包括设备运行、巡检、维护、保养等内容在内的课程体系,增强节能意识,传授节能技巧。

以膳食工作模块为依托,从学生喜闻乐见的中西方流行餐饮文化角度切入,注重饮食营养与食品安全的知识普及,在实践中以菜肴烹饪为主要内容,开设红酒品鉴、甜品以及天津菜烹饪等课程,培养学生动手能力、沟通交流能力和技巧。

以商业服务工作模块为依托,拓展完善现有课程体系,帮助学生完成从一线员工到店长的全流程体验,培养管理实践能力、组织能力,增强合作意识。

以青春健康工作模块为依托,引导大学生关爱自身健康,增强自我保护意识,树立健康的两性交往观念,掌握健康的两性交往技能,提高大学生健康特别是生殖健康水平。

三、后勤服务育人课程体系的建设成果

近年来,天津大学后勤管理社会化改革初见成效,在高校后勤管理领域积累了一些经验。通过建设和开展"服务育人"系列课程,我们要释放后勤改革动能,让后勤改革成果在更大范围内得到分享。

目前第一期精品课程已成功推出。"咖啡制作与品鉴"课,由专业咖啡培训师进行咖啡知识的分享授课,介绍咖啡豆的来源、品种、处理方法等,同学们积极互动,认真观察、品尝和识别。咖啡知识分享过后,咖啡师一对一指导同学制作咖啡,同学们按照老师教授的方法,认真完成咖啡饼压制、打发奶泡、简易拉花等程序。同学们通过体验式课堂的学习,逐渐点亮更多生活技能,培养生活情趣。"青春健康教育"课,该课程在天津大学两校区分别开课,现已可通过"天津大学课外实践教育课程化平台"进行选课。课程内容主要包括科学认知青春期的你我、友情观和爱情观、社会性别和性别平等、生殖健康与保健、防止性骚扰和性侵害、常见性病的传播与预防、规划未来和健康成长等,授课采取参与式、互动式的同伴教育活动,辅以社会实践、调研报告等形式,开展全面青春健康教育。

四、结语

天津大学后勤服务育人课程体系的建立,是在后勤系统落实"三全育人"的实际行动,有助于创新育人模式,让"服务育人"不再停留于潜移默化的后勤工作中,而以一种更为新颖的方式走向前台、走进课堂,让更多具有一技之长的后勤员工走出幕后,增强后勤员工归属感、凝聚力和职业自信。备课和讲授的过程有助于后勤员工总结经验、提升能力、精进业务,实现"学生教育""员工教育"双向育人。同时,让同学们走进后勤课堂,能够不断增强他们的生活能力,

提高他们的生活热情,让他们逐步树立"懂生活、会生活、爱生活"的价值观念。

面对新时代的机遇和挑战,天津大学后勤服务育人课程体系的建设将继续深入贯彻党的十九大精神,实施创新驱动的文化发展战略,不负使命,担当有为,认真开展后勤服务育人课程体系的研究和实践探索,在全员全方位、全过程育人中,发挥服务育人的积极作用,为培养德智体美劳全面发展的中国特色社会主义事业的合格建设者和可靠接班人做出努力和贡献。

涵养浩然之气　建设"五味"清廉后勤

——中国海洋大学着力推进后勤廉政文化建设

中国海洋大学　崔越峰

近年来,中国海洋大学坚持把党风廉政建设作为政治建设的必然要求和重要内容,坚持把党风廉政建设纳入后勤工作总体布局中,通过调动和发挥文化的功能,将后勤廉政建设的各要素有机整合,筑牢思想防线、制度防线、行为防线,涵养浩然之气,大力推进"五味"清廉后勤建设。

一、担当作为,持续强化"党味"

后勤党委坚决扛起全面从严治党的政治责任,要求后勤党员干部以新时代好干部的标准严格要求自己,既要政治过硬,又要业务熟练;既要不畏浮云遮望眼,保持忠诚坚定、清正廉洁的政治本色,又要增强履职本领,提升工作能力。

坚持业务工作与党风廉政建设两手抓,学深悟透党的十八大、十九大精神和习近平新时代中国特色社会主义思想,开展"重温中共党史,弘扬爱国主义""青春心向党,建功新时代"等各类主题党日、团日活动,组织党员分批赴红色教育革命基地延安开展党性教育专题培训,提醒党员干部和青年骨干不忘党性修养和使命初心,不忘后勤服务宗旨和事业发展目标,使干部员工有所思、有所悟,主动把活动成果转化为廉洁从业的实际行动,让后勤政治生态更加风清气正,求真务实之风盛行;设置"党员示范岗",发挥党员干部带头引领作用,树立"一个党员,一面旗帜"的形象,形成拒腐于微的正能量辐射效应。

二、条纲严明,大力营造"纪味"

提高制度刚性约束力,定措施,规范办事程序,做到有问题早发现、早提醒、早纠正,让失责必问成为常态,努力推动全面从严治党在学校后勤系统不断向纵深延伸。2019年度确定为后勤"管理规范建设年",进一步扎牢制度"笼子"。

逐级签订党风廉政建设责任书,建立党风廉政建设责任传导机制,严肃责任追究,倒逼责任落实;抓住关键节点,出台《后勤经济合同管理办法》《后勤大额货币资金支付管理暂行办法》《后勤采购工作实施细则(试行)》等文件,加强对资金管理、重大开支、物资采购、选人用人等方面工作权力运行的监督,着力构建用制度管权、按制度办事、靠制度管人的格局;在党员发展、评优评先、管理人员选拔晋升等热点敏感问题上,畅通群众信访举报渠道,全程公开、透明;严明节假日期间加强作风纪律建设相关要求,敲响节假日廉政警钟,坚决杜绝收受礼品礼金、红包等违规违纪问题发生,推动形成廉洁过节的良好风尚;每逢新任职管理人员会议上必讲"廉",要求新任职管理人员坚定"守纪律、讲规矩"的政治立场,坚持"勤学习、讲廉洁"的基本要求,形成"受监督、受约束"的自觉习惯;定期和不定期开展监督检查,对重点岗位人员进行廉洁谈话,让重点领域、关键岗位人员"红脸出汗"成为常态。

三、润内养德,积蕴浓厚"学味"

"立身百行,以学为基。"中国海洋大学突出新时代政治要求、后勤特色,不断提升政治站位,坚持以"廉"为本,抓好反腐倡廉学习教育,培育和弘扬忠诚、廉洁、尚德的价值理念,宣扬以廉为荣、以贪为耻的价值导向;坚持在固本培元上下功夫,引导干部员工正心修身,培养干部员工爱岗敬业、奉公守纪、甘于奉献的职业精神。

后勤党委中心组将反腐倡廉理论列入专题学习的重要内容,让廉洁清风浸润到后勤工作的方方面面。抓好党员领导干部理论学习,多次组织党员干部以座谈会、研讨会的形式深入学习,并为党员干部配发多本廉政书籍,要求各支部和党员干部在认真学习领会的基础上,保持思想纯洁、队伍纯洁、作风纯洁,引导党员干部多读书、勤学习、常思廉,补足"精神之钙";举办"两学一做"学习教育知识竞赛,内容涵盖《中国共产党章程》《中国共产党廉洁自律准则》《中国共产党纪律处分条例》、习近平总书记系列讲话精神,实现了"以赛促学,以学促干"的目的;通过各类新媒体平台抓好党员经常性教育工作,要求后勤全体党员干部、入党积极分子订阅"廉洁青岛""共产党员微信"微信号,及时接收中央和省、市委反腐倡廉部署要求和正风肃纪正能量的传播;参观青岛市反腐倡廉教育基地,在党建文化墙中特别设置廉政文化板块,并通过网站等载体,加大对后勤廉政文化的宣传,拓展廉政教育的内涵,使廉洁意识入心、入脑,营造守廉、尊廉、崇廉的浓厚氛围;引入项目化管理思路,完成多个基层党建课题,其中多处涉及廉政拒腐研究,从问题出发、从需求入手,助力廉政建设工作落细落实,有序推进。2017年度学校基层党建项目"新形势下高校后勤党风廉政建设的制度研究"被评为学校基层党建创新优秀项目、第五届青岛高校思想政治工作创新奖集体创新奖。

四、以案为鉴,不断加重"戒味"

后勤党委在学校率先成立"纪检工作组",由后勤党委纪检委员牵头,各党支部纪检员参加,实现纪检工作全覆盖。通过监督检查、开展"典型案例"教育活动,学校的后勤廉政教育"戒"味十足。

设立举报信箱,公布举报电话,安排专人负责受理各类投诉举报,对有令不行、有禁不止、顶风违纪的,以"零容忍"态度处理到位,确保风清气正;开展后勤廉政风险防控"回头看"活动,召开专题教育警示大会,通报典型违规违纪问题、典型案例,以案说法、以案释纪,推动党员干部举一反三、引以为戒,在思想上划出红线、在行为上明确界限;大力宣扬后勤先进典型,教育党员干部立起高标准、守住底线;加大问责追责力度,持续释放执纪必严、违纪必究的强烈信号。做好违反中央"八项规定"行为的调查工作,对存在严重问题的党员干部严肃处理,绝不姑息,用身边事教育身边人,对后勤党员干部起到了更加深刻的警示作用。

五、完善机制,长效方见"后味"

党的十八大报告指出:"要坚持中国特色反腐倡廉道路,坚持标本兼治、综合治理、惩防并举、注重预防方针,全面推进惩治和预防腐败体系建设,做到干部清正、政府清廉、政治清明。"学校深刻认识到反腐败斗争永远在路上,保持党员先进性的重要保证,应该是构建"不敢腐、不能腐、不想腐"的党风廉政建设长效机制。

从班子成员抓起,建设一支强有力的廉洁公正的后勤领导班子,充分发挥班子的政治核心作用,坚持民主管理原则,切实履行"一岗双责",认真贯彻落实"三重一大"决策制度;编制完善后勤廉政风险防控手册,使之成为后勤部门源头防腐制度体系的重要抓手;将后勤工作置于监管监督下,充分发挥后勤职代会的监督作用,定期对后勤党政领导班子、各级管理人员、党员进行民主评议,使党员干部在私底下、无人时、细微处做到不放纵、不越轨、不逾矩,以更高的标准严以律己;在构建后勤廉政风险防控体系方面,既突出领导干部、关键领域这些重点,还通过中心会议、业务培训等形式向基层拓展、向普通职工延伸,坚决不让基层职工成为后勤廉政文化建设的局外人、旁观者。

在长期的反腐倡廉斗争中发现,很多风险不是一成不变的。中国海洋大学将持续保持遏制腐败高压态势,保持力度不减、节奏不变,让后勤廉政建设之路走得更稳,让后勤廉政文化建设更具生命力。

高校后勤"服务育人"的历史回顾、现状调查与长效机制的建立

辽宁龙源高校后勤管理有限公司 赵晓军 刘效凯 皮光纯

一、高校后勤"服务育人"宗旨的形成与发展

（一）高校后勤"服务育人"理念的产生

1985 年 11 月,清华大学经济管理学院经 2 班赵维柏同学给后勤党委写了一封表扬信,信中讲述了 14 宿舍楼楼长和值班的王师傅认真负责的工作态度以及对他无微不至关怀的事迹,谈到了他从中受到的教育和感受。清华大学《后勤通讯》刊登了这封表扬信并加了编者按。编者按指出:"这封表扬信提出了一个值得深思的问题:如何看待后勤工作在培养学生中的地位和作用。从这封信可以看出,后勤工作不仅为培养学生提供学习、工作、生活的物质条件,而且还应当承担培养教育学生的光荣任务,为创造精神文明作出贡献。教师是'教书育人',后勤是否可以提倡'服务育人',以优质服务去影响学生、教育学生,寓教育于服务之中。"从此,诞生了"优质服务、服务育人"的管理理念。

（二）高校后勤"服务育人"宗旨的形成

1986 年 4 月 1 日,全国第一期"高校后勤管理改革研讨班"在国家教育行政学院开办。在开学典礼上,国家教委副主任杨海波讲话指出:有的学校提出,学校的后勤工作就是要服务育人,从服务上来培养人才。服务是后勤工作的特性,服务育人的提法是有一定道理的。我们的后勤人员每天都要与学生打交道,一言一行都会对学生产生影响。教师要教书育人,后勤工作人员要服务育人。服务育人,这是一个新的提法,怎么理解,还需要大家探讨,从中找出规律。

国家教委副主任彭珮云,在研讨班作报告时指出:要努力做到服务育人。高校后勤工作人员要树立为教学科研服务,为师生员工服务,为培养"四有"人

才服务的思想。不仅要在物资条件上保障培养人才任务的完成,还要以全心全意为人民服务的精神和崇高的职业道德,以自己的优质服务去影响学生,努力做好服务育人。后勤人员可以结合自己的工作对学生进行勤俭办学、艰苦奋斗、热爱劳动、爱护公物等方面的教育,这些都是大学生思想品德教育的重要组成部分,也是青年学生急需的教育内容。服务育人,对高校后勤工作人员提出了更高的要求,因此一定要大力加强对后勤工作人员的思想政治工作,同时要教育师生尊重后勤工作人员的劳动,增进与他们的团结与友谊。

1986 年 6 月 1 日,在研讨班结业典礼上,国家教委副主任朱开轩讲话指出:后勤工作要注意对人的关怀,要给人以温暖,体现出党的政策和社会主义制度的优越性。后勤工作不仅是一项事务性和服务性的工作,而且也是思想性、政策性都很强的教育人的工作。如果问题不能解决而态度又很生硬,这样就会在群众中产生反感。这种反感不仅表现为对个人和对部门的,有时也会涉及对党的政策与社会制度的看法,我们做后勤工作的同志一定要注意到这一点。后勤部门与学生的很多矛盾都与部分后勤人员服务态度不好有关。

1986 年 11 月 5 日,《中国高校后勤研究》创刊,在"思想政治教育"栏刊登清华大学后勤党委、总务长办公室《优质服务、服务育人》长篇论文。论文从两个方面对"优质服务、服务育人"加以论述。一方面,详细阐述对"优质服务、服务育人"的认识逐步深化过程,提出了一个重要理论观点"后勤职工既是服务者,又是教育者";这个目标是可以实现的。另一方面,论述如何搞好"优质服务、服务育人",这是后勤工作的一个新课题。

1987 年 5 月 2 日,中国教育工会第三次全国代表大会在京闭幕。时任国务院副总理李鹏在讲话中指出:实现教育改革是一项长期复杂的任务,必须依靠全体教育者的努力,要把教职工的积极性、创造性充分发挥出来,学校的一切途径都要围绕育人这个根本任务来进行,加强和改进学校思想政治工作,主要的途径就是依靠教师教书育人。管理干部和后勤职工要搞好管理育人。

1987 年 5 月 29 日,《中共中央关于改进和加强高等学校思想政治工作的决定》指出:加强教职工队伍的思想建设,大力提倡教书育人、服务育人,进一步树立为人民服务、为教学科研服务的思想,勤勤恳恳做好本职工作,搞好服务育人,这也是高等学校思想政治工作的重要方面。强调校长要对学生的德智体全面发展负责,结合各项业务做好思想政治工作,推动教职工教书育人、服务育人。

1987 年 12 月 10 日,国家教委副主任刘忠德在"全国高等学校后勤工作会议"上讲话,对高校后勤战线的"服务育人"工作进行了专门论述,他指出:要坚持服务育人的方向,提高为教学、科研和师生员工服务的自觉性。几年改革的实践经验,使我们更加明确了"服务育人"的指导思想,认识到"服务育人"是高校后勤工作的根本宗旨。"服务育人"反映了后勤工作的内在规律和特点的要求,是我们对后勤工作在认识和实践上的一个"飞跃"。作为高教管理科学的一个不可分割的组成部分,后勤是跨教育和管理两个领域、涉及许多学科的实用性很强的边缘科学,具有教育和管理的两重性。

这次会议,标志高校后勤结束了只讲服务、不讲育人的历史。从此以后,"服务育人"成为全国高校后勤战线公认的行业宗旨和响亮口号。

(三)高校后勤"服务育人"进入高潮

1. 高校后勤确立"服务育人"宗旨,精神面貌焕然一新

第一,"服务育人"对后勤人员提出高标准要求;要认真学习技术技能,要加强自身修养,做到为人师表,成为"不上讲台的教师"。第二,"服务育人"要求提高后勤工作整体水平,把优质服务、服务育人落到实处。第三,"服务育人"提高了后勤工作和后勤职工在学校工作中的地位和作用,不再被看作纯粹事务或者简单劳动,而是高校培养人才、加强思想政治工作的必要组成部分,也是评价高校后勤服务保障整体水平的重要标志。

2. 教育部门开展后勤工作评估,强化服务育人的地位和作用

1989年,国家教委组织委属高校后勤工作综合评估。1990年,全国各省区市组织地方高校后勤工作综合评估。评估组要现场察看、个别访谈、召开座谈会。广大学生对后勤工作优劣最有发言权,而学生对后勤工作的理解、配合与支持程度,极为重要。许多高校汇报后勤工作,都把服务育人作为亮点,也是评估组检查工作的重点。有些高校因为服务育人工作出色获得加分,取得优异成绩。一些高校因为学生负面意见较多而减分。这次后勤评估工作,促使高校和后勤部门普遍认识到服务育人工作的重要性。

3. 清华大学现场会,把全国高校后勤服务育人推向高潮

1991年11月20~22日,国家教委条件装备司、全国高校后勤研究会在清华大学召开"高校后勤服务育人、管理育人研讨会",到会正式代表42人,列席人员17人,均为来自29所高校的校处级干部。会议共收到20多篇经验交流材料、3本专著。在会上发言的有清华大学等11所院校。其中清华大学就"劳动育人"作了比较全面、系统的发言,还有参加劳动的学生、带工师傅发言。他

们的发言博得阵阵掌声。会议期间,代表们观看学生汽车修理二级工考核。国家教委党组副书记、副主任朱开轩到会并发表讲话。

1992 年,受到这次研讨会影响,全国各省、自治区、直辖市教育工委、教育工会陆续召开"三育人"学习交流会⋯⋯

4. 全国高校后勤服务育人,进入开拓创新、百花齐放的时代

1986 年,同济大学有一个非常特殊的"外语食堂",是总务处为了配合学校外语教学、增强学生日常外语能力专门开设的。这个食堂员工、就餐人员全部使用外语,学生进食堂一律用外语,不讲外语买不到饭菜,但饭菜价格也比其他食堂便宜。外语食堂所有炊事人员,工作期间全部讲外语,能讲外语才能竞聘上岗,工资待遇也明显高于其他食堂。一时间,同济大学后勤创办"外语食堂",既服务又育人,在全国高校后勤传为美谈。

深圳大学广泛开展勤工俭学。深圳大学领导把勤工俭学当作改革的突破口来抓。从系、处办公室的秘书、图书馆和电脑中心的管理员到总务后勤工作,总共有 647 名学生,相当于住校生的 1/6。在深大后勤勤工俭学的大约 100 名学生,和总务处后勤人员比例是 1:1。(摘自《中国高校后勤通讯》第 130 期,1991 年 9 月 25 日)

高师院校后勤服务育人,成为一道亮丽风景线。1990 ～ 1992 年,国家教委分别在湖南怀化(硬件建设)、黑龙江绥化(软件建设)和江苏省淮阴、盐城、南通、镇江(软硬兼备)召开全国高师建设(现场)座谈会,全国 180 多所院校参加。后勤服务保障极为重要,而服务育人成为各校亮点。

黑龙江绥化师专,会务接待、餐饮服务人员都是学生,给参会专家、领导留下深刻印象,在全国高师院校传为美谈。江苏盐城师专在此基础上创新,增加学生引导,表达能力极强。南通师专从校园安保到食堂服务、宿舍服务、校园绿化劳动,都是劳动课学生。

镇江师专校园文化别具特色,教室报栏"明志、惜时、崇实、求精"八个大字,引人注目,学生公寓装饰别致。一个学生公寓报栏刊头设计——闭合线圈切割磁力线、产生电流、使灯泡显亮,体现物理专业的智慧。一个宿舍门饰是二氧化碳分子电子云图结构图,体现化学专业的智慧。一个宿舍内值日表和所有文字全是英文,体现外语水平。让参观者感受到浓烈文化氛围,创新精神、专业特色跃然欲出。

淮阴师专改革学生劳动课:改进劳动观念教育方式,开设四个专题讲座,激发学生劳动热情。食堂一律跟班劳动,体验炊事人员辛苦;校园劳动核算劳

动价值,体验创造价值艰辛;把劳动课变成社会调查课、劳动技术课,提高知识含量;学校制定《劳动课管理办法》,每学期评比先进班组、先进学生、先进班主任,短短半年,大见成效,学生与后勤建立深厚感情,关键时刻为后勤说公道话。淮师后勤成为服务育人最大受益者。

……

二、高校后勤"服务育人"的现状调查与分析

自 2017 年 9 月 1 日开始,至 2017 年 12 月 31 日结束,课题组历时 4 个月时间,收到来自北京、天津、河北、山西、内蒙古、辽宁、吉林、黑龙江、上海、江苏、浙江、安徽、福建、山东、河南、广西、四川、云南、陕西等 18 个省、自治区、直辖市,共 1320 份调查问卷。本次调查,利用问卷星软件,采用手机电子填写方式,填写完整性实现 100%。

(一)来自教职工方面的问卷调查

有效问卷 319 份,见表 1。其中教师占比 40%,后勤管理人员占比 38%,普通后勤职工占比 22%。

表 1　高校后勤"服务育人"现状调查与分析(教师职工部分)

问卷题目	调查结果(占比)	结论分析
1. 对后勤工作是否关注	表示非常关注、有时关注的 95.6%;了解、比较了解的 84.0%	教职工对后勤工作关注度较高
2. 对后勤服务育人评价	认为好、亮点较多的 37.9%;认为较好、有案例的 31.0%;表示不了解的 17.0%	获得多数(68.9%)认同,努力空间(31.1%)较大,(17%)需要加强宣传
3. 后勤哪些方面可实现育人	服务育人 89.66%;管理育人 84.6%;实践育人 68.3%;文化育人 58.0%;组织育人 48.9%;科研育人 17.2%	与实际后勤资源质量、育人途径、实际效果相符合
4. 服务育人主要途径有哪些	优质服务 89.3%;管理制度 86.5%;环境文化 84.9%;情感互动 69.9%;社会实践 55.2%	服务育人"五大途径"是优质服务、制度保证、环境文化、情感互动和社会实践
5. 是否有必要进行服务育人	认为必要的 78%;认为有一定必要的 19.1%;认为没必要的 0.9%;认为不好回答的 1.6%	仍然有近 3%的人员需要提高认识
6. 哪些部门能发挥育人功能	宿管部门 95.0%;环境(物业)部门 71.5%;饮食部门 63.0%;维修部门 57.7%	最能发挥育人功能排序依次是宿管部门、环境(物业)、饮食部门

问卷题目	调查结果（占比）	结论分析
7. 发挥育人功能存在的问题	内涵建设不足 74.3％；学校领导重视不够 64.3％；学生没有获得感和体验感 59.3％；人员素质不高 56.7％	内涵不足、领导重视不够、学生没有获得感、人员素质不高，切中要害
8. 哪些人员发挥育人最重要	管理人员 88.4％；普通员工 78.4％；教师 56.4％；社会企业管理人员 33.9％；社会企业员工 23.5％；服务明星 25.7％	学校教职工对社会企业服务育人认可度低，应当引起高度重视
9. 对建立长效机制的建议	建立制度 79.6％；营造氛围 73.4％；树立典型 69.0％；绩效考核 61.4％。领导重视 57.37％	五大要素——建立制度、营造氛围、树立典型、绩效考核、领导重视

（二）来自学生方面的问卷调查

有效问卷 506 份，见表 2。其中大一学生占比 51.2％；大二学生占比 30.6％；大三学生占比 13.8％；大四学生占比 3.2％；研究生占比 1.2％。

表 2　高校后勤"服务育人"现状调查与分析（大学生部分）

问卷题目	调查结果（占比）	结论分析
1. 对服务育人了解情况	表示了解的 15.8％；比较了解的 39.7％；不了解的 44.5％	符合客观实际，调查信息可信，具有价值。不了解的 44.5％，比例较大
2. 对后勤服务育人评价情况	认为好、体验较多的 32.81％；较好、有些体验的 38.74％；一般、有一定体验的 24.51％；较差的 3.95％	好的评价略低于教职工，较好的评价高于教职工；来自学生的信息更有价值
3. 服务育人主要内容与途径	管理制度 76.9％；优质服务 76.5％；环境文化 75.9％；社会实践 53.2％；情感互动 52.6％；其他组织 25.9％	学生认为管理制度、优质服务、环境文化同等重要，社会实践不次于情感互动，其他组织方面努力空间较大
4. 遇到困难时后勤员工表现	热心帮助的 70.0％、有时帮助的 31.0％；耐心解释的 36.0％；一般不理会的 6.3％	绝大多数会热心帮助，一般不理会的 1/16，应要引起重视、加强宣传教育和机制建设
5. 后勤员工对学生关心程度	经常、主动的 40.9％；有事、有时的 48.0％；感受不到的 11.1％	关心学生是服务起码要求，服务是否产生育人效果不是服务者说了算，而是服务对象说了算，多数人员仍务努力
6. 参加后勤组织活动情况	积极参加的 51.4％；有时参加的 38.9％；不参加的占 9.68％	这样的数量分布很正常

续表

问卷题目	调查结果（占比）	结论分析
7. 后勤员工要改进哪些工作	与人沟通的 67.2%；服务态度 52.8%；个人形象 35.8%；文化素质 33.6%	员工 2/3 不善于和学生沟通，超过半数服务态度不能让学生满意，约 1/3 形象不是很好，1/3 文化素质不高
8. 后勤员工应当是什么形象	像朋友的 74.1%；像师长的 36.4%；像姊妹兄弟的 24.3%；像父亲母亲的 20.4%	与学生交朋友容易沟通；像师长就是不上讲台的教师；像姊妹兄弟、父亲母亲，容易建立亲情互信关系。这是学生心目中理想形象，也后勤服务育人努力方向
9. 什么样后勤员工更易沟通	善解人意的 86.4%；幽默风趣的 69.6%；善解问题的 67.2%；知识面广的 43.3%；严肃认真的 17.8%	对后勤员工群体素质、与学生沟通技巧、服务育人能力提出了更高要求
10. 对建立长效机制的建议	营造氛围的 64.4%；树立典型 57.7%；建立制度 54.9%；领导重视 53.0%、绩效考核 41.9%	从服务对象视角，提出建立服务育人长效机制的"五大对策"

（三）来自社会企业方面的问卷调查

有效问卷 495 份，见表 3。员工年龄区间：50 岁以上的占 35.8%；40 ～ 50 岁的占 30.5%；18 ～ 30 岁的占 25.3%；30 ～ 40 岁的占 8.5%。文化程度：大专及以上的占 42.4%；高中的占 28.3%；初中的占 25.3%；小学的占 4.0%。

表 2　高校后勤"服务育人"现状调查与分析（社会部分）

问卷题目	调查结果（占比）	结论分析
1. 接受过哪些培训	规章制度 75.8%；专业技术 49.5%；沟通方面 44.7%；未参加过的 13.1%	非常重视规章制度、专业技术、沟通培训。1/2 没参加专业技术培训，应当引起注意
2. 了解后勤服务育人情况	了解的 47.3%；比较了解 37.0%；不了解 15.8%	有一定成绩，但还有约 1/6 员工不了解，需要加强教育
3. 是否有必要进行服务育人	必要的 59.0%；有一定必要的 33.7%；不好回答的 5.7%；没必要的 1.62%	"必要"的低于校办后勤（78%），"不好回答"的高于校办后勤（0.9%）。社会企业与校办后勤存在明显差距
4. 学生遇到问题时交流情况	常常会的 61.4%；偶尔的 35.2%；不愿意的 3.4%	社会服务企业员工与学生沟通交流、服务育人方面，已取得相当成效，但仍需加强
5. 对学生是否进行教育引导	经常的 63.8%；偶尔会的 30.7%；基本不会的 5.45%	
6. 参加后勤组织活动情况	积极参加的 60.4%；有时参加的 32.1%；不参加的 7.5%	

续表

问卷题目	调查结果（占比）	结论分析
7. 做好服务工作最关键的是	素质 87.7%；管理才能 80.2%；政策和学校支持 65.3%；资金支持 45.1%；市场环境 25.9%；其他 7.1%	人员素质、管理人员才能、政策与学校支持，这三方面与资金支持、市场环境高度相关。"五大要素"缺一不可
8. 后勤有哪些可实现育人	服务育人 82.0%；管理育人 77.0%；文化育人 55.6%；教书育人 54.6%；实践育人 60.0%；组织育人 39.2%；科研育人 33.5%	从社会企业人员来看，服务育人、管理育人最重要、最容易做到，而实践育人、文化育人、教书育人、组织育人、科研育人只有极少数人能做到
9. 对长效机制有何建议	领导重视 75.8%；建立制度 71.3%；营造氛围 59.4%；树立典型 54.1%；绩效考核 53.7%；顶层设计 31.5%	服务育人是一个系统工程，顶层设计解决全局，领导重视解决局部，建立制度解决长效，营造氛围解决环境，树立典型解决引领，考核解决激励

三、高校后勤"服务育人"的认识与深化

（一）高校后勤服务育人的前提、基础、必要条件

"优质服务"是"服务育人"的前提条件。服务育人属于隐性课程范畴，其重要特点之一是它的不确定性，即后勤服务会对学生产生潜移默化的影响，这种影响既可能是积极的、正面的，也可能是消极的、负面的，并非一定就会产生正面育人的效果。优质服务要求员工提高自身素质，遵守职业道德，提高技术技能，以教育工作者心态，倾心尽力为学生服务。事实证明，只有优质高效的服务，才能受到学生欢迎，产生感恩心理，使得服务者受到尊重，对学生产生正面教育作用；反之，劣质服务不可能发挥正向育人作用，还可能遭到学生反感投诉，产生负面消极影响，造成矛盾对立甚至影响校园稳定。

后勤服务企业实体的先进性，是服务育人的基础。高校后勤以服务育人为宗旨，必然要求服务者具有先进性。后勤服务企业实体，应当代表先进生产力，依靠实力优势和公平竞争占领服务市场，集合优秀人才队伍，使用先进劳动工具，不断提高劳动生产率，提供高质量的服务；应当代表先进生产关系，提高资源配置水平，发挥市场机制的决定性作用，充分调动劳动者积极性并持续改进服务；应当代表先进后勤文化，树立先进服务理念，构建以优秀传统文化为底色、以社会主义核心价值观为主体、以服务育人为特色的先进组织文化，为践行服务育人宗旨提供强大精神动力。这样，才能赢得学生发自内心的尊重，从而心生敬意、产生教育作用。

优秀员工是服务育人的必要条件。服务育人架设了后勤与学生之间的感情桥梁,学生对优质服务心存感激,对不到之处也能包涵谅解。优秀员工能赢得学生尊重,能发挥既服务又育人的功能。落后员工会被学生看不起,损害后勤形象,产生负面影响。优质服务是相对而言的,如果学生对服务者缺少感情,对劳动的艰辛缺少理解,即使再好的服务也会有意见。优质服务能有力配合学生思想教育工作。高校后勤工作涉及许多社会行业,服务人员与学生接触频繁,是学生了解社会的重要窗口,后勤员工形象、服务质量、行业风气都会对学生心理产生影响,会把自己亲身体验与校外服务以及课堂上老师讲解的某些内容相比对,从而影响学校思想政治教育效果。

(二)高校后勤服务育人的重要地位、独特作用

服务育人是加强高校思想政治工作的重要方面。高校后勤"服务育人"理念诞生以来,30年间先后四次写进"中共中央关于加强高校学生思想政治工作"的文件,是写进中共中央、国务院文件的高校后勤领域两个关键词之一(另一关键词是高校后勤社会化改革)。服务育人是全国高校后勤领域公认的行业宗旨,是后勤行业主流价值观,是先进后勤文化的核心内容,是高校后勤精神文明建设方面最重要的工作之一。现实中,服务育人相对薄弱,因为没有硬性规定,容易被忽视,是需要认真研究开发的特殊领域。

服务育人属于隐性课程范畴,是高校育人体系重要组成部分。课程论认为,学校育人体系除了正式的课堂教学以外,还有通过校园环境氛围和职工言行对学生起教育作用的隐形课程。后勤为教学、科研和生活服务,工作面广量大,职工人数众多,和学生接触频繁,掌握大量的教育资源和服务育人的机会,是没有教室的课堂。服务育人与教书育人、科研育人、实践育人、管理育人、文化育人、组织育人共同构成高校相对完整的育人体系,服务育人有其特定的领域,与思想政治教育、科技智能教育相互联系、相互影响,具有互补性、不可替代性,是学校育人体系不可或缺的组成部分。

后勤系统是学校育人的第三课堂,服务人员是"不上讲台的教师"。根据教育一致性原理,学校教学、科研和生活方面的一切服务工作,都会对学生思想和心灵产生潜移默化的作用,对培养人才的质量产生影响。为区别于列入教学、实习、实践计划的第一课堂、第二课堂,服务育人被称为高校育人的第三课堂,不列入教学计划、不计成绩、不记入学籍档案,但又是一种高境界、高层次、高标准的服务,其作用和意义不可估量,应当引起学校领导、教育者、管理者、服务者

的高度重视。第三课堂也有水平高低之分，也有自己的教学规律，"不上讲台的教师"也有合格与不合格之分，也应有自己的评价标准，值得深入研究。

服务育人是高校后勤宗旨，不仅是后勤的事情，更是学校的事情。高校应当把服务育人纳入人才培养体系，把育人渗透到一切服务工作之中，变无意识为有意识，变被动为主动，变无序为有序，创造形式多样、丰富多彩的隐性课程教学体系，各方配合形成合力，提升学校育人的整体功能。服务育人应当列入高校事业发展规划，建立服务育人长效机制，激励各类员工参与全员育人、做到"为人师表"，能以教育工作者的心态、精心做好本职服务工作，成为优秀的"不上讲台的教师"，摒弃只讲服务、不讲育人的单纯服务观点，批判片面追求经济效益、忽视社会效益的单纯经济观点。

服务育人是高校后勤工作显著特色，是教育属性的体现。服务育人是高校与一般机关、事业单位、社会企业后勤服务的根本区别，是衡量高校后勤社会效益、服务人员群体素质和整体办学水平的重要标志，应当在高校决策层、后勤执行层、服务操作层形成共识。当后勤服务发挥育人的作用时，简单劳动就上升为复杂劳动，其社会价值就是倍乘的简单劳动，同时服务人员就自然上升为合格的甚至优秀的"不上讲台的教师"，就为学校培养人才作出了贡献，同时也实现了有尊严的体面劳动。

高校后勤服务育人，是服务者、服务对象的共同需要。服务育人，是高校后勤人的创举，投入的是感情和关爱，收获的是社会效益，能加强服务者与学生的联系，促进相互理解，使服务受到尊重，增加双方亲和力，是衡量服务社会效益的重要方面。服务育人，不一定要额外增加投资和服务成本，却能使学生、学校、社会多方受益，还能为服务者赢得良好口碑，取得服务对象配合支持，形成占领市场、巩固市场、拓展市场的优势与特色；反之，丧失服务育人的优势，隐含着失去服务市场的危险。

高校后勤服务育人，需要系统的理论指导和成熟的实施办法。现实中，服务育人普遍存在"一般号召多，实际内容少"的现象，相当多的后勤服务人员思想政治素质不高，主观上育人意识不强、处于被动状态，只是在完成工作任务的同时客观上产生一些育人作用，效果不显著。为了提高服务育人的质量，应当注重提高员工群体素质并充分调动服务育人积极性，要深入研究服务育人的运行机制和实施办法，强化服务人员的育人意识，变被动育人为主动育人，让服务育人成为广大员工共同关心的事情。此外，还要注重第三课堂教学内容、教学方法、教学评价的研究，提升高校后勤育人的整体水平。

（三）高校后勤服务育人内涵丰富、外延广阔

从狭义的服务育人，到广义的服务育人。早期服务育人理念，起源于直接面向学生服务的基层人员，对学生无微不至的关心感动、教育了学生；当时，履行服务育人的责任主体，仅限于后勤一线人员。后来，高校后勤导入"管理也是服务"的理念，并且发现管理人员掌握更多的资源，在服务育人方面能发挥更大的作用；实践上，也有不少后勤干部以身作则行动起来，参加"服务育人"交流活动，狭义的服务育人扩展到广义的服务育人，服务育人主体也从基层服务人员扩展到全体后勤人员。

服务育人内容，并不限于单纯后勤服务范围。伴随服务育人探索的不断深入，一些高校后勤着眼于提升服务育人水平与层次，有的吸纳学生参与后勤管理与服务，引起学生换位思考，体验服务工作的不易；有的提高服务育人的知识与技术含量，提高学生参与后勤工作的兴趣；有的承担学生劳动课教学任务，有的担任学生社团指导教师，有的兼任学生辅导员、班主任，有的广泛接纳学生社会实践和勤工俭学；所有这些，都突破了传统后勤工作的服务范围，丰富了后勤服务育人的内容，提升了服务育人的档次，又分担了教务处、学生处、团委的部分工作。

服务育人外沿的拓展，取决于后勤掌握的教育资源。服务育人的实质，是深度开发后勤教育资源，利用有利条件和服务时机，为学校育人、学生发展提供适销对路的服务，与后勤人员知识结构、育人意识、教育能力有很大关系，有极大探索空间；后勤人员担任教学、科研、学生工作的，可以把服务育人扩展到教学、科研、学工工作领域，创造出"服务育人＋教书育人""服务育人＋科研育人""服务育人＋实践育人""服务育人＋文化育人""服务育人＋组织育人"等新模式，开拓创新前景广阔。

四、如何建立"服务育人"长效机制

（一）用好用足教育部最新政策，让服务育人成为高校行为，进入办学体系和制度设计

贯彻落实教育部党组印发的《高校思想政治工作质量提升工程实施纲要》精神：在学校层面，以《实施纲要》所涵盖的"十大育人体系"为基础，系统梳理归纳各个群体、各个岗位的育人元素，并作为职责要求和考核内容融入整体制度设计和具体操作环节，推动全体教职员工把工作的重心和目标落在育人成效

上,切实打通"三全育人"的"最后一公里",形成可转化、可推广的一体化育人制度和模式。

（二）行业组织建立评价机制,让服务育人宗旨成为高校、后勤、服务企业自觉行为

中国教育后勤协会组织网络遍及全国、联系各类各级学校、覆盖后勤科研和管理领域。目前,伙专会、寓专会、物专会、思政专会等分支机构,在全国具有较高影响力、知名度、公信力。还有《高校后勤研究》和《教育后勤参考》会刊,与中国教育后勤协会网共同组成协会的宣传平台,为高校后勤服务育人宣传教育、典型示范、文化引领起到推波助澜作用。2017年,中国教育后勤协会成立标准化技术委员会,标志标准化建设进入崭新阶段。通过构建行业标准化体系,有关高校后勤服务育人团体标准指日可待,评价后勤服务育人将更具规范性、科学性、权威性。

（三）强化服务育人宣传,运用多种载体,使之成为高校后勤精神文明建设核心内容

思想政治工作是高校后勤事业发展的生命线,服务育人越来越显示出在思想政治工作中不可替代的作用。要通过后勤宣传阵地,如网站、公众号、微信群、短视频以及报纸、期刊、微电影等多种媒介渠道,将后勤文化和校园文化有机结合起来,挖掘后勤教育资源,提炼后勤大爱精髓,拓展育人载体,创新育人方法,宣传育人典型,营造后勤良好的舆论环境和文化氛围。经过长期宣传培育,让后勤群体风气、价值取向,约定俗成并自觉遵守,行为习惯成为一种无形力量和软约束力;让后勤群体思想观念、工作作风、生活习性与众不同形成特色,后勤党风、民风、行风、学风气正风清生动展现,后勤文化的教育、凝聚、约束、协调功能发挥服务育人主导作用。

（四）加强职业培训,提高从业人员思想境界、人文素养和服务育人能力

重点加强中华优秀传统文化教育、社会主义核心价值观教育和教育理念教育、心理健康教育、专业技术（技能）教育、沟通技巧教育。对管理干部、技术骨干、后备人员的培养,要把服务育人教育放在突出位置;对新入职员工进行职业道德、服务育人专题培训。要通过准入机制,对入职的人员提出相应的学科背景、知识结构和工作素质的要求,把好人员入口关;通过规范化的人才培养和提升机制,保障每个人的业务能力得到可持续提高,促进管理队伍稳定;通过专业

化绩效考核机制,为奖优罚劣提供客观基础和依据,避免管理的随意性。要利用多种形式和渠道学习传统文化、教育心理学、沟通技巧、文体知识,主动与大学生交朋友,走到他们身边、走进他们心里,提供由满意上升为感动的服务,赢得广大学生的尊重和爱戴。

(五)加强先进文化建设,建立服务育人激励机制,增强员工思想动力

要立足高校办学、立德树人这些思想工作高度,认识服务育人不可替代的作用。后勤服务不是单纯的"提供服务、物质生产、经济活动",还要承担服务育人的社会责任、承担维护稳定的政治责任。只有加入先进的文化元素,让员工自觉践行服务育人职责,才能提高职业自觉性、保证服务质量、不辱育人使命。要明确服务育人内容,健全考核制度,表彰先进典型,在聘用晋升、年度评优等方面要优先考虑业绩突出者。同时建立投诉渠道,及时掌握动态,接受师生监督,做到投诉办结率百分之百。

(六)广泛吸收大学生参与后勤管理服务,使之在换位思考中受到教育

在后勤服务过程中,要采取灵活多样的方式让大学生参与管理与服务,增长其才干和实际工作能力。可以在后勤管理人员的指导下,建立与后勤服务密切相关的大学生社团组织,如大学生伙食管理委员会、宿舍管理委员会、文明护校队等,反馈服务情况,督查服务质量,增进大学生对后勤工作的了解和情感,培养正确的利益观、价值观,增进责任感,使整体员工思想品德得到升华,综合素质得到提高。后勤服务还可为贫困大学生和其他大学生提供勤工助学和自主创业岗位,有些岗位可以带有一定技术含量,如家电、电脑维修等,让大学生在参与服务活动中把理论和实践、感性认识和理性认识、直接经验和间接经验结合起来,训练解决问题思维,锻炼实际动手能力,真正做到学以致用,充分体现大学生的社会价值,也为日后毕业走向社会打下坚实基础。

(七)主动承担大学生劳动课教学任务,使之成为服务育人最佳平台

2018年9月10日,习近平总书记在全国教育大会讲话中指出:"要在学生中弘扬劳动精神,教育引导学生崇尚劳动、尊重劳动,懂得劳动最光荣、劳动最崇高、劳动最伟大、劳动最美丽的道理,长大后能够辛勤劳动、诚实劳动、创造性劳动"。并强调:"要努力构建德智体美劳全面培养的教育体系,形成更高水平的人才培养体系。"这是一个重大信号,宣告"大学生劳动课"将再次受到高度重视。一直以来,教育部规定劳动课是大学生必修课,曾经取得丰硕成果。由

于种种原因,劳动课变得不受重视了,多数有名无实,失去了教育意义。对于教学部门而言,劳动课可能算不上重要课程,有的被当作可有可无的边缘化课程。而对于后勤部门而言,劳动课却是广泛联系学生、开展服务育人活动的极好时机与制度安排。学生与后勤联系形式多种多样,但广泛性、定型化的制度安排并不多。为了加强后勤部门与学生的联系,使之具有广泛性、群众性、持续性,获得服务育人大面积丰收,劳动课是一项不可多得的服务育人载体和长效机制,关键在于开发后勤教育资源,进行制度创新,提高劳动课质量,让学生参与自我管理获得体验感。

HUI 物业　惠生活

——江南大学积极打造"三心一课"物业品牌文化

江南大学　吴光明　吴菡

新时期的高校学生公寓是大学生生活、学习、娱乐的重要场所,是大学生生活习惯养成的根据地,思想交汇的集中点,更是学生思想政治教育的主要阵地。作为大学生的"第一社会、第二家庭、第三课堂",学生公寓在大学生道德修养提升、能力锻炼提升、文化素质增强、行为习惯养成等方面起着不可替代的重要作用,在大学构建全方位育人格局中的作用举足轻重。

江南大学高度重视学生公寓在服务育人、管理育人、环境育人方面的重要作用,经过多年的探索和实践,逐步形成了以"三心一课"为主要内容的"HUI物业"品牌文化。"HUI物业"是"会管家""慧管理""汇服务""惠生活"等物业服务理念、服务内容的统称,是江南大学独创的物业服务品牌。近年来,江南大学"HUI物业"努力以师生为服务对象实施校园物业服务,以育人为价值旨归推进立德树人大业,积极打造"三心一课"系列物业特色文化项目。追求爱心、贴心、放心的"三心物业"的目标,用爱心温暖师生,用贴心提升服务,用放心保障安全;创新开设专属"生活课堂",提供适应学生需求和符合时代特点的体验式物业服务,让学生自发地参与互动交流,在体验服务的过程中增强归属认同,进而"懂生活、会生活、管生活、爱生活",感受生活之多姿。

一、爱心物业,感受家的温暖

爱心,服务之根本,服务无限,爱心永恒。宿舍,是学子们的第二个家,营造家的氛围,让学生感受家的温暖,体验家的味道,是物业人的使命所在、职责所系。进出园区楼宇,总能看到宿管阿姨亲切的笑容,听到妈妈般的关心话语;生病了,有阿姨亲手熬制的爱心粥;摔伤时,有香喷喷的骨头汤;下雨时,有遮风挡雨的爱心伞。"亲,天气渐冷,注意保暖哦!""屋虽小,而心宽;人不同,而道合。"园区内,这样的爱心励志小标语随处可见。"雨天路滑,孩子们请慢行。""欢迎你,来自八方的新学子。""今天,你毕业了,明天,你是我们的骄傲。"一块块小黑板、一张张留言纸,记录着每一个爱的点滴,暖心的关怀,温馨的祝福。"四年里,宿管阿姨就像亲人,给了我们温暖的家。"这,是同学最真挚的话语。

公寓园区这个家必须功能齐全,服务每一个小家,关怀每一位家人,营造爱心社区。"春风化雨,润物无声",贴近学生,贴近生活,真诚服务,让学生对宿舍这个"家"有认同感和责任感,成为自己温馨的"避风港湾",在这个大家庭中得到理解和支持。每周三是园区学生们期盼的日子,因为可以去设在园区内的"爱心衣屋"逛逛,看看有没有自己需要的物品,或者在信息交换板上留下自己的需求。这个从2014年启动的"学生公寓爱心驿站"项目,包含爱心衣屋、爱心书屋、爱心宿舍、爱心基金等内容,所开展的活动包括:将师生的闲置物品进行交换利用或集中回收,为生病、受伤的同学免费提供无障碍宿舍,为经济困难学生提供资助,等等。"爱心衣屋"从面向贫困生的帮困,到面向全体学生的育人,从设在学生活动中心的一处关爱小屋,到设在榴园、桃园、涓苑、溪苑学生公寓内的四个爱心衣屋,使"关爱、互助、节俭"的公益精神在一届又一届学生中发扬光大。五年来,驿站累计捐赠衣物两万余件,书籍一万余册,为100余人次提供免费宿舍爱心服务,驿站被评为江苏省"明星关爱超市"。

二、贴心物业,礼遇精彩生活

贴心,服务之态度,贴心细致,体贴入微。走进公寓站,便能看到公告栏贴着的便民服务项目明细,免费使用的工具箱、打气筒、微波炉、冰箱、饮用水服务、挂烫机、电吹风、整衣镜等等,让学生感受着无处不在的便利;走进楼宇,贴心的防滑垫、雨伞架、留言板、休憩长凳、互动空间等,使师生暂时忘却工作学习的疲惫。管理员一遍遍的巡楼,不厌其烦地拔下插在门上的钥匙,守护每个宿舍的安全;记录下受伤孩子的姓名,送去急需的药物和妈妈般的关心;细心的阿姨们总能将孩子们拉下的饭卡、钥匙、雨伞甚至钱包、手机"完璧归赵",失物招领精准快速。园区学生感受着阿姨们细致入微的守护,彼此的距离渐渐拉近,母亲节、教师节时甚至是连阿姨自己都不记得的生日,都能收获满满的祝福,还有同学亲手折出的玫瑰,感恩于贴心的服务,感动在彼此的心间。

针对学生宿舍内违章电器屡禁不止的难题,尝试在园区开辟公共空间,设立学生社区"HUI驿站",集中提供吹风机、电磁炉、电煮锅、挂烫机、烘鞋器、缝纫机等电器设备。驿站限时开放,预约使用,由学生自管,制定"谁使用谁登记、谁使用谁负责"的自我安全管理与监督制度。此外,随着生活质量的日益提升,学生对洗衣服务的需求越来越高,学校给每个公寓园区都配备了独立的自助洗衣房,实现自助洗衣。在运行管理上,对洗衣机进行分类,设置内衣专用、洗鞋专用、男/女生专用洗衣机,烘干机,满足学生们多样化的需求。

三、放心物业,筑起心的港湾

放心,服务之基础,责任于心,共筑平安。安全无小事,责任大于天,学生公寓安全管理事关学生的人身和财产安全,必须常抓不懈,让学生安心、家长放心。依托人防、技防、物防的"三防"工程,组建由校保安队、楼(站)长、学生协查员、监控员、夜巡班、24小时值守人员、维修值班员、校外专业人员、信息化监控系统等多方力量筑起的"全天候"安防堡垒,建立健全"楼内楼外双保险、大小保卫共合作"的联动联防体系与长效工作机制,及时发现和处理各类安全隐患、快速响应和解决突发事件。定期组织员工和学生一同参与安全保卫、心理健康、紧急救护、消防应急等知识与技能的培训演练。

四、生活课堂,拓展育人平台

为响应江南大学"后勤学校"建设号召,实现"后勤无空地,处处皆育人"的目标,物业中心悉心打造"生活课堂"系列课程与活动。课堂贴近学生生活,调动一线员工,通过对学生生活技能和劳动能力的培养,引导学生树立正确的世界观、人生观、价值观;通过对员工服务意识、服务技能的强化,提升后勤管理水平和服务质量,实现价值引领、知识传授、能力培养的有机统一。在后勤员工的努力和广大师生的参与下,逐渐使"生活课堂"成为"后勤学校"最重要的教学平台和实践载体之一,同时后勤员工在课程组织和创办过程中,服务意识、服务技能、服务水平和质量均得到了不同程度的提升,让HUI管家的品牌名副其实。

"生活课堂"开课一年多来,已经举办了80余场,"周周有课堂,天天学技能、人人爱生活"的目标已不再是憧憬,它已成为现实。遍布南北12个园区的课堂足迹,由本岗员工、学生助理导师、外聘专家等30多位成员组成的强大教员团,课程内容涵盖常用医学、美学艺术、生活技能、日用常识、传统文化、趣味创意、手工技艺、安全防范等与生活息息相关的多个类别,课程形式由原先的单一定点授课发展成形式多样的多点教学,包括现场授课、实地体验、微视频教学、微信推送等,这吸引了越来越多的感兴趣小伙伴和志同道合的教员加入"生活课堂"。据不完全统计,一年多来,"生活课堂"的现场参与人数2000余人,知识普及收益人数超万人。

为打造让学生"真心喜欢、终身受益"的生活课堂,我们精心策划、制订方案、定制特色主题,按月份、按节气、按年级、按园区,适合不同阶段、不同性别、不同需求的各种选择。与公寓学生骨干一同组织开展"物业体验"系列活动,让学生参与物业各项日常管理工作,如内务检查、维修排查、安全巡查、环境整治、防火安全演练等管理与服务环节,体验劳动和生活的艰辛与不易的同时,引导学生自立自治;在一线员工和园区学生中寻找和培养生活能手,聘为"生活导员",组织学生开展"HUI体验、荟生活"系列课堂,跟阿姨、跟师傅学家用常识,掌握基本生活技能,体验生活的多姿多彩。因面向的群体广、开设的课程符合师生需求且实用易学,又侧重体验式互动,注重技能与趣味的交汇融合、相得益彰,"生活课堂"系列课程和活动得到广大学生的欢迎和喜爱。

一篇篇内容生动的"生活课堂"微信推送稿、一张张满是笑脸的互动合照、一份份亲手制作的成果展示、一句句暖心的赞美留言……近300间毕业生宿舍被自发自觉打扫得干净如初,我们深知这是"后勤育人"最优秀的成绩单,是对劳动教育的回馈,是回赠给辛勤付出的物业人最完美的礼物。作为不上讲台的后勤人,我们内心是感动的,心情是激动的,满满的成就感是我们继续坚持用心做好"生活课堂"的动力。课程看似微小、微不足道,但却蕴含能量、无微不至,让微小而美好的生活课堂,成为每一位学生成长中确切的幸福和珍贵的回忆是我们永远的愿望。

HUI物业,荟生活。HUI小管们将继续坚持做有温度、有情感、有关爱的"三有"服务,使"三心物业"落地做实,让师生感同身受;坚持标准化、专业化、智能化的管理,把"生活课堂"与育人有机结合,精准服务;坚持主动、热情、周到的服务,实施育人型管理,管家式服务,将"文化物业、家之情怀"的理念持之以恒地惠及师生,让"江南特色"的后勤育人文化传承扬辉!让"全国高校物业标杆项目""江苏省寓物专会服务育人先进集体"等荣誉名副其实!

立德树人 节能育人

——复旦大学节能教育工作纪实

复旦大学总务处

高校肩负着立德树人的根本任务,价值观培育本身就是高校育人的重要命题,作为高校实现人才培养、科学研究和社会服务的必要支撑,高校后勤如何丰富和发挥涵育社会主义核心价值观的功能,是高校价值观培育和社会主义核心价值观体系建设的一个重要维度。

立德树人要在加强学生品德修养上下功夫,节能育人要引导学生从自身做起、从点滴开始,教育学生在日常学习生活中培育和践行社会主义核心价值观,踏踏实实修好品德,成为有大爱大德大情怀的人。

当代大学生群体的价值取向呈现多元化与功利化,简单的概念灌输难以实现"价值涵育",无法让大学生真正地深化理解、增进认同,达到"内化于心、外化于行"的效果。习近平总书记指出:"一种价值观要真正发挥作用,必须融入社会生活,让人们在实践中感知它、领悟它。要注意把我们所提倡的与人们日常生活紧密联系起来,在落细、落小、落实上下功夫。"节能低碳绿色环保并非封闭抽象的概念,而是蕴含于生活细节里,体现在日常行为中,只有让学生在生活与实践中去体验、去感受,最终才能将节能低碳绿色环保的要求变成日常的行为准则,进而形成自觉奉行的信念理念。

大学生在校期间,大部分时间是在宿舍、教室、食堂、体育场馆等公共场所里度过的,几乎所有的活动都与后勤工作休戚相关,因而高校后勤在涵育和传递节能环保方面具备先天的条件优势。作为复旦大学后勤服务保障工作的管理职能部门,近年来,复旦总务处广泛开展各类节能环保特色主题实践活动,让学生从中深刻理解节能低碳绿色环保的基本内涵,教育倡导学生从当下做起、从自身做起、从点滴做起、从平凡做起,拓展学生践行节能环保行为的有效途径,在学生中弘扬节能环保精神,从而培养德智体美劳全面发展的社会主义建设者和接班人。

一、内外联动整合资源,注重节能意识培养

教育是一个庞大而又特殊的系统,既要积极推进绿色发展、建设节约型校园,更要培养具有良好环保意识和节约行为习惯的一代新人。复旦大学积极整合校内外资源,不断丰富绿色教育内涵,引导学校师生和社会树立、践行节约集约循环利用的资源观,推动形成节约适度、绿色低碳、文明健康的生活方式和用能模式,形成全校共同参与的良好风尚。

(一)创新学习方式,绿色融入课堂教学

在本科通识教育核心课程六大模块中专设"生态环境与生命关怀"模块,开设可持续发展导论等公共课程,聘请校内外专家、学者和专业人员举办节能法律法规、科学知识等方面的科普讲座和主题沙龙。

(二)转变思想理念,绿色融入日常生活

2012 年,学生生活园区建立"低碳公益站",开展"绿植换换换"、"单面纸"回收打印等活动;2013 年园区开始推进"零排放"寝室创建活动,学生们在"碳汇存折"上记录每周"碳排放",第一期 36 个寝室用电量下降 25%,第二期 81 个寝室用电量平均减少 1/3,第三期 218 个寝室每日节电 1.03 千瓦时,节电 37%;学校专设"低碳公益基金",学生只要回收 5000 个饮料瓶就可以资助山区孩子上学一年。2017 ~ 2019 年连续三年开展"卿云森林"建设活动,针对学生个人低碳行为探索建立绿色低碳积分机制,让绿色低碳的观念变成一种可以量化的指标,通过"卿云有知"、"卿云有行"和"卿云有悟"三个模块,让参与学生从环保理论学习、低碳实践行动和校园节能改进三个层面参与到低碳园区和绿色校园建设中,最终排名靠前的学生还在复旦校园内获得专属的"心愿树"。"碳积分"从一种情怀变为普及,从一个活动变为一种生活方式。

(三)丰富调研数据,绿色融入科研实践

通过莙政学者项目、望道学者项目、曦源项目、创新性实验计划项目等,为环保类学生社团提供技术指导、资金支持、活动场地,鼓励学生开展节能环保科研实践。学校能源协会、能源研究中心历时五年,利用节能监管平台采集的数

据,联合发布了《复旦大学温室气体清单研究》,提出复旦"碳中和"行动目标与路线图。

(四)节能未来可期,绿色融入就业创业

大力引导毕业生到节能环保行业就业,培育孵化绿色创业项目。在校友庄田创办梅思泰克生态科技有限公司专注有机废气治理。

二、树立理念文化辐射,倡导节能氛围营造

高校是社会文明的摇篮,是国民教育最重要的组成。在高校构建节能文化体系,树立节能意识与风气,强化崇尚节俭的理念,逐步形成文明、节约的行为模式,具有重要且深远的意义。复旦大学大力培育和推广优秀的节能文化,将节能减排、绿色环保的理念转化为师生员工的共同责任和文化自觉,让师生员工以主人翁的角色参与到节能设计、节能监督和节能氛围的营造,让节能减排处处可见、时时可为,让每一位师生员工都成为践行者、推动者,积极发挥大学对社会文化的引领和辐射作用。

(一)多元媒体融合,加强主动宣传

在校园网、校报、校广播站、学校微信微博开设专题,进行节能知识宣传、节能典型专访,宣传学校各单位各部门建设节约型校园的成绩、经验和做法;举行后勤开放日,邀请师生参观节能监管平台,普及宣传校园节能减排内容、策略、技术及成果;在教学楼、食堂、学生公寓、会议室等公共区域设置节能、节水、节粮温馨提示。

(二)善用低碳资源,鼓励全员参与

积极响应国家号召,每年组织全国节能宣传周、低碳日、中国水周等主题活动,2018年3月22日~28日期间,利用会场回收的没喝完水的塑料瓶和萝卜、芹菜、青菜等食堂的剩菜头,在邯郸校区旦苑食堂和北区食堂打造生机盎然绿植角落,既响应"Nature for Water"的宣传主题,又让师生感受到"剩菜头也有春天"——蔬菜头通过简单的水培也能变成漂亮的盆栽,师生纷纷与新奇的绿植角合影,不少老师反馈在家中也种植起了蔬菜盆栽;2018年4月22日第49个世界地球日,利用4月17日~19日全国第五届大学生艺术展演复旦大学声乐专场演出期间收集到的1200个废弃塑料瓶盖,在旦苑食堂、江湾食堂打造了凡·高的两幅名作《星月夜》和《罗纳河上的星夜》,既响应了"珍惜自然资源,

呵护美丽国土——讲好我们的地球故事"宣传活动周主题,又寓意着对师生"脚踏实地,仰望星空"的鼓舞;2018 年 6 月 11 日～17 日,将废纸箱、使用过的单面纸绘制成 Q 版英雄,向师生展现"废纸箱＋使用过的单面纸也可以变身节能英雄,保卫蓝天,美丽校园"的理念,不仅契合了 2018 年全国节能宣传周活动主题"节能降耗,保卫蓝天"和全国低碳日活动主题"提升气候变化意识,强化低碳行动力度",更倡导师生节约用纸循环利用。

（三）开展实践调研,发挥引擎作用

依托环境科学与工程系等相关科研机构,积极扶持并开展有关节能环保等重大理论和现实问题研究,其中"地方环境保护与生态建设的系列规划课题"为上海宝山区、宁波市宁海县、余姚市、鄞州区和开发区等地在"十二五"期间的节能减排与生态文明建设提供了学术支撑。复旦博士生讲师团深入居民社区、部队营区、经贸商区开展义务宣讲,举办《人类与太阳能》《保护我们共同的家园》等主题讲座。

（四）树立绿色理念,注重节能育人

今天的在校生就是未来各行各业的领军人物,复旦大学从细节入手、从身边做起,悄悄地在他们心田里播撒的一颗颗种子,将会在不久的未来发芽、开花、结果,使全社会"关注可持续发展、树立节能意识、坚持绿色发展理念"蔚然成风。

培育高校餐饮"6T"文化 守护食品安全迈向卓越

——山西大学饮食服务中心令德餐厅导入"6T"实务管理侧记

山西大学 孔剑平 雷建治

随着高校餐饮改革的不断发展,山西大学饮食服务中心提出了从优秀走向卓越的战略目标,并在该校令德餐厅试行"6T"管理作为实现这项战略目标的重要载体之一。我们在实施中体会到:实施"6T"管理是提高我校餐饮现场管理水平的需要,是提升我校餐饮竞争力的需要,是实践我校餐饮文化建设的需要,是实现我校餐饮追求完美、走向卓越战略目标的需要。

"6T"管理包括"天天处理、天天整合、天天清扫、天天规范、天天检查、天天改进"六个环节,是一套先进的管理思想和方法,是现场管理的基础、优质服务的保障。高校餐饮部门的特点是服务对象特殊、用餐规模大、供餐时间集中、社会影响深,在诸多方面有别于社会餐饮企业,并且整个生产加工过程安全风险大,师生对餐饮管理水平和服务质量要求高,传统的高校餐饮管理理念和管理措施已远远不能满足当前高校餐饮发展的需要,正因为如此,实施"6T"管理的必要性也不言而喻。在试行过程中,山西大学饮食服务中心令德餐饮人发挥敢于打硬仗、敢于啃硬骨头和不服输的精神,努力营造文化氛围,系统思考导入流程,建立长效内生机制,逐步探索出了一套富有山西大学饮食服务中心特色的"6T"现场管理实施办法,使"6T"现场管理这套先进的管理办法与我校的餐饮文化实现了成功对接。

一、创造氛围,努力培育"6T"管理文化

在令德餐厅试行"6T"管理之初,我们首先把"6T"管理看作是一个观念问题、意识问题、态度问题、心理问题,其次考虑的才是标准问题、机制问题、措施

问题、运行问题。为此，我们首先在观念引导、创造氛围、强化培训、培育文化方面下了很大力气。推行之初，先后进行了多次大规模的培训，利用班前会、专题会进行动员布置，还利用微信群《令德餐饮》杂志等载体进行广泛深入的宣传发动，使每位员工对"6T"管理有了新的认识。导入过程中，我们总结提炼出了"整洁的岗位自己创造，愉快的心情大家共享""餐饮工作追求完美，凡事必须认真细致""'6T'管理从一点一滴做起，习惯素养从日积月累提升""点滴入手培育良好养成，大家做起塑造优良品质"等警句，很好地诠释了"6T"的内容，将"6T"管理理念做到了具体化、通俗化、现场化。

在实施初期，我们首先抓了观念、作风的培育，根据不同情况，对"6T"理念进行了有针对性的强调。对于管理人员，我们特别强调工作作风和责任感，要求做到雷厉风行、积极主动、勇担责任、不找借口、不怕困难；对于普通员工，我们强调端正态度、爱岗敬业、仔细认真、规范操作、细致入微。其次，我们加强沟通，以激励为主，在初期的政策和制度设计上，我们特别注重激励和沟通工作，靠激励调动大家的积极性，靠沟通赢得理解和支持。为了更好的沟通，令德餐厅设置了"6T"管理监督检查组和"6T"管理例会制，利用"6T"管理例会这一有效形式，及时将餐厅信息下达班组，餐厅适时了解各班组"6T"进展情况，并对好的做法进行总结、推广。第三，我们积极开展特色活动，将"6T"管理渗透到餐饮管理的各个环节，用活动促进"6T"管理。第四，在整体布置和强化宣传方面，我们也做了大量工作，为了规范通道管理和物品定点定位工作，我们利用中午和晚上下班时间，组织我们的"6T"教练队成员划分区域、划贴通道线，使通道达到了畅通有序，台案工具达到了定点定位。与此同时，我们还制作了水杯存放处、抹布柜、拖布柜、卫生工具柜等，使水杯有了规定的放置点，擦台面擦手擦工具抹布有了分类柜，拖布和卫生工具有了集中放置点，"工具不回家，我就不回家"。在强化宣传方面我们编写制作了许多标语、标识、警句等，主要有《"6T"管理口诀》《厨者"6T"行》《"6T"管理八项注意歌》《"6T"管理二十大妙招》《"6T"细节管理顺口溜》等；制作了《"6T"管理理念图》《工作场所警示标识》等。同时全体员工行动起来，明确了自己的管理责任，不仅明确自己责任区的工作职责，同时明确自己的卫生包干区，逐步实现了自己工作的标准化、规范化、自觉化。

二、系统思考，把握"6T"管理运行规律

在实施过程中，我们逐渐把握"6T"管理的运行规律，顺势而为，充分考虑

高校餐饮的特点,提高管理的效率和质量。

一是循序渐进,"6T"管理的内容是"天天处理、天天整合、天天清扫、天天规范、天天检查、天天改进",6个天天之间有一种逻辑上的递进关系,是一环扣一环的不断提高和深入的过程。我们把"6T"划分为几个阶段:导入期,引入"6T"管理的基本理念和做法,侧重于处理、整合、清扫;巩固期,侧重于对以前成果的巩固,这正是清扫的内容;提高期,在突出清扫、固化习惯的基础上,明确提出了天天改进这个内容;完善期,则是将所有的工作不断完善,将员工的素养作为重点,以取得清扫的成功。

二是注重细节,整理充分体现了精细化管理的原则,要求将各项工作做细做实做到位。整理制度的制定就体现了这个原则,我们结合整理的特点,按照"6T"这六个环节,从时间、人员、标准、工具、地点等内容提出了详细的要求,力求杜绝各种各样的不规范行为。

三是关注人员,随着"6T"管理的深入,我们把保持浓墨重彩地提了出来,并将其分为素质和技能两个方面。素质即价值观、作风、态度等软件,是立身之本;技能即技术能力这个硬件,是生存之道。为了提高员工素养,我们把"6T"管理赋予了鲜明的人性化特色。我们明确提出,改变员工的习惯,首先要改变我们的管理,要求管理人员在态度、作风、方式、方法上尽量采用人性化的方式。我们要求各级管理人员要善于捕捉餐厅员工中出现的各种"闪光点",利用看板管理的方式,进行及时的激励,以固化他们的行为。

四是积极创新,创新是所有管理思想和手段的应有之意,"6T"管理更是一个不断循环往复、螺旋上升的过程。我们将创新融入所有的"6T"管理推进工作之中,把创新分为组织、制度、活动、工具四个方面,作为对"6T"管理评价的内容。自推行"6T"管理以来,我们一直把实施"6T"管理看作是一个系统工程,进行系统思考。

三、建立长效,培养良好的习惯和内生机制

海尔的斜坡球理论很形象地说明了一项工作不进则退的道理。"6T"管理工作亦是如此。保持和养成习惯是"6T"管理的最终目标,保持和养成的提升需要好习惯的积累,我们把培养员工良好习惯作为提高员工素养的切入点和有效途径。在推进中我们设立专题督导项目,集中力量,重点督导,扎实推进,以切实培养员工习惯。由此形成了专题督导—持续跟进—培养习惯—素养提高的框架模式。具体做法是餐厅每月根据"6T"管理推进进度和管理服务实际设

立督导专题,由班组在一个月或更长的时间进行专项督导,指导员工养成良好习惯。督导专题先是简单的清洁整理,然后逐步提高技术含量、操作含量、质量含量及管理含量。在这个过程中首先是标准明确,其次是管理人员与员工有效沟通,第三是人性化管理,以同理心的心态为员工着想,第四是各项措施不断跟进,第五是善于总结经验,形成制度,以实现持续改进、培养习惯、巩固提高员工的良好习惯。

山西大学饮食服务中心令德餐厅导入"6T"实务管理以来,取得了很大的收获,不仅保证了师生的食品安全,而且受到了省内外兄弟高校和媒体的极大关注,北京大学、青岛大学、青海大学、太原理工大学、中北大学、山西师范大学、山西传媒学院、中快餐饮、北京千秋恒泰餐饮太原公司、嘉年华餐饮管理有限公司等近百家高校、餐饮公司慕名来参观交流。《中国技术市场报》《山西日报》《三晋都市报》《山西青年报》、中国高校伙专会网、山西大学新闻网等多家媒体对山西大学导入"6T"管理给予了宣传报道。2018年令德餐厅先后荣获太原市烹饪餐饮协会"2018年最具影响力的餐饮品牌"、中国烹饪协会"2018年度百家中国好食堂"、中国烹饪协会"2018年度中国餐饮五百强门店"等荣誉称号。

在今后的管理实践中,我们将逐步将"6T"管理再扩展六个T,成为"双'6T'管理",即在"天天处理、天天整合、天天清扫、天天规范、天天检查、天天改进"的基础上,增加"天天防范、天天自律、天天学习、天天节约、天天服务、天天满意";前六个T是基础,主要强调基础、卫生、整齐、整洁、方便、提高、改进等,而后六个T是延伸、品质、品位、养成、持续、团队、文化。在今后一段时间内,我们会将"丰富多彩的餐饮文化、凝聚力强的团队建设、全国首创的双'6T'管理"紧密结合起来,使其成为一种最先进、最有内涵、最有原动力、最有育人功能的管理方式,成为山西大学餐饮的"管理主流文化、服务品牌文化、安全保障文化、育人效应文化"。

构筑独具标识的绿色服务体系

——华北水利水电大学绿色服务述评

华北水利水电大学　杨娟

"上善若水,水善利万物而不争。"华北水利水电大学秉承绿色发展理念,以习近平新时代中国特色社会主义思想为根本遵循,坚持立德树人根本任务,学校后勤服务工作推进"管理育人、环境育人、服务育人",不仅凸显校园特色文化,还把绿色理念贯穿于后勤服务方方面面,形成了独具华水标识的绿色服务体系。

一、"景观融合"增强绿色环境服务厚度

学校以建设美丽校园为切入点,实现校园山、水、园、林、湖、草、路的融合建设,达到使用、审美、教育功能的和谐统一,并将独具水利水电特色魅力的"三峡大坝坝址岩心""水轮机"等人文景观融入自然环境,形成寓教于乐的校园特色文化。

(一)自然景观山水相映

龙子湖校区的龙湾湖,又叫日月湖,日、月形的两个湖面,犹如蓝宝石镶嵌在校园里,湖水碧波浩渺,绿草簇簇连绵,和湖畔的假山构成自然天成的山水图。山水相映,山上种植的银杏树、雪松等绿植,四季常绿,湖边的垂柳,湖中的荷花,形成了春有垂柳依依、夏有莲花飘香、秋有残荷风骨、冬有湖冰映雪的四季美景。连接生活区、教学区,樱花园、玉兰园、梅园、石榴园,一园一景,各不相同,相互辉映。银杏林、杨树林,香樟大道、樱花大道、法桐大道,道道相通,别具风情。银杏的飘逸,杨树的俊秀,香樟的深沉,法桐的质朴,樱花的浪漫,各种植被在华水相遇,装点着大学的四季。同学们在湖畔朗读,春天赏花,夏天纳凉,

秋天沉思,冬天感悟。四年学习时光,同学们不仅感受了华水的四季,更收获了华水"情系水利、自强不息"的气节和精神。

(二)水利景观别具一格

在风景如画的自然景观中,华水建有三峡大坝坝址岩心广场、水轮机景观广场、"情系水利自强不息"治学广场等,这些饱含水利特色的景观实物,均为校友捐赠,形成了学校别具一格的校园景观。建校以来,我校为国家培养了水利水电专业近30万名高级专业技术人才和管理人才,包括国家部委领导、武警水电部队将军和省部级领导近20名,全国道德模范获得者吴新芬,第五届全国道德模范提名奖、全国优秀大学生、全国优秀共青团员等十余项荣誉称号的孟瑞鹏,"雨果奖"获得者刘慈欣,组建"中国蓝天救援队"的安少华等各领域杰出校友,从这些校友代表的身上,体现了我校"下得去,吃得苦,留得住,用得上,干得好"的人才培养特色,"育人为本、学以致用"的办学理念和"情系水利、自强不息"的办学精神。校友把工作中极具代表性的实物赠予母校,表达了对母校深厚的情谊,校友们服务祖国建设,为国家水利水电事业作出积极贡献,印证了我校培养人才的丰硕成果。

环境是容纳景物的空间,也是育人的空间。自然景观与人文景观相融合,相辅相成,相得益彰,不仅美化了校园环境,形成了独具特色的育人环境,更增强了校园环境服务的厚度。

二、"节俭高效"增强节能绿色服务温度

"光盘"行动、节水节电,我们每天都会遇到这样的宣传口号,把口号落实到行动上,才是口号的真实目的。我校后勤服务在餐饮管理、能源管理等方面,突出节俭高效绿色目标,不断完善和改进工作方法,使服务更为贴心、温暖,增强服务的温度。

(一)鼓励节俭行为

我校两校区有学生食堂10个,服务窗口260个,为引导学生爱粮节粮,在学生食堂张贴"文明餐桌、光盘行动"相关条幅30余幅,组织学生开展节粮主题宣传,绘制手绘20余幅,张贴"爱惜粮食,从我做起""爱粮节粮,建设节约型校园"等相关内容的宣传海报40余幅,使爱惜粮食、"光盘"行动成为学生食堂的流行时尚。2018年,我校龙子湖校区"乐山"园学生食堂二楼餐厅、"乐山"园学生食堂民族餐厅被评为河南省标准化示范学生食堂。

（二）倡导节能减排

作为水利水电特色的高等学府，学校历来重视节水节电工作，连年被评为节能减排先进单位。2018年底学校开展合同节水项目，计划对两校区器具、管网、中水利用、雨水收集等设施进行改造升级。目前该项目已经进入招标阶段，并投资近300万元对教学区、学生宿舍卫生间进行节水改造。在学生宿舍楼内、教学楼内分别安装电饮水机，保证学生随时使用热水。同时在办公区域安装公共饮水机，杜绝浪费水、电的问题；对学生宿舍楼洗浴实行计量收费，改造安装学生IC卡智能收费系统，实现学生洗浴费用根据用水量计费，避免浪费现象发生。节电方面，学校对两校区灯具进行节能改造，70%已完成改造，对两校区路灯全部加装路灯控制光照度传感器。校内全部用户更换预付费水电表，加大节水节电力度。

三、"公共出行"增强交通绿色服务精度

出行难，停车难，是都市人的亲身感受。为破解出行难问题，学校结合两校区办学实际，在公共出行上下功夫，为方便师生出行，缓解交通压力，开通了两校区公共交通车辆，为各单位公务出行实行集中约车服务。

（一）班车服务

学校购买了6辆环评达标班车，每天10个班次，两校区同时对开通行，日均运送师生近千人（次）。学校后勤部门成立交通中心，负责校车的调度，检查监督校车安全，确保安全准点运行，保障了教师上课、职工上下班以及重大活动等用车服务需求。

（二）预约服务

学校教职工2300人，在校生近3万人，二级单位62个，日常工作量大，外出公务多，为保证各单位公务用车，学校后勤成立小车班，各单位根据工作需要填写用车申请，主管校领导审批后，由小车班统一派车服务，小车班负责驾驶员的管理，用车登记核算等，不仅满足了校属各单位的用车需要，也有效减轻了学校的经费负担。

（三）定制公交

学校年轻教工多，很多教工的子女正是上小学的时候，接送孩子上下学成了年轻教工的大难题。为此，学校协助教工定制公交车，每天专线负责接送本

校小学生,不仅解决了教工接送孩子的困难,对倡导绿色出行,起到了很好的引领作用。开通公共交通工具,不仅满足了教工上课、上班、公务需求,解决了他们接送孩子的困难,有效缓解了通行压力,人性化的交通服务,让公共交通工具成为师生出行首选,增强了绿色服务精度。

理念是行动的向导,思想是行动的指南。中国特色社会主义进入新时代,我国社会主要矛盾已经转化为人民日益增长的美好生活需要和不平衡不充分的发展之间的矛盾。人们对物质文化的需求达到了更高的层次,对环境保护、生态安全等方面的要求也日益提升。学校后勤服务以抓绿色发展推动高质量发展,在服务师生中,牢固树立绿水青山就是金山银山的理念,为中原更出彩增添了"华水篇章"。

立德树人 文化引领 打造特色育人平台

——华东师范大学后勤宿舍、楼宇文化建设成果记述

华东师范大学 王婧 刘凌燕 沈辉宇

党的十九大报告中提出,文化是一个国家、一个民族的灵魂。文化兴国运兴,文化强民族强。高校后勤思想文化建设是校园文化系统工程的重要组成部分,对加强后勤思想政治工作与精神文明建设,提高后勤管理实效和服务水平具有重要的指导意义。

宿舍与教学楼宇作为师生在校活动的重要场所,不仅是学校形象与精神展示的重要窗口,更是集"生活服务、文化建设、行为养成"于一体的高校人才培养的重要阵地,是实现"三全育人"的有效载体。华东师范大学积极响应习近平总书记在全国高校思想政治工作会议上的讲话,坚持把立德树人作为中心环节,将思想政治工作贯穿后勤文化建设全过程,打造环境文化、制度文化和服务文化三位一体的特色鲜明、成效显著的育人体系。

一、把握时代脉搏,优化楼宇布置——营造"环境育人"氛围

宿舍、楼宇思想文化建设是一项长期、整体性系统工程,按照其体现的内容和层次来讲,最外显和最直接的即加强环境文化建设。华东师范大学将鲜明的时代特色和思想政治教育功能充实到宿舍、楼宇的环境文化中去,从而提升了文化建设层次,提高了后勤服务品质,充分发挥出宿舍、楼宇的育人功能。

(一)楼宇布置"重"价值,引领"倡"主流文化

"环境可以熏陶人,环境可以教育人",高品位的宿舍、楼宇环境对于学生思想品德的形成能够产生潜移默化的文化渗透效应。

学校根据自身的文化、学科、楼宇构造的特色积极推进宿舍楼宇环境改造,

形成了楼宇独有的主题文化。例如,中北留学生1号宿舍楼以"中国风"为主题,每层楼凸显出不同的中国元素,京剧、国画、茶道、棋艺等,留学生可以直观地领略中国传统文化的魅力;闵行剑川路公寓15号楼以"绿色环保"为主题,走廊墙面以各类环保宣传板装饰,垃圾桶按照干、湿、可回收、有害进行科学分类,这对垃圾分类新风尚无疑是个最好的诠释;闵行本科生公寓19号楼以"中国梦·我的梦"为主题,大厅墙面展示了五湖四海共同的中国梦相互交织汇聚成的中国版图,号召同学们将个人梦与中国梦结合起来,融入民族梦,以"我的梦"托起中国梦。

两校区教学楼进行"面向全国""走向世界"的主题设计,展示师大优秀传统文化,培育师生爱校荣校情感。此外,教学楼内还设计了与楼宇风格相符的公共标识,将校史文化、教室文明、温馨提示等嵌入各个角落。

(二)硬件设备改造升级,公共空间功能多元

我校在硬件设备改造上下足功夫,例如,闵行第一教学楼增加了研讨室、报告厅、录播室等教室类型,优化了显示、扩音等系统;个性化配置第四教学楼的课桌椅,使其能成组又能自由排列;两校区教学楼新设置集控中心,将物联网、交互音视频、录播与互动教学有机融合,推动了教室信息化建设,从而满足了教室的多种现代需求。

学校关注师生体验,注重对公共空间的拓展布置,提高空间利用率,丰富空间功能。在闵行教学楼、中北文附楼等多处公共空间配备休闲家具,既能辅助教师教学,又能提供给学生研讨、自学的空间,营造出优雅文明的多元交流环境。宿舍内,大厅简洁明快、自习室明亮舒适、会客室温馨雅致、动力空间活力动感,成为集生活、学习、文化、社交、锻炼和育人于一体的交融互动的共享空间。

教师休息室空间明亮,配备了全新的桌椅和沙发以满足阅读、办公、研讨等多元化需求,方便舒适,错落有致,精巧优雅,"师大人读师大书",一流大学深厚的积淀与底蕴在这无处不在的阅读之中得以呈现。

(三)厕所革命持续推进,力求"内外兼修"

2015年4月,习近平总书记对"厕所革命"作出重要批示,这一理念已悄悄进入校园。厕所作为受众面广的公共区域,其环境关系着师生的身心健康,彰显着学校的文明程度和文化品位。厕所文化建设是校园环境文化建设、培养良好卫生习惯、提升师生综合素质的需要,以校园厕所的改造来带动整个社会的

厕所革命,具有非常重要的意义。

学校精心规划设计空间布局、材料质地、通风采光等方面,完善了厕所的基础服务功能;制定和完善厕所卫生公约、规范如厕礼仪、张贴文明标语等,让厕所体现出"润物无声"的教育功能,督促师生养成举止文明的良好习惯。

二、完善管理制度,细化服务流程——深化"管理育人"理念

制度文化反映了后勤的工作理念,营造了有章可循的工作氛围,只有完善管理制度,细化服务流程,规范行为准则,思想文化建设才能得到长远的进步,这是育人的根本保证。

(一)网格化管理:搭建"四梁八柱"明确全方位育人准则

学校后勤保障部于 2018 年 8 月开始实施网格化管理,提出"五定"工作方法,即"定制度、定网格、定责任、定岗位、定奖惩",明确各岗位的工作内容和责任边界,进而实现了"人在网格中、事在网格办"的管理目标,极大地提高了管理效率和服务质量。为使服务管理标准化、服务行为规范化、服务过程精细化,后勤保障部又在 2019 年 5 月提出标准化建设,进一步优化网格化管理工作的要求,从各细分岗位着手,确保服务流程、保洁作业、保安执勤、维修作业四个标准化,充分体现出后勤服务的规范化和标准化水平,为师生提供"优质、文明、高效"的后勤保障服务打下坚实的基础。

(二)书院制模式:落实"立德树人"坚持全过程育人路线

学校在传统宿舍管理的基础上,积极探索书院制管理模式,倡导追求科学真理和人文精神的社区氛围,注重引导学生开展体验式、探索式的自我管理。例如,闵行本科生公寓 6 号楼入住学生主要来自大夏书院,楼宇结合书院院训,确立"健康、博雅、智慧"的公寓主题,鼓励学生积极参与院内建设工作,在管理、服务书院中,实现精神和能力的成长。该楼在"6T"创建过程中充分调动和发挥学生参与建设的主动性和创造性,学生自主完成的黑白风格手绘及绿色生态的布置营造出文艺、清新的宿舍氛围,展示出内涵丰富的大夏精神。全过程育人举措提高了学生的综合素质,体现了以学生为本的服务宗旨,落实了"立德树人"的根本任务。

(三)四位一体:探索"联动机制"汇聚全员育人合力

学校在宿舍、楼宇管理中探索构建学工、后勤、保卫、教师多方联动协同育

人工作新机制,建立健全的后勤保障、学生工作和学生自我管理相结合的管理模式。楼宇物管人员、驻楼辅导员、学生楼管会名单上墙,多方共同开展教风学风检查、宿舍安全检查、军训、迎新、毕业、校庆等活动,落实全员育人理念。

学校积极响应上海教育现代化 2035 提出的建设平安、绿色、文化、生态校园要求,开展"幸福七舍"青未来社区试点实践,通过对接未来校园的青年生活圈,聚焦校园空间改造与运行方式更新,打造出增效赋能、绿色低碳、师生共建的智慧社区。

三、立足师生需求,创新服务内容——提升"服务育人"内涵

在创造优美环境和提供专业规范服务的基础上,后勤通过学生行为养成教育、以人为本的关怀服务方式,打造以育人为本的后勤服务品牌,后勤工作人员被称为"不上讲台的老师",服务师生的同时春风化雨般给师生潜移默化的影响和教育。

(一)注重服务细节 传递师大温度

"精细、主动、创新"是我校宿舍楼宇的服务理念,是如何转化为精益求精的人性化服务的呢?宿舍区爱心小屋自 2007 年设立以来,累计服务学生 261 人。该项目以学生为本,配有专门的矮床家具,按学生身高来配置的晾衣架,点滴的服务细节为意外伤病的同学提供了便利,多次收到学生和家长的感谢信,并获得 2018 年度华东师范大学社会主义精神文明奖项。生活服务上,提供新生提前入住、雨天防滑地毯、缝补衣物、熬制中药等温馨服务;关爱服务上,献血时一碗红豆汤、高温时一杯绿豆汤、军训时一瓶盐汽水等专项服务,无一不在潜移默化中增强着学生的校园归属感。

(二)开展文化活动 丰富精神生活

习总书记指出:"要更加注重以文化人、以文育人,广泛开展各类社会实践。"我校通过开展"我爱我家"、"文明离校伴我行"、垃圾分类等系列文化活动,引导学生开展体验式的自我管理,为学生开辟更广阔的课外活动与交流平台,搭建学生与宿舍楼宇之间的沟通桥梁,让学生以主人翁的姿态参与管理,提升服务担当意识,从而形成学习、生活、交流和成长的共同体。

(三)探索智慧后勤 助力高效服务

我校高度重视后勤信息化建设,设专岗专人、专项资金,并列入各部门考核

指标。近年来升级了学生公寓系统、微信微公寓平台,完善卫生违章检查功能,方便宿舍业务线上办理,便于院系分层级管理;建设招待所管理系统,提供预约服务,方便了教职工;升级宿舍的智能电控系统,彻底解决了以往漏电、跳闸等混乱局面;完成两校区教学楼的集控中心建设,方便了师生讨论问题、分享知识。后勤信息化不仅改善了师生服务体验,还提高了后勤管理能力和资源使用率,完善了内控机制,助推了"智慧后勤"建设。

(四)党员引领示范 倡导文化学习

后勤党工委充分发挥基层党支部和"党员示范岗"的表率作用,把思想政治工作贯穿后勤服务的全过程,实现全员育人。《上海市生活垃圾管理条例》正式实施后,垃圾投放现场一度混乱,后勤第三党支部党员主动做起垃圾分类督导的工作,在室外垃圾分类点现场宣传、监督、引导,以实际行动带动周围的人参与垃圾分类,获得了师生们的一致赞扬;第二党支部党员的活动"肩负绿色使命 共建绿色校园"更是获得了2018年校优秀主题党日活动的殊荣。

漂流书屋引入校园后,同学们在这里捧起书本,参悟人生,思考生活和学习的本质,党员们也积极参与进来,相聚漂流书屋,畅所欲言,分享读书的快乐,《书香漂流,文化育人》的案例被评为华东师范大学2017年度优秀主题党日案例。

党的十九大报告指出,加快一流大学和一流学科建设,实现高等教育内涵式发展。华东师范大学后勤文化建设积极服务于学校"双一流"建设大局,打造成学校全面实施素质教育的优质载体,通过富有时代特色、体现时代要求的"正能量"来充实和丰富文化建设的内涵,通过凝聚师生智慧和力量,优化育人环境,建设富有成效的育人阵地。文化建设的稳步推进对提升文化软实力和影响力,营造环境育人氛围、深化管理育人理念、提升服务育人内涵具有深远意义。华东师范大学后勤保障部将继续砥砺前行,以更加优质的服务和精细的管理为师生保驾护航。

打造"四色"文化社区 点亮学生精彩生活

——清华大学学生社区文化建设纪实

清华大学 王伟 谢晨 马川蓉

随着高校管理体制改革和后勤社会化的不断推进,高校学生社区应运而生。学生社区是大学生日常学习生活的重要阵地,是一种特殊的社区形式,具有鲜明的时代特征。学生社区文化是以学生为主体,依托学生社区,以校园精神为核心,以积极向上、健康有益的文化活动为内容的一种群众文化,是校园文化体系中资源最集中、内涵最丰富的文化区域之一。

学生社区承载管理育人、服务育人、环境育人的职责,是学校思政工作的延伸,对学生成长成才具有重要作用。首先,良好的社区文化有利于学生社会主义核心价值观的培育。习总书记指出:"一种价值观要真正发挥作用,必须融入社会生活,让人们在实践中感知它、领悟它。"高校学生公寓被称为课堂教学之外的"第二课堂",是培育社会主义核心价值观的理想场所,社区主流思想舆论和高雅活泼的文化氛围对大学生的价值取向、思想道德、行为习惯产生潜移默化的影响。其次,丰富的社区文化有利于学生身心发展和综合素质的提高。学生通过参与各类社区文化活动,缓解学习压力,培养生活情趣,提高综合素质。此外,多元的社区文化有利于大学生向"社会人"的转变。学生通过社区生活建立规则意识,养成良好行为习惯,提升人际交往能力,增强社会责任感和使命感。

清华大学学生社区管理服务中心(简称"学生社区中心")秉承"立德树人"的大学使命,弘扬"无私奉献、爱岗敬业、求真务实、追求卓越"的后勤精神,通过建设良好的生活环境、建立规范的工作机制、提升社区文化品位,将学生社区打造成为学生学习成长、文明习惯养成和综合素质提升的重要阵地。通过建设"精品、绿色、温馨、和谐"的"四色"社区，为学校全面人才培养工作增添助力。

一、万紫千红总是春，构建优雅精品社区

学生社区是学生学习生活的重要场所，社区文化对学生的成长有着潜移默化的影响，有重要的育人作用。为充分发挥学生公寓的育人职能，在院系辅导员基础上，清华大学又在学生社区中心建立了一支专职学生公寓辅导员队伍，围绕"安全、健康、文明、自立、优雅"五个维度目标，开展学生生活素质教育，形成"社区、院系、楼宇"三位一体的公寓辅导员工作模式，至今已经 11 年。

学生社区中心用心打造了"社区课堂"，由公寓辅导员依托学生社区阵地组织开展内容丰富、形式多样的课外课堂。2013 年 6 月以来，共开展 113 期课程，社区课堂通过充分挖掘公寓辅导员自身优势，整合学校优质资源，吸引学生组织参与等方式，将学生生活素质培养辐射到学生生活的方方面面，成为同学们在社区娱乐放松，交友谈心、获取成长的最好方式。同时，公寓辅导员招募有健身特长的同学，组建"健身坊"学生志愿者团队，在学生社区活动中心辅导同学科学使用健身器材，传授科学健身知识，营造学生社区积极向上的健康文化氛围。

清华大学建设世界一流大学的征程中，一流的校园文化必不可少。培养学生的安全意识是重中之重。深入推进多维度、立体化的学生安全教育，营造安全文化氛围，是更好地建设以人为本的校园安全文化的重要内容之一。学生社区中心在做好基础服务的同时，建立了系统的社区安全教育体系，实现安全教育的"全员、全过程、全覆盖"：每年新生安全教育 100%，每年大三和研三高年级学生"二次教育" 100%；做到培训覆盖 100%，安全知识测评知晓率 99%，每年培训人数超过 1.5 万。在内容上，涵盖安全知识、违纪知识、健康知识和真实案例等。丰富教育形式，形成责任明确、相互配合、共同管理的安全教育机制，建立了一支以公寓辅导员为核心的安全教育培训队伍，打造了一套科学的安全教育测评体系，形成了一套完整的、独具清华特色的安全教育内容，创新了理论与实践相结合、知识传授与能力训练相促进的社区安全教育模式，营造了良好的校园安全文化氛围。该项目获得清华大学教学成果二等奖。

二、问渠那得清如许，共建绿色环保社区

清华大学始终坚持建设绿色大学。为培养同学绿色环保意识，建设节约型

校园，2006年起，学生社区中心坚持13年组织寒假留校的本科生进行集中住宿。同学们通过参加集中住宿受到了锻炼，这也是清华学子践行"厉行节约，共建绿色家园"理念的缩影，体现了清华学生的节约意识、责任意识，对节约型校园的建设具有重要推动作用。

同时，学生社区连续开展了13年的文明离校系列活动，这也是倡导同学们养成绿色环保意识的重要途径。通过学生宿舍卫生评比、爱心捐赠、各楼举办特色活动等形式开展。经过13年的传承，离校前把宿舍打扫干净已成为学生的自觉行动。2006年～2019年，离校宿舍卫生优秀率从17.6%上升到33.8%，卫生合格率从72%上升到95.6%。爱心捐赠活动是与社会公益组织联合开展，覆盖全校所有学生公寓，平均每位毕业生捐赠数量7件，平均每年捐赠衣物5万余件，实现了物资的循环利用，也体现了清华师生的社会责任感。一届届一年年，文明离校理念已深入学生心中，文明离校活动已成为毕业季的传统活动，展现了清华学子优良的精神风貌，体现了学子们的社会担当。

三、最是橙黄橘绿时，打造温馨幸福社区

学生在社区生活学习，这里是他们的第二个家。学生社区中心坚持"饱含父母之爱，满怀手足之情，亲情服务，引导式管理，潜移默化育人"工作理念，打造"家文化"，通过岗位培训、参观交流、案例讨论以及"最美公寓人"评选等考核激励措施锻炼队伍、树立典型，为同学们建设幸福温馨的生活社区。路春立，1998年开始担任公寓管理员，她将楼内的学生视为自己的孩子一般照顾，被许多同学亲切地称为"路妈妈"。尚杰，负责楼里1000多名女博士的日常服务和管理工作，在楼内积极建立体验式"安全培训通道"培训模式、开展文明楼层评选活动等工作，亲情服务同学，把最宝贵的青春年华奉献在了公寓管理员这一平凡的岗位，学生们称她为"知心姐姐"。多年清华生活，曾经懵懂天真的小鸟们成长为可以搏击长空的雄鹰，正是许许多多像"路妈妈""知心姐姐"这样的后勤工作者，为他们带去了无微不至的关怀，把学生社区建设成为学生们温暖的家。

为进一步促进清华大学学生社区文化建设，让学生社区成为温馨的大家园，已成功举办多届"清华缘""学生公寓文化节"等品牌特色活动。号称园子里"非诚勿扰"的"清华缘"活动已经举办了6届，发展至今已经形成抢票入场的趋势。据统计，6期活动已成功牵手50余对，其中6对步入了婚姻殿堂，2对有了爱情结晶。学生文化节活动力求贴近学生生活，寓教于乐，活动内容以弘

扬中国优秀传统文化,引导学生追求真善美,增强文化自信。这些品牌活动丰富了同学们的业余生活,陶冶了情操,使同学们感受到社区的温馨,收获了亲情、友情、爱情。

四、蓝海无垠纳百川,建设美好和谐社区

为建设美好和谐社区,学生社区中心不断升级住宿环境,践行服务育人,和学生共建共享。

为充分发挥学生的主体作用,增强社会责任感,倡导学生组织了楼委会,依托院系学生骨干、勤工助学学生楼层长队伍以及紫荆家园文明宣导队,引导同学们参与学生社区建设。文明宣导队对社区住宿学生进行文明行为倡导;学生楼层长通过楼文化建设、参与检查本科生房间的卫生,引导同学们养成良好的生活习惯。在学生社区,同学们通过实践锻炼增长了才干,更发挥了朋辈教育在社区育人工作中的积极作用。

为更好地提高学生生活体验,让学生主动参与到社区建设中,学生社区中心还专门出台了《学生社区沟通共建实施办法》,旨在鼓励同学们为学生社区发展建言献策,促进沟通交流。按照办法,社区在开展楼宇施工、组织搬家、电动车治理等工作前都会组织学生座谈、讨论,并会邀请学生系统参加,共同商定方案。此外还会定期组织学生沟通会。有了机制保障,社区组织、学生参与的和谐共建模式已形成多年,让学生体验到了家的温暖,家的关怀,同时还有家的责任。

异彩纷呈的社区文化活动也点缀着同学们的社区生活,学生社区中心每年组织4个大型活动、60余个楼文化活动,活动立意鲜明,针对性强,深受同学喜爱。例如,"最美紫荆"优秀宿舍评比活动已举办了13届,评选出"百优宿舍""十佳宿舍"等,旨在倡导优雅和谐的生活理念和健康文明的生活方式。《清华大学学生公寓卫生管理细则》的实施,将卫生成绩纳入学生评优条件,促进学生养成良好的生活习惯。本科生学年平均卫生成绩合格比例始终保持在100%,学年个人平均卫生成绩保持在90分以上。

学生社区不但是学生住宿的场所,还是学生交流、学习、互动的天然场所。为同学建设一个"国际化、多功能、有品位"的学生社区一直是我们的目标。在学生参与设计、布置下,学生社区中心陆续建成了175间公共活动空间和2个学生社区活动中心,同学们在这里可以畅游书海、放松身心、碰撞学术火花,融入社区生活,感受着家的氛围。

　　加强高校学生社区文化建设在学生价值塑造、能力培养方面发挥着积极作用。社区文化是高校校园文化的重要组成部分。清华大学学生社区紧密围绕立德树人根本任务,陪伴一届届的学子成长成才。新起点、新征程,清华后勤人将不忘初心、牢记使命,不断探索社区文化内涵,弘扬社会主义核心价值观,以实际行动落实"三全育人"工作,在培养德智体美劳全面发展的社会主义建设者和接班人的道路上凝心聚力、砥砺前行。

大家筑小舍　小舍出大家

——北京大学万柳学区公寓文化建设掠影

北京大学　王太芹

"大家筑小舍,小舍出大家",这是北京大学特殊用房管理中心(以下简称特房中心)在万柳学区加强公寓文化建设的总体思路与目标,也是万柳公寓文化建设过程的生动写实。从北京大学首届公寓文化节的标语口号,到如今融入万柳学区师生员工的一言一行,"大家筑小舍,小舍出大家"已然成为万柳公寓师生潜意识中的行为准则,北京大学万柳学区在潜移默化中也成为师生心目中"大家庭"一样的存在。北京大学万柳公寓文化建设"为何""何以""如何"开展? 这是我们将要着重叙述阐明的几方面内容。

一、为何开展公寓文化建设?

这要从北京大学万柳学区的定位和机制说起。北京大学万柳学区是距离燕园4.7千米的校外住宿区,由特殊用房管理中心统一管理,服务包括水电暖运行、设备运行与设施维护、环境卫生、安全保障等,几乎涉及了学校后勤服务的所有内容。

这种统一管理直接形成了万柳小而全的后勤系统,为提高效率和优化服务打下了基础,但也因此加剧了与学校团学和教学、科研系统的分割。一方面,表面上教育管理服务部门职责明晰,实践中形成了教育管理和服务的空白和盲区;另一方面,地处校外的万柳学区缺少校内各部门合力所创造的有鲜明北大特质的校园文化熏陶和提供的各类服务支撑;更重要的是,面对国际化、信息化、智能化、个性化等背景下公寓管理服务升级的挑战和冲击,难以回避的问题是,由于特房中心现有公寓管理人员的知识结构、年龄结构、文化水平、时间精力的限制,中心工作主要着眼点仍局限于尽力管好"物"的层面,难以适应学生公寓教育、管理、服务三位一体的任务要求。特别是因为很难精准挖掘师生需求,导致了师生关注"国家大事"、忽略"身边小事"的状况,特别是出现对后勤服务"怀疑多""信任少"的苗头,这些现象也增加了各项后勤服务的成本。在以上背景下,如何通过文化建设营造氛围、增进共识、凝聚人心,不仅是师生们的需求,更是后勤管理服务者必须面对的问题。

二、何以开展公寓文化建设?

公寓文化建设,是一个"仁者见仁,智者见智"的话题。在北京大学万柳学区的管理者看来,公寓的空间内涵随着时代发展不断被赋予新的内涵和外延,它不应仅仅只是作为建筑的有形物理空间或布置与陈设,更包括了在物理空间中所形成的物与物、人与人、人与物之间的各种关系,以及开展或发生的不同种类和目的的活动。依此阐发,高校公寓文化则既与学校的资源(如历史积淀、管理水平、相关制度、知名校友等)紧密相关,又与学生的相关活动(住宿、学习、休闲、娱乐等)密切联系;既涉及其本身的硬件物理功能,也涉及公寓的教育功能、心理功能(品牌、形象、文化价值)等。从"大家筑小舍,小舍出大家"这一万柳学区公寓文化建设的思路和主线出发,万柳学区开展公寓文化建设则具备了得天独厚的基础和条件。

一是北大历来有重视师生参与学校治理的传统。无论是蔡元培校长"教授治校"的实践,还是胡适校长关于学生组织自治会的理念,都积累了丰富多彩而别有特色的北大校园文化建设经验。五四运动以来北大人就一直有关心国家大事,关注社会生活的传统。从"团结起来,振兴中华"到"小平您好",北大公寓是见证诸多珍贵历史记忆的重要场所。

二是北大师生有参与公寓文化建设得天独厚的基础和优势。万柳学区居住着400余名青年教师和全校近3000位攻读不同专业的硕士、博士研究生。师生来自20多个院系的不同专业,经受过严格的科研训练和实践锻炼,掌握了全面系统的科学知识和方法,个体素质高,视野广,对于社会热点保持着高度的责任心和敏感度,对与切身利益相关的公寓事务有较高的热情与能力。

三是公寓管理服务部门有加强公寓文化建设的需求和积极性。一方面,万柳公寓需要以文化建设为契机,强化沟通,提高集体凝聚力,形成解决后勤工作问题、提升后勤工作水平的合力;另一方面,加强公寓文化建设,公寓管理与服务可以引进师生监督,汲取师生智慧,从而更好地尽职履责,并在和师生员工的互动中进一步提升服务质量和育人水平。

三、如何开展公寓文化建设？

北京大学万柳学区公寓文化建设的思路和目标是"大家筑小舍，小舍出大家"，其实践更多的也是围绕人，从人的角度—育人的角度—大学生思想政治教育角度—立德树人的角度来开展。

一是完善组织建设，保障师生参与。虽然成立仅短短三年时间，一入住万柳公寓，老师同学们都会知道有万柳学生联合会、万柳教师自管会、万柳师生联合党支部这些自治组织。这不仅仅是因为这些组织自发地为居住在万柳的师生提供了很多温馨暖人的服务，也是因为这些组织在学校和师生之间起到了良好的桥梁沟通作用。在万柳，特房中心工作人员需要定期参加万柳学生联合会、万柳教师自管会的日常会议，了解师生所思所想，切实解决师生提出的问题和困难，最大限度地对师生自管会所组织的活动提供支持。

二是加强制度建设，维护师生利益。特房中心通过制定公开公平的制度营造风清气正的良好氛围，切实维护师生切身利益。在涉及师生利益的重大决策上，确保师生的知情、决策、监督等权利，并以书面形式对师生参与的范围、形式、程序等内容加以确定。例如，对于底商的引进和管理，中心充分调研师生需求确定引进底商的类型，并根据师生反馈决定底商的去留。底商引进采取面向社会公开招标，并邀请同学、教师代表参与投标会打分评标，同时公示招投标结果，确保相关企业不打扰师生生活，切实维护了师生利益，有效平衡了师生需求和公寓发展二者间的关系。

三是创新服务平台，直面师生诉求。北京大学万柳学区开设的"万柳大家庭"微信公众号、"万柳大家庭"微信群，通过高效快速的服务反应能力赢得了师生广泛赞誉。3000 余名师生参加的"万柳大家庭"微信群成为大家心中的"万能群"，使"万柳大家庭"初具品牌效应。万柳学区毕业的"万柳绫濑遥"的一则"北京大学万柳公寓生活指北"向学弟学妹们介绍了万柳公寓生活的方方面面，生动反映了师生积极参与万柳学区公寓文化建设的实况。以"万柳大家庭"命名的学习讨论群、健身跑步群、好物共享群以及毕业同学组建的"万柳大家庭"校友群等，正将万柳学区的公寓文化引向深入。

四是精心策划主题，营造文化氛围。"生活即教育""教育即生活"，万柳学区的师生组织一方面定期组织生活服务活动（电子产品义诊、二区公寓活动室改造、体育拓展等）和生活课堂活动（厨艺课堂，收纳课堂，礼仪课堂等），提高同学的综合素质,引导师生养成优质生活习惯,另一方面利用万柳学区师生共住一区的特点自发邀请学区老师开展通识教育学术沙龙活动(电影鉴赏、诗词鉴赏沙龙等),春风化雨,增强了公寓的"育人"功能,赢得了师生的广泛参与与好评。

五是强化队伍建设,提高服务质量。"大家筑小舍,小舍出大家"的公寓文化建设理念从根本上来说,并不意味着降低对公寓管理服务人员的要求,恰恰相反,它对服务提出了更高的标准。并且,管理服务团队能否以师生为本的服务意识代替传统老旧的行政管理意识也是公寓文化建设能否形成气候、形成传统的关键所在。特房中心一方面强化对员工安全、礼仪、业务能力等方面的培训,规范服务标准,增强员工的服务意识;另一方面,明确各部门的责任分工,权责清晰,通过开展全方位的服务以满足师生不同层次的多元化需要;在师生的理解支持和积极参与下,"万柳大家庭"才可能真正做到师生共建共享,万柳学区的公寓文化才可能走上"大家筑小舍、小舍出大家"的正向促动和良性循环。

打造第一社会　共建第二家庭　拓宽第三课堂

——扬州大学公寓思政文化建设巡礼

扬州大学　李晨阳　周晓峰

　　学生公寓是大学生学习、生活、休闲的重要场所,也是青年群体私人领域与集体空间的交会之处。据统计,大学生在校期间有二分之一左右的时间是在寝室内度过。为此,新时代的高校公寓管理工作不仅是学校后勤保障的重要组成部分,更是对学生进行思想政治工作和素质教育的重要阵地。

　　扬州大学现有学生公寓73栋,住宿学生36000多人,分布在7个校区。学生体量庞大、居住地域分散、校区结构复杂等多重因素,为学校公寓管理和服务育人等工作带来了重大挑战。近年来,扬州大学后勤保障处以公寓思想文化建设为抓手,拓展教育阵地、创新体制机制、完善教育方式,着力构建出突出价值塑造、强化精准引领、多方协同联动的全过程、全方位、全覆盖的公寓思想文化建设体系,将学生公寓打造成学生交往的第一社会、成长的第二家庭、教育的第三课堂,积极发挥公寓思政文化育人功能、提升教育质量、助力学生成长,取得了显著成效。

一、拓宽育人阵地,以思政引领凝聚育人"向心力"

　　在公寓内,学生之间进行着大量的信息传播和思想交流。思想、道德、情感、意志等都会无拘无束地显露出来。高校思想政治工作要向深度和广度推进,必须渗透到学生公寓之中。长期以来,扬州大学将思想文化建设作为学生公寓文化建设的重要内容,把公寓思想文化建设作为立德树人的重要落脚点。

(一)以"六进行动"夯实组织建设基础

　　近年来,扬州大学积极推进组织建设向宿舍延伸。根据不同校区的功能结构和师生需求,有针对性推进学生党团组织、政治辅导员、心理咨询、安全保卫、学生社团管理组织和校园文化活动进公寓。以"六进行动",完善组织架构,拓宽育人阵地,推动思想工作向纵深发展,同时,强化不同组织间的交叉协同,推动建立"公寓大思政"工作格局,实现思想文化建设在学生生活、学习、工作中的全面渗透和有效延伸,以强劲的组织架构,保证公寓文化健康良性发展。

(二)以"主体思维"推进"三自"融合发展

大学生具有很强的主观能动性,扬州大学公寓服务中心积极树立学生的"主体意识",在公寓管理和建设中推动"自我服务,自我管理,自我教育,自我监督"的深度融合。在学工处的指导下,坚持"服务为主,管理为辅"的原则成立学生自我管理委员会,各宿舍楼成立楼管分会和层楼管会,激发学生"主人翁"意识,形成思想文化建设的内生动力。有效提升了学生对公寓思想文化建设的参与感、认同感和获得感。

(三)以"骨干工程"激发争先创优氛围

长期以来,学校公寓服务中心重视发挥学生党员、学生干部和先进分子的带头作用,以"骨干工程"的示范引领,激发全体学生争先创优的氛围和环境。联合学工部、学院组织开展公寓学生党员"承诺践诺评诺"主体活动,引导学生党员亮明身份,并围绕思想成长、学风引领、宿舍生活、服务同学等方面做出公开承诺、主动作为、接受监督。开展学生公寓"学党史、知党情、跟党走""'一站到底'党史知识竞赛"等系列主题活动,为学生骨干提供了广阔的工作空间,提高了全体学生的政治责任感和党性观念。2019年,党建、团建活动中心正式入驻公寓。

二、创新管理机制,以"三精"标准提升服务"感染力"

服务、管理工作是学生公寓建设的第一职能。随着我国高等教育的改革与发展,作为大学生第一社会、第二家庭、第三课堂的学生公寓,优化管理机制、创新管理模式、落实服务功能具有重要的教育意义。新时代的公寓思想文化建设是校园精神文明建设的重要窗口。长期以来,学校围绕高校学生公寓文化建设的内涵、特点和规律,精细服务、精准管理、打造精品,不断丰富公寓思想文化建设内涵,提升公寓服务育人实效。

(一)围绕学生需求,强化"精细服务"

扬州大学在公寓设置了24小时热线服务电话,第一时间为学生排忧解难;

值班室免费为学生提供针线包、打气筒和五金工具箱等常用工具;大厅内及时进行各类温馨提示,提醒学生停水停电信息、天气变化、添加衣物、注意饮食卫生等;定期为学生提供床单、被套免费洗涤服务。中心在各楼宇内建设生活岛,增加开水炉、直饮水机、洗衣机、自助烘干机、自助电吹风、微波炉等设施设备,方便学生生活。各楼宇内均开设24小时开放自修室,促进了学风建设,为全校考研率提升作出了一定贡献,广受师生好评。

(二)聚焦智慧后勤,创新"精准管理"

扬州大学公寓服务中心大力加强信息化建设,推动智慧公寓的建设,2014～2019年间完成了学生公寓管理系统、智能计量控电系统、门禁系统、监控系统、自助购电充值系统、多媒体信息发布系统的建设和升级改造工程。以"互联网＋"推进学生公寓服务升级,发挥信息化引领作用。学生公寓管理系统投入使用后,36位管理员全部使用平板电脑进行安全、卫生检查,并及时上传数据。学生通过系统可以查看宿舍卫生成绩,工作和服务效率显著提高。门禁监控系统实行24小时监控,2018年15栋楼宇学生通过人脸识别进出,门禁系统同时与消防出口关联,一键开关打开所有通道门,全面保障学生人员、财产的安全。智能控电系统全面实现了实时监控、记录、查询、定额供给等功能,方便管理员及时发现违章电器,从根源上扼杀不安全的用电现象,做到防患于未然。

(三)对标学校发展,推进"精品建设"

长期以来,扬州大学公寓服务中心贤紧紧围绕学校发展规划的整体要求,坚持以"人性化管理、亲情化服务、规范化保障、潜移化育人"的工作理念,坚持公寓品牌工程建设。如关注关心大学生群体中的心理亚健康学生,与学院进行对接,掌握亚健康学生情况,特别是对抑郁症学生进行重点关注。如重视职工队伍建设,每年组织开展优秀管理站评比和管理员岗位作业竞赛活动,相互学习,相互促进。加强自管会学生干部的培训工作,发挥学生骨干的模范带头作用。中心多次开展心理知识培训,提高了全体公寓人关注学生心理问题的能力。中心有7名员工通过学习考试取得心理咨询师资格,其中5名已参与到学校心理访谈工作中。

三、强化人文涵育,以共建共享激发"源动力"

公寓文化建设是校园文化的重要组成部分,是新形势下高校思想政治工作的创新点和着重点。扬州大学公寓思想文化建设始终围绕立德树人的根本目标,以优越的环境感染学生,以高尚的精神塑造学生,以正确的舆论引导学生,共建共享文化建设成效,创新孕育了丰富的实践范例,在校内外引起重大反响。

(一)拓宽载体,优化人文环境

现代心理学研究结果表明,客观环境与主观认识相互作用,直接或间接影响着人的情感、工作和学习效率,公寓环境建设对学生行为具有暗示、熏陶和感染作用。2015年至今,扬州大学年均投入350余万元,全力推动公寓外环境进行全面改造。瘦西湖校区建设了文化走廊、驿站、风雨长廊,供学生休憩交流,使校园的一草一木与学生的教育熏陶相得益彰。荷花池校区经过合理的设施布局,建设了文化驿站、求知苑、时光小站等景观。在扬子津东、西校区建设示范楼宇,打造成学生生活、学习、休闲、娱乐的活动场所和育人阵地,满足了学生不断增长的精神文化需求,增强环境育人功能。

(二)丰富内容,深化人文内涵

学校扎实推进公寓文化建设,开展每年一届的"学生公寓文化建设月""大学生基础文明建设月"活动,组织员工和学生互动的主题黑板报评比,举办学生公寓优秀书画作品展,组织宿舍美化大赛等活动,发挥学生公寓的文化育人功能。各校区常态化开展"宿舍大讲堂"活动,围绕同学感兴趣的摄影技术、word功能运用、名著解读、茶道、剪纸等专题,发动师生,利用个人的专业知识和文化积淀交流研究成果、技术技艺和心得体会,让学生在共享共建中,提升参与公寓思想文化建设的积极性和主动性。

打造品牌,扩大示范效应。近三年来,公寓服务中心不断打造思想文化建设品牌,扩大示范效应,在社会上引起重大反响。中心荣获2018年度江苏省高校学生公寓与物业管理"服务育人先进集体"称号,2017年全国高校学生公寓工作创新成果奖二等奖,2017年江苏省高等学校学生教育管理"创新奖"二等奖,2017年扬州大学"两学一做"支部风采展示活动一等奖,扬州大学服务型党组织示范点单位称号。1人获2018年度江苏省高校学生公寓与物业管理"服务育人先进个人"称号,文汇路校区1名管理员获得江苏省高校首届十大"感动公寓"人物称号和扬州大学第二届十大"情暖校园"人物称号。一系列成果,传播了公寓思想文化建设的积极影响,为高校争创一流提供了后勤服务管理的管理智慧和服务担当。

打造四大学生公寓体系
构筑新时代美好校园生活

浙江浙大新宇物业集团有限公司　周超　于睿凡

浙江浙大新宇物业集团有限公司（以下简称"新宇集团"）成立于 2000 年 1 月，是伴随中国高校后勤社会化改革成长和发展起来一家股份制企业。在浙大"求是创新"校训的感召下，新宇集团不忘初心、敢为人先，从一个只有几十人的学校管理单位，发展到一万名员工的企业集团，闯出了一条适合教育后勤社会化和产业化发展的成功道路。

公司成立 20 年来，新宇集团根据新时代新需求，创新学生公寓管理模式，延伸校园服务内涵，致力满足广大师生对住宿生活不断增长的物质文化需求，打造了专业管理、文化育人、多元服务、智慧运营等四大特色体系，全力构筑新时代美好校园生活。

一、专业先行　打造规范化管理体系

新宇集团坚守品质匠心，坚持苦练内功，梳理完善业务体系流程，着力探索打造具有高校后勤行业特色的标准化建设路径，逐渐成为行业标准的制定者、践行者。

在行业内率先导入 ISO 质量、环境、职业健康、能源管理、信息安全管理体系认证，践行《卓越绩效评价准则》，出版《学生公寓服务与管理 ISO9000：2000 实践》《学生公寓管理服务案例选编》。作为中国教育后勤协会学生公寓管理专业委员会秘书长单位，参与行业规范化建设，主导编制《校园物业管理服务规范》《标准化学生公寓创建指导标准》《高校学生公寓发展中长期规划》。

落实"专业化、标准化、精细化"的三项管理手段，追求"顾客接受、顾客满意、顾客感动"的三重服务境界，持续开展"明星产品"建设，推出"最美新宇人评选"，涌现许多一线管理服务标兵，推出更多的"示范公寓"和"示范楼宇"，师生满意度位居行业前列。

此外，集团还注重改善学生公寓硬件条件，营造方便舒适生活环境。据统计，自 2000 年浙江大学学生公寓实施社会化管理以来，新宇集团新建和改造宿舍面积总计达 100 多万平方米，投资建成学生活动室、健身房、学生之家、党团活动室等 70 多个活动场所，所有 91 幢学生宿舍楼全部达到浙江省标准化学生公寓建设要求。

二、文化引领　打造立体化育人体系

根据学生公寓教育属性，新宇集团坚持以文化人，以情润心，重视育人团队和育人文化建设，取得了丰硕成果。

通过打造学习型组织，提高管理干部素养；成立管理学院，培养专业内训师队伍，帮助员工开阔眼界；推动培训常态化，培育员工工匠精神；鼓励员工考证，提高全员技能水平；创新人才培养路径，开展"校企合作"，构建了一支"能打仗、打胜仗"的高素质育人团队。

凭借源自学校，更了解学校、了解学生、了解后勤管理规律的优势，新宇集团坚持把立德树人作为中心环节，提出后勤管理"全员育人、全方位育人、全过程育人"理念，要求每一个岗位都有育人的职责、每一项流程都有育人的要素、每一处空间都有育人的氛围，通过学生行为养成教育、以人为本关怀服务、公寓环境氛围营造等形式，在管理中植入服务育人理念；优化管理组织架构，实行楼长负责制，负责学生宿舍的日常管理服务；加强以宿舍为阵地的第三课堂建设，每年举办寝室文化节，开展寝室吉尼斯、新年游园会、楼间篮球赛等公寓品牌文化活动；创建特色文化楼和特色寝室，开展社团成果展示、楼史建册等活动，设立"学长风采"墙和"艺术涂鸦"墙，为传递学生正能量和开展艺术创作提供展示空间，丰富学生宿舍文化内涵；开展卫生"免检寝室""文明寝室"以及节能降耗、垃圾分类、绿色环保等主题教育活动，引导学生形成文明健康的行为习惯；打造宿舍楼勤工助学基地，让更多学生直接参与宿舍工作，提升学生"三自"能力。形成了管物与管人相结合的特色育人文化体系，得到广大师生认同。

三、服务创新　打造多元化服务体系

新宇集团积极围绕"生命全周期，服务全链条"的服务理念，整合行业有效资源,丰富服务内涵、延伸服务种类,打造多元化学生公寓服务体系。

在学生公寓内,注重门厅功能开发利用,突出信息发布、沟通交流、服务保障、休闲会客、门厅警示、艺术展览六大功能区块,安装 LED 电子显示屏、移动宣传板、橱窗等,把校训、园训引入门厅布置;率先在全国高校学生公寓注册微信服务号,实时发布住宿安排、报到流程等信息,实现在线订水、报修登记、水电充值、卫生查询、远程开门等服务,学生粉丝已达 10 万人;启用"学生公寓网""新生报到网"及学生住宿管理系统,方便学生查看网上通知公告,实行新生网上住宿申请,提升住宿学生的获得感、幸福感、安全感。

在专注于专业服务基础上,新宇集团逐步加强对增值业务的开发和服务产业链的完善,构建了以住宿园区综合运营服务为主导,公寓管理、餐饮服务、物业服务、能源管理、商贸超市、酒店服务、房产代建等多项业务共同发展的上下游全生态产业链,一站式满足广大师生对美好校园生活的向往。

四、科技赋能　打造智慧化运营体系

近年来,新宇集团紧盯行业的发展方向和技术前沿,主动接轨"互联网＋"趋势,提出"科技赋能后勤产业"的战略目标,以自主创新推动科技成果转化为现实生产力,不断巩固园区综合服务能力。

基于对行业的深刻理解以及对新兴技术的迫切追求,新宇集团顺应现代服务的发展趋势,持续加强业务科技化建设,助推学生公寓运营水平快速增长。通过成立新宇创新研究院、新宇互联网研究中心,依托自主研发和技术引进,加大智能化系统应用:率先在全国推出高校学生公寓服务平台,自主研发"小宇之家"物业管理云平台、"五合一"智能安防系统、远程报修系统、纪实考评系统、微信服务平台,实现了"智慧校园"互联互通,逐步构建涵盖"智慧公寓、智慧餐饮、智慧商贸、智慧交通"的新宇智慧园区生态体系。此外,随着物业管理服务运营数据的全面云端化,将全面覆盖物业管理服务线上标准化流程输出、服务全过程闭环监控、多层级管理一体化高效运用等功能,全方位保障管理服务品质。

未来,还将结合"大数据"分析,精确评估校园师生的各类需求,拓展如出国游学、就业咨询、教育培训等其他增值服务赢利模式,完成"传统后勤"到"现代后勤"的转型升级。

20 年来,新宇集团秉承"奉献社会、体现价值"的企业精神,已成功为浙江大学、北京大学、北京师范大学、南开大学、中国海洋大学、西湖大学、阿里巴巴、中国移动、建设银行、浦发银行、中国烟草等200家单位的150万顾客提供优质服务,业务范围遍及13个省区市,服务质量得到了各界认同与肯定。先后荣获"国家一级物业管理资质企业""全国物业管理行业综合实力百强企业""全国高校后勤事业发展先进单位""中国校园物业服务百强企业(全国排名前3位)""全国高校后勤文化建设优秀标杆单位""全国学校物业管理特色企业"等称号。新华社、《人民日报》、中央电视台、教育部、中国教育电视台以及《中国教育报》《光明日报》《浙江日报》《中国物业管理》和省市其他新闻媒体多次进行专题报道,国家相关部委及省、市政府部门给予了高度的关注和肯定,树立了"浙大新宇"优良品牌形象,正日益成长为全国高校物业管理领域中最具实力和影响力的企业集团之一。

长风破浪会有时,直挂云帆济沧海。站在成立20周年新起点上,新宇集团将始终不忘初心、坚守匠心,不断提升服务品质,以专业、文化、多元、智慧的服务,致力于成为师生美好校园生活的缔造者和守护者。

春风化雨暖人心　润物无声显成效

——上海财经大学学生宿舍新生养成教育

上海财经大学　王青

9月的校园,拂去夏的炽热,盛满秋的丰硕。绚烂金秋,欢声笑语,上海财经大学2019级新生如期而至。新的学期,学生宿舍迎来了新的主人,上海财经大学后勤中心学生社区也随之开启了学生宿舍新生养成教育之旅。

高校学生宿舍不仅是学生的日常居住场所,更是学生思想政治教育、养成教育、校园精神文明建设的重要阵地。长期以来,上海财经大学后勤中心学生社区坚持践行"管理育人、服务育人、环境育人"的理念,以新生养成教育为载体,积极推进学生社区文化建设,培养学生良好的生活习惯、行为习惯和道德风尚,共同创建安全、健康、文明、和谐的宿舍环境。经过多年的实践与探索,形成了良好的社区文化氛围。

一、一室之不治,何以天下家国为

步入大学校园,往往是学生真正独立生活的开始。在集体生活中,宿舍是住宿学生共同享有的生活空间。学生宿舍新生养成教育对培养学生的自律意识、提高自我管理能力、帮助学生适应角色转换,养成良好的生活习惯具有重要意义。一室之不治,何以天下家国为? 学生社区实施科学规范、亲和有力的养成教育,不仅在大学阶段,助力财大学子健康成长成才,更帮助学生在未来的人生旅途中形成良好的习惯,铸就优秀的品格,使之终身受益。

二、学生宿舍新生养成教育实践方法

(一)知行合一,传递养成教育

科学完备的规章制度是开展学生宿舍养成教育的基础,宿舍各项管理制度

是学生共同遵守的行为准则,对学生日常作息、行为习惯具有规范与约束的积极作用。学生社区将开学第一周作为宿舍养成教育宣传周,通过电子显示屏发布、板报书写、现场宣讲等方式,帮助刚刚迈入大学校园的新生了解和掌握宿舍各项规章制度,指导规范学生的宿舍学习生活行为。安全管理制度提高安全意识,作息制度规范日常起居,卫生管理制度促进文明环境,水电制度有助资源保护。健全的规章制度、完备的管理规范,传递着学生日常生活习惯、行为习惯指导,携手广大学生共同营造安全、健康、文明、和谐的宿舍环境。

(二)小处着手,促进养成教育

以宿舍内务整理、新生宿舍达标验收为切入点,促进学生良好生活习惯、行为习惯的养成。许多新生未有住校经验,自我生活能力相对比较薄弱。后勤员工从床铺整理到物品摆放,从地面打扫到门窗清洁,一一进行具体指导与帮助。从小处着手,从小事做起,携手学生共同营造整洁有序、舒适温馨的宿舍环境。例如,叠被虽是一件不起眼的小事,却关系到整个寝室的风貌,更是学生集体荣誉感的外在体现。管理员发动宿舍中每一名成员都积极行动起来,在共同努力达标的过程中,也加深了学生与学生、学生与后勤员工彼此间的认识与了解,增进了相互间的友谊和交流,促进了和谐宿舍氛围的形成。

(三)巩固成果,持续养成教育

良好的生活习惯、行为习惯的培养是持续推进、持之以恒的过程。养成教育需要扎扎实实、坚持不懈,以制度化的约束、规范化的操作、常态化的保持,引导学生达到良好行为习惯自觉养成的目标。学生社区以新生入学为起点,将宿舍养成教育贯穿于学生整个大学阶段,常态化实施,持续推进。学生宿舍行为表现每日检查、每周公示、每月汇总、每学期评比,并与学生的综合测评、评优受奖相挂钩。采用激励机制,开展示范寝室评比,在养成教育中树立先进典型,以榜样的力量引领学生的行为习惯养成,推进学生社区文化建设。

(四)凝聚共识,合力养成教育

养成教育渗透于学生在校学习、生活的各个领域,需要全方位、多层面形成合力,齐抓共管,共同参与,促进学生综合素质的提升。学校后勤与学工部门、学院、辅导员队伍等建立了良好的沟通反馈机制,共同关注学生,关心学生,紧密结合,相互促进,形成宿舍养成教育的强大合力。此外,充分发挥学生自身的主观能动性和积极性,实现由"他律"到"自律"的转化,自觉自主形成良好的习惯。

三、学生宿舍新生养成教育实践特色

（一）服务育人，身教重于言教

在新生养成教育过程中，学生课业繁忙，在寝室时间较短，后勤员工主要利用午餐或学生晚间下课后的时间，手把手对学生进行内务指导。她们加班加点，来回奔波在各层寝室之间，一天繁忙的工作过后，嗓音经常都是沙哑的。后勤员工以勤劳质朴的工作精神感染着莘莘学子。她们关心每一名新生，关注每一名新生，帮助养成良好的生活习惯。她们用心用情，耐心细致，平凡的服务中蕴含着责任、敬业与爱心。在规范养成和情感浸润的过程中，养成教育的成效逐步显现，一间间新生寝室变得干净整洁，床铺折叠平整，物品摆放有序，环境舒适温馨。养成教育的过程，也增进了后勤员工与新生之间的熟悉程度与情感交流。你的忙碌，我看在眼里；你的付出，我记在心间。一声声"阿姨好""阿姨辛苦了"的微笑问候渗透着学生的浓浓情意。

（二）与时俱进，增强养成实效

根据新时代学生生活的特点，与时俱进，调整工作方法，丰富内容和形式，增强养成实效。一方面注重引导，全力相助。随着生活水平的不断提高和网络购物的便捷，学生日常生活用品不断增多。宿舍空间有限，物品摆放多而杂乱，不仅影响宿舍整体生活环境，更存在着安全隐患。面对这一情况，学生社区充分发挥后勤员工家务能手的特点，逐间寝室指导学生如何分类归置、如何收纳储藏、如何利用空间、如何防霉防蛀等。同时提倡节约适度、绿色低碳、文明健康的生活理念，引导节俭、绿色、适度的消费习惯和生活方式的养成。另一方面，倡导集体观念的同时尊重个性发展。关注宿舍整体环境的规范和整洁，引导学生增强集体意识和集体荣誉感，养成良好的生活习惯和作息习惯，不影响他人和集体。在此基础上推进寝室文化建设，展现寝室文化特色，如书香寝室、田园寝室、活力寝室等，鼓励学生进行个性化的展示，推动社区文化多元发展。

（三）春风化雨，润物无声显成效

学生宿舍新生养成教育并非通过教条的约束机械地养成习惯，而是在长期的坚持、点滴的渗透、环境的展现中感染学生、培育学生，似春风化雨，达到润物无声的成效。它以学生为主体，宿舍为载体，将学生品格的塑造融入宿舍日常生活习惯、行为习惯养成的过程中。建设温馨舒适的小家，营造整洁有序的环境等日常行为积累中，从自我意识到团队协作，从个人习惯到责任担当，学生宿

舍新生养成教育充分发挥了宿舍育人阵地的功能,促进学生实现自我教育、自我管理、自我服务,帮助学生健康成长成才。

学生宿舍新生养成教育是上海财经大学后勤中心落实"三全育人",推进学生社区文化建设的重要举措,常抓不懈,持续深化,注重价值引导,注重养成实效,帮助学生形成良好的习惯,铸就优秀的品格,为学校一流人才培养添砖加瓦。

"筑堤工程"丰富后勤廉政文化新内涵

——郑州大学后勤集团廉政文化建设实践与探索

郑州大学　魏新兴　张路天

作为一所多学科、多校区的巨型综合性大学,郑州大学后勤工作实行甲、乙方的管理体制,通过后勤服务协议实行契约化管理,四校区一体化运行。甲方后勤管理处代表学校行使管理、监督职能,乙方后勤集团承担着校内大部分的后勤保障任务。为全面落实新时代反腐倡廉的要求,郑州大学后勤集团以2018年河南省十届省委第五轮巡视为契机,从严从实对自身工作进行全面梳理,推动改革、促进发展,持续提升"筑堤工程"实效,强化廉政风险防控措施,努力解决若干瓶颈问题,加强宣传教育筑牢思想堤坝,端口前移构筑监管堤坝,突出重点筑牢制度堤坝,以正风肃纪推动后勤事业的健康发展。

一、筑牢思想堤坝,增强不想腐的自觉

为进一步增强党员干部拒腐防变能力,营造风清气正的良好生态,促进廉政建设各项工作的顺利开展,后勤集团创新形式,多措并举,强化学习教育,提升后勤队伍整体素质,筑牢思想堤坝。一是丰富学习内容,强化廉政意识。为提升党务工作者的整体素质,后勤集团定期举办专题培训班,通过对党务知识、习近平新时代中国特色社会主义思想、党的十九大报告精神、廉政规章制度、纪律处分条例、问责条例等的系统学习,坚定理想信念,筑牢思想防线,明确党务工作的新要求,为制度的执行提供有力的思想支撑。二是坚持以案促改,强化警示教育力。定期在党委会、中层管理人员会议、党支部会议上通报腐败典型案例及中央和学校的廉政要求,提升教育成效。三是拓展学习形式,增强廉洁文化感染力。组织党员骨干赴井冈山、遵义等革命圣地进行红色教育,进一步

加强党性修养;定期对支部书记、纪检委员进行专题培训,提高廉政建设工作水平。四是在对党务工作者的考核过程中,单位廉洁从业情况作为党建活动成效的重要指标,直接与党支部目标考评和其日常绩效工资发放挂钩,更是评优评先的重要考核内容。五是坚持人才引进,做好智力储备。在学校进人渠道封闭的情况下,后勤集团利用自身积累,面向社会招聘发展所需人才。在人才引进过程中,不仅吸纳专业技术人才,而且注重对管理人才的引进,全面提升后勤队伍整体素质,为后勤可持续发展积蓄力量。

二、筑牢制度堤坝,扎牢不能腐的笼子

为了践行"把权力关进制度的笼子",后勤集团以建章立制为本,以完善的制度刚性约束从业行为,引导全体职工树立正确的权力观和价值观。一是健全党政同责制度,通过"两个责任"的严格落实,在领导层构建完善的责任体系。党政分工各有侧重,通过党委会、总经理办公会等会议制度的完善,以及"三重一大"事项决策程序的规范,使得党委、行政的权力能够规范运行。在明确领导个人党风廉政建设责任时,将廉政考核与分管业务、定期考评有机结合,实现了监督检查的常态化。二是完善制度衔接,形成闭环体系,强化协同效应。结合党规党纪、国家法律法规和学校规章制度,先后制订和完善了《中共郑州大学后勤集团公司委员会会议议事规则》《郑州大学后勤集团公司会议制度》《后勤集团落实"三重一大"制度实施办法》《郑州大学后勤集团公司财务审批办法》《郑州大学后勤集团公司采购管理办法》《郑州大学后勤集团公司工程管理办法》等近20项管理制度,并根据适用环境的变化进行制度更新,形成了用制度管人、管事、管钱、管物的刚性约束机制,规范工作行为,有效增强廉政风险防控能力。

为了实现对廉政行为的有效激励,后勤集团通过工作流程的重塑,实现"身份管理"向"岗位管理"的转变,确保廉政制度能够落实到位。首先,以创建"专业、优质、高效、便捷"的服务保障体系为目标,实现工作流程的重塑。破除以往后勤集团内部各单位"各自为政"的局面,以防控风险、方便师生为原则,实现部分业务的"汇流"。如将所有采购工作统一由采购部负责,通过单位申报、统一采购、定期盘存、用量统计,既提升成本核算能力,又有利于廉政风险防控。其次,以绩效考核为抓手,实现岗位职责的固化。后勤集团所有岗位实行竞聘上岗,每个岗位编制岗位责任书,明确职责要求,从管理层到一线职工,每两年竞聘一次,从事廉政风险较重岗位人员定期轮岗。岗位职责履行情况通

过绩效考评进行,根据岗位说明书要求,每个岗位对应一套绩效考评细则,对党务工作者专门明确党务考核指标,通过集团领导每日检查、质量监管部门专项检查与随机抽查、各单位日常检查的"三级"考核,确保工作绩效。绩效考核结果直接与绩效薪酬挂钩,实现了有效激励。

三、筑牢监管堤坝,强化不敢腐的震慑

自 2017 年起,后勤集团系统开展廉政风险防控"筑堤工程",通过风险排查和化解,强化党支部在廉政文化建设中的战斗堡垒作用,将每一名职工党员纳入廉政文化建设网络中。一是全面动员排查廉政风险。后勤集团党委多次召开专题会议,以党支部为单位,明确责任、统一标准、细化规则,以廉政风险为主线,通过各单位自查、质量监控部门协查、集团领导班子审查等程序,对自身工作中的廉政风险点进行全面排查。重点查找权力过于集中、运行程序不规范等可能造成的权力寻租风险;规章制度不健全、监督机制不完善可能造成的权力失控风险;工作作风不扎实、职业道德不牢固可能造成的行为失范风险。查摆廉政风险的过程也是全体动员的过程,更是学习提升的过程。二是系统构建廉政防控体系。通过自下而上的认真梳理,结合岗位责任书与绩效考评指标设计,制定《郑州大学后勤集团公司廉政风险防控工作手册》,作为廉政风险防控"筑堤工程"的重要基础。手册中共拟定后勤集团廉政风险点 142 个,涉及招标管理、合同管理、财务管理、工程管理、人员管理等 15 个大项,进而评定风险等级、明确责任主体,提出防控措施 108 条,成为预防廉政风险的有力保证。2018 年省委巡视工作结束后,后勤集团针对反馈的重点领域廉政风险防控不力等问题,及时丰富廉政风险防控手册内容,进一步加强对饮食原材料采购、食堂商户引进、商业网点、工程等方面的纵深管理,持之以恒正风肃纪,切实提升廉政风险防控实效。

后勤部门承担着服务育人的重任,在为师生提供优质服务的同时,通过把服务对象纳入自身的监管主体中,实现了对"小微腐败"的有效监督,同时将后勤廉政文化传播开来。后勤集团以热线电话、网络、移动 App、第三方应用等技术为支撑,建立起信息采集多元化、监督内容立体化、信息流转高效化、问题跟踪可视化、结果反馈及时化的 24 小时"一站式"监督服务平台,打造"意见提交—服务受理—问题下派—过程跟踪—结果反馈—质量回访"闭环式服务监督体系。师生可以通过热线电话、门户网站、微信公众号等过多种途径随时随地向后勤集团提出意见和建议,问题响应时间、处理结果等信息均在平台同步

展示,公开透明的处理方式贯穿于服务全过程。同时以互联网"大数据"技术为支撑,师生的有效评价与人员薪酬和服务经费的支付相挂钩,推动后勤从业人员自觉提升职业素质,降低行为失范风险的发生。

围绕阳光后勤、廉洁后勤建设,郑州大学后勤集团采取制度建设、风险防控、流程优化、队伍建设和监管体系完善等系列举措,完善不敢腐、不能腐、不想腐的长效机制,筑牢廉政文化根基、增强廉政文化绩效、扩大廉政文化影响,不仅丰富了廉政文化内涵,而且为后勤集团的健康持续发展提供了有力保障。

师生为本　精做食堂味道，
服务育人　打造饮食文化

——以山东科技大学为例

山东科技大学　裴中爱　韩汝军　赵红

山东科技大学建校于 1951 年，是一所工科优势突出，行业特色鲜明，多学科相互渗透、协调发展的省重点建设应用基础型人才培养特色名校，是山东省人民政府与原国家安全生产监督管理总局共建高校。学校总占地面积 3800 余亩，在校生 4.5 万人，有 32 个二级教学科研单位、90 个本科专业，27 个一级学科硕士学位授权点、10 个一级学科博士学位授权点、8 个博士后科研流动站。

山东科技大学校园饮食经过十多年的努力和不断创新，形成了业态多样、餐品链丰富、特色餐品群集聚、差异化经营模式并存、多品牌良性竞争发展、多功能文化食堂共建的饮食服务综合平台，学生食堂成了"新业态""新消费""新味道"的新天地，吃饭场所变成了"新风尚""新环境""新体验"的"时尚混搭"，传统的校园饮食服务通过后勤饮食文化的"自我变革"、"创新跨界"和"迭代升级"，实现了饮食服务、文化传播、生活学习的"第三空间"大融合。

作为全国"高校后勤文化建设优秀示范院校"之一，山东科技大学校园饮食服务活力的背后是其独特的后勤文化设计、构建和传播，是源自在"活""实""细""比""学""富""多""美""亲""亮""强" 11 个方面的探索和坚守。

一、让校园饮食"活"起来

推动变革创新，增强服务活力：一是组织创新，实现以"条"为主的管理模式向以"块"为主管理模式转变，变原先饮食服务中心餐厅管理部、监控部、采供部、各餐厅以楼层为核算单位的粗放型管理，推行以各餐厅（即"块"）为主体的特色经营和集约化管理模式,模拟企业化运作,将用人权、经营权、分配权下放至"块",各餐厅自我创新、自我完善、自我积累、自我补偿和自我发展的能力得到显著提升。二是持续坚持制度创新,通过后勤管理处宏观控制和以餐厅为服务实体的精细管理相结合,形成餐厅各个"块"的校内竞争机制与内部激励约束机制,稳定饮食队伍、激活干部员工创新激情与活力,推动各个"块""上岗靠竞争、待遇凭贡献、效益靠创新"的激励机制;同时,严把进口关,严控出口关,采购供应部严格控制各餐厅所用原料的价格、质量和卫生标准,认真核准原料采购价格,切实降低采购成本;加强监管,实行全成本核算,采购供应、水电气费、维修支出、办公经费、员工工资等所有支出均由后勤管理处财务统一管理,防止"跑冒滴漏",确保成本管控和保障性服务有机结合。三是管理创新,后勤班子坚持值班制度,班子成员落实常态化一线巡岗制度,全面掌控各个"块"的经营状况和服务质量,加强对"块"的运营指导,通过满意度测量、师生员工接待开放日、监督员例行督查、伙管会抽查、神秘顾客暗访、日周月三级报表数据分析、经营周例会、工作通报等手段和方式,实施对"块"服务水平、运营质量和管理成效的实时监督、调控和指导。

二、让服务基础"实"起来

增强保障能力,夯实服务基础:一是实施管理重心下移,强化食堂一线管理力量,加强基层班子建设,学生食堂科级建制,配备正、副科级干部各1名,后勤配备1名享受副科级待遇的技术总监,各楼层配备1名大堂服务经理。二是建立内控体系及配套制度,实施"采产管"三权分立,后勤班子3位成员分管采购配送、食堂运营和监督管理,"采产管"三权分立是保证食堂安全规范、高效运行的最好机制。三是以"块"为主体,条块有机结合,推动饮食管理和服务的专业化、规范化,但又不完全依赖于这种块块模式,为突出在管理重心下移情况下饮食管理的整体性、系统性,还进行了条块结合的组织设计和制度安排,如设置文化建设中心专职部门加强对餐饮"人"的建设、学习培训计划组织、统一服务规范和质量标准、推进"五星级"班组创建、丰富饮食文化传播载体、开展劳动安全和技能竞赛、营建服务环境氛围,成立人力资源部加强对餐饮人力资源的统一招聘、统筹管理和深度开发,组建安全管理与质量监控部对饮食安全和质量建设实施测量评价和有效管理。四是实施精细化饮食管理,制定《安全手册》,人手一册,导入5S管理工具,各饮食服务单位均制定体现特色、自成体系的《5S精细化管理手册》,编印《产品标准化操作规范》《标准化服务手册》等,建章立制,夯实制度体系建设基础。五是建立和细化量化工作指标,实施对"采购验收配送、生产出售核算、管理服务评价"的全链条、全流程的常态化监督管理,食堂做到"一日三查"、蔬菜药物残留及餐具消毒"一日双检",监管部门实施例行日检、周抽查和不定期组织力量开展月度联检暗访;建立饮食服务目标责任机制,梳理和界定安全隐患、并进行分类管理,落实考核奖惩制度和安全责任追究处罚办法,实施饮食服务通报制度,编发周报、月报工作简报,对安全生产、精细管理、服务管理和星级班组创建等实现"指标到班组、职责到岗位、任务到员工",做到"责权利奖罚分明、量化指标覆盖全岗全员"。

三、让饮食管理"细"起来

实施精细管理,践行服务规范:一是标准规范精细化,先后出台《安全生产管理实施细则及奖惩办法》《服务质量管理实施细则及奖惩办法》《5S精细化管理实施细则及奖惩办法》和《五星级班组创建实施方案》,完善《安全手册》《5S标准作业手册》《餐饮作业规范与标准化生产》《应急预案与危机管理》等有效制度和办法。二是亲情服务精细化,导入MOT关键时刻管理工具,将服务导向、意识养成、素养全面、技能提高、服务能力、关键要点、流程优化等用建立素质模型、规范标准来形象化、图表化、影视化、亲情化,做到学用相长、以干促学、干有所得。三是流程作业精细化,导入5S管理理念,优化作业现场、重组产品布局、分解食安指标、梳理生产规范、理顺加工流程、解析安全要素、细化工作标准、量化材耗定额、强化成本管控、开展竞赛比评、建立通报例会等举措,将精细管理落到饮食生产和服务全过程,细化到全员共抓众管无缝隙。

四、让饮食队伍"比"起来

关爱员工成长,助推职业发展:一是重视人才和队伍建设,实施员工价值再造精细化工程,员工晋级发展打破身份,强化饮食服务三级梯队人才库建设,坚持用人"五唯"标尺,即唯德、唯学、唯才、唯干、唯业绩。二是出台配套制度和政策,制定《饮食工作专业技术人才队伍建设办法》《厨艺技能大赛实施办法》等,鼓励员工成才和发展,2008年实施坚持至今。三是常年抓好饮食队伍技能培训和岗位练兵,强化队伍整体素质和能力提升,后勤处办好每年一届"厨师技能大赛"、各食堂办好春秋两期"美食季"、班组(窗口)坚持做精月度"创新菜"、员工勤练厨艺基本功,引导员工学厨艺、拼手艺、赛味道、比花色、创业绩,推动食堂间、窗口间开展"单项技能擂台赛",实施"特高中级厨师"动态评聘管理,对年度晋级的"特高中级厨师"兑现奖励、按月发放技术津贴。四是将员工的选、育、用、留、晋、升等纳入后勤人才工程建设体系,建立饮食人力资源月报制度和动态考评,至今已坚持12年,建成100名一二三级经理管理团队、200名厨师骨干技术力量、56个特色餐饮服务团队。

五、让干部员工"学"起来

打造学习组织,弘扬创新文化:一是坚持"以人为本",重视干部员工在后勤的主体地位,坚持做好全员学习培训,通过个人和组织不断学习,改变饮食人认识问题、思考问题的能力和方法。二是重视对新员工入职后的跟踪,优化结构,以老带新,落实"师徒制",开展岗位技能比赛等引导技术进步。三是建立干部定期集中学习和外训制度,强化骨干员工培训,帮助员工在后勤发展的大框架下规划好个人的职业生涯,并针对性地组织开展好行之有效的学习竞赛和岗位比武活动。四是重视学习效果,创新学习形式和载体,制定《学习培训与活动手册》,每学期一主题,每班级一专题,形成中层干部、班组长、业务骨干、员工四个层次的学习梯队和后勤管理处、食堂(服务实体)、班组的三级学习培训体系,2005年至今已坚持15年,开办了120余个专题培训班。五是通过经理人领导力提升、班组长经营管理实战、员工素养能力培育、技术团队研发创新、饮食服务品牌培育、多功能餐厅文化构建等持续有效的系统推进,用持续不断的学习培训、活学活用的技能竞赛、奖罚分明的公平竞争和打破身份用人机制等实现饮食创新文化的落地、扎根。通过持续而系统的"学",使大量的"新人"和"老人""内化"成以"建设全校师生满意的饮食"为工作宗旨、能够提供高效优质专业服务的现代的"新饮食人"。

六、让食堂味道"富"起来

师生味道为本,发展多元业态:一是结合饮食多业态、多模式师生服务需求,坚持培育后勤力量为主、引进专业特色小吃为辅,丰富产品链、建成特色产品群,搭建餐饮服务新平台,出台相关政策,为员工创新、创业提供发展舞台。二是导入竞争机制,为在后勤工作多年骨干员工搭建创新创业平台,鼓励全员创新,培育有创新能力的经营团队,扶持有发展前途的餐饮产品和项目,拓展服务窗口,丰富饮食品类,让学有所长、业有所精、经营力强的优秀骨干员工真正成为创新力量和服务主体。三是促进食堂间、窗口间的服务竞争和味道比赛,推动花色创新、品类丰富、味道优化和质量提升,让食堂的"菜"多起来、"饭"

香起来、"味"富起来、"质"硬起来。四是在坚持学生食堂做好保障性服务的同时,探索保障性服务和经营性服务共生共进、师生满意的新饮食发展途径,丰富校园饮食业态和多元化服务模式。五是结合师生需求新变化和社会饮食发展新方向,扶持"青椒"创业计划、孵化饮食创业项目,满足基本大伙外的师生团膳、零点、快餐、火锅、外卖、咖啡、书吧等多业态和个性化消费的新需求,形成线上线下、公有民营、多元并进的服务新模式。在创新文化的驱动下,传统学生食堂也在新业态新模式的助推下被赋予了服务新内涵和饮食新功能。

七、让食堂功能"多"起来

需求驱动功能,服务成就价值:一是以学生需求引领食堂功能构建,通过后勤体制、机制的创新及多方共赢利益格局的制度设计,整合优化现有饮食资源,构建集教育教学、文化活动和饮食服务保障于一体的复合型多功能服务载体。二是成立营销团队,研究校园消费特点和校园文化,加强与社团、院系班级的联系,策划各种主题活动,针对重要的节假日精心布置环境,让食堂餐厅像一个小社会,更具校园文化属性,来满足除就餐以外的多种功能需求。三是让饮食业态多起来,中餐、外卖、火锅、小吃、快餐、书吧、咖啡、西点等多业态、多模式让师生消费有了更多的去处和选择。四是植入多功能文化元素,就餐大厅更像书吧,内置书架刊,与学校专业相适宜的管理、艺术、法律、美食、时装、励志等书籍杂志供师生免费阅读,增设大堂服务台提供问询服务、校园服务指南、岛城游览宣介、免费 WIFI、失物招领,还有饭菜加热、自主调味、体重秤、爱心雨伞等增值服务,咖啡屋、健身厅、琴艺室、美食 DIY 等与美食结合在一起架构起校园饮食文化综合体,对于服务创新、味道传播和促进校园文化建设等收到了一举多效。五是以学生为本,实现多重目标,学校指导规范经营,食堂和服务实体参与教育教学,学生社团全程跟进,打造集家乡美食、时尚餐饮、健康消费及文化传播、教育学习、会议报告、社团活动和沟通交流、勤工助学、休闲娱乐,以及展示饮食服务价值等多种功能于一体的后勤服务新空间。六是重视饮食与师生的互动,动态传承"美""好"文化,发挥多功能文化餐厅功效,突出饮食特色保障并赋予多媒体、社团活动、小舞台等新元素,通过社团活动、视频展播、小草学堂、班级沙龙等形式共建饮食服务综合体。七是倡导"以服务为荣,做文化饮食",通过员工创造"美"的服务和"爱"的味道诠释多功能文化食堂的美食魅力与文化价值,用优"质"尽"务"的"服"给师生做出有价值的文化传达。八是做到"六全"管理,保证功能发挥,对多功能文化食堂构建严格落实饮食

"文化"把关全覆盖、思政教育全员化、质量建设全程化、成本控制全要素、"经""营"服务全监管、素质培育全年抓。

八、让就餐环境"美"起来

坚持软硬齐抓,提升服务体验:一是重视校园餐厅在环境设计、装修改造过程中注入中国传统文化元素,嵌入山东科技大学精神和后勤文化"符号",用"文化"托起和养成师生校园新生活。二是将饮食工装服饰、手绘、剪纸、知识和艺术等融入学生食堂和校园餐厅,让饮食文化墙建设达到赏"新"悦"美"的育人作用。三是让食堂服务场景更有设计感,体现后勤人对文化极致的追求,对师生服务体验的用心,对文化育人、环境育人的独到理解,在工作场所设计和制作后勤价值观、5S管理看板、年度"双十佳"事迹宣讲、年度"特高中级厨师"光荣榜,将文化育人和精细化管理落到实处,同时精心设计和布置服务场所,积极给师生营造美好的服务体验,突出校园文化基因,呈现"醒目、简洁、清雅、舒适、品牌、育人"的文化氛围和设计理念。四是高度重视服务保障设施建设,不断加大学生食堂投入,除寒暑假食堂例行集中大修投入外,还分批分期逐年更新生产设备和服务设施,所有食堂全部用上中央空调、加装上下行双向自动扶梯、更新全部饭菜保温设施,冬暖夏凉,用餐"温度"更宜人合口,增加人性化卡座设计,师生"坐"得更舒心,实现校园饮食全业态餐具洗消机械化,让师生"用"得更安心,实现生产加工的机械化、自动化、不锈钢化,让师生"吃"得更放心,免费网络无缝隙、数字媒体信号全覆盖,用餐媒体体验"看"得更开心。

九、让服务岗位"亲"起来

用心服务师生,温度传递真情:一是做有"温度"的饮食服务,守好饮食"初心"底线,把公益性服务、健康饮食和服务育人放在首位,精做基本大伙,优化产品结构,调整菜品布局,丰富花色品种,全校推广"一站式"用餐服务。二是做有"力度"的饮食监管,实施精细化管理,坚持安检部、饮食、学生食堂、班组、伙管会多网格五重过滤安全排查机制。三是做有"态度"的饮食保障,让同学们吃得起、吃得饱、吃得放心和吃得健康。四是做有"规范"的饮食团队,出台《校园饮食服务礼仪》《员工手册》《服务标准手册》《大堂服务手册》等服务规范,明确服务标准,制作服务指南,完善服务标识,公开服务承诺,落实服务规范,提供优质产品,推行"微笑""有声"服务,让岗位服务语言"亲"起来、形象"美"起来、礼仪"做"起来。五是树立和宣传"看得见,摸得着,在身边"的饮食榜样和典型,强化示范引领作用,用做和学、比和赶、带和帮提高全员的岗位服务。

十、让饮食文化"亮"起来

传递服务价值,做实饮食文化:一是广泛宣传先进事迹,让员工知道饮食工作倡导什么,以什么为荣,评先进、学先进、宣传先进每年一届,十佳员工、十佳厨师、十佳学习型员工年度一评。二是办好行之有效的饮食文化活动,安全警示案例与漫画作品征集、礼仪和安全知识竞赛等让员工懂安全、行礼仪、做文明。三是增强凝聚力、激发饮食活力,精心办好各类竞赛,持之以恒办好每周一新菜、每月一期菜品创新赛、一年一届厨艺技术大比武,组织深受员工喜爱的演讲赛、辩论赛、知识竞赛、拓展训练、摄影赛、工装创意大赛等传统特色文化活动。四是文化传播形式多样,有效传播和弘扬后勤价值观,饮食文化墙无处不在,员工在工作和服务环境中受到熏陶并潜移默化,学习型食堂建设、餐厅阅览室、饮食歌曲传唱、菜品沙龙、《东方美食》读书会、校外拓展、餐厅对标、微课分享等文化载体和形式让饮食文化深入人心。通过行之有效的载体和干部员工喜闻乐见的活动让校园饮食文化多彩多姿,充分传播,实现了服务价值和饮食文化的"亮"起来。

十一、让服务育人"强"起来

发展育人文化,打造文化餐饮:一是建立育人思政,增强育人工作,加强保障机制建设,将育人功能和育人文化与后勤全员、全方位、全过程服务相融通,给予组织、制度、经费等方面的保障,做好思政建设和精神传承育人。二是重视队伍建设,提升育人本领,规范服务礼仪,强化职业培训,提升全员素养,提高专业能力,做好行为示范育人。三是加强体系建设,促进育人成效,引入质量管理体系,定责定岗定人,明确服务标准,推行服务承诺,落实质量责任,完善监督体系,做到系统育人。四是建好育人载体,提高育人质量,发挥后勤服务资源优势,引导学生参与后勤、创业、就业,培育和开放有利于学生创业就业能力锻炼的服务项目,提供职场体验,培育育人课程,办好厨艺、面点、咖啡、刀工、调味等后勤"小课堂",做好岗位体验育人和生活育人。五是完善监督机制,推进共建共管,鼓励学生介入后勤管理监督、参与服务创新和制度建设,通过"结对子""面对面"对话机制,聘请学生代表担任信息员、督察员、美食评论员、礼仪培训师和餐品设计师,增进学生、社团等与饮食服务的结合力,做好实践育人。六是营建育人环境,提升育人成效,通过就餐环境、场所升级、氛围营建打造环境美,通过培育品牌、创优服务和品质保障,树立后勤产品美、服务美和形象美,做好环境育人。七是坚持长效育人,强化育人目标,导入品牌管理,推进星级创建,将 5S 精细管理、MOT 服务质量提升、五星班组创建与育人功能融合,研究师生需求,加大服务创新,打造精品项目,培育服务品牌,拓宽服务领域,开发增值服务,抓重点求突破,提高饮食服务能力和供给能力,做好精细管理和专业品质育人。八是推进育人文化,发展育人动力,通过理念识别系统提炼推广、形象识别系统确立应用、制度规范责任落实将育人理念融入行动,通过全员提升计划、人文关怀行动、文化活动开展将育人深入"初心",通过育人文化传播、服务育人标兵评比、劳动竞赛、技能比赛、创意创新大赛和争先创优示范窗口活动将育人写进"三全",讲好服务故事,写好育人文化,让服务育人文化进餐厅、上道路,让文化灯箱"亮"起来、文化墙"活"起来,让媒体平台"动"起来、微笑服务有声岗位"亲"起来,做强饮食文化,提高服务育人的驱动力。

精心营建的扎实基础,精细化的科学管理、有效监督,追求卓越、敬业专业的服务队伍,争创一流、完美服务的组织学习,干部员工的"比""学"干劲,给饮食文化建设提供了实践的土壤和营养。匠心开发食堂味道的"富足",用心"打造"服务场所的"多功能"和"人性化",精心营建"美"的就餐环境和"好"的用餐体验,给饮食文化传承和发展提供了广谱的"有机养料"。饮食文化"亮"起来、服务育人"强"起来所迸发的服务岗位的"亲"、做出的"味"和创造的"美"成就了山东科技大学饮食文化的成效和价值。这 11 个方面融合在一起,共同演绎出校园饮食文化里的"道"。

饭里有爱　至善情怀

——江南大学着力打造江南特色餐饮文化品牌

江南大学　汪洋　周晨轩　郝志敏

校园餐饮是学校后勤保障工作的重要组成。在特定的大学校园中,校园餐饮传承饮食文化,传播中国传统文化,诠释着饮食文化的教育内涵。高校立校之本在立德树人,江南大学餐饮文化的建设"初心"是做好"三顿饭"——"安全的饭、公益的饭、可口的饭",目标是营造"师生满意、员工认同、学校放心"的服务生态。

江南大学饮食中心结合后勤工作特点,不断凝练服务理念,确立起"后名实先,勤务师生"的理念:一是突出后勤名"后"实先,实际各项工作和内在要求都在前移向上,积极进取;二是结合食堂工作特点,"兵马未动,粮草先行"的古训和工作要求就是体现主动保障的态度;三是始终保持服务的情怀,做好师生的勤务员,在服务中赢得尊重,实现自身价值。服务理念催生食堂定位,总体立足三个维度。

一、以食品安全取信师生——安全的饭

(一)把好采供管理

1. 招标采购大宗物资

实行采用分离的采购模式采买米、面、油等大宗物资。坚持"使用部门不采购、采购部门不使用",具体采购工作由学校招投标办公室牵头,学校招投标办、审计监察处、学生处、后勤管理处共同参与,实行公开、公正、公平方式招标。

2. 蔬菜采购采用"农校对接"、点到点直供

现有4家定点农业基地为我校供应近30个品种的蔬菜,实行冷链运输,及

时供应,蔬菜检测严格,绿色无害,降低了学校的安全风险和成本,让师生真切感受到现代农业园蔬菜的品质。

3. 完成了中央厨房的初期建设,确保了米饭、肉类等产品的标准化供应和安全卫生

荤菜加工形成"二自主、二减少、二确保"的配送供应模式,即实行荤菜类自主加工,半成品荤菜自主冷藏保鲜;有效减少了中间环节,减少了采供加工环节及成本;真正确保了日常的随时供应,确保了肉产品的安全卫生。该模式有效保证了食堂大排、小排、肉丝、肉片、肉末、鸡丁的标准化加工供应。

肉面筋制作机实现了肉面筋规范化制作,满足了一线需求。米饭生产线的规范运转,也确保了全校均一的米饭品质。

(二)严格现场管理

认真贯彻 ISO9000 质量认证体系,确保过程卫生。中心建立健全各项制度,对餐厅的食品卫生、环境卫生、从业人员的个人卫生,原材料的采购、验收、保管、加工、出售、餐具消毒等提出明确要求,做到规则齐全、职责明确、执行规范。中心注重保障能力及管理水平的建设与提升,推行"8S"(整理、整顿、清洁、清扫、素养、安全、节约、微笑)管理,规范流程,取得实效。食堂后场坚持"工完场清",实现了地面"无水化",窗明案净,整洁爽目,员工衣帽口罩、墩头、刀具、卫生用具、各类菜筐等实行统一标识、统一颜色、统一形状、统一放置,冰箱食品规范存放;坚持每天工作结束前,必须完成油烟灶、下水道等擦洗保洁。

(三)强化质量督查

1. 建立三级验收机制

三级验收机制是指食材进入加工流程需经过三个验收关口:一是采供部采购员验货签收存档,二是食堂仓库保管员入库验货签收存档,三是班组长领取食材时验收签字存档。

2. 强化质检职能

在开展日常监督检查的同时,不定期抽查采购物品、加工半成品,多次进行食品添加剂专项检查,有针对性地规范加工操作过程,消除食品安全隐患。在监控检查中,通过学校网络、学生文明监督岗、座谈会等渠道,了解师生需求;定期做好就餐师生满意度随机测评,及时汇总、通报意见建议;认真总结测评结果,切实整改,在伙食质量价格、经营模式、服务水平等方面进行有效控制和调整。

3.重视生产安全和节能降耗

各班组严格按照"8S"要求,规范管理,责任到人,台账清晰。每天自查食品安全、生产安全、保洁工作;在用水、用电、用气方面实行专人管理、专人巡视、专人记录制度。工作人员的安全防范意识和节能降耗意识进一步提高。

二、做品质美食服务师生——公益的饭、可口的饭

坚持"饭里有爱,至善情怀",开展优质服务,不断追求服务高水平、工作高标准、境界高层次,让食堂充满温馨与关爱。

(一)保障师生需求,做"公益的饭"

坚持"公益主导、服务为本"。公益是大学食堂的魂,失去公益就失去食堂存在的价值。服务是大学食堂的根,根深必然叶茂。食堂保证"三白"(白馒头、白煮蛋、白稀饭)供应,创新"三红"(红烧面筋、红烧大排、红烧块肉)服务,提升大伙餐饮"大锅饭、小锅菜、免费汤"的水准,获得师生的认可和赞许。

(二)引入特色经营,做"可口的饭"

坚持做好一楼特色经营,拓宽思路、大胆尝试,引进"麻辣香锅""吉祥馄饨""镇江锅盖面"等特色餐饮,满足了校内师生多品种、多样性、多层次的餐饮需求和消费选择。

在做好"三顿饭"的基础上,力争做好"和谐的饭"和"智慧的饭"。

1.办好民族伙食,做"和谐的饭"

重视民族伙食的建设,尊重少数民族风俗,坚持优质服务,在市场原料价格不断上扬,用工成本不断加大的情况下,坚持"售价不变、质量不变、服务不变"的原则,为少数民族学生提供物美价廉的餐饮服务。

2.加强餐饮信息化,做"智慧的饭"

采用信息技术推动管理创新,深化餐饮供应链系统软件的开发与应用。拓展信息化互动交流,通过微信等信息媒介优化服务,与师生广泛互动,争取最广泛的服务与交流、理解与互信。跟进时代潮流,拓展服务与业务空间,建设标准化菜谱,开发手机订餐App,引导师生安全消费,进一步扩大公益办伙受众面。

三、建文化食堂留住师生——文化激发活力

高校食堂文化建设是校园文化、校风建设的重要组成,食堂文化更是食堂

建设的重要内容之一,而基于生活的优秀食堂文化可以引导学生懂生活、会生活、管生活、爱生活。

(一)环境文化是基础

在多元化饮食服务环境下,食堂服务更要以特色环境、特色产品、特色文化、特色经营来彰显食堂个性,以此满足师生对物质文化和精神文化的双重需求。学校先后投入专项资金对全校4个食堂进行全面升级改造。整个改造以美观、大方、实用为原则,以"安全更好保证、设施更加完备、环境更加舒适、操作更加规范"为目标,按照"一楼特色经营、二楼大伙餐饮"的总体布局,先后对食堂整体环境进行了装修。整修一新的各个食堂以社会主义核心价值观为引领,围绕"育人"主题全面升华了各个餐厅的主题文化、服务文化、节约文化,如收餐处的"您送文明,我收快乐"的宣传语广为传颂。总体布局一致、特色亮点纷呈的餐饮环境,让文化食堂成为校园后勤服务的新亮点。

学校四大食堂建设齐头并进,主体文化环境各具特色。江南苑以"无锡是个好地方"为主题,立足无锡,传播无锡。以"工商华章""吴风流韵""佳绝自然""经典记忆"为切入点,宣传无锡地域文化。

梁溪苑以学校学科特色为主,立足江南,传播江南。以点带面,让师生更多地了解江南大学各学院的基本情况,宣传学校学科特色、办学特点。一楼以创新的风格颠覆了传统高校的供餐模式;以站台形式装修的"美食新干线"、"特色美食"和"西餐西点",多样化产品丰富了师生的选择。同时餐厅中间辅以演奏区,提升餐厅艺术品位,以艺术氛围为师生提供了更舒适的就餐体验。

蠡溪苑以"科学运动,健康饮食"为主题,宣传充满活力、积极向上的健康饮食文化。

广溪苑则以国际交流为主导,立足学校发展,传播国际交流文化。着重宣传学校发展底蕴和国际交流成果,辅之以中国餐饮文化的江南味道。

(二)服务文化是品牌

饮食中心立足工作实践,凝练出独特的服务文化,其核心是"饭里有爱"。几年来,广大员工以优质服务、热情态度、文明风尚和模范行为,传递快乐,播种真情。"饭里有爱"理念,已深深植根于每个饮食员工心中、扎根到每个餐饮工作岗位。

至善是校训精神之一,也是工作的最高境界追求,上心做安全的饭,用心做公益的饭,细心做可口的饭,用心服务,用情沟通,食堂将夏有清凉、冬有温暖。

站在新的起点思考高校饮食文化建设,要科学谋划,主动实践,取智于师生,问计于师生,服务于师生,才能真正做到为学校教育事业发展保驾护航,真正突出服务高效、师生满意的具有"江南特色"的高校餐饮文化内涵。

不忘初心　构建"三全"服务育人体系

——从迎新工作中的点滴谈起

中国科学院大学　邱文丰　王雪松　吴静

中国科学院大学（简称"国科大"）总务后勤系统作为支撑学校正常运转的坚强后盾、作为建设"双一流"高校的重要保障，多年来，在学校主管领导关怀下，建立了独具特色的后勤文化体系。后勤文化建设是校园文化建设的重要组成环节，学校后勤的服务育人与教师的教书育人相辅相成，高效、优质的后勤服务对学生发展、学生养成教育起到潜移默化的作用。国科大总务后勤坚持建设优秀的后勤文化，坚守服务育人初心，努力为教职工和学生营造良好的工作、学习和生活环境。

国科大总务后勤部把构建全员、全程、全方位服务育人体系作为提升后勤服务水平的重要举措，积极发挥党员和党支部的模范带头作用，领导干部率先垂范，逐步建立起的"三全"服务育人体系。

国科大总务后勤贯彻落实"三全"服务理念，在日常点滴的工作中贯穿育人理念，做学校师生的好助手，提供贴心细致的服务。将服务育人转换为更加具体的行为育人、文化育人、环境育人、实践育人，不断增强后勤员工的服务理念，强化服务意识，将服务育人的理念制度化，通过标准的管理制度在日常工作中树立育人理念。

一、多角度着手，"三全"服务育人体系初步建立

大学，是学生成长成才的关键时期。在校的每个时段对学生的成长都至关重要，国科大总务后勤坚持从实际出发，全方位服务广大师生，初步形成了"三全"服务育人体系，全体后勤人切实贯彻"三全"服务理念，培养了一代代科苑

学子,助其成长成才。

秉持行为育人,使攻坚克难成为后勤人最闪亮的名片,将不怕苦、不怕脏、不怕累的奉献精神展示在日常工作的点滴中,"急难险重我在前",用自己每日"微不足道"的行为影响学生。无论在烈日炎炎的"三伏天"还是零下十多摄氏度的"三九天",在校园、在楼宇见到最多的是后勤人的身影。为确保冬天里的温暖,水暖师傅钻入暖气沟检查暖气管道腐蚀情况,对管道所有阀门检修、除锈、上油,对腐蚀严重的阀门进行更换。每年暑假,物业师傅以"牺牲小我、成就大我"的精神,克服各种困难,在人员少、任务重的情况下,组织人力把整个供暖设施重新检查一遍,排查隐患,对检查出来的问题做到早发现、早解决,把问题消灭在萌芽状态。

推进文化育人,新时代的国科大后勤开放思路,积极联系宣传部门,充分利用移动网络、微信公众号等多渠道发掘、宣传后勤职工中的典型与模范,让学生感受到平凡的力量,树立正确的人才观、价值观。在文化育人中涌现出了一批典型代表,例如,一名保安看到有学生晕倒,就迅速呼叫120救护车,并护送学生到医院,还垫付了医药费。这名保安用实际行动展示了后勤人的责任担当,在师生中引起了极大的反响。通过技能大赛、"校园服务明星"和"学生最贴心员工"评选等,树立"奉献学校"标杆,提倡"爱岗敬业,奉献学校"的服务精神,营造积极向上的工作氛围,在服务的过程中通过自身素质的展现来熏陶服务对象,引导学生培养良好的生活习惯、自觉遵守公德的习惯。

强调环境育人,在学校校园文化建设委员会的指导下,国科大总务后勤与师生一起努力营造独具特色的校园文明环境,将中国科学院的历史文化融入校园的景观之中,让学生徜徉于优美环境的同时受到老一辈科学家精神的熏陶。后勤部门为配合校园文化建设,在雁栖湖校区开辟了荷花蛙鸣、芍药走廊等区域,并且结合各学院的文化和历史,在各学院的办公楼宇开辟了各种形式的文化长廊,既美化了环境又展示了学院风采,增强了师生的归属感和荣誉感。学校后勤还充分利用校区公共区域,制作了节能和绿色环保宣传标识;在食堂就餐区制作"节约粮食"等相关标识,利用环境心理学原理,使节约意识、环保意识在师生的日常生活中不断强化。

突出实践育人,国科大后勤充分利用自身特点和优势,强调服务育人的责任担当,引导学生从听课的小课堂中走出来,到实践的大课堂中感受社会、感悟人生,多渠道为学生营造实践的机会,逐步形成了以志愿服务、亲身体验为核心内容的实践育人的有效途径和后勤育人品牌。饮食服务中心、物业服务中心等下属部门已经成为学生走入后厨、走入后勤的活动基地。通过现场观看、亲自动手体验，学生们切实感受到了优美环境来之不易；体验到还有民生之多艰、丰盛的饮食不容浪费；体会到自己的生活不是孤立的，是家庭、社会、国家共同营造出来。正是这样的实践活动，使学生感知到包括后勤人在内的无数人的默默付出，才有自己和国家的发展，使他们增强了社会责任感、学习的积极性和未来发展的目标意识。

总务后勤在探索建立多角度服务育人体系的过程中，通过加强管理服务制度建设和服务观念建设，将"三全"育人体系通过制度固化下来，将其贯穿到后勤的各项规章中，并通过日常的培养教育将服务育人理念融入后勤员工的观念中，体现到他们日常的点滴行为中。服务育人体系建设已经成为学校的"一把手工程"，历任主管校领导都身体力行，将涉及学生住宿、餐饮、出行等各种生活问题作为日常工作的重点，亲自协调，开通了定制班车，拓展了住宿资源。有校领导的大力支持，发挥上下联动机制的优势，后勤服务育人的内涵不断充实，成效不断提升。

二、迎新复杂困难多，服务育人显身手

国科大硕士研究生教育实行"两段式"的培养模式，每学年新生入住与回培养单位的学生退宿时间非常紧凑，中间还有大中学生的暑期夏令营活动；四个校区运行且怀柔校区远离北京市区；很多学生都有不止一位家长陪同；开学典礼除了科学院领导参加外，还有很多研究所的领导参加；培养单位的学生主管等也会来校，参加迎新和各学院的座谈，他们停留的时间长短各不相同。这些因素使得迎新的后勤保障工作非常繁杂，每年都会遇到各种困难和突发情况，需要临时调整。通过"三全"服务育人体系，每个后勤人坚持服务育人理念，不仅克服了迎新过程中遇到的各种困难，还使迎新服务成为服务育人的现场和学生实践的"战场"。

每年学校暑期刚刚结束，主管后勤工作的校领导和总务部领导就会亲临迎新工作准备现场，指导各校区管理办公室根据年度工作计划细化工作方案，完善各项工作内容，部署学生宿舍的检查、修缮和相关设备的检修等工作。

雁栖湖校区作为承接我校研究生集中教学的主要校区，每年入住的新生达8500多人。雁栖湖校区管理办公室和物业企业提前制定工作规划，在夏令营结束后即刻启动对新生宿舍的整理和清洁工作。他们在30多摄氏度的高温下每天保持高强度的工作，高质量地完成了宿舍保洁、房间内设备设施检修、更换和

补充生活用品等工作,为入住的新生创造了温馨的宿舍环境。

为保障学生有良好的体育锻炼条件,保障学生身体健康,后勤多方筹措资金,不断完善校园体育运动设备,改造体育场馆。每年都会在暑假期间对所有运动场馆、运动设施进行保养、维修和清洁,方便新生使用,延长设备的使用寿命。

雁栖湖校区建有高标准的游泳池,是学生引以为傲和新生非常喜爱的运动场所。为确保游泳池水质洁净,暑假期间后勤组织员工拆卸泄水沉箱,对池底池壁进行全面的清洁消杀,以保持游泳池设备一流和水质一流,杜绝各类健康安全隐患。

保障全校水、电、暖供应正常是总务后勤的一项最基本、但也是最重要的工作,也是迎新的重要保障性工作之一。全校各类设备数以万计,这些设备的运行状态直接关系到师生的日常生活,后勤部门利用假期对各类设备进行全面检修和养护。后勤部门以"设备设施是养出来的"的理念,提出了"精细管理、规范操作、经济运行"的服务模式,努力通过日常的管理和维护,保证设备正常运行、延长设备运行寿命。

为了切实减轻新生报到的负担,让刚刚走入国科大的年轻学子轻装上阵,总务后勤与学校相关部门协调,优化报到流程,简化报到手续。通过深化后勤信息化建设,使新生从2018年起不再需要集中办理报到手续,而是直接到其住宿的公寓登记即可,大大简化了相关手续,避免了冗长的排队等候,使学生在长途跋涉后能够尽快安顿下来。增强迎新网站的功能设计和运营维护,使学生们可以通过手机查询、了解详细信息,不必再打印报到信息单。

报到方式的更改看似简单,但是极大地方便了学生,使学生和家长感受到学校的体贴与关爱,是后勤"三全"服务育人理念的具体体现,折射出后勤服务理念的转变,从被动服务到主动服务,从简单机械到智慧高效。转变报到方式后,为了保证流程简单、方便,学生报到准确无误,雁栖湖校区管理办公室多次进行专题研讨,细化各种预案,基于学校的整体工作方案制订了《后勤迎新工作方案》,根据每年的实际情况不断更新完善。

针对雁栖湖校区距离市区较远的情况,学校以玉泉路校区为起点,安排了120辆班车负责接送学生和家长从市里到雁栖湖校区。雁栖湖校区内也安排了可以免费运输行李的电动三轮车,组成了"新生行李托运"车队,帮助携带行李的学生顺利到达宿舍;采用环形单向行驶,保障校区内部交通高效、安全。合理规划商业展位区和学生接待区,达到既能快速便捷地进行新生接待,又能方便他们办理手机业务等活动的目的,为同学们顺利入学营造了良好的校园氛围。

针对迎新报到及开学典礼这一学校重大事件,后勤领导率先垂范,对各项保障工作全面巡查,慰问不畏酷暑奋战在一线的后勤员工和学生志愿者。为了让新生和家长尽快了解学校,后勤部门在公寓门前设置入住办理处、咨询台、休息区。公寓管理员、客服人员、安保人员、维修人员提早到岗,热情细致地为学生服务。公寓管理员帮助新生办理入住,讲解公寓入住后注意事项及如何使用洗衣机、开水机、淋浴等;安保人员帮助新生提重物,为新生看管行李,维护秩序,引导学生办理各种手续;维修人员帮助新生及时进行小型维修。我校留学生人数较多,他们中不少人到达北京的飞机时间较晚,针对这一情况,后勤部门提前安排夜间报到点,保证每个学生到达学校后都可以尽快入住公寓。

迎新保障是学校一年一度中最重大的活动,后勤系统通过全员、全过程、全方位的服务育人体系建设,克服各种困难,保障了各校区近万名学生的顺利报到。总务部后勤人在迎新中的辛苦付出也影响了一批批国科大学子,在每天24小时,全年无间断的陪伴中,在每天的温馨服务中,践行"三全"服务育人理念,潜移默化地滋润了一批又一批国科大的学子。

创建标兵党支部 打造"育人型"学生成长社区

——清华大学学生公寓党支部思想文化建设综述

清华大学 陈周 左臣婕 向春

高校后勤的党组织和党员是后勤思想文化建设的重要力量,是先进后勤思想文化的倡导者、推动者和创新者。党支部作为后勤基层党组织,应充分发挥党支部的思想政治引领功能、战斗堡垒基础、凝心聚力作用和先锋模范效应,促进高校后勤思想文化建设的发展。

清华大学学生公寓党支部是建立在科室的基层后勤党支部,共有党员29人,占科室职工21.3%;积极分子15人;党员覆盖各个班组,他们中有公寓管理员、公寓辅导员,也有管理骨干。党支部以习近平新时代中国特色社会主义思想和党的十九大精神为指导,以"创造一流环境,践行服务育人"为使命,学习贯彻"不忘初心、牢记使命"主题教育要求,积极开展清华大学标兵党支部创建工作,着力建设"学习型、服务型、创新性"党组织,紧密围绕中心工作,坚持立德树人,深入开展思想文化建设,以文化人,以文育人,助力学生成长社区的全员全过程全方位育人。

一、深化学习型党支部建设,营造风清气正的文化氛围

学生公寓党支部重视对党员和群众的思想教育,做到"三覆盖":支部联系党员全覆盖、党员联系群众全覆盖,群众理论学习全覆盖,开展形式多样的理论学习和思想交流,增强党员的党性修养,提高群众的思想觉悟,增强服务育人的意识和本领,营造人人比学赶超的组织文化,形成风清气正的育人文化。

首先,认真落实"三会一课",扎实开展"两学一做"。按时保质保量开好支委、党员大会和党小组会,做到氛围庄重,形式多样。支委和小组长每月召开

一次会议,组织党员参加政治学习、谈心谈话、开展批评和自我批评等。扎实推进"两学一做"常态化制度化学习教育,采取个人自学和集中学习相结合,文件学习与观看视频相结合形式,组织党员和积极分子深入学习党的理论知识。

其次,丰富理论学习的形式。设置年度政治理论学习主题,引导党员职工深入学习,2019年学习主题为"习近平新时代中国特色社会主义思想"。请专家讲党课,多次邀请清华大学博士生讲师团作理论学习辅导报告,每年邀请后勤党委书记和中心党总支书记至少讲一次党课。开展"共学红色经典、分享读书心得"活动,要求每名党员每年精读一本书,设置"党员讲微党课"环节,每次集体学习安排1～2名党员讲"微党课"分享读书心得。持续开展主题实践活动,与离退休党支部联合开展"老少共建,薪火相传"联学共建活动,和老同志一起重温学生社区的发展史、交流近年来学生社区的发展与变化,共同畅想学生社区的美好未来。通过形式多样的学习交流,做到教育党员有力。

最后,在全体班组主管都为党员的基础上,结合行政建制建立"职工理论学习小组",由主管(党员)任组长,带领职工集中学习交流,实现群众理论学习的全覆盖。群众每次学习有签到记录,在专门的学习本上记录学习心得。党员和群众全员安装"学习强国"App持续学习。不仅学习党的思想理论方针,也学习科学文化知识,学习专业工作技能。每周学习强国学习积分增长党员不少于60分,群众不少于15分。

二、筑牢战斗堡垒基础,服务中心工作创佳绩

学生公寓党支部承担着科室思想建设的重任,始终注重加强组织建设,不断提升组织力,充分发挥支部战斗堡垒作用。党政密切配合,服务中心工作、服务党员队伍、服务职工群众。团结统一员工的思想意识,形成事业命运共同体,聚焦中心核心任务,培育职工形成"三全育人"的共同价值观。

第一,组织建设扎实有力。党支部重视并有计划地做好党员发展和入党积极分子的培养和考察工作。把党员培养成骨干,把骨干培养成党员。2016年至2018年支部共培养发展3名新党员,有9名职工递交入党申请书,积极分子队伍扩大到15人。持续7年开展"党员先锋岗"活动,要求党员坚持佩戴党徽亮身份。每年集中给党员过政治生日,"重温入党誓词",赠送"政治生日"贺卡和书籍,激发党员责任意识,树好党员先锋旗帜。严格落实各项制度,做到管理党员有力。

第二,扎实推进支部联系党员、党员联系群众制度,将党员谈心谈话与联系

制度相结合,党员之间互相谈心谈话,每名支委联系几名党员,每名党员联系几名群众,从而实现了党员、群众联系的全覆盖,全面掌握了解党员群众思想动态。认真召开组织生活会,严肃做好民主评议,仔细查摆和解决问题。坚持把纪律和规矩挺在前面,做到监督党员有力。

第三,战斗堡垒作用突出。支部围绕核心业务,在送旧迎新、楼宇修缮、新楼入住等重点工作上,党员冲在前、多奉献,发挥模范带头作用,团结带动身边的同事共同进步。2016年暑期全体党员支援搬运新生被褥进宿舍,大家手搬肩扛,2000多套被褥按期送入学生房间,确保新生入住时就能用上。持续14年坚持开展"庆七一·党员义务工作日"活动,服务师生,提高党性修养。

第四,服务师生成效明显。设立党员之家,为党员群众搭建学习交流平台,丰富服务内容,增强职工归属感获得感。设置党支部专栏,开辟读书角,配备多媒体,使其成为党员职工学习充电、相互交流的重要场所。开展系列职工素养课程,如瑜伽、咏春拳、书法等。指导科室工会办好中秋国庆联欢会、冬季跳绳比赛、跨年晚会等文体活动,丰富职工的文化生活,形成积极向上的思想文化。通过加强服务意识和机制,做到服务师生有力。

三、发挥凝心聚力作用,创新"三全育人"教育模式

学生公寓党支部不断创新工作理念和机制,在科室有支部,班组有党员,支部有党小组,党员群众有学习小组的"四有"基础上,发挥党组织凝心聚力作用,激发团结带领全体员工积极主动参与学校"三全育人"工作,不断创新社区育人的内容和形式,打造全员参与的育人文化。

一方面,创造性地将联系全覆盖和理论学习全覆盖相结合,建立以党员联系人为中心的学习促进小组,覆盖全体职工。开展"五个一工程",成立一个小组,起一个名字,建一个微信群,每学年至少组织一次集中交流,进行一次"一对一"谈话,从而将全体职工紧密团结在一起,及时掌握了解职工的思想状态,帮助解决工作和生活中的困难。创新党群联系制度,做到凝聚师生有力。通过这样全方位的联系和思想教育,提高全体队伍的思想认识和理论水平,从而在与学生的沟通和服务中潜移默化地发挥育人作用。

注重加强优秀职工事迹宣传,传播正能量和主旋律,持续开展"我最喜爱的公寓工作人员评选",推荐职工标兵讲老故事。通过党总支微信公众号等平台宣传优秀职工事迹,发挥先锋的模范带头作用,从而形成你追我赶的组织文化。创新宣传形式和手段,做到宣传师生有力。

另一方面,学生公寓是学生在校内生活学习的重要场所,是学生的重要成长社区。以学生成长社区为阵地,依托公寓辅导员队伍,创新"三全育人"教育内容和形式,深入开展学生社区育人。通过安全教育、社区文化、社区课堂、文明离校等载体,团结带动党员群众主动参与学校育人工作,注重发挥服务育人、管理育人、环境育人的作用,投身全员全过程全方位育人。

党支部紧紧围绕公寓核心工作开展特色活动,与师生党支部携手,传递育人思想。持续13年与团总支共同开展"迎校庆清洁社区"活动,联合学生志愿者一起清洁校园环境。携手艺术博物馆党支部开展"美育进社区",包括艺博藏品进社区、"感受艺术之美"专题社区课堂、走进艺博等环节。邀请艺博老师在学生社区开设泥塑、铜镜拓片、版画等体验课程,坚持以美育人、以文化人,提高学生审美和人文素养,提升学生社区的美育氛围。调动全员参与社区育人,做到组织师生有力。

开展后勤思想文化建设,必须坚持党的领导,发挥党支部的作用。学生公寓区事务科党支部将不忘初心、牢记使命,以标兵党支部创建为契机,落实"七个有力",团结全体党员职工,大力推进后勤文化建设,以文化增强凝聚力、竞争力。以同学对美好社区生活的向往为奋斗目标,紧密围绕中心工作,贯彻"三全育人"理念,建设国际化的"生活学习型、共建共享性、绿色智慧型"学生成长社区。

把握立德树人中心环节　强化公寓育人阵地建设

——西南科技大学学生公寓思想文化建设工作概述

西南科技大学　黎文娜

高校学生公寓作为课堂之外对学生开展思想政治教育工作和素质教育的重要阵地,多年来我们始终坚持"立德树人"的中心环节,不断加强公寓育人的阵地建设,提高公寓育人的实效。作为阵地的授业者、守业者,我们通过"五育人"和"五位一体"的工作叠加方法,努力实现"全程育人、全方位育人、全员育人"的工作要求,服务青年学生成长成才,效果明显。

一、"五育人"机制贯穿学生成长全过程

(一)理念育人

学生公寓党支部和全体员工牢固树立"以生为本、创新实干"的工作理念,时刻把学生的成长成才作为工作的根本任务,从思想上帮助、情感上的关爱、生活上照顾学生,坚持用社会主义核心价值观引领学生、教育学生,结合党和国家的大政方针政策,以重大活动、重大事件、重大节庆日、重大纪念日为契机,深入开展"听老党员讲那过去的事""创建文明生活家园""感恩大会""成才志中国诗词文化周""缘来一家人"等一系列主题鲜明的爱国主义教育、革命传统教育和中国传统文化教育活动,引导广大学生做社会主义核心价值观的坚定信仰者、积极传播者、模范践行者,帮助学生扣好人生第一粒"扣子"。

(二)管理育人

学生公寓党支部坚持夯实管理育人基础,在学校构建的大学工体系管理育人平台上,积极协同联动,齐抓共管形成合力,确保育人体制机制落到实处。学生公寓中心在抓好常规管理的同时,努力探究创新管理方式,按照"以人为本"

的原则,科学制定学生公寓规章制度,不断促进学生公寓管理工作制度化、规范化和科学化,形成了涉及住宿管理、卫生管理、公物管理等系列管理办法并汇编成册,有效规范了学生在公寓内的学习和生活,促进其良好习惯和社会公德意识的养成。学生公寓中心以培养学生自我管理意识为抓手,成立学生自我管理组织,将学生个体融入公寓管理,将管理机制和服务理念带入学生群体,在有效增进沟通的同时,促进学生公寓管理和服务提升。充分发挥支部党员的先锋模范作用,以点带面,学榜样树先进,积极开展各类培训,促进管理队伍素质全面提升。

(三)服务育人

学生公寓中心结合学生成长成才需要,积极拓宽工作思路,创新工作理念,结合学生公寓特色,寓教育于服务。一是坚持以方便学生、服务学生、善待学生为宗旨开展亲情式服务。通过公寓管理员与学生的朝夕相处,煎汤熬药、嘘寒问暖,向学生传递亲情,让学生在温馨的环境中感受家的温暖,从而建立相互的信任和支持,实现有效管理。二是坚持统一谋划,分区管理,根据学生居住区域的特点,进行配套设施建设,完善公寓小区的生活服务功能。通过开展我爱我家、创建文明小区等活动,增强了学生安全意识、节约意识和文明意识,通过组织小区间文化竞赛、相互交流等,增强了学生对公寓的归属感和荣誉感,培养了学生的集体主义观念。三是坚持公寓管理员参与对学生进行日常生活指导和管理,真心关心学生身心健康,及时帮助学生解决生活中的实际困难,努力把教育融进每一项工作,潜移默化,行无声之教,用公寓员工文明规范的言行感染学生,影响学生,塑造学生。

(四)环境育人

学生公寓中心深入领会环境育人的丰富内涵,强化环境育人,以校园寝室文化活动为载体,在青年学生的思想成长、社会实践、志愿服务、素质拓展、社团建设等方面贴近青年需求和成长需要,探索开展了一系列工作。一是加强硬件建设,通过拓展宣传渠道,为学生提供了解时政和社会信息的平台,公寓楼内开设羽毛球场、乒乓球室、社团活动室、健身房等,为学生搭建文体活动的舞台。二是丰富学生公寓生活,积极组织与公寓日常生活相关的主题活动,如举办消防知识讲座、疾病预防宣传、棋类比赛、摄影展、宿舍创意文化、节能减排等活动。三是充分运用学生公寓楼栋团群式布局和建筑风格的不同,打造具有代表性、历史感、时代感的楼群文化。如西1～西6学生公寓楼群为20世纪60年代清华大学绵阳分校的建筑,打造楼群历史文化墙,延续清华大学"自强不息、厚德载物"的清华精神,提升人文情怀,增强对学生的教育意义。

(五)共建育人

学生公寓中心强化党建工作的育人功能,公寓党支部协同学院学生党支部,搭建基层党组织结对共建平台。通过建立工作例会制度,共同制定共建工作计划和共建活动内容,定期研讨解决共建过程中的新情况、新问题,努力提高结对共建工作水平。通过建立党建活动制度,充分利用结对支部的党建资源,定期和不定期共同开展党建活动,共享党建工作信息,交流党建工作经验,努力提高共建工作的内涵。通过建立工作帮扶制度,创新学生党建工作在学生公寓内的活动方式,建设共建活动中心,提升学生公寓思想政治教育阵地的育人能力。通过建立党员发展管理制度,将学生党员发展对象在学生公寓内的日常行为表现纳入其加入党组织的考核条件。形成了"党建共做、优势互补、协同育人、共同发展"的基层党建工作新格局,充分发挥学生公寓作为学生思想政治教育重要阵地的作用。

二、"五位一体"模式覆盖学生成长全领域

学生公寓中心以学生思想教育阵地建设为工作核心,积极组织构建了特色鲜明的以学生公寓为阵地,以学院学生工作组织、学生党团组织、学生公寓中心、关工委公寓工作组、公寓自我管理委员会五个组织参与的"五位一体"特色鲜明的管理模式,覆盖学生成长全领域,教育引导学生成才。

学生工作组织进驻公寓,强化学生思想行为教育。各学院学办、心理咨询室搬进学生公寓内办公,设立了辅导员值班室,及时掌握公寓学生的思想动态,处理突发事件,贴近学生生活,深入细致做好对学生思想意识的教育。

党团组织进驻公寓,加大学生思想教育工作力度。各学院从学生公寓工作需要出发,以寝室、楼层和楼栋为单位建立学生党团组织,扩大党团组织在公寓的覆盖面,加大对公寓学生思想教育工作的力度。

学生公寓中心全面参与,通过建设优美公寓环境,开展人本管理、亲情服务,公寓"家文化"建设等方式,强化学生良好生活习惯的养成教育并增进归属感。

关工委进入公寓工作,老教师成学生"忘年交"。充分发挥关工委老同志在政治、经验、威望、时间等方面的优势,指导党团支部建设和公寓工作,老同志

深入学生寝室,通过"结对子"、"老少共建团支部"、"与党员谈话"、资助贫困学生等多种途径,帮助学生成才成长。

发挥学生主体作用,增强学生"自我教育、自我管理、自我服务、自我约束"能力。建立学生公寓管理委员会自律组织,在遵章守纪、维护秩序、增强信息沟通、意见建议反馈、维护同学合法权益等方面取得较好效果。

学生公寓中心以学生思想教育阵地建设为抓手,关注学生需求,强化基层党组织建设,在学生思想教育、精神追求、生活习惯、文化熏陶、自我养成等方面,坚持探索和实践,不断优化管理和服务能力,创新组织活动载体,拓展组织建设途径,丰富党建理论和实践内涵,彰显党支部的战斗堡垒作用,有力促进了党建基层工作和业务工作的融合互动,对服务学生成长成才起到了积极作用。

打造特色饮食文化　提升服务育人能力

——广西民族大学饮食文化建设纪实

广西民族大学　赵贵香

　　民族复兴，文化铸魂。党的十八大以来，习近平总书记多次强调文化兴邦，在山东曲阜考察孔府和孔子研究院时强调，"一个国家、一个民族的强盛，总是以文化兴盛为支撑的，中华民族伟大复兴需要以中华文化发展繁荣为条件"，科技领域的进步，可以使国家更加富强，但是没有中华文化的繁荣兴盛，就不可能实现中华民族伟大复兴的宏伟目标。如今学生餐饮的需求概念已不再局限于解决温饱，更讲究餐饮美食文化。因此，高校食堂的建设不能再局限于学生吃好、吃饱、吃得健康的问题，而应超越高校食堂原有的定义，充分注入饮食文化元素，让食堂上升到一个更高的文化层次。

一、念好"吃"字经，有重点有特色打造饮食文化品牌

　　饮食文化作为校园文化的重要组成部分，不能简单把迎合学生娱乐心理当成满足学生精神食粮，必须结合饮食自身特色和优势，创造更多味美醇厚、特色鲜明、影响广泛，人文氛围浓郁的优秀作品，有重点有特色地打造符合新时代发展形势、符合学校深化改革新要求、符合学生健康饮食新需求的时代品牌，带头引领时代风尚，铸就民族魂魄，旗帜鲜明地告诉学生什么是应该继承和弘扬的，什么是应该杜绝和摒弃的，唱响主声音、弘扬主旋律、传播正能量。广西民族大学后勤管理处饮食服务中心定期举办的"走进食堂，体验生活"系列活动、美食文化节蛋糕 DIY 大赛、厨艺大赛、牵手东南亚中小学生制作特色美食活动、桌贴文化、菜单灯箱文化、宣传标语文化等系列特色饮食文化，是学校食堂的宝贵精神财富，是校园文化一张靓丽的名片，尤其是"走进食堂，体验生活"系列活

动,充分发挥了食堂作为学生"第二课堂"的育人作用,不仅让学生进一步了解食堂内部工作流程,提高食堂生产运作的透明度,拉近食堂员工与同学们之间的距离,也让同学们更加会生活、懂生活、爱生活、惜生活。活动的开展得到了师生的大力支持和广泛参与,形成了饮食服务中心独具特色的工作品牌,活动成效显著,收到了良好效果。

二、做好"育"字事,真正将饮食文化贯穿到食堂日常工作各个环节

食堂是师生就餐的场所,应具备为师生提供精神食粮的功能,要让师生感受到在食堂消费的是食品,感受的是知识,享受的是文明,将精神文明建设和我们的特色饮食文化真正融入其中。

一是定期举办"走进食堂,体验生活"系列活动,弘扬博大精深的中华千年饮食文化,普及合理营养膳食知识,推广各地风味美食,使同学们对饮食文化有更广泛的了解。如"每月食堂菜肴(面点)评比"活动;"学习雷锋活动月"组织各学院学生走进食堂,开展志愿服务活动;在食堂设立学生值班岗,接受师生对饮食管理工作的建议和意见,让学生广泛参与食堂民主管理;每个月组织校学生伙食管理委员会代表、各学院学生代表、大通社记者,分别走进饮食服务中心直属各个食堂,体验食堂员工一天的工作生活,每个食堂每次安排10名左右的学生代表参与活动。在食堂工作人员的带领下,同学们首先了解食品从业人员基本的个人卫生要求,然后佩戴整齐工作衣帽,按照流程逐一参观食堂各加工区域,了解各环节的规范操作,同时,为了让同学们体验劳动的辛苦和乐趣,亲身体验食堂工作的艰辛,增加了如择、拣、洗、切、跟班上早班制作早餐、制作糕点、淘米、售卖饭菜、就餐大厅及食堂周边环境卫生清洁等,让同学们亲身参与各个环节中去。"走进食堂,体验生活"系列活动开展以来,每年组织近500名学生代表走进食堂,基本覆盖了学校各学院的学生。"走进食堂,体验生活"系列活动,不仅让习近平新时代中国特色社会主义思想、"两学一做"学习教育、感恩教育等内容落地生根,也指导了学生合理膳食、健康饮食,在日常饮食上更加趋向合理化,同时也促进学校饮食中心与同学们的沟通和理解,让学生在享受服务、体验生活的同时,感受到饮食服务的关怀,通过多彩的活动,饮食服务中心与同学们一起共同营造温馨和谐、安全卫生的就餐环境,共同打造独具特色的饮食文化。

二是菜单、菜价灯箱文化。学校各食堂设计精美、明亮醒目的菜单、菜价灯

箱是一道亮丽的风景线。每一个灯箱展示的菜品、菜价与其对应下窗口售卖的菜品是一致的，让同学们能根据自己的喜好选择喜欢的菜肴，避免了高峰期排队选菜难的问题。一个菜单菜价灯箱不仅传递了其个性化的文化信息，更加凸显了饮食中心对学生的关怀。

三是桌贴文化。针对同学们活跃多变的思想，通过宣传画、标语倡导健康饮食、节能节约、珍惜粮食等理念，把宣传教育巧妙地引入食堂，大事小做、小处大用，让学生在"第二课堂"读到另外一本"书"，潜移默化地影响学生行为习惯的养成。如《悯农》，我们从小就熟背的诗词，通过漫画的形式展现，让学生更深刻地懂得什么叫珍惜。琳琅满目的桌贴，融汇了各民族各地区从古至今的文化元素，和而不同，却美美与共。

三、加强饮食文化建设，显著提升服务育人能力

根据高校饮食工作自身特点，通过提供广泛参与机会，拓宽育人平台，让同学们真正参与到饮食的民主管理和监督、参与食堂的建设，让学生在活动中锻炼自己的意志，培养学生养成良好的行为习惯，潜移默化地教育引导学生言行、锤炼品质、陶冶情操，是饮食服务中心充分发挥食堂"第二课堂"的重要作用。具体体现为以下几个方面。

（一）让学生学会尊重他人劳动成果，常怀感恩之心

每年走进食堂学习雷锋志愿服务活动、每月"走进食堂，体验生活"活动，让同学们更全面地了解学校食堂工作，走进食堂后厨参观和亲身体验食堂工作，让食堂这个"第二课堂"发挥了作用，以育人工作为主线，潜移默化地教育和引导学生。在了解食堂工作人员工作的艰辛之后，同学们能体谅食堂工作人员日复一日烦琐的工作，尊重他们的劳动成果，为师生营造一个和谐、文明的就餐氛围。

（二）发挥饮食管理育人、服务育人、环境育人功能，让学生环保意识、责任意识得到提高

为了使活动见成效，饮食服务中心努力拓展丰富的活动形式，将育人工作融入多元化的活动中。首先，充分利用学生伙食管理委员会及社团组织，每月开展"走进食堂，体验生活"活动，通过活动的举办让学生体验食堂工作的艰辛，感受食堂后厨规范的操作流程，让员工的言传身教感染学生，充分发挥饮食管理育人和服务育人功能，2019年共组织80名学生走进食堂。其次，发挥党

支部在各类活动举办过程中的作用,通过主题党日、学习雷锋志愿者等活动,让广大学生参与其中,体验劳动成果给自己带来的乐趣,让学生走出宿舍、走出课堂,投身社会实践中,提高学生劳动观念和环保意识,端正劳动态度和树立社会责任感,2019年共组织415名学生开展学雷锋志愿服务活动。第三,通过贴"节能减排、珍惜粮食、文明用餐、爱护公物"等宣传标语240多张,使学生懂得用水、节水、节电、珍惜粮食的意义,明白爱护公物人人有责,让学生从走进食堂、入座就餐到离开食堂的整个就餐过程,都能够感受到食堂环境育人的氛围。

(三)培养学生的使命感和担当精神,提升学生的管理能力,加大食堂管理民主参与力度

在各食堂设立值班岗,每天就餐高峰期安排学生在岗值班,协助食堂维持就餐秩序,接受师生对饮食管理工作的建议和意见,通过让学生参与食堂的民主管理,培养学生的责任感和使命感,教会学生敢于担当、勇于奋斗、敢于创新,形成乐观向上的人生态度,自觉养成热爱劳动、乐于奉献的精神,成为社会发展所需要的人。

(四)让学生学会珍惜当下、珍惜所拥有的美好时光,敢于逐梦未来,培养努力奋斗的精神

学生近距离了解食堂后发现,原来每天和他们打交道的阿姨,他们默默无闻地耕耘几十年,奉献着自己的青春,经历了沧桑,经历了与学校同成长,收获了幸福,她们既是为了生活,更是为了学校深化改革和师生生活保障服务,不忘初心、默默奉献,员工们热爱生活、珍惜当下,正确面对困难和挫折,努力实现自身价值的奋斗精神,让学生感触很深。员工们用亲身经历,告诫学生要珍惜当下,珍惜大学美好时光,勇敢逐梦未来。

(五)架起食堂与师生沟通的桥梁

让学生参与食堂民主管理和民主监督,设立意见箱、值班岗等听取学生的意见,让更多的学生走进食堂,了解食堂。各食堂通过宣传栏、食堂信息公开栏,主动将国家和学校的政策及饮食管理工作动态宣传给广大师生,对师生反映的问题及时和师生沟通、稳妥解决,对存在的问题积极整改、跟踪落实,让师生能感受饮食的温暖,增强他们的信任感和归属感,使饮食中心与师生之间形成良性互动,促进饮食管理工作在提高服务水平中增强育人效果。

广西民族大学后勤管理处饮食服务中心通过系列活动,不断丰富和挖掘饮

食文化精髓,以服务之美、劳动之美助力大学生成长。新时代对育人提出了新要求,增进彼此了解,互带互动,优势互补,饮食与教学结合,把"服务育人"真正落到实处。

一路四季蕴内涵　校园彩绘育人文

——成都中医药大学学生手绘"网红路"展示二十四节气文化

成都中医药大学　杨菲　李鑫　赵梦涵

如何围绕后勤基础工作抓好党建,营造和谐的校园人文环境和良好的党群关系,是成都中医药大学后勤基建处党委一直在思考的问题。为了认真贯彻党中央、国务院《关于加强和改进新形势下高校思想政治工作的意见》精神,牢记职责使命,立足本职岗位,成都中医药大学后勤基建处党委牵头,通过依托公寓党总支、公寓团总支举办校内彩绘大赛装点校园环境,以服务育人为指引,着力于增强基层党组织的创造力、凝聚力,力求做到贴近师生需求,顺应师生期盼,推进后勤工作不断进步,广受师生欢迎。

"五行大草坪"是成都中医药大学校园内的一处靓丽风景,同时也是校内师生们读书、交流、举办各类党团活动的聚集地。其中一条普通的石板路将五行大草坪一分为二,恰如太极图中阴阳之分,兼其"五行"之名,与中医阴阳五行理论十分契合。然而,师生们普遍反映,石板路造型普通,为改善校园环境,提升师生的感官感受,后勤基建处联合公寓党总支、公寓团总支以及各学院基层党组织,开展"爱我校园"创意彩绘大赛,大赛以"地生我材笔有用,百草春生冬还发"为主题,将五行大草坪中的石板路作为绘画载体,将中华传统"二十四节气"作为描绘内容,为学生们提供一个自我展示的平台。

一、周密筹备,认真创作

五行大草坪中的石板路总共 26 块,每块长 5 米、宽 1.5 米,连成一线,经后勤与基层党组织的同学们反复研究讨论,决定选用易显色且不易被雨水冲刷和踩踏掉色的丙烯颜料作为彩绘颜料,作为开篇和收尾的前后 2 块石板路由公寓团总支的学生设计完成,中间由14个学院分别抽取1～2个节气,按照二十四节气顺序分别在24块石板路上完成绘制。

彩绘大赛于2018年10月22日拉开序幕,通过2天的时间,14个学院组织学生广泛参与作品构思及创意,并将想法形成于图纸,通过学院初选的作品由学院推荐进入复赛,复赛中对设计图和作品设计灵感简介进行线下评比和线上网络投票,综合评选结果确定了最终的24幅作品用于石板路进行彩绘。

二、同心协力,细致描绘

彩绘大赛持续9天,参赛学生按照设计图纸与创作理念运用娴熟的绘画技巧俯身在石板路上认真勾勒,细细描画,用7天时间完成了整体的路面彩绘。24幅作品代表24个节气,它们一字排开,有序衔接,共同构成了一条绚丽多彩的主题文化大道。24幅作品或清新、或浓郁、或活泼、或立体,运用水彩、水墨、3D等表现手法,融入与节气相关的物候特征乃至中草药、药材、腧穴、太极等中医元素,佐以校训、藏头诗等书法烘托,画面生动,富有深意:"立春"中画入的决明子为时令养身推荐泡饮,清火明目,暗合眼科特色;"雨水"加入藏族回形纹设计,表达在雨水的滋润下万物生生不息;"惊蛰"中添加金银花、辛夷两种此时盛开的中草药元素;"春分"中绿意盎然的春日景象从强烈的3D视觉中破土而出;"清明"中牧童骑黄牛跃然画中,飘动的柳条也让人联想起清明插柳的风俗;"谷雨"浓暗的色调中,荷叶、游鱼、鸢尾、少女、宫灯、熊猫在静谧的夜晚述说着雨后的故事;"立夏"中江南人家、含苞荷花、鱼戏湖中,加上学校景观"百步桥",清爽的配色展现了初夏的生机;"小满"中的小麦颗粒饱满,体育学院的学子还尝试用电子竞技"王者荣耀"的角色表达团结进取、奋勇拼搏之精神,体现他们特有的活力;"芒种"中的小麦成熟,秧苗嫩绿,农夫牵牛劳作;"夏至"中鹿角脱落、草木葱茏,书写的藏头诗暗藏腧穴之至阳穴、关元穴,节气灸之以达扶正祛邪、滋养脾胃之功效;"小暑"也以藏头诗将会阴、足三里两穴藏头,节气灸之以利脾气之升降,健脾化湿;"大暑"用水墨画铺就一幅盛夏荷花竞相绽放的景象;"立秋"在金黄的麦浪和火红的"枫树"映衬下,夕阳中的老人打着太极,蕴藏康复专业特色;"处暑"中红红的高粱、金黄的稻田、微笑的稻草人、象征中元节的河灯共同构成了人们期盼美好的愿望;"白露"取谐音"白鹭"画之,并在清冷的色调中配以彩石红树,寓意在艰苦的日子也不能放弃希望,要有迎难而上的勇气;"秋分"以校训开头,银杏点缀,两位美丽优雅的女神分别代表白昼和黑夜,诠释了秋分时节昼夜平分,同时强烈的色彩对比构成了隐藏的太极图案，结尾以赋书写成中医的风光，尽显成中医学子的才华；"寒露"中女神倚靠山脊流露出对秋日的眷恋，深蓝的画面顿时让人感到天气已步入寒冷，而"大医精诚"四个大字提醒往来学子不忘医者所不断追求的思想境界；"霜降"中柿子、红叶、河流、晚霞的组合使得人们暂时忘却冷瑟的深秋，这也是药学院学子想要传递出的活力与希望；"立冬"中首先映入眼帘的是两组红、蓝色对比强烈的硕大的云朵和天空，代表秋与冬的衔接，图下是校内建筑博物馆和百步桥，一首李白的《立冬》点明主题；"小雪"中狐狸、寺庙、白雪、夜色、浪花讲述了一段冬日的故事；"大雪"至此而雪盛也，一位女孩在银装素裹的雪地里眺望远方；"冬至"之日白雪皑皑，但有了家就充满温情与期盼；"小寒"中的柿子有养肺胃、清燥火之功效，渐变的蓝色表明天气逐渐变寒；"大寒"中飘逸的书法，大片的留白，远山、枯树、亭台、梅花，简洁但不简单，共同构成了一幅天寒地冻的画面。

"二十四节气"彩绘大道因精彩的创意，多变的风格，文化的延伸，引发了众多师生的喜爱和关注，大家纷纷驻足欣赏，并积极参与网络投票，结合嘉宾现场打分的方式最终评选出了一、二、三等奖和最具团队精神奖、优秀奖。

三、凝心聚力，成效显著

（一）充分发挥了学生党员先锋模范带头作用

活动从筹备到实施的过程中，在后勤基建处党委指导下，公寓党总支带领公寓团总支对比赛各阶段进行了周密的策划并从事了大量服务工作，从活动预算、前期宣传、材料准备到后期投票、沟通协调、场地维护等各个环节，近200名学生干部分工协作、有条不紊、齐心协力，他们的共同付出使彩绘大赛取得了圆满成功，学生党员也从中得到了积极的锻炼，充分发挥了党员的先锋模范带头作用。

（二）坚持贯彻学以致用，知行合一

为了体现成都中医药大学的特色，彩绘大赛要求创作的作品联系二十四节气规律，结合与中医药文化的内在联系，适当地加入中医药元素。参与创作的学生为了发挥创作水平，在创作前对"二十四节气"传统文化知识进行了深入的理解、挖掘和思考，剖析其深层次的含义，经过知识的内化、贯通，充分发挥想象力和创造力，进一步结合中医药文化，通过彩绘艺术表达出自己的想法，直观地呈现出各个节气的内容、特征。

（三）促进学生团结协作，思想互通

各学院组成多人绘画小组，相互碰撞思想火花，交流想法，共商创意，紧密合作，细细描绘，在短短9天时间内完成了作品的创作及路面彩绘，参与彩绘总人数达200余人，是学生学习之余不可多得的交流沟通契机，有效地锻炼和传递了团结一心、砥砺奋进的奋勇拼搏精神。

（四）弘扬和传承中国传统文化

此次彩绘大赛展现的"二十四节气"是中国传统文化中我国劳动人民智慧的结晶，26000多人积极参与了网络投票环节，通过此次活动，不但让参与创作的学生深刻理解了中国传统文化，更让全校师生及更多人了解、关注"二十四节气"，记住甚至掌握"二十四节气"知识，树立民族自信、文化自信，传播和弘扬民族文化精神，这也是对中国传统文化的弘扬和传承，引导广大学生树立正确的价值观，也引起了众多新闻网络媒体的报道。

（五）践行后勤服务育人的精神实质

此次彩绘大赛是后勤"服务育人"功能与学生"党团建设"在工作实践中的深度融合，展现了现代大学生积极向上、富于创造的精神风貌，增添了校园文化和艺术气息，以美培智、以美辅德、以美育诚，是后勤服务保障工作中服务育人功能的具体实践。

以匠心守初心　以服务育新人

——江南大学后勤服务育人的探索与实践

江南大学　雷虹　毕秀华

高校后勤是学校教育管理的重要组成部分,是学校服务育人的重要窗口。后勤管理服务面广量大,与学生的日常生活紧密相连,弥漫在整个校园生活环境。后勤工作除了基本的校园管理、生活服务,其育人功能,尽管对学生的影响具有隐蔽性、间接性和非预定性,但同样具备"陶冶功能""导向和激励功能""约束与规范功能"。江南大学后勤提前谋划、主动作为、深化改革,使得学校的后勤取得了长足发展,服务育人能力显著提升,经过不断的探索实践,成功完成从"学校的后勤"向"后勤的学校""后勤即学校""后勤学校"的转型和提升。

一、凝塑内化于心的育人文化

高校后勤育人的初心是基于实效性的现实背景之上的,随着时代的发展和社会的进步,后勤育人工作呈现出新的时代特征,江南大学后勤保障系统走在改革的前面,率先完成了"传统后勤"转向"现代后勤"的转型,并向"未来后勤"迈进,通过改革不断完善后勤服务育人功能。

(一)高等教育事业发展的时代要求

在 2018 年 9 月 10 日召开的全国教育大会上,习近平指出,要培养德智体美劳全面发展的社会主义建设者和接班人。要努力构建德智体美劳全面培养的教育体系,形成更高水平的人才培养体系。要把立德树人融入思想道德教育、文化知识教育、社会实践教育各环节。要在学生中弘扬劳动精神,教育引导学生崇尚劳动、尊重劳动,懂得劳动最光荣、劳动最崇高、劳动最伟大、劳动最美丽的道理,长大后能够辛勤劳动、诚实劳动、创造性劳动。习总书记再次强调了劳动在教育中的价值和作用。高校后勤管理服务与学生的衣、食、住、行、学紧密联系,有着天然的育人优势和育人传统,是学校立德树人工作的重要组成部分,是"劳动教育"最好的载体。

随着高等教育的快速发展,高校后勤生产力显著提升,具备了较好开展育人工作的软硬件条件,发挥服务场域的优势,凸显服务育人功能。在"传统后勤"范畴,不断优化餐饮、环境等基础服务内容和服务流程,实现"服务再造",既是提升服务的水平和质量,也是提升育人的能力和水平。在"现代后勤"范畴,淡化传统业务的边界,对多个业务内容进行整合,引入更多先进技术,提升技术含量。同时也使服务育人的内容和项目进一步融合、协同、创新,实现更好的育人效果。在"未来后勤"范畴,"以人为本""以本为本",不断提升"管理、服务、环境"三育人的认识,提高"全员、全方位、全过程"三全育人的认识,通过提升思想认识,强化全体员工的育人意识,设计和提供服务之初就有意识地寻找和加载育人功能。

(二)学校后勤改革发展的必然产物

江南大学确立"凸显教育性,释放公益性,增强协同性"的后勤体制改革总体思路,以建设"现代化、新后勤"为基本导向,将为教学科研提供服务和公共资源配置以及涉及基础保障的各部门都纳入大后勤范畴,将后勤系统党委、后勤管理、后勤集团、基建、房产管理、安全保卫、信息化服务、医疗服务、会议场馆等部门,组织起来建成"大后勤保障系统",创建了"大后勤、大系统、大服务、大保障"的"新后勤模式"。

后勤保障系统是一个有机整体,既坚持了高等学校后勤工作的总体思路,又根据形势任务发展变化赋予了后勤工作新的内涵,在服务育人方面发挥了积极的作用。后勤保障系统不断加强后勤保障系统内部的协调机制,以后勤保障系统党委为核心,强化多部门之间协调,整合各部门服务育人资源,创新服务育人项目形式,创造服务育人新项目;不断加强后勤保障系统外部的协同机制,发挥多部门协作机制,共同参与服务育人各项目、各环节;引领"后勤学校"规划和顶层设计,既做好后勤学校实体的建设,又要以后勤学校为核心扩展服务育人外延和内涵,将更多育人项目整合进后勤学校。通过加强自身建设,提升自身能力,增强系统内部外部协同,不断为"三全育人"创造更好更多的有利条件。

二、构建"三全育人"的育人体系

学校后勤保障系统深入推进后勤"三全育人"体制机制建设,充分发挥后勤服务育人在大学生思想政治教育中的积极作用。

(一)凝聚"全员育人"共识

后勤保障系统积极探索由系统党委统一领导、各部门齐抓共管的服务育人机制。后勤保障系统党委着力抓好体系构建、文化引领、理念塑造工作,通过开展"职业道德格言"征集、"新后勤人"培训、"服务明星"评选等活动,使服务育人理念在全体员工中"内化于心、外化于行";系统各部门着力将各项育人举措融合到后勤管理服务工作,并对部门主干职能内涵的挖掘和外延的拓展;各部门一线后勤员工执行各项育人举措,利用自身掌握的业务知识和业务技能,以高尚的品德和敬业精神来感染、教育学生,形成"处处有项目,人人皆育人"的全员育人工作格局。

(二)把握"全程育人"脉络

后勤保障系统在认真研究学生成长成才特点和规律的基础上,精心规划学生在不同阶段的育人工作重点和方法措施,设计多类模块,实现全程育人。入学初期,通过开辟"花卉节""美食节""生活节"等技能课堂,鼓励学生德技并修,培养学生"懂生活、会生活、管生活、爱生活"能力,帮助大学生尽快融入大学生活;学业中期,通过后勤员工"岗位技能大赛"、"典型引路"事迹报告会、党员先锋示范岗评选等活动,以后勤员工爱岗敬业的工作态度、任劳任怨的工作作风和精益求精的工匠精神感染和教育学生,养成他们忠于职守、正直善良的道德情操和好学不倦、严谨踏实的治学精神;就业前夕,提供"今天我是站长""跟我来派件""走进透明厨房"等操作体验和"舞动青春""咖啡文化知识讲座"等文化培训,提高学生人文修养,使他们成为兴趣广泛、志趣健康,具备社会责任感的"全面发展的人"。

(三)丰富"全方位育人"渠道

后勤保障系统强调拓展育人的多维空间,通过显性教育和隐性教育把服务育人文化渗透到学生学习和生活的各个环节。产品育人,餐饮、校园智能卡等产品以"精湛的产品、卓越的服务、独特内涵"为价值定位,带给学生极致体验的同时,满足他们的精神需求,培养他们的审美趣味。环境育人,通过教学楼、图书馆、餐厅、公寓等场所硬件设施的条件改造,结合开发校训、校标、吉祥物、信封、明信片等文化载体，营造"让每一面墙都能说话、让每一处景观都能育人"的育人环境。制度育人，要求学生自觉遵守执行住宿、餐饮、用水用电、安全等各项规章制度，牢固树立纪律观念，培养学生的规则意识。实践育人，建立与后勤密切相关的学生社团组织，如"大学生公寓团"、"绿点江南"环保协会、"平安使者"协会等；尝试"项目化"运作模式和"职员化"锻炼平台，开辟"菜鸟驿站就业创业培育基地""长广溪宾馆大学生实习基地"，探索以后勤管理服务为核心的实践育人新模式。

三、擦亮后勤学校的育人品牌

结合后勤场域优势和特色资源，学校不断完善后勤服务"三全育人"格局，营造"后勤无空地，处处皆育人"氛围，建立"后勤学校"。

（一）成立后勤学校

江南大学后勤学校始于 2012 年的后勤保障系统改革，逐步成型于 2016 年，2018 年正式揭牌成立，是后勤保障系统落实学校党委提出的"后勤无空地，处处皆育人"、后勤服务是"没有讲台的课堂"育人要求的创新举措。后勤学校以学生为中心深化内涵建设，瞄准成长需求，坚持系统谋划，注重精准滴灌，明确检验标准，服务育人并重。旨在帮助学生树立"懂生活、会生活、管生活、爱生活"的价值观念，提高审美趣味和动手能力，养成忠于职守和正直善良的道德情操，成长为忠于祖国、志存高远、兴趣广泛、全面发展的时代新人。学生通过观察、参与劳动，从而敬畏劳动、体验劳动，完成劳动教育。除此之外，对于人数较多、岗位类别较多的后勤员工而言，后勤学校又兼具提升员工综合素养、强化后勤队伍建设的任务。截至目前，后勤学校共开设课程 108 次，参与学员 13000 余人次，得到了师生的积极响应。

（二）完善课程体系

后勤学校设计的系列课堂有别于面上专业学习的教学课堂，主要是瞄准学生成长需求，围绕生活教育、文化修养提升、信息素养培育、职员化历练等方面展开，采用"理论＋实践""线上＋线下"的教学模式。开设了生活技能、安全健康、绿色发展、信息素养等课堂，开辟了"菜鸟驿站就业创业培育基地""长广溪宾馆大学生实习基地"，实施了"学生员工培育项目"，每年吸引了大量的学生参加，成为江南大学后勤最靓丽的一张明信片。生活技能类课堂，依托后勤各类生活服务载体，通过对大学生"懂生活、会生活、管生活、爱生活"能力的培养,引导大学生形成乐观的生活态度、养成良好的行为习惯、充实优雅的人文修养。安全健康类课堂。聚焦"安全""健康"两项基本需求,营造校园安全健康的文化氛围。绿色发展类课堂。依托学校节能研究所,开设节能管理培训,传播绿色发展理念,讲解常用节能手段和技巧等,提高学生生态建设与环境保护的意识和水平。信息素养类课堂。依托数字校园、智慧校园建设成果,逐步提升学生利用信息化手段收集、处理、传播和利用信息的能力,帮助其提升学习、生活质量。

(三)探索运行模式

后勤"服务育人"是大格局,"后勤学校"是服务育人小载体,使后勤服务育人形象化、可视化、实体化。通过探索后勤学校与第一课堂、第二课堂、第三课堂对接机制,建设服务育人、劳动教育长效机制。进一步遵循育人的科学规律,强化课程设计的体系化、集中化和规范化,注重价值引领、知识传授和能力培养的有机结合,将学生志存高远的认识转化为懂生活的实践,将品端行正的认识转化为管生活的实践,将心灵手巧的认识转化为会生活的实践,将乐观向上的认识转化为爱生活的实践。达到认识和实践的统一。通过品味生活课堂的开设,开通了沟通互动的新平台,开拓了提升素养的新途径,开启了服务育人的新征程。

后勤学校改变了师生对后勤简单劳动的碎片式认识,通过规模化、体系化的课程载体,与后勤业务骨干进行面对面的接触,真实体验后勤工作蕴含的丰富文化内涵、后勤员工追求卓越的"工匠精神",从而使学生在自由、宽松、活泼的环境中接受潜移默化的思想教育和引导,化为自己自觉的行动,实现育人功能。后勤学校以提升大学生人文素养、职业道德、审美观念、生活技能等为抓手,通过组织内建,塑造品牌持久力;通过完善网络载体,拓展育人效应;通过借力外部资源,促进成果转化;深化后勤育人的广度和深度,充实学校人才培养体系,并推动高校后勤行业育人工作向纵深发展。

让党旗在学生公寓别样红

——滨州学院实现党员工作站在学生公寓全覆盖

滨州学院　李帅

近日,在滨州学院一间特殊的"教室"里,一位老师正在指导学生学习。学生之间相互交流、讨论,学习气氛非常热烈。这间"教室"与一般的教室不同,室内的墙壁贴着党旗和入党誓词、党员权利和义务、工作站职责和制度等,其中"服务同学,促进和谐"的红色横幅格外醒目,这便是滨州学院学生公寓党员工作站。学生们正在工作站指导老师的指导下学习中国共产党山东省第十一次代表大会会议精神。

学生公寓是学生的心灵家园和重要的成长空间,是大学生第二课堂的重要载体。如何利用学生生活和思想交流的这一重要场所来做好大学生党建工作,是滨州学院学生工作部一直在探索和实践的课题。在工作中,学生工作部围绕立德树人根本任务,把学生党建工作拓展、延伸、覆盖到学生公寓,成立了学生公寓党员工作站,以便更好地发挥学生党员表率作用,引领和服务学生成长成才。

自成立以来,学生公寓党员工作站形成了以"公告公示、联系同学、检查监督、例会汇报"等4项工作制度为主要内容的党建进学生公寓新模式。"党建工作进学生公寓,搭建平台,创新载体,有效扩大了高校思想政治工作的覆盖面,是我校的一次有益尝试。"校党委委员、分管学生工作的副校长李伟年介绍说。

一、科学设计工作站 倾力建造五阵地

目前,滨州学院17个学生公寓,已经全面建成党员工作站。学生公寓党员

工作站由总站、分站之分,各分站在总站指导下开展工作。总站设立站务委员会,负责工作站的各项具体工作。站务委员会设站长1人,副站长3～4人,委员若干。站长、副站长、委员由各院(系)学生党支部推荐,经过推荐、选拔、审核等程序,由学生公寓党员工作站领导小组确定,也可视情况由党员工作站全体成员民主推荐产生。这样,实现了党建工作在学生公寓宿舍全覆盖。

在此基础上,滨州学院把党员工作站建成"两学一做"学习教育常态化制度化向基层延伸的阵地、贯彻落实全国全省高校思想政治工作会议精神的阵地、践行社会主义核心价值观的实践阵地、推动大学先进文化建设的思想阵地和服务同学促进和谐校园建设的前沿阵地,稳打稳扎,努力打造高校育人工作"五阵地"。

二、人人都是排头兵 个个传递正能量

一个宿舍就是一个家,一栋公寓就是一个社区。为了让党建工作更好走进公寓,动员学生党员全员参与,进一步扩大党建与思想政治教育的辐射范围,滨州学院学工部举行了党员示范宿舍挂牌仪式,鼓励党员亮明身份、亮明承诺、亮明标准,充分发挥党员表率和示范带动作用。公寓党员工作站明确学生党员职责,要求党员示范挂牌宿舍学生,亮身份,切实履行"思想政治宣传员、意识形态信息员、安全稳定助理员、学风建设联络员、困难帮扶服务员"工作职责。

学生公寓党员工作站组织学生党员进行政治理论学习,积极宣传党的路线方针政策;开展走访调查及时了解学生思想动态;搭建学生与宿管人员之间的沟通桥梁,深入宿舍,服务学生,化解矛盾,切实解决实际问题,形成了"有党员的地方就有党的声音""有困难找党员"的局面,发挥了学生"自我管理、自我教育、自我服务、自我监督"的作用,逐步形成全过程育人、全方位育人的格局。

三、用身边人感染身边人 用身边人教育身边人

学生公寓党员工作站组织开展了一系列贴近学生、贴近生活、贴近实际的活动。通过挖掘重大节日、纪念日的深刻内涵,开展学校讨论和主题教育活动;开展针对性的谈心活动,以"一对一结对子"的方式帮扶同学健康成长;开展"读好书、善读书"活动,推动学生传播先进文化;开展用身边人感染身边人,用身边人教育身边人活动,发挥学生党员的辐射作用;开展文明宿舍评选活动,带动整体公寓文明建设。据介绍,随着学校"两学一做"学习教育的深入推进,工作站还准备推出"党的生日献祝福""学生党员讲党课""我是义务讲解员"等

特色活动。

机电工程学院一名学生因上网迷恋游戏荒废学业,在党员同学不离不弃的陪伴和帮助下,该同学回心转意,努力学习,最终成为优秀学生,获得山东省机电产品创新大赛二等奖。谈起党员工作站,该同学话语中充满感激:"党员工作站的同学在学习生活上给我很多帮助,让我感到很温暖。现在,我也会力所能及帮助身边同学,而且感到很快乐。""同学们在参与活动的同时,既提高了自身的党性修养,又增强了向党组织靠拢的积极性,这是学生公寓党建创新的双赢。"公寓管理中心主任、党员工作站站长李帅说。

一个党员就是一面旗帜,一方小小学生宿舍,立德树人大有可为。党员工作站让学生公寓成为课堂的延伸阵地,指导老师在这里可以针对学生的学习、思想更有效地"开药方、找思路"。同时,它有效拓展了思想政治教育阵地,带动了公寓文化建设,营造出积极、健康、和谐、向上的文化氛围,有力推进了优良学风校风的形成。如今,学校17个党员工作站的165名站务委员和学生党员正以巨大的正能量影响着全校2845间学生宿舍的2万余名大学生的学习观、价值观。

"党建工作进公寓是扎实推进学校'两学一做'学习教育常态化制度化的重要举措,更是大学生思想政治工作的延伸。下一步,学生工作部将创造条件,创新方式,继续为学生党员发挥作用搭建更多的平台,让党旗在宿舍楼里高高飘扬。"学生工作部部长贾卫东说。

支部建在公寓里　提高学生党员教育管理水平

——赣州师范高等专科学校外语系学生党支部党建进公寓"1＋5"工程探索与实践

赣州师范高等专科学校　邵柏圣　李睿

中共中央、国务院《关于进一步加强和改进大学生思想政治教育的意见》指出,要加强对大学生社团的领导和管理,高度重视大学生生活社区、学生公寓、网络虚拟群体等新型大学生组织的思想政治教育工作,发挥大学生自身的积极性和主动性,增强教育效果。高校学生公寓既是大学生学习和生活的主要场所,也是大学生信息传递、思想碰撞和情感交流的平台,对大学生的人格塑造、道德养成,世界观、人生观和价值观的树立和形成,都有着重要的影响。为进一步加强党的建设,树立"党建＋"理念,推动党建工作与学生公寓管理有机融合,努力拓展学生党建和思想政治教育工作的辐射范围,更好地服务于学生的成长成才和学校的办学育人,赣州师范高等专科学校外语系学生党支部自成立以来,积极探索新时代学生党员教育管理的新途径、新方法。

一、工作思路

在外语系学生党支部的建制基础上,以学生公寓党员之家为平台,将学生党建工作延伸至学生公寓,在组织建设、活动载体、运行机制等方面进行创新,将学生党员培养、发展、教育和文明公寓创建相结合,发挥学生党员及入党积极分子在日常学习生活中的模范带头作用,提高公寓管理、育人水平,促进校风学风建设。

二、工作举措

学生党建进公寓"1＋5"工程,"1"指的是建设好学生公寓党建阵地"党员之家";"5"指的是依托"党员之家",通过五个途径常态化做好学生党员的日常教育管理和理论学习活动,即办好一个大学生党员读书会、组织好一个党员宣讲团、建设好一支红色先锋志愿者服务队、举办好一场红色擂台赛、做好一本成长台账——《学生党员及入党积极分子培养手册》。

(一)依托学生公寓党员之家,积极推进党建进公寓工作

"党员之家"建在学生公寓1和2栋,一方面,党员之家为支部办公和学生党员日常活动学习提供基础的硬件场地保障;另一方面,党员之家也是党员服务站的办公场所。"党员之家"以学生党员、入党积极分子为骨干力量,设有站长和秘书处、组宣部、纪检部、服务部四个部门,在"自我教育、自我管理、自我服务"中发挥先锋模范作用。一是推行公寓党员及入党积极分子责任制"形象工程",亮出身份、标准和责任区;二是实行"党员寝室""党员床位"挂牌制度,要求学生党员"从我做起、向我看齐、对我监督",力争做到"五个一":铺好一张床位,净化一个宿舍,带动一个班级,影响一个年级,推动一个系部;三是开展"1 + X"帮带活动,通过一个学生党员或入党积极分子帮带2～3个学生宿舍的方式,以实际行动和先锋模范作用来带动寝室其他同学,了解所负责宿舍同学的思想动态,宣传党的理论知识和学校的规章制度,督促寝室成员整理内务,帮扶专业学习,及时反映同学中的问题和诉求等;四是开展"党员服务日"活动,每周五下午固定为服务日时间,通过实际行动强化学生党员、入党积极分子的宗旨意识。

(二)依托大学生党员读书会,不断提升学生党员及入党积极分子思想政治素养

为切实贯彻全国、全省高校思想政治工作会议精神,大力倡导"读书塑德,读书修身,读书增才"的理念,建设一个学生党员理论知识学习、思想沟通交流的平台,支部成立了大学生党员读书会,具体工作由"党员之家"组宣部负责,其成员包括学生正式党员、预备党员和入党积极分子,阅读书目包括马列经典著作、红色经典作品、党的重要理论文件、优秀传统文化作品等。读书会每月定期组织开展一次读书分享活动,每期由2个开卷人负责梳理读物(写作背景、基本框架、主要内容、理论价值和现实意义),并负责组织参会人员进行讨论。

(三)依托大学生党员宣讲团,扎实做好青年学生思想引领工作

大学生党员,是大学生中的精英,是党的事业的接班人,培养他们成为党的

政策、精神的讲解员、宣传员,是高校党组织的一项重要任务。大学生党员宣讲团紧跟党的路线、方针、政策,定期进班级、公寓宣讲党的相关知识和党的会议精神。宣讲团工作由"党员之家"组宣部负责,从成立至今已开展"不负时代,不负青春"、"坚定文化自信,弘扬优秀传统文化"、"弘扬宪法精神,树立宪法权威"、"我为祖国自豪"庆祝改革开放 40 周年、"弘扬雷锋精神,争做时代先锋"、"弘扬五四精神、勇当时代新人"等主题宣讲。

(四)依托红色先锋志愿服务队,努力推进实践育人工作

"党员志愿服务"不仅塑造了学生党员在群众中的良好形象,体现了基层党组织的先进性,又能提高党员自身素质和能力,传递爱心,传播文明,加强学生党员自身在群众中的感召力,促进服务型党组织的建立。服务队以"志愿服务、传递爱心、树立模范、无私奉献"为宗旨,围绕学校中心工作,推进志愿服务活动长期化、常态化。志愿服务队工作由"党员之家"服务部负责,服务队每周六上午进行校园环境清扫活动。每季度到社区开展 1 次志愿服务。

(五)依托红色擂台赛,不断拓展学生党员和入党积极分子培养教育载体

红色擂台赛以"唱红色歌曲,讲红色故事,读红色家书,传红色知识"为主要内容,旨在"以比鼓劲,以赛促学",丰富党内生活,强化正面引导和宣传,让广大青年学生重温党的历史和基本知识,加深对党的理论、路线、方针、政策的理解,激发学生的爱国爱党热情。擂台赛由"党员之家"秘书处组织开展,一年来,支部举行了党的十九大知识竞答赛、党的基本知识竞赛、红色家书诵读比赛及"五四"红歌赛等活动。

(六)依托培养手册,强化学生党员和入党积极分子量化管理

为搭建学生党员及入党积极分子教育管理新平台,加强对学生党员及入党积极分子的量化考核,支部创编了《学生党员及入党积极分子培养手册》。《培养手册》的内容包括个人基本信息、党的基本知识、量化考核表、工作登记表、个人总结等内容,详细记录学生从入党积极分子到正式党员全过程的成长足迹。以《培养手册》为基础使学生党员及入党积极分子考核更加公平、公开与准确,激励广大学生党员成长为一名合格党员。《培养手册》每季度上交一次,由"党员之家"纪检部负责考核。

三、工作成效

（一）促进了文明公寓建设

外语系学生公寓在五星级评比中多次名列第一；学生公寓1和2栋在2017、2018年连续荣获"文明楼栋"荣誉称号。学生党建进公寓获评赣州市学校党建工作优秀案例。"学生党建进公寓，实现全方位育人"获得江西省首届党务技能大赛优秀奖。

（二）党员素质明显增强

通过实施"1＋5"工程，极大地提高了学生党员队伍的素质能力，增强了学生党员的先锋模范意识。支部学生党员在学校举行的党的基本知识竞答赛和红色家书朗诵大赛中均获"一等奖"。"大学生党员读书会"获评学校最佳党建案例。

（三）党员考察更加客观

学生党建工作进公寓，为党组织充分了解被考察人的真实行为、表现和思想创造了机会，使培养考察工作更深入学生生活，同时通过实施学生党员和入党积极分子量化考核办法，使每位学生党员和入党积极分子能随时掌握自己的积分排名情况，使学生党员和入党积极分子参与的一切活动、所做的一切贡献都体现在年度积分上，用量化积分来确定"优秀、合格、基本合格、不合格"，并成为支部年度评优评先、预备党员转正和入党积极分子成为发展对象的重要依据。

致力学生公寓文化建设 创建高品质文化校园气息

——以生乐物业工艺美院管理服务部为例

上海生乐物业管理有限公司　李云飞

思想文化建设一直是我国社会主义精神文明建设的重要组成部分,思想决定人的行为,文化陶冶人的情操,因此加强思想文化建设是国家提升软实力的重要举措之一。高校后勤学生公寓文化建设是面向全体住宿生开展的一项综合性活动,活动主要以拉近学生与工作人员的距离为重点,通过开展一系列的文化活动,丰富住宿生的课余生活,增加宿管员与学生的互动,提高寝室文化生活质量,营造富有生乐物业特色的校园文化氛围。

上海生乐物业管理有限公司于 2011 年 8 月接手上海工艺美术职业学院的物业管理以来,学校赋予我们一项重要的服务内容,就是学生公寓的管理和服务。在公司领导的关心和上海工艺美术职业学院各院系、各部门的大力配合下,我们管理服务部紧紧围绕学院的中心工作,坚持管理、疏导和服务相结合的原则,以育人为核心,以服务为宗旨,以制度建设和科学管理为手段,不断创新积极致力于营造良好的服务育人环境,将宿舍安全消防工作放在首位,扎实认真做好学生公寓的管理服务工作,给学生营造一个安全、和谐、温馨、整洁、卫生的良好环境。

一、基本情况

上海工艺美术职业学院学生公寓共有 6 幢楼,其中 5 幢为 6 层,1 幢为 11 层,全校住宿学生共有 4200 名左右。我们根据学院的要求,和学院后勤管理处紧密配合,根据二级学院提供的信息,结合专业和班级进行寝室分配。这是一项细致、严谨的工作,不容有错。

在我们所管的 6 栋楼里,其中 A、B、C、D、E 这五幢楼,每幢楼我们安排由具有生活管理经验的两名管理员及四名值班员负责管理,另派两位保洁员,负责日常的清洁卫生工作。F 楼因为是高层,也是学校学生活动的中心,同时又设有学校的招待所,服务师生诸如熨烫、洗衣、美发等生活功能的场所。所以我们在这栋楼配置的人员也相对多一点。值班员 5 个人,管理员 3 个人,保洁员 4 个人,招待所 2 个人。我们遵循"谁管理、谁负责"的原则,要求各岗位的员工各司其职,充分发挥管理和服务人员的主动性、积极性和自觉性。

二、规范制度、加强管理

俗话说没有规矩不成方圆,没有一个严格的管理制度,是无法营造良好的宿舍管理氛围的。为了能更好地规范制度、加强管理,管理服务部在探索现有要求下的宿舍管理模式外,为了让我们的管理工作更加科学、有效制定了一系列的管理制度,随着对学生公寓管理工作的熟悉,我们的工作也逐渐向更细更深的方面发展,制度也在不断完善。随着这些制度、标准的制定,相应的各种检查、评比也随之开展。管理服务部先后通过高校后勤的学生公寓"6T"标准化评选及公司学生公寓标准化标杆部门,宿舍管理水平上了一个新的台阶。

三、做好学生公寓的安全与稳定工作

安全工作是学生公寓一切工作中的重中之重,是学生公寓永恒的主题。安全重于泰山,做好安全工作应以预防为主,为此,我们主要抓了以下几环:

(1)宣传教育工作及安全演练:对于用电、防火、防盗等安全事项管理服务部日常加大宣传力度,每周进行持续不断的宣传,毫不松懈。经常性给住宿学生友情提示,使安全工作人人皆知,收到了较好的效果。这样,确保了安全与稳定工作的顺利开展。定期与学院保卫处开展安全教育培训及安全演练工作,通过学习传达上级文件、演练、安全培训等形式,提高全体公寓管理员的安全防范意识和处理应急突发事件的能力,通过学习、教育,公寓管理员大大提高了防火防盗的能力,掌握了消防、灭火器材的使用方法,增强了公寓管理安全工作的主动性和积极性。

(2)加强检查与巡视工作:为杜绝安全隐患,学生公寓管理员每天对各寝室进行安全卫生巡查,有问题及时上报,除了平时的例行检查外,还与学院各部门每月组织二次联合检查,对违章使用电器、私拉乱接电线、吸烟等违纪情况进行逐寝室的彻底清查。

（3）定期召开会议及时与学院沟通、上报：针对学生公寓现状,结合日常工作中发现的问题,管理服务部定期召开管理员会议,布置落实各项工作及时与学院各部门沟通、上报。发现问题及时由学院处理,不把问题遗留下来,积极配合及完成学院交付的各项工作。

四、宿舍文化建设活动不断创新

学生公寓是学生生活、学习、休闲、休息的主要场所,据统计80%学生60%的课余时间是在学生公寓度过的。因此,学生公寓对大学生来说显得更为重要,兼具休息、学习、交际等多种功能,是大学生思想道德建设的重要阵地。学院后勤的社会化间接地把这一部分工作,转交给我们物业公司,为加强公寓文化建设、加强学生公寓管理,根据学院特点和我们生乐物业的企业文化,不断创新陆续开展了一系列的公寓文化建设活动,丰富学生的课余生活。多年来我们主要开展的一系列活动如下。

（一）学雷锋活动

"3月5日学雷锋,从身边的小事做起！"这是我们管理服务部学雷锋的口号。每年的3月,学院后勤管理处与物业都会联合开展一次以"弘扬雷锋精神,志愿者与你同行"为主题的志愿服务活动。为弘扬"学雷锋树新风",在校举办活动,并将其精神延伸到社会的每一个角落。理发、熨衣服、缝补衣物、电脑维修、技术支持、修皮鞋、配钥匙等多种便民服务进校园,为全校师生免费提供服务。

（二）DIY手工制作活动

DIY手工制作活动是管理服务部每学期的重头戏,也是学生最喜欢参加的活动。每一次活动都是当下最为热门的取材。管理服务部组织开展的DIY活动,由于同学们的积极参与,每次都形成了一幅幅其乐融融的画面。我们每一场惬意悠然的活动,都使大家拥有一个快乐而有意义的寝室文化氛围。

（三）一系列的传统文化活动

我国是一个讲究传统节日的国家。管理服务部为了开展丰富多彩的活动,大力弘扬民族优秀传统文化,开展了一次次的传统文化活动(端午节、中秋节、元旦）。仅端午节就有包粽子、做香包、猜灯谜、旱地龙舟赛等活动。元旦跨年的包饺子活动，也是"吃货"们的最爱。这次刚举办的"月圆中秋，情系美院"2019工艺美院中秋主题活动，又一次受到了学生们的关注。我们一次次的精心策划，使住校的学生们一起感染中华文化的气氛。

（四）学生作品展评选活动

为了丰富学生公寓业余生活，创建寝室文化氛围，管理服务部筹办举行了一次次学生作品展示评选活动。每次活动收集 20～30 件作品在 A 楼大厅展示两个星期，由学生进行投票评选，受到了广大学生的热情关注。

（五）硬笔书法练习课

书法是中华民族传统的文化瑰宝，书法精品内涵丰富、博大精深，蕴藏着自然的性灵、溢美的芬芳、凝智的妙趣，人们在欣赏中可以得到审美的享受、哲思的启迪、心灵的美化。在电脑普及的时代，练字写字已经为大家所忽略。练习书法能丰富自己的头脑、提高整体修养。有道是字如其人，字是一扇"门面"，写一手好字，受益一生。写得一手漂亮的字，无论是学习、工作，还是生活，都会给人留下美好的印象，使人陡增自信心，也宣传了我们中国的书法艺术，更是传承、弘扬了我们中华民族优秀传统文化。

（六）书籍及毛线编织品、串珠作品义卖活动

管理服务部在学期结束时，对大三学生寝室进行清扫时，发现有学生遗弃的大量书籍，我们员工经过整理后，将有使用价值和参考价值且比较新的书籍整理出来，进行义卖。还会利用前期校园课堂同学们和宿管部阿姨所制作完成的毛线围巾、帽子，串珠制作的中国结、红苹果、小黄鸭等作品进行爱心义卖，并将义卖所得善款用于帮助校园内一些贫困学生。通过义卖活动，弘扬雷锋精神，让学生们树立关爱他人的意识，养成乐于助人和乐于奉献的品质，并激发和培养学生们强烈的社会责任感，同时将义卖所得善款捐赠给校园红十字会用以帮助困难学生。

这些年来，管理服务部所开展的一系列学生公寓文化建设，得到了学院领导的首肯，引起了学生极大的兴趣。同时，宿管部通过这一系列活动的开展，真正把提高学生素质的目标贯穿于我们日常的学生公寓管理工作之中，拉近了物业员工和学生的距离，促进了学生公寓管理工作的健康发展，也丰富了学生公寓管理的内涵。

　　高校后勤文化建设始终以"服务、育人"为宗旨。加强文化内涵的建设,有利于增强在社会化改革中的核心竞争力。因此,我们一定要高度重视高校后勤文化,精心培育和培养后勤文化,推进高校后勤的稳步发展。

　　上海生乐物业管理有限公司是高校后勤属下的分公司,是一支服务各大专院校、中学的专业服务公司。管理服务部会自始至终坚持公司"以人为本、规范服务、优化环境、创新发展、服务教育"的理念,在高校后勤的大家庭中尽生乐人的微薄之力,为高校后勤思想文化建设而砥砺前行,一起绽放光芒。

打造高校后勤典范 铸就物业服务品牌

——厦门南强物业推行大后勤文化建设的探索与实践

厦门南强物业服务有限公司 吴雯霞

厦门南强物业服务有限公司(以下简称"南强物业")成立于2008年,系厦门大学全资企业。公司具有建设部一级物业服务企业资质等级,获得质量管理体系、环境管理体系、职业健康安全管理体系三体系认证。

南强物业在厦门大学后勤集团的带领下伴随着学校的发展不断成长壮大。集团以"一切为了学校,一切为了师生"为宗旨,以"强服务、重质量、创品牌、谋发展"为质量方针,发扬"特别讲团结、特别能吃苦、特别能战斗、特别能奉献"的后勤人精神。坚持行业化、标准化、专业化的发展方向。为厦门大学师生员工在学校的教学、科研、学习、生活提供优质的后勤服务保障,为学校的改革和发展提供坚强有力的后勤服务保障,真抓实干,做学校和师生员工最坚强、最靠谱的后勤,是厦门大学后勤集团全体员工的初心。

南强物业根植于厦门大学、源自学校的后勤服务实体又专业化成长,并经受行业市场发展历练,对校园文化有较深的感悟,能深切地把握教育主管部门的政策,充分认知学校的办学理念,在后勤保障服务方面富有经验,具备封闭式大学、中小学、幼儿园、行政办公、科技孵化园区、重点实验室、公共教室、学生公寓、运动场馆、工厂、研究所等综合性物业服务经验,开展各种经营、业务内容,拓展至专业消杀、绿化养护、专项清洗、工程改造。几年来,所承办的管理服务项目,日渐得到广大教职员工和学生等服务对象的认可,得到社会肯定。荣膺"中国校园物业服务企业TOP50强"、中国高校物业管理工作先进集体,全国教育后勤系统信息宣传工作先进单位,高校后勤文化建设优秀单位,企业劳动保障守法诚信A级企业,省市级工人先锋号、省级"五一"先锋号、市级青年文明号、厦门"敬老助老服务先进单位"。

在国务院决定取消物业服务企业资质的认定后,南强物业有幸成为厦门市思明区唯一一家协助建设局审核福建省物业服务企业信用评价系统的物业公司,并借此机会学习信用评价的标准,维持与政府部门良性互动。经福建省建设厅评定,南强物业获得物业服务企业信用综合评价 AAA 级,在全省 1079 家物业企业中,只有十家物业获得此评定。

一、党建引领企业各项工作的开展

深入学习贯彻习近平新时代中国特色社会主义思想,贯彻落实全国高校思想政治工作会议、全国教育大会、第 26 次全国高校党的建设工作会议精神和学校第十一次党代会工作部署,深化落实后勤集团党委、行政的工作部署,紧跟学校建设发展步伐,立足服务学校发展,围绕一切为了师生的服务理念,秉承"三服务、三育人"的服务宗旨,健全党支部组织生活,从严教育管理党员,提高党员素质,增强基层党组织的凝聚力、战斗力,以学习党章、党规、习近平总书记系列重要讲话为主要内容,严格执行"三会一课"制度。

为加强员工的职业道德教育,培养职工爱岗敬业的精神和爱校荣校的情怀,结合实际工作情况,组织员工围绕党的十九大精神,学习了"习近平在改革开放 40 周年大会讲话","培养社会主义建设者和接班人"主题学习教育,"抓党建促服务,看党报促提升"的党报学习,"一个国家、一个民族不能没有灵魂","组织收看纪念五四运动 100 周年大会","不忘初心、牢记使命"等等,以提升党员的政治素养。

组织多形式、有特色的支部党员教育活动和主题党日活动。以党建带动团建,党团活动相互结合,充分发挥支部主体作用。组织物业党支部全体党员、积极分子、办公室青年文明号成员组成志愿者小分队连续两年参加由厦港街道举办的全国助残日活动;在集团党委的支持下,公司党员、团员、青年文明号成员走出企业,积极与所在社区居委会党支部共建,定期开展主题日活动,比如邀请厦门市荣誉市民、厦门大学外籍教授潘维廉作庆祝新中国成立 70 周年主题宣讲《我见外——"老潘看中国"讲座》,听取他 30 多年来与中国、与厦门、与厦门大学从结缘到热爱的故事,深刻感受他对中国的热爱,他通过新旧对比,在其生动幽默的讲述中,结合自身经历反映了中国和厦门的快速发展,让广大党员和群众更加热爱生活、增强美好生活的信心。

不忘初心,牢记使命,秉承"六方共赢"的服务理念,与厦门市思明区启福社会工作服务中心共建,在海韵北区住宅项目每月举行"共建助老网、共享邻里情"的活动,免费维修钟表、为 60 岁以上老人理发、眼科义诊、血压测试等。爱心接力,用心回馈社会,相互帮助,携手成长,努力树立企业形象,打造行业服务口碑。

二、抓安全,提素质,给业主家的温暖

南强物业是学习型的高校后勤服务企业,背靠厦大、有诺必践、讲政治、求共赢,一直以维护良好的企业形象和服务口碑为目标。

(一)勤练兵促保障,强意识保平安

重视员工持证上岗培训,提升公司各岗位安全上岗和规范性操作。开展各类安全知识、岗位技能培训。组织参加集团管理人员办公软件培训;各项目自主安排培训,管理人员编制流程、要点、课件,通过集中授课和现场指导,使各类岗位技能培训常态化;坚持对一线员工进行安全技术培训,狠抓安全管理,定期组织安全知识专题培训,做好培训记录,有效提高公司整体安全生产管理水平,夯实安全基础。

为提升维序员的维稳、应急反应能力,确保事故发生时不慌乱,并按应急预案规程严格执行,公司各项目的应急演练常态化,经受住了严峻的考验,取得了不错的效果。

公司联合相关部门持续开展多种形式的反恐防暴安全防范实操演练、电梯困人急救演练、地震疏散演练、防空演练、消防演练、火灾应急疏散处置演练等。

(二)落实内、外安全要求,加强风险防范

南强物业根据各项目的实际情况,结合厦门大学后勤集团、厦门市建设局、厦门市物业协会对物业服务公司的安全工作要求,各部门全力配合学校、各兄弟部门、甲方等开展各项安全检查工作,排除安全隐患,将危险扼杀在萌芽阶段。

同时针对厦门夏季雨水较多的气候特点,平时加强防台防汛应急措施演练,提前部署防汛工作,储备防汛物资,加强 24 小时值班制度和各个岗位值班职责的落实,在力所能及的情况下,将风险降到最低。

(三)"以竞赛促技能"寓教于乐

"服务创造未来"是南强物业的核心价值观,强化服务意识,提高客户满意

率,不断提升员工的服务水平,是南强物业工作的重中之重。

南强物业工程部开展高效维修应急评比,不分昼夜,排除万难,为客户排忧解难,对客户的房屋设备检修、故障排除、疏堵补漏及时到位,打造了一支快速响应、敢打硬仗的工程维修队伍。公司推行"以竞赛促技能"的活动,寓教于乐,开展员工技能竞赛。不定期举办"后勤队伍岗位技能比赛",通过在竞争中比较,在竞赛中总结,学他人所长,补自己所短,既活跃气氛,又促进技能提升意识,践行了技能来源于实践,实践提升技能。

服务的提升为公司赢得各方赞誉,南强物业服务的海韵北区住宅小区获得福建省级物业管理示范项目及垃圾分类优秀小区;厦门大学翔安校区主楼群及学院项目、厦门大学嘉庚学院项目获得全国校园物业管理优秀项目称号。

三、以人为本,创有情有爱家的温馨

(一)针对后勤集团"人才建设年"的工作重点,南强物业根据自身的实际情况采取多种措施进行人才队伍建设

南强物业不断输送员工参加继续教育学院的学历教育,组织员工培训专业技能,为公司储备高素质专业人才打下了基础;而且在此基础上,公司充分调动员工持证的积极性,鼓励员工报名参加《消控证》《电梯安全管理》《高压电工作业证》《保安员证》等培训,培养员工一专多能、一人多证。各项目组织员工进行业务知识再提升学习,新项目组织《员工手册》《保洁作业规范》《会务礼仪培训》等物业服务规范学习;启动对应届实习生的培养,培养实习生的基本职业技能、职业意识,帮助其树立正确的职业观和工作认同感,提升整体人才素质。

(二)关爱员工,点滴润人心

为增强员工归属感,提高员工积极性,缓解员工工作精神压力,增强团队凝聚力,公司各部门、各项目积极参与集团和公司举办的趣味运动会,并结合自身实际情况组织了丰富多彩的春游、"三八"节主题活动,在各种表彰年会、晚会、文艺会演中闪耀光彩。连续两年依靠厦门大学丰富的教学资源,聘请学院教授组织管理员开展"幸福团队"及"绩效沟通技巧"培训,传导员工具有正向思维的理念,提升员工运用专业知识和技巧解决问题的能力。

(三)注重人文关怀,积极发扬"一方有难,八方支持"的人道主义精神

为员工发起募捐倡议,公司领导层、党支部、工会代表多次到员工家中给予

经济上的帮助和精神上的支持,让员工感受到我们是有情有爱的一家人。

四、用心思考,做文化的物业、教育的物业

(一)广泛宣传,加强企业文化建设

为加强南强物业的企业文化建设,凝聚企业文化,持续开展企业文化品牌创建活动。制作"厦大南强物业宣传片",一周的拍摄时间里,摄制组分别赴公司20几个项目取景,用一个个细致入微的镜头语言诠释南强物业文化。展现公司发展成果和积极向上的精神风貌以及丰富翔实的企业形象、价值服务、业务信息,树立企业与员工的共同愿景,受到了行业、客户、社会团体机构的极大关注。

(二)强化服务意识的形式多样化

南强物业翔安校区物业部开展"如厕如家"的厕所文化建设。这是公司树立企业品牌、提升竞争力的重要举措,也是作为校内企业反哺学校、感恩回馈的一项重要行动,只为塑造知恩图报的企业文化,只为树立企业品牌,只为业主单位的一声赞许。"只要物业用心,随处画龙点睛",南强物业的用心作为赢得了业主的高度评价。

南强物业人用爱和责任凝聚成安宁与温暖,以"尚品、共赢、忠诚、用心"为经营理念,矢志成为最值得信赖的校园物业服务提供者。时刻牢记以厦门大学为轴心,与客户、公司、员工、上级主管部门、政府、社会六方携手成长,崇尚品质、群策群力,分享收获、实现共赢。

学术篇

浅论大学精神与高校后勤文化

—— 以浙江农林大学为例

浙江农林大学　田晓芳

一、大学精神与企业文化概述

（一）大学精神与企业文化的定义

大学精神是一种团队精神，是一所大学在长期的教育教学实践活动中积淀起来的共同的心理和行为特征，作为一种通过时间传承的精神介质，属于大学文化的核心内容，是一所大学整体精神风貌的体现，包括学校的办学传统、治学风格和师生的风貌，也是一所大学生存和发展的基础。

企业文化是一种精神和价值观，是一家企业在长期的生产经营和管理活动中创造的具有该企业特色的精神财富和物质形态。包括企业精神、价值观念、文化观念、道德规范、行为准则、历史传统、企业制度、文化环境、企业产品等。

（二）大学精神和企业文化的作用

大学精神是大学生命力的源泉，本质上反映大学的办学灵魂、办学理念、办学方向、办学宗旨和校园文化，其核心是大学的价值系统，是大学发展的精神源泉与价值动力。

企业文化是企业的灵魂，其核心是企业价值观，是推动企业不断发展的不竭动力，它是以精神、物质和文化手段，满足员工在物质和精神方面的需要，来提高企业的向心力和凝聚力，激发员工的积极性和创造力，从而提高企业经济效益。企业文化是企业管理的重要内容之一，也是企业的核心竞争力所在。

大学精神和企业文化的共性体现在其核心为价值观，作为其主体的灵魂所在，是其主体不断发展的精神源泉和价值动力。

二、大学精神与高校后勤文化的关系

（一）高校后勤文化植根于大学文化,和大学精神一脉相承

大学精神是一所大学的灵魂,一种凝聚的力量,贯穿着学校建设发展的全过程,从学校的建筑、布局到校长、师生、后勤员工,都能体现出这种无形力量的存在。高校后勤企业作为高校的附属单位,承担着学校全体师生的教学硬件服务和生活保障任务,校园的一草一木、一砖一瓦,都凝聚着后勤员工的辛勤和汗水,见证着学校的发展,也见证着一届又一届学子的成长,其文化已深深地刻上了大学校园的烙印,与大学精神不可分割。

后勤社会化改革之前,后勤部门作为高校的职能部门之一,承担着学校的后勤保障任务,高校后勤员工始终以"三服务、两育人"为宗旨,这也是后勤企业员工认可和遵循的价值取向、工作作风、行为规范和思维方式的综合及凝练,是确保高校后勤企业持续向前发展的精神动力和灵魂源泉。后勤文化深深地植根于大学文化,作为大学文化的重要组成部分,和大学文化一脉相承,和谐统一。

（二）高校后勤文化与大学精神既有传承和融合,又有主次和交叉

高校后勤文化是高校校园文化的重要组成部分,是从属于高校校园文化的一种亚文化,具有高校特色。同时,高校后勤在社会化改革后实行企业化管理,作为自主经营、独立核算的现代企业,其文化又具有企业文化的特点。作为服务主体为高校的企业,高校后勤的企业文化既有体现社会责任的教育属性,又有育人功能的公益属性,高校后勤的发展和高校发展目标一致,命运与共。作为企业,其管理模式属于现代企业管理,在做好"三服务、两育人"的同时又需要不断开拓市场,谋求效益。因此,高校后勤文化的建设和发展既要围绕学校发展,同时又具有企业文化的特点,体现出后勤文化的特点和特色,既一脉相承又有主次和交叉。

三、浙江农林大学精神与后勤文化的历史渊源

（一）浙江农林大学和后勤集团概况

浙江农林大学为省重点建设高校,后勤社会化改革之前,浙江农林大学后勤集团的前身是隶属学校的职能部门,2002 年,学校全资成立浙江农林大学后勤集团,实行企业化管理、自主经营、独立核算,经过几年的探索和艰苦创业,集团基本确立了符合学校和集团实际的内部管理体制和运行机制,建立了适应企

业发展需要的现代企业制度,有力地保障了学校各项事业的发展。

"坚韧不拔,不断超越"是浙江农林大学的学校精神,是学校数十年办学传统和办学经验的文化积淀,植根于学校近60年的办学历史和深厚的校园文化内涵,是一代又一代浙农林人艰苦创业、跨越发展的历史经验积累,是浙农林师生员工也是全体后勤员工认同的群体意识,这种信念和力量,鼓舞着一代又一代的农林人为建设国内知名的生态性和创业型大学战略目标而努力奋进。"坚韧不拔,业精于勤"是集团在学校精神的基础提出的具有农林大学特色的企业文化精神,既是对学校精神的传承,又符合集团自身的发展。

(二)浙江农林大学后勤集团企业文化发展脉络

2002年,浙江农林大学后勤集团成立,集团坚持"三服务、两育人"的宗旨,紧密围绕学校中心工作,逐步创建了具有农林大学特色的企业文化。

2006年,集团提出了"和"的文化理念,经过五年的发展,集团在"十一五"规划期间构建了以"和"为核心的文化理念体系,形成了"浙农林大后勤"服务品牌。

在2011～2016年第二个五年规划期间,集团通过不断的传承和丰富以"和"为核心的企业文化,构建了涵盖了精神文化、行为文化、制度文化和环境文化,以生态文化为特色的生态后勤文化,"浙农林大后勤"服务品牌效益初显。

2005年,集团举办首届公寓文化节,2007年,举办首次饮食文化节,2008年,举办首届职工文化艺术节,2010年,举办首次"安全生产教育月",2011年,集团内刊《后勤人》创刊。集团的"三月四节"主体文化活动已经作为校园文化的一部分,为职工和师生所认可。其中,公寓文化节和饮食文化节被评为校园文化品牌,饮食文化节还被评为学校创先争优十大党建品牌。《后勤人》杂志连续五年被评为校内优秀刊物。

经过十多年的发展,集团形成了"和、诚、勤、韧、创"的核心文化理念,"和合共荣,不断超越"的目标愿景,"和昶、和融、和泰"的价值观,"真诚服务,生态育人"的宗旨,"坚韧不拔,不断超越"的精神,"开源创新、和而不同"的发展观的"和"文化体系,"坚韧不拔,不断超越"的学校精神整体有机地融入了集团文化体系。"浙农林大后勤"品牌效益彰显,企业文化建设硕果累累。2017年,又被评为高校后勤文化建设优秀示范单位。

集团在"十三五"规划中提出了集团企业文化的发展目标是继续传承和丰

富"和"文化内涵,弘扬"和、诚、勤、韧、创"的核心理念,丰富和提升"生态"文化内涵,并以努力建设成为省内一流、国内知名的生态性智慧型高校后勤服务企业作为集团发展目标。从"和"文化理念的提出,到"和"文化体系的构建、逐步完善和提升,集团的企业文化建设始终围绕学校的发展目标,结合企业自身发展需求,脉络既明确、又清晰,既有传承,又有发展。

(三)浙江农林大学精神和集团文化的辩证统一关系

1. 集团文化体系是对学校精神的传承

集团的"和"文化体系基于对学校精神的传承,是校园文化和企业文化之间的深度融合。集团文化的"和、诚、勤、韧、创"核心理念融合了"坚韧不拔,不断超越"的学校精神,同时又融合了学校"求真敬业"的校训内涵,融合了学校和集团创新创业的发展目标理念,形成了集团企业文化和学校精神的深度融合,印证了学校精神和集团文化和谐统一、一脉传承的辩证统一关系。后勤企业的发展和学校的发展命运与共、目标一致,后勤的发展目标与员工的事业发展定位也是紧密相连、和谐统一,后勤文化与学校文化一脉相承,有机融合,共谋发展。

2. 学校的办学目标和集团的发展目标和谐一致

学校的生态性创业型发展目标和集团的生态性智慧型发展目标,两者的关系也是一脉相承、和谐统一。学校的生态性创业型,体现在学校"生态、创业"的办学特色,培养师生的创新创业精神,积极践行和服务生态文明建设,弘扬和发展生态科技、生态产品和生态文化。集团的生态性战略目标主要体现在三个方面:一是致力于建设具有生态化理念、生态化服务、生态化管理、生态化环境、生态化文化的高校后勤服务企业;二是致力于提供有品质的服务,丰富精神追求的生活,发挥服务育人的作用;三是致力于集团内部之间、集团与自然、社会、客户之间的协调,在和谐中求发展。智慧型是指集团要遵循"整体规划、层次分明、风险防控、效益提升"的思路,根据服务、经营、管理的需要,做大做强"掌上后勤"平台。一是致力于后勤服务经营的科技化,"掌上后勤"平台较好地满足师生个性化需求;二是致力于后勤管理的智能化,组建后勤管理大数据平台,实现数字后勤。

3. 后勤集团的"三服务、两育人"宗旨是学校文化育人本质的重要补充

服务育人既是高校后勤的根本任务,也是高校后勤文化建设的重要使命,后勤集团通过"一中心一文化,一班组一特色"的文化阵地建设,深化了集团文

化内涵,丰富学生公寓、食堂、楼宇等后勤服务场所的文化氛围,积极发挥了后勤文化的服务育人功能。2018年,学校创建首批"名师工作室",确立心理、实践、科研、课程、服务等五类育人工作室7个,其中,授予后勤集团"章学青名师工作室",高度肯定了后勤集团服务育人的重要作用。该工作室将以搭建育人平台为载体,立足后勤实际,聚焦育人工作,创新服务育人举措,总结服务育人经验,固化服务育人成果,全面提升后勤服务育人工作水平。

四、高校后勤文化建设和大学精神的和谐统一是高校后勤事业发展的基础

高校后勤作为高等教育体系的重要组成部分,在保障高校后勤各项服务的同时发挥了服务育人的功能,推动高校各项事业的健康发展。高校后勤文化建设是高校后勤社会化改革的重要组成部分,也是后勤事业可持续发展的必然要求和精神基础。后勤文化建设和大学精神的有机融合、和谐统一,是高校后勤事业不断向前发展的基础。大学精神对后勤文化建设具有十分重要的引领作用,后勤文化建设也是学校精神的有效传承、应用和创新。高校后勤企业要深化社会化改革目标,实现可持续发展,关键在于后勤企业要树立和学校命运与共、共谋发展的发展理念,树立与员工的事业发展定位紧密相连、和谐统一的发展目标。

北京师范大学后勤特色文化育人实践研究

北京师范大学　平易　郭志芳

2016年习近平总书记在全国高校思想政治工作会议上发表重要讲话,强调要坚持把立德树人作为中心环节,把思想政治工作贯穿于教育教学全过程,实现全程育人、全方位育人。对于高校而言,落实立德树人的根本任务,就要建设一流的学校文化,并积极发挥文化育人的重要作用,这是推动高校内涵式发展,助力高校实现"双一流"建设的本质要求。高校后勤作为学校的保障部门,为学校的建设发展提供了支撑服务保障,同时也是高校文化育人工作的关键环节和重要载体。后勤育人作用于课堂之外,融入生活之中,通过营造特色的后勤文化,在潜移默化中实践文化育人功能,促进人的全面发展。

一、新时代高校后勤文化育人的重要意义

作为高校来说,立德树人是根本,文化育人是关键。作为高校校园文化的重要组成部分,高校后勤在文化育人中发挥了不可替代的作用。

(一)提升后勤服务质量,创新服务内容

高校后勤通过创建富有特色的文化,开展育人工作,对于提升后勤服务质量和水平具有非常重要的意义。后勤服务内容的创新带来文化的创新,从环境文化、精神文化和行为文化等方面丰富育人理念,为后勤育人工作提供内容和理念支撑。

(二)加强机关院系的合作共建,协同开展育人工作

文化育人不仅仅是后勤的工作和职责,对于高校的其他部门来说也是至关重要的一环。文化育人的对象是学生,后勤通过组织与机关院系的共建活动,能够让学生真正了解和参与后勤的工作。在共建活动中,通过营造良好的后勤

文化氛围深深感染学生,达到文化育人的目的。

(三)促进后勤综合改革,助力高校实现"双一流"建设

坚定文化自信,实现文化育人,是致力高等教育内涵式发展,助力高等院校"双一流"建设的本质要求。后勤综合改革不仅要从物质层面,更要从精神文化层面进行改革,要久久为功,善作善成,进而实现以文化人、以文育人的效果。

二、北京师范大学特色文化育人的实践

随着微信公众平台的不断普及,高校"智慧后勤"的建设也在稳步推进。作为重要载体的微信公众平台,在为高校师生提供智能化、高效化、快捷化后勤服务的同时,也承担着后勤文化育人的重要功能。

(一)特色文化宣传

如今,微信已经成为人们生活必不可少的信息接收和沟通交流的工具,高校师生也是其中的一员,微信已经融入高校师生的日常学习生活中,成为高校师生获取"吃、住、行、学、医、安"信息的重要窗口。北师大总务后勤目前运营两个微信公众平台——服务号"京师后勤"和企业号"后勤服务",其中服务号"京师后勤"关注人数达13464人,企业号"后勤服务"关注人数达48812人。后勤通过上述两个微信公众平台发布与师生生活密切相关的服务信息,旨在为全校师生提供精准实用的信息内容,进而方便和满足师生在工作学习之外的各类生活服务需求。据统计,2018年至2019年6月,总务后勤共发布推文72篇,累计点击量达12万余次。

2019年1月推出的"师大车队冬夜送你回家"服务活动,后勤车辆服务中心为假期回家学生夜间乘车、乘机提供专车服务,为学生夜间乘车提供方便和安全保障。该推送点击量达到近万次,在学生群体中取得了热烈反响。

2019年4月起,后勤餐饮服务中心创新餐饮服务,举办"名厨进校园"系列活动,在学生食堂设置"名厨窗口",吸引大批学生热情参与。该系列活动的每一篇推送点击量都达到3500次以上,起到了很好的信息宣传效果。

(二)特色文化育人

随着新媒体技术的迅猛发展,高校后勤工作的创新发展迎来了新的机遇期。在新媒体时代,大学生的接触媒介习惯发生了变化,手机等移动设备成为当代大学生接收信息的首选设备。因此,在新媒体环境下,高校后勤应用这一

新型媒介——微信公众平台,可以为高校后勤文化育人提供崭新的平台,为高校的后勤服务工作创造了新契机。

2018 年习近平总书记在全国教育大会上强调,要在学生中弘扬劳动精神,教育引导学生崇尚劳动、尊重劳动,懂得劳动最光荣、劳动最崇高、劳动最伟大、劳动最美丽的道理,长大后能够辛勤劳动、诚实劳动、创造性劳动。为进一步落实"劳动教育",北师大后勤举办了"学生进后勤"系列活动。自 2015 年启动以来,"学生进后勤"系列活动每年向学生提供后勤"工作体验岗""志愿服务岗""事务助理岗" 40 余种岗位,吸引学生们参与后勤一线基层劳动,磨炼意志、收获成长。共有 7000 余名学生参与此项活动,覆盖全校 30 余个学部院系,岗位体验累计达到 15000 余人次,服务岗位时长共计 28000 余学时。

除"学生进后勤"活动之外,北师大后勤还开展了"师生共种郁金香·生态文明北师大"活动,年均参与人数近千人,共种植 10 万余株郁金香。这项服务育人活动是总务后勤认真贯彻落实习近平总书记在全国教育大会上重要讲话精神,积极发挥"后勤育人""劳动育人"的重要举措之一。师生共种郁金香活动,能够让学生真正走进后勤、了解后勤,在体验后勤工作的同时能够发展成为德智体美劳全面发展的社会主义建设者和接班人。

(三)特色文化建设

在当前科学技术日新月异的新形势下,高校后勤文化建设离不开信息技术的搭建和支撑。高校后勤利用新媒体打造后勤的特色文化,成为传播后勤文化的一个重要载体和途径。北师大总务后勤为践行"文化育人"的理念,积极适应新形势,创新文化建设,利用微信公众平台开设特色栏目,实现了育人理念的传播。目前,"京师后勤"微信公众平台内设栏目 2 个,分别是一站式、每月一新。一站式栏目是北京师范大学的特色后勤服务,包括报修、QQ 值守和宿舍电量查询,全校师生只要提出需求,就可以得到全方位、全流程的服务,既方便又快捷。每月一新栏目是北京师范大学总务后勤开设的宣传服务性栏目,主要是花讯,旨在为全校师生提供校园花卉的最新资讯,将服务育人理念落到实处;除花讯外,还包括每月的后勤服务活动内容,师生只要点击相应的栏目就可以浏览本月的后勤服务,实现了全景式的后勤服务传播。"后勤服务"微信公众平台内设栏目 3 个,分别是 24 小时、微信息和微服务。24 小时栏目是为全校师生提供的日常生活服务,包括报修及 QQ 热线,旨在通过线上服务,为师生解决日常生活服务的问题;微信息栏目的主要功能是展示后勤的服务,让全校师生可以更加深入的了解后勤,找寻关于后勤的记忆;微服务栏目主要为全校师生提供基本的联系方式及常见问题,实现第一时间解决生活需求的功能。在新媒体时代,总务后勤积极利用新技术、新手段,通过"京师后勤"微信公众平台内设栏目的形式展示了后勤特色的服务活动,进而展现了具有北师大特色的后勤文化。

三、结语

自社会化改革以来,北师大后勤积极践行"五育人"理念,始终把育人理念融入工作和服务的各个方面。新时代,文化育人有了新的载体和途径,新媒体为探索文化育人的新局面开辟了新道路。高校后勤通过微信公众平台这一新型媒介形式,将后勤"服务育人""文化育人"的理念传递到全校师生的心中。高校后勤也通过打造富有特色的文化来提升"软实力",为学校"双一流"建设提供坚实的条件保障。北师大后勤将继续发扬保障供给、精心管理,积极筹措、暖心服务的工作理念,以助力学校"双一流"建设为中心,整合优质资源,推进后勤的标准化、规范化建设,打造学校放心、师生满意的一流的后勤支撑服务保障体系。

新型后勤保障体系下高校后勤
思想政治工作创新研究

——以东南大学为例

东南大学　　吕霞

　　肇始于2000年的高校后勤社会化改革已经推进了19年,建立我国高校新型后勤保障体系,全面提升我国高校办学的后勤保障质量,解决困扰我国高校办学发展中的后勤保障瓶颈,为我国高等教育和高校的发展提供优质的后勤保障,推动我国高等教育事业和高等学校的跨越式发展,建设一批国际一流的研究型大学,建设一大批满足我国国家发展和个人发展需求的高质量的高校是后勤社会化改革的最终目的。

　　2016年12月,习近平总书记在全国高校思想政治工作会议上指出:"要坚持把立德树人作为中心环节,把思想政治工作贯穿教育教学全过程,实现全程育人、全方位育人,努力开创我国高等教育新局面。"习总书记还指出:"做好高校思想政治工作,要因事而化、因时而进、因势而新。"中国高等教育肩负着培养德智体美全面发展的社会主义事业建设者和接班人的重大任务,高校后勤同我国高等教育发展紧密联系在一起,要坚持正确政治方向,将思想政治创新工作贯穿于高校后勤思想文化建设中。

　　这个重要的背景,对于我国高校后勤党建工作有深刻的影响。如何理清思路,抓住机遇,做好新形势下的高校后勤党建工作,创新高校后勤思想政治工作,从而推动高校后勤服务水平的持续提升,建设和谐的后勤工作环境,对于高校后勤事业的发展有重大意义。本文将结合东南大学后勤党工委在新型后勤保障体系建设背景下的后勤党建工作实践对此问题进行分析。

一、新型后勤保障体系背景下的后勤思想政治工作的新特点和难点

（一）新型后勤保障体系背景下高校后勤思想政治工作的新特点

2000 年，国务院办公厅转发了教育部等部门《关于进一步加快高等学校后勤社会化改革的意见》，拉开了我国高等学校后勤社会化改革的序幕。其目标是建立"市场提供服务、学校自主选择、政府宏观调控、行业自律管理、职能部门监管"的高校新型后勤保障体系。

新型后勤保障体系建设，使得高校后勤思想政治工作面临新变化，有了新特点。

"市场提供服务"表明高校涉及自身发展的后勤服务事务，不再是先前只能依靠高校自身的后勤队伍来解决。高校可以选择符合条件的本校自身后勤队伍，也可以选择更加专业化的社会优质服务资源，高校后勤服务的市场对社会是开放的。诚然高校后勤队伍也可以在具备法人资质的前提下承接其他高校甚至社会机构的后勤服务工作，但囿于历史的缘故，我国大部分高校的后勤队伍与社会专业队伍竞争有着明显的劣势，19 年的后勤社会化改革事实也表明，在后勤社会化改革的历程中，能够走出校园，服务社会后勤事务的高校为数不多。更多的情况是高校引入社会专业队伍承接高校相关后勤服务项目。这种状况促进了高校后勤队伍自身的不断发展和提升，但也给高校后勤带来明显的压力。使得各高校要把主要的精力放到与社会企业竞争校内后勤服务市场上去，后勤思想政治工作面临纷繁弱化的局面。

高校后勤社会化改革推行后，各高校对后勤队伍建设的投入比起高校自身办后勤时期力度明显下降。高校将更多的事业编制名额投入到教学、科研专业人才的引进方面，后勤新人补充大多是采用人事代理方式引进，对于一线的工作人员更多的是面向社会招聘劳动、劳务人员。因为各高校更加关注教学、科研的发展，对教学、科研活动给予更多的政策、资金支持和扶持，造成校内人员不愿意到后勤来工作。这使得高校后勤队伍流动性加速，人员流失率比以往更高，很难吸引到优秀的人才；另一方面，高校后勤的正式编制人员往往只退不进，后勤骨干力量有明显的空心化和断层的趋势，思想政治工作建设尤其是党建人才培养的难度也比以往增大。

后勤社会化改革，带来高校后勤队伍中编制外用工数量不断增大，如何实现这支高校后勤队伍的稳定和发展，把他们打造成高校自己后勤服务的子弟兵

是各高校都面临的新课题。毫无疑问,高校后勤党员队伍越来越多的新鲜血液将来自于这些编外职工,高校后勤党建工作将越来越多地涉及编外职工党员相关内容,从而导致思想政治工作的加强也与编外职工密切相关。

(二)新型后勤保障体系背景下高校后勤思想政治工作的难点

高校后勤社会化改革给高校后勤发展提供了新机遇,但面对社会优质后勤服务资源的竞争,高校后勤工作的压力与日俱增。

找市场、找经费、找政策,一方面要抓后勤老人员服务素质的提升,一方面要培训、稳定后勤外聘职工队伍,同时还要承担高校攻坚性质的后勤工作。这使得高校后勤领导的精力基本上要全部投入到服务工作和行政事务上去,后勤思想政治建设工作时间碎片化,工作很难做到系统连贯。

社会用工成本的持续上涨,造成后勤实体积累资金不断减少,越来越多的高校后勤实体发展需要高校给予市场的划拨和资金的补贴。一旦遇到收入普遍上调,就容易引发后勤职工的不稳定,稳定后勤职工工作情绪已经成为高校后勤工作的新课题。

特别是要针对后勤系统职工文化层次低、工作环境差、机制待遇不一样等问题,就如何做好后勤员工的思想建设、抓好整体素质建设、及时掌握员工的思想动态等开展研究,为后勤管理工作提供思想保障,成为当前高校后勤思想政治工作推进中的重要问题。

另外,党建工作作为思想政治工作中的重要核心,目前高校后勤党建工作载体的创新存在严重不足,后勤的支部活动大多局限于学习党的理论知识和时事政策,观看爱国主义电影,参观爱国主义教育基地等方面。如何结合高校后勤的特点创新党建活动的形式和内容,不断增强党组织的吸引力,将思想政治建设工作融入生活的方方面面成为后勤党建工作的难点。

二、新型后勤保障体系背景下后勤思想政治建设工作的思路及东南大学的实践

(一)新体系下东南大学后勤思想政治建设工作的思路

东南大学是一所百年老校,在漫长的办学过程中,后勤工作曾经有过辉煌的成绩,在后勤社会化改革历程中也面临着前述的思想政治工作新挑战。党建工作是思想政治工作的重要核心,不论是原来的后勤集团党委,还是现在的后勤党工委都认为:后勤党建工作是学校后勤工作的重要内容,党建工作要发挥

引导人、教育人、塑造人、发展人的能动作用,以党建带动思想政治工作。后勤职工党员应当成为学校后勤服务的带头人,党支部应当成为学校后勤服务的坚强堡垒,党委要通过扎实有效的党建工作成为后勤的政治核心。要通过党建工作,努力形成融教育、管理、服务、保障于一体的东南大学后勤党建与思想政治工作体系。

在后勤社会化改革的新形势下,应对新挑战,抓好后勤思想政治工作,就是要以党建工作为核心,研究和不断提升党组织的凝聚力、战斗力和影响力,提升高校后勤工作人员对党组织的认同感,提高后勤人员思想政治素质。

(二)新体系下东南大学后勤思想政治工作的实践

伴随对后勤社会化改革过程中后勤思想政治工作所面临课题的科学分析,东南大学总务处将重心放在党建工作中,以期通过党建工作带动取得思想政治工作成果。后勤党工委作为党建工作的中坚力量,着力提升党组织的凝聚力、战斗力和影响力,重点就这些后勤党建工作的切入点展开了探索和实践。

1. 以文化建设为切入点做好后勤党组织凝聚力建设

后勤党工委在党建工作中大力营造关心学校后勤事业,关注师生需求,关爱后勤每一位职工的文化氛围。把"三关三心"工作法贯彻落实到日常党建工作中:关注党员动态、关怀积极分子、关爱普通群众;倾心与党员交流、用心做好积极分子培养工作、努力创造舒心的后勤工作环境。

后勤党工委通过东南大学后勤党工委网站、总务报、党工委微信、支部书记QQ群、党支部板报、微电影等载体,宣传东南大学后勤职工中的先进思想、先进事迹、优秀文化,扩大后勤优秀文化的辐射力。后勤党工委注重建设崇尚创新、宽容失败、健康向上、和谐发展的东南大学后勤环境、氛围,倡导党员、干部处处为员工着想的关爱文化。

党工委及党支部注重开展丰富多彩的职工群众活动,采用职工喜闻乐见的内容和形式开展群众活动,调动广大职工的参与热情,激发广大党员的荣誉感。职工书法、摄影比赛、健身操比赛、智力运动会、环湖健身走、龙舟赛、廉政文化教育作品比赛、拔河比赛、好声音评比、每年一次文艺演出等业余文体活动都有非常高的参与度。通过这些有吸引力的活动,引导后勤员工形成健康积极的生活态度和生活习惯。

党工委和党支部把关心党员、职工工作落在实处,每年多次慰问、看望住院职工、有特殊困难的职工;年终组织送温暖活动,想尽一切办法帮党员、职工排忧解难,解决他们工作、生活上的困难;就党员、职工所关心的子女就业、升学等问题及时与学校职能部门保持密切的沟通和反馈。由后勤党工委提议并实施的给职工"过生日"制度,自 2007 年一直保持到如今,东南大学每一位后勤职工在生日前夕,一定会收到党政一把手亲笔签署的慰问信和蛋糕券。后勤党政领导以职工为本的"得人心、暖人心、稳人心"举措,起到了凝聚人心、振奋精神的良好作用。

文化建设带来后勤党工委和党支部的凝聚力不断增强,党员逐渐成为解决干部、职工实际困难的知心朋友,各党支部已成为凝聚东南大学后勤干部、职工干好东南大学后勤事业的和谐家园,后勤党工委成为维护后勤改革不断深化的核心力量。

2. 以"54321"工程为切入点做好后勤党组织战斗力建设

后勤党工委把"54321"工程作为东大后勤党建的刚性工作进行部署、检查和落实。以建设支部班子好、党员队伍好、思想政治教育好、工作业绩好、群众反映好的"五好"党支部为支部党建目标,要求后勤每个党支部每学年要开展 4 次党员组织生活会、召开 3 次党支部支委会、上好 2 次党课、召开 1 次党员民主生活会。

通过这些扎实的党建工作,全面提高党员的自身素质,锤炼党政领导干部成为"用心、尽责、到位"的后勤干部,党支部成为东南大学后勤工作的坚强堡垒。通过"54321"工程促进党员、干部成为用心学习理论、用心钻研业务、用心投入工作的表率,带动后勤职工成为有文化、讲道德、懂技术、会经营的新型技术能手、能工巧匠。

后勤党工委自 2003 年开始在后勤推行和开展了"党员服务岗"挂牌活动。党工委从东南大学后勤服务工作的实际出发,先后在汽车运输中心、饮食中心、学生公寓管理服务中心、幼儿园设立了 20 个"党员服务岗"。通过开展"党员服务岗"挂牌活动,促进挂牌党员在后勤工作中进一步得到培养和成长,在后勤服务实践中党性意识和党性修养不断增强,成为推动后勤提高服务质量的生力军。通过设立"党员服务岗",以点带面,党员在后勤工作中发挥率先垂范的作用,发挥先锋模范作用,真正实现了一个党员就是一面旗帜。"党员服务岗"的设立,激发了党员的自豪感和荣誉感,激发了后勤职工为东南大学后勤发展建功立业的上进心,营造了学有目标、赶有方向的优良工作氛围,带动了后勤职工后勤服务意识和后勤服务水平的提升。

后勤党工委把"评先"工作作为党支部战斗力建设和后勤战斗力建设的

重要抓手,以评促建,对支部党建工作和后勤发展工作发挥有效的引领作用。2006年对后勤"先进集体"和"先进个人"评选办法进行了完善,扩大了覆盖面,将评选奖项由5个(文明食堂、文明宿舍、文明窗口、信得过窗口和文明服务员)增加到14个(新增了先进中心、服务创新奖、市场开拓奖、技术能手奖、敬业奉献奖、安全先进奖、后勤管理奖、诚信经营奖、企业文化贡献奖),后勤涌现出先进集体200多个、先进工作者200余人。2014年又新增设了"最美东大后勤人""巾帼文明岗"评选项目,"香园妹妹"、"桃园姐姐"、物业大叔在东南大学学生中拥有极高的美誉度。

多年来,后勤党工委在东南大学后勤大力开展精神文明建设,已连续20多年开展了"优质文明服务月"活动,连续30多年在"学雷锋日""教师节"组织后勤义务服务活动。

软投入带来硬产出,"54321"工程的扎实推进和落实,促进了党员立足岗位做好东南大学后勤服务意识的强化和提升,带动了后勤职工爱后勤、干好后勤工作的服务意识强化和服务技能提升,以党员、党组织为核心的东南大学后勤战斗力进一步加强,完成了各项攻坚任务。当外聘企业不能按期承接校内后勤服务工作时,东南大学后勤职工总是能以高度负责的精神迎难而上,毫无怨言,认真组织,按时按点完成任务,以实际行动维护了东南大学的稳定,体现了东南大学后勤职工的主人翁精神和大局意识。

3. 以最佳党日活动为切入点做好后勤党组织影响力建设

后勤党建工作,不仅要做到内强素质,还要达到外树形象。良好的形象就是党组织的影响力,它能极大地激发党员的荣誉感、责任感和归属感。

后勤党工委在党建工作中以"最佳党日活动"为切入点不断积累、涵育和扩大党组织的影响力。每年"最佳党日活动"方案的申报、评选、实施、总结、表彰都倾注全力。通过"最佳党日活动",调动党员的智慧,扩大群众的参与面,加强后勤与师生员工的联系,让后勤服务通过"最佳党日活动"走入师生员工生活。

每年都有让人眼前一亮的活动。修建中心党支部考虑到东南大学许多退休老同志因学校院系调整、办公地点搬迁找不到原单位,就把为退休职工做好零修服务作为"最佳党日活动"主题,主动联系学校退休老同志,把"服务联系卡"送到他们手中,家中有事主动上门。小小联系卡,温暖了退休职工的心,好评如潮。饮食服务中心党支部的"最佳党日活动"围绕"文明就餐、光盘行动"微电影征集大赛、食堂一日体验、"文明就餐"知识竞赛、"体验餐厅保洁行动"

以及"文明就餐"主题标语有奖评选系列活动开展,带来东南大学学子的广泛参与。汽车运输中心党支部策划的"书香校车"最佳党日活动,充满了浓郁的文化氛围,给师生乘校车的旅程吹入一丝清新的风。幼儿园党支部"送学送教"最佳党日活动,更是将东南大学优质的幼教资源送到了六合、贵州,声名远播。机关党支部和学生公寓党支部联合开展的"关爱编外用工,关注留守儿童"最佳党日活动,更是在编外职工中留下了难忘的印象。这个活动包括从后勤各中心选出编外职工的优秀代表,在暑假期间将他们的孩子接到南京,开展"关注打工一族,关爱留守儿童"主题夏令营活动;邀请被东南大学学子称为"香园妹妹""桃园姐姐"饮食中心编外职工贾继梅与党员座谈;以东南大学后勤职工日常后勤服务工作内容为蓝本拍摄《他们的故事》专题纪录片;组织学生公寓党支部党员与学生公寓全体保洁工人观看一部电影并共进午餐。这次"最佳党日活动"极大地调动了编外职工的工作热情,增强他们的荣誉感和归属感,在广大东南大学后勤编外职工中形成了良好的口碑。

正是因为后勤党工委和党支部的这些有血有肉的"最佳党日活动",使得后勤党组织的影响力持续扩大,党组织在群众和师生中的吸引力不断增强,后勤工作人员的思想政治水平也得到了大幅度提高。我们坚信:一份关爱也许力量十分微弱,十分关爱也许就会成就东南大学后勤的未来。

三、新型后勤保障体系背景下后勤思想政治工作的反思

后勤社会化改革在我国高校的实践表明,要推动我国高校后勤事业的发展,保障高校教学、科研、管理工作的持续提升,有诸多发展中的课题需要凝心聚力、群策群力才能解决。

要在习近平新时代中国特色社会主义思想指导下,不断增强党组织的凝聚力和战斗力,不断扩大党组织的影响力,这是高校后勤党组织活力和生命力的活水源头。在此基础上,加强党员与人民群众的密切联系,发挥党员的先锋模范带头作用,在潜移默化中提高后勤工作人员的思想素质,做好高校后勤保障工作。

东南大学后勤思想政治工作的一些探索和尝试,使我们认识到高校后勤社会化改革中如何加强党建工作,不仅仅是一个理论问题,更是高校后勤发展的实践给每一位党务工作者提出的挑战。解决好这个课题,对于推动高校后勤发展有重大影响和现实的效果。科学分析和选择后勤党建工作的切入点,能够起到事半功倍的效果。

校园餐饮文化的价值表达

中国海洋大学　吴丽　宁海明

校园餐饮相较于社会餐饮,由于其特殊的客户定位,在文化的传播上与社会餐饮迥异。又由于其根植于大学校园这一十分特殊的文化环境,要求为师生提供服务的餐饮企业不但要把饭做好吃,还要有文化的味道。

除了饮食文化的传播与传承,针对这一特殊服务群体,校园餐饮的文化内涵十分丰富,涉及场所、环境等物理因素,也涉及人文关怀等精神层面。有文化内涵的校园餐饮能够给予师生传达的不但有对"美"的认知与感受,对"爱"的理解与传承,还能让师生通过接受服务感知在学习过程中所不能了解的人生内容。没有文化内涵的校园餐饮仅仅是完成了让师生吃饱饭的功能而已。

一、通过饮食文化传承中国传统文化

中国饮食文化,源远流长。校园餐饮拥有饮食文化的全部内涵。如何在特定的大学校园,通过饮食文化传承、传播中国传统文化,是校园餐饮所应担负的使命。实际上,要传承历久不绝的中华传统文化,要落实于日常的生活,饮食是最好的切入点。因为文化的归属感还有一条捷径,那便是入之于口而到于胃的味觉。师生一日三餐,看起来是简单的吃饱饭,其实是生活的态度,是文化的承载,是最摸得着、闻得见的气息。

一日三餐,看似简单,实则隐藏着中国人的生活智慧,包涵许多中国传统文化的精髓。中国餐饮从食材、成品,到就餐习俗,都有着很强的地域差别,生活在校园里的学子,来自天南地北,如果一日三餐都能切近他们的童年味蕾、家乡记忆,让每一个学生都能走出自己一条温馨的乡愁之路,那么这样的校园餐饮就有了她浓浓的味道。每一个中国人的生命根源和生活重心都源于中华文化,饮食文化是中华文化的重要组成部分,以饮食文化为载体,通过每一天、每一月、每一季、每一年的具体、生动烹制、售卖,向学生传达出母亲的叮咛、生活的智慧以及传统的传承,这是最好的方式了。

如何通过饮食文化传承传统文化?一是可以通过餐厅等物化方式传播、传承中国传统文化。在校园餐厅设计、装修或改造的过程中,设计进中国传统文化元素,让师生在一日三餐的就餐过程中,感知传统文化元素,自然而然地在生活中被"文化"托起、养成。这些通过餐厅场所传播的传统文化元素可以是多层面、多角度的。服饰、剪纸、中国节气等,甚至是文学、艺术都可以被设计师的精准理解而融入校园餐厅。二是可以通过校园餐饮丰富的与师生互动,动态的传承传统文化。2.0版的校园餐厅已经不仅仅是单一的就餐功能,我们在许多高校实践的多功能文化主题餐厅,除了突出餐厅的就餐功能外,还融入了多媒体、社团活动区、小舞台等功能。校园餐饮企业可以通过视频放映、组织小型活动等形式很好地传播传统文化。三是通过校园餐饮企业独特的企业文化传播传统文化。在大学校园里服务的餐饮企业应该有着独特的文化内涵,其中包括对中国传统文化的深刻理解。企业在进行员工培训时,不断地对员工进行传统文化的熏陶,员工潜移默化,通过自己的言行和服务行为传递给师生。

二、创造服务之美,传递爱的味道

对"美"的认知不仅仅在于学校的课堂教学,而应该融会于学生的学习生活的整个过程之中。因此,校园餐饮在培养学生对"美"的认知过程中能起到重要作用。能够认识到校园餐饮对"美"的传达功能,体现了餐饮人服务全校师生时,想要表达的服务心和完美心,是对传统服务精神的再造与升华,也是餐饮人对自身的挑战与超越。对"美"的创造和传达意在为全校师生提供安全、优质、高效服务的同时,让我们的服务更加精致、完美,超越师生预期,更加具有校园餐饮独具的精神内涵和气质,让全校师生能够享受到超值的服务体验。让服务之美成长为美丽校园中一道靓丽的风景。

服务之美的内涵无限丰富。如服务之美中的人性之美,应展现餐饮人的朴实无华、真诚真实和利他之心;形象之美应展现餐饮人的自信、优雅与成熟,还有校园餐饮的活力与清新;细节之美体现餐饮人的完美之心和对师生的无微不至;系统之美彰显餐厅的设计感、对学校的情怀和无穷魅力。服务之美无处不在,她被每一个餐饮人精心诠释。

"传递爱的味道"是我们服务师生的意义所在。每个餐饮人从灵魂深处,从信念出发,以服务师生为荣,以服务师生为最大的快乐,以能够提供最好的服务作为天下最高贵的事业,我们就会变成一个个使者,传递爱、传递家人思想、传递感恩的理念、传递幸福的味道。

爱的味道是什么样的味道？她是远离家乡的学子心中的老家的味道、母亲的牵挂、童年的记忆；她是如牛奶般的妈妈的奉献、咖啡弥漫的善意、清茶飘荡的情谊；她是服务的高贵、分享的快乐、成长的富足；她是诗意的理性、高雅的品位、忘我的境界；她是书香的味道、乡米的味道、田园的味道；是书香味道里的知书达理、大爱无疆、止于至善。

三、"以人为本"的文化所传达的社会价值

校园餐饮企业同社会餐饮企业一样，也是劳动密集型企业。一个校园，餐饮服务人员动辄几百人，大部分来自农村，文化程度不高。学校和餐饮企业如何对待他们，关乎校园餐饮文化所要传达的价值。师生每天在校园餐厅就餐，他们能够感受到这家餐厅对待师生和餐厅员工的态度，这对于学生未来的成长有着很大的影响。

这就要求校园餐饮文化回归核心，以人为本。这里的"以人为本"包涵两个方面的含义。一是以师生为本，关注师生需求，满足师生需求，为师生提供优质服务。二是以餐饮员工为本，把员工当企业主人，寻求企业与员工共同成长，发挥员工在企业的主体地位。

只有真正做到"以人为本"的餐饮企业，才能给师生和餐饮员工做出有价值的文化传达。师生感受到自己的需求被重视，感受到被关怀、关爱，觉得在这样的校园里生活是幸福、快乐的。餐饮员工感受到自己是企业的主人，感受到心理和感情的归属，通过自己的成长，把幸福和快乐传递给师生。

但是在现实中，许多高校一包了之，认为把餐厅承包出去就万事大吉，缺乏对进入餐饮企业的"文化"把关。使得一些没有文化内涵的餐饮企业进入校园餐饮市场，他们以经营和赚钱为重，不尊重师生需求，把员工当成没有感情的机器，确立不了"以人为本"的管理理念和经营思想，终究会被师生和餐饮员工所抛弃。

一家"以人为本"的校园餐饮企业，应非常重视员工价值。围绕员工价值的提升，重视员工素质的不断提高，强化员工服务技能，完善员工培训体系，逐步优化员工队伍结构，使得企业有能力为师生提供优质服务。

四、"以服务为荣"的企业文化的所传达的社会意义

校园餐饮，劳动强度大，工作时间长，属于典型的传统服务行业。在整个社

会对传统服务行业还存在偏见,甚至社会的某些层面还存在着对"平等"缺乏正确认知的背景下,在大学校园从事餐饮服务的企业,在其企业文化中,对"服务"乃至"以服务为荣"的定位显得尤其重要。

"以服务为荣"的企业理念的价值可以从两个角度诠释。一是对餐饮企业员工的价值观影响。二是真正拥有"以服务为荣"的员工通过其服务向师生所传达的尊重服务、以服务为荣的社会价值。

"以服务为荣"的企业价值观对员工的影响是多方面的。员工是企业的主体,是为师生提供服务的直接终端。员工秉承什么样的服务理念,很大程度决定其服务的效果。如果员工还是抱着传统的服务观念,认为服务行业低人一等,没有正确的服务观,就很难发挥其主观能动性,创造性地为师生服务。如果企业中大部分员工能够建立起"以服务为荣"的职业观念,认识到服务的重要性,以及服务他人的价值所在,那么员工就能很好把自己融入校园餐饮企业、融入大学校园,并能发挥主观能动性,创造性地为师生服务,争取师生最大的满意度。

校园餐饮企业的文化中确立了"以服务为荣"的价值观,企业员工真正做到了"以服务为荣",这样的企业给师生传达的就是积极健康的服务观,并通过企业的日常管理和员工行为示范或改变师生对服务的认知,不断提升这所学校师生对服务的认知水平,是对这所学校校园文化的扩展和充实。学生在学习阶段就能做到尊重服务,尊重工人,正确评价服务的价值和服务他人的意义,建立平等观念,对于学生的成长尤其是走入社会后的成长是非常有意义的。对于那些利用课余时间参加校园餐饮勤工俭学的学生来说,这种传达显得更加有价值。他们在和校园餐饮企业的员工共同劳动过程中,感受到的是员工对服务他人的快乐,是对企业的归属感、向心力,是对师生的关心、关爱,学生收获的就不仅仅是经济收入,而是对待工作的责任心和服务他人的自豪感等社会责任。

在大学校园,校园餐饮所传达的"以服务为荣"理念和文化内涵,其意义是深远的。无论对校园餐饮自身,还是服务的对象,都意义深远。

五、创新与创业文化的释放

创新和创业文化,永远是校园文化的重要构成。校园餐饮置身大学校园,可以很好地发挥其创新和创业功能,和大学及师生很好地融合,既能推动企业自身的成长,又可以丰富大学文化的创新创业功能,展现校园餐饮企业的价值。

饮食行业本身就是非常具有生命力的行业,能够几千年生生不息,传承到今天,就是靠它的不断改进、适应和创新能力。校园餐饮的创新涉及方方面面,每一方面的创新都永无止境,需要校园餐饮同仁不懈的努力和追求。一是餐厅环境的不断改进和创新,需要我们不断适应师生需求和时代脉搏,结合学校校园文化特点,在设计、装修、装饰等环节,围绕文化元素的传播和功能性需求,加大创新力度。二是校园餐饮企业的管理方面加大创新力度,形成企业独特的管理模式,让师生就餐的同时,能够感受到企业的追求和特点,能够感受到企业的管理的具体行为方面在不断改进、不断进取。三是在餐饮产品的制作方式方法等方面加大创新力度,推陈出新,不断提升产品质量,让师生感受到校园餐饮产品不断丰富,色香味形器日臻完美,感受到企业在产品创新方面有着远大的追求。四是在和消费者即师生的沟通方面不断改进,创新沟通方式,最大化地听取师生意见,不断改进工作。校园餐饮是一项十分复杂的工作,涉及的环节很多,只要我们本着把事情做好做精的态度,创新就无处不在。如果每一位校园餐饮员工能够秉持这种态度,对待每一天的工作和每一份菜品,持续改善,师生一定能够感受到每一点滴的变化。

创业教育是目前大学教育中很重要的内容,校园餐饮企业在这方面具有许多优势,应该很好地承担起这份责任。一是可以主动积极地吸引更多的学生参与校园餐饮企业的管理,通过参与管理更好地了解企业运行的基本规律,积累解决具体问题的能力,为将来走向工作岗位奠定基础。二是可以为学生打造创业平台或建设创业基地,选拔一些与饮食行业相关的项目帮助学生进行孵化。三是可以吸引一部分学生毕业后加入校园餐饮企业,在校园餐饮企业干事创业。四是可以以校园餐饮企业名义举办组织一些与行业相关的创业比赛或创业活动。五是可以在校园餐饮企业内部开展员工创业活动,把有能力有梦想的员工组织起来,提高企业内部活力,解决员工发展瓶颈,推动企业更好更快发展。

创新创业文化是企业文化中十分重要的内涵,是企业发展源源不竭的动力所在,校园餐饮企业应该给予重视,应该充分认识到创新创业文化对企业员工自身的影响和对师生所传达的价值。

校园餐饮是餐饮行业一个非常特殊的细分领域,因为其所处的特殊环境和所服务对象的特殊性,让我们看到校园餐饮的文化价值。校园餐饮必须具有文化味儿、书香气息,才能够源远流长,被师生长久喜爱,才能够脱掉过重的商业气息,与校园文化的味儿一致起来。

文化驱动　促进后勤服务品质提升

——以西安欧亚学院为例

西安欧亚学院　张军宏　任龙刚

有人说"组织文化是一个组织所形成的一种个性,它包括组织信仰、观念、价值观、态度、工作方法、工作气氛和工作行为",也有人说"用企业特有的语言来定义和表达内部的思想和行为",还有人说"企业文化是企业长期发展过程中养成的一种习惯,一种行为方式,是企业的性格"。

文化对于一个企业的价值,逐渐超出了硬科技的资源价值,在企业的生存与发展中发挥着重要作用,是推动企业发展的强大动力。高校后勤文化,在推动高校后勤服务质量和品质过程中肩负着重要作用,它与高校本身的文化息息相关,又肩负着"三服务、三育人"的伟大使命。

一、后勤文化建设的功能

(一)导向力

后勤文化最重要的一个功能是工作导向功能,主要体现在两个方面,一是价值观的指导,也就是我们为了什么而工作,是后勤所有员工工作的价值目标。二是后勤发展目标的指引,后勤社会化已成为高校社会化发展的必然,后勤服务就是以"三服务、三育人"为核心形成未来后勤服务的核心。

(二)凝聚力

后勤文化必须体现以人为本的思想,文化最终服务的是后勤工作中的人,人与人之人之间形成一种团结友爱、相互信任的和谐氛围,使员工之间有了凝聚力和向心力,形成共同的理想和目标,使整个后勤步调一致,统一思想、统一行动。

（三）激励力

根据马斯诺的需求理论模型，人在满足最基本的生活需求外，更向往的是本身价值实现的功能，后勤文化使每个人都能从中找到自我价值实现时的满足，员工之间互相尊重，各司其职，共同协作，把后勤服务工作做好，获得客户认可、领导表扬，员工获得强烈的荣誉感和自豪感，让后勤精神充分发挥和展现。

（四）约束力

后勤的制度、标准、道德规范等是员工工作的基础准则，企业的领导者和职工必须遵守和执行，从而形成约束力，形成全员规范一致的行为特征，体现在后勤人的一举一动和一颦一笑间，与师生产生共鸣，擦出火花，形成有品质、人性化的后勤服务。

二、后勤文化解析

西安欧亚学院后勤集团（简称：欧亚后勤）工作的目标是为学校发展和教育教学改革提供高品质的服务保障，为师生的校园生活提供全新的服务体验。为确保目标达成，借鉴"组织行为管理制度设计的五要素模型"，从文化—制度—战略—组织—人力资源管理，将文化建设作为推动组织发展核心因素，通过制度执行，支撑组织战略，确保组织能力和服务能力提升。欧亚后勤文化核心包含两个方面，一是"以客户为中心"，二是"持续提供员工的幸福感"。

（一）以客户为中心

后勤是为师生提供服务的机构，师生是后勤的客户，是后勤存在的根本，随着高校后勤社会化改革的推进，最终后勤的服务将由在校的师生所决定，所以"以客户为中心"，不断满足客户需求是欧亚后勤文化最重要的核心内容。

1. 以客户为中心，挖掘客户需求，改善服务

基于客户诉求，欧亚后勤建立的多渠道的客户心声调研体系，通过各种需求调研和需求挖掘满足客户日益丰富和变化的基本需求，同时通过参考外部标杆院校和服务单位的服务，改善后勤服务。如2016年，为了提升校园学生的住宿品质，开始了校园公寓改进计划，利用四年的时间对校园13栋公寓楼完成了基础设施条件的改造，完成了在无新建面积的情况下，公寓从八人间逐步过渡改造成六人间和四人间，同时匹配学生洗浴需求，在每层楼建成了学生洗浴中心，让学生不出楼、不下楼就能洗浴，同时避免了宿舍洗浴带来的卫生问题。在老师需求

满足方面,围绕"以教学为中心"的学校发展定位,为解决教师上课时遇到的各种问题,推出了"拎包授课"计划,在课前为教师准备好投影设备、空调和室内需求,解决了教师上课前需要提前到来连接和调试投影仪的问题等等。

2. 以客户为中心,变革创新,给客户创造惊喜

西安欧亚学院是一所定位为国际化、应用型、新体验的院校,"责任、创新、伙伴、有用"是欧亚的核心价值观,欧亚后勤在传承和执行欧亚价值观的过程中,发扬"变革创新"的精神,不断研究和发现先进的管理方法,应用到后勤服务的过程中,如站在客户角度,采用"服务轨迹模拟"的方式,通过各种类型的客户体验活动,不断改进后勤服务流程和标准,最终让客户获得最优的服务路径和结果;通过"服务评价模型"来诊断自身的后勤服务,每年进行客户满意度调查,针对客户不满意的地方进行分析整改,提升后勤服务品质。在大数据应用方面,通过整合收集后勤服务数据,形成《大数据白皮书》《后勤服务简报》等文件,监测后勤服务,分析挖掘后勤服务的规律和不足,进行整改,有效地驱动运营,降低服务成本、提升服务效率。

(二)提升员工的幸福感

哈佛大学的一项研究表明,企业员工的幸福指数每增5%,客户满意度就会相应增加11.9%,企业的经济效益就会相应提升2.5%,员工幸福感与企业效益息息相关。

1. 关注员工能力,提高人岗匹配度

员工在工作过程中,最主要的不适是对工作的不熟悉,是对问题不知如何处理,为了解决这个问题,欧亚后勤加大对员工能力的培养,进行员工入职培训、岗位基础能力培训、管理能力培训、领导力培训等多层面不同方面的培训;倡导"终身学习",通过读书分享会、外出学习、骨干员工讨论群等多种学习形式,开展学习活动,让员工学习思考,解决问题,不断成长。这些培训和学习活动,让员工的工作能力和管理能力不断提升,减少岗位与员工能力不匹配带来的不适感,让员工做事有方法、遇事能处理。

2. 关注员工幸福,提高文化认同感

关注员工的实际生活,解决员工在生活中的问题,满足员工需要,组织围绕员工,员工才会围绕组织,整个组织才会发挥最大的效能。高校后勤是劳动高密集的行业,随着经济生活的提高,简单的满足生存需求已不再是员工工作的

核心目的,员工更关注自我成长和工作归属感的获得,仅仅依靠可观的工资也很难让员工"全力以赴"。作为服务企业,我们照顾好员工,员工就会照顾好客户。

基于以人为本的思想,欧亚后勤协助员工进行职业生涯规划,为员工发展提供晋级路径;匹配校园国际化环境建设,不断改善后勤工作环境,形成良好的工作氛围;重视员工健康,成立丰富多彩的体育俱乐部,如篮球、足球、瑜伽等,增加团队合作能力;关爱员工,在每个重要节日都开展员工慰问,形成有系统、有组织的员工关爱计划,提升员工职业荣誉感和幸福感。通过不同层面多样化的组织活动建设,不断凝聚员工力量,提升员工归属感和认同感。

三、文化建设成绩

企业为员工服务,员工为客户服务,欧亚后勤通过多年的文化建设,凝聚了员工力量,员工满意、客户满意、上级和同行认可。

(一)员工满意

通过学校聘请第三方专业公司对学校职能部门员工可持续敬业度调研(含员工敬业度、授予度和活力度),后勤员工可持续敬业度89分,排名全校职能部门第二,其中员工敬业度排名学校第一。欧亚后勤3年以上员工占76%,10年以上员工占51%,通过不断学习成长,近年来向学校相关部门输送人才30多人。

(二)客户满意

从2012年起,经过第三方专业测评,后勤服务满意度多年来持续提升,连续5年突破"双八十",后勤服务满意度更是在2018年度达到87.35%,位居全校职能部门第一,其中安保服务满意度高达97.5%、物业服务满意度高达94.2%。

(三)上级和同行认可

通过文化建设,后勤的全面工作得到了上级的肯定,工作价值充分体现,其中2018年获得高校后勤文化建设优秀标杆单位、高校物业管理优秀标杆项目、陕西省高教系统先进基层党组织、陕西省绿色校园称号,2016年获得全国教育后勤信息化先进单位等全国及省市荣誉。各高校后勤管理部门对欧亚后勤的工作也很认可,每年有30多家单位前来欧亚后勤参访,2019年4月和8月欧亚后勤成功完成对外的后勤咨询和后勤管理培训课程,欧亚后勤服务的宝贵经验在高校后勤服务领域广泛传播,推动高校后勤服务发展。

四、后记

高校后勤有别于社会上的物业企业,但后勤文化建设与企业有着相同的作用,以人为本,员工才能与后勤同进退,以员工为本,才能留住人才,为客户服务。西安欧亚学院后勤文化建设以客户为中心,提升员工幸福感,融入了校园服务精神,也融入了企业竞争精神。未来的后勤是学校的,更是社会的,发挥文化建设的引领作用,凝聚每个后勤员工的力量,促进组织成长和服务提升,是后勤文化建设的最终目标。

高校后勤接待服务文化建设的实践与探索

——以中国人民大学后勤集团酒店为例

中国人民大学　张青平　刘元　陈曦　宋倩

习近平总书记在 2018 年 9 月 10 日全国教育大会上强调："我国是中国共产党领导的社会主义国家,这就决定了我们的教育必须把培养社会主义建设者和接班人作为根本任务,培养一代又一代拥护中国共产党领导和我国社会主义制度、立志为中国特色社会主义奋斗终身的有用人才。"指明了教育工作的根本任务、教育现代化的方向目标,同时明确了培养社会主义建设者和接班人,应具备的基本素质和精神状态,对高校的思想政治教育工作提出更高要求。高校接待服务工作作为大学后勤服务的重要组成部分,毋庸置疑承担着管理育人、服务育人、环境育人的使命与责任。提升高校接待工作的管理和服务水平,建设适应学校发展、有特色的接待服务文化,不断满足师生、宾客对后勤接待服务工作日益提高的要求,成为高校接待工作内涵式发展的遵循路径。本文结合中国人民大学大学后勤集团酒店管理部的具体工作,对如何在新时代做好高校接待服务文化建设进行探讨。

一、高校后勤接待服务文化概述

(一)高校后勤接待服务文化的内涵

高校后勤接待服务文化是大学文化的组成部分,同时兼具社会企业文化的特质,是高校后勤接待服务工作运行管理中最基本、最核心的价值观和服务理念的总和。

企业文化贯穿企业生存与发展的全过程,是企业得以发展壮大的强大内生动力,并且伴随企业和社会的不断发展和进步而变化。高校后勤接待服务文化是接待部门和员工在生产经营、服务育人的活动中所形成的精神文化,是员工内化于心、外化于行的行为准则、道德规范以及价值标准。它区别于一般意义上的企业文化,虽然也会追求一定的经济效益,但不以赢利为主要目的,更多的是凸显大学文化、满足师生需求、服务学校教学科研发展需要。

(二)特征

1. 社会效益优先

高校后勤接待部门是模拟企业化进行经营运作,所以在经营管理模式上与社会企业有颇多相似之处,其与社会企业的根本区别就在于利益问题。高校后勤接待部门不是以利润最大化为生产目标,而是以不断提升和满足学校及师生对接待服务工作的要求及保障能力为根本。

2. 服务特性

高校后勤接待部门承担着学校对外交流、沟通、招待等任务,是学校对外服务展示的窗口,相较于后勤其他部门,需要对服务品质及内涵有更高要求,加强文化建设是实现接待服务提升的最有效手段。

3. 育人特性

高校后勤与学校教学、科研部门同样承担着育人功能,在高校后勤社会化改革的进程中,始终坚持"三服务、三育人"的服务宗旨。后勤员工在服务过程中对学生具有潜移默化的影响作用,与学生课堂所接受的知识传导、精神指引虽有形式上的不同,但后勤优质的管理和服务,向学生传递科学的、正确的生活方式和价值观念,实现服务育人的目的。

(三)主要内容

1. 制度文化

制度文化是后勤接待服务文化的基础,是部门规范有序运行的根本保障。在部门长期生产经营中,将管理文化、管理理念、企业价值观、行为标准融入制度建设中,促进接待部门不断向好发展。

2. 行为文化

后勤接待部门员工的言行举止代表高校服务文化,所服务对象也是根据员工的行为文化来感受和评判高校后勤接待工作的服务质量,对接待部门能否形成和建立自己的口碑有着重要和深远的影响,加强行为文化建设,形成行为礼仪规范,对于塑造后勤接待服务文化非常重要,贯穿文化建设的全过程。

3. 精神文化

精神文化是高校后勤接待文化的核心，高校后勤"以人为本"的理念需要在精神文化中深刻体现，它包括部门的服务宗旨、价值观、道德规范等，是后勤接待部门全体人员共同的价值取向和思想意识，决定着整个团队是否具有凝聚力和向心力，能够心往一处想、劲往一处使，不断提高服务质量和服务效能，实现更高的目标和要求。

4. 物质文化

物质文化是高校后勤接待场所的外在表现，包括建筑外观、建筑风格、服务设施、员工衣着等，给予所服务对象最直观的外在感受。温馨高雅的客房，环境优雅的宾馆大堂，方便得宜的咖啡室、茶室等，不仅带给服务对象宾至如归的住宿感受，也充分展示高校接待服务的校园文化特色，为树立良好的学校形象发挥积极的作用。

二、当前高校接待服务文化建设存在的问题

（一）服务内涵与形式剥离

1. 服务风格不突出

随着互联网和酒店业的日益发展，现代酒店业的竞争日趋激烈，竞争形势日趋严峻。对住宿者来说，选择机会非常多，在物质条件相似的情况下，能否具有独特的服务风格成为重要的评价标准，相应对酒店服务内涵和形式的统一提出更高要求。目前大部分高校宾馆在具有自身特色的服务风格上还有所欠缺，未能形成大学文化与接待服务文化融合的服务理念与模式，导致服务内涵略显空洞，高校宾馆的服务文化难以充分展示。

2. 服务内容不尽完善

除酒店常规服务外，住宿者对酒店所能提供的附加服务的关注度有所提高。在宾客潜意识中，酒店服务中应包含更多的增值内容，以期在酒店获得精神层面上的需求满足，高校宾馆由于成本核算的相对严格，在物质内容和增值服务的提供上，具有局限性，一定程度上削弱宾客对高校宾馆物质文化的认同感和满意度。

3. 服务意识有待提高

目前部分高校酒店对员工的培训教育更多侧重于服务技巧和操作规范，在学校文化传承、服务理念树立、价值观引导上还未充分和高度重视，对服务是基

于高校深层次文化底蕴的熏陶,以及员工对酒店价值观认同后自发行为的作用发挥,缺乏有效的形成机制和工作机制,需要逐步建立并完善。

4. 精神文化认识不足

对服务文化以及更高层次的精神文化认识不足,没有依据学校发展规划、宾馆现实状况,提出有新意且符合自身实际的服务理念,难以真正体现高校文化内涵。甚至,部分宾馆存在将理念、宗旨、口号、制度等张贴在酒店就视同为建立了服务文化,而忽视服务文化本质上是思想传统和工作习惯的深刻体现,是核心价值观在员工行为中的潜移默化,通过员工言行展现给宾客,从而反映出员工需要深化并提高对精神文化的认知。

(二)"以人为本"管理理念贯彻落实路径不清晰

高校后勤接待服务文化来源于管理服务经营实际,同时又影响、促进着服务经营,因此开展后勤接待文化建设,不论是基于对住宿者的服务,或是对于员工价值理念的引导,都需要坚持"以人为本"的原则,要把"以人为本"贯彻到管理、服务的各环节中,满足住宿者的物质和精神需求,尊重员工的权利并促进他们的全面发展。目前在高校宾馆"以人为本"管理理念的贯彻落实中,存在以下问题。

1. 未密切关注人的需求

实现高校宾馆的高水平管理,需要了解、分析住宿者和员工的需求。针对住宿者,能否给予其更加温馨、安静的住宿环境,能否在入住的第一时间通过员工的贴心服务给予他难忘的经历;针对员工,是否能够在住宿、伙食、交通等方面关心和了解员工的需求,通过组织的人文关怀,让员工产生强烈的归属感和认同感,真正把自己作为宾馆的主人翁,贡献才智、提供高水平的服务。

2. 未充分发掘人的潜能

调动和激发员工的工作积极性,让他们自动自发开展工作,是获得最佳绩效的主要手段。高校宾馆由于体制机制的原因,在员工积极性的调动上,具有一定的局限性,很难通过有效措施把员工的潜能发挥和团队发展充分结合,还需要进行有益的探索实践。

3. 未全面实现人的发展

目前高校宾馆鼓励和支持人才发展的方式相对单一,主要依赖职位晋升、岗位调整,虽然有效但受到管理岗位职数的限制,可以考虑通过多种形式的培训、鼓励员工提升学历和考取技能证书、与校内单位开展联合培养等方式,为员工创造更多自我提升和发展的机会以及空间。

(三)接待服务文化建设与员工、部门关联度不高

接待服务文化建设是一项系统工程,需要全员参与,让员工成为文化建设的参与者、传播者和践行者。在实际运行中,常见问题包括:

1. 采取方式不当

接待服务文化是酒店长期生产、经营、建设、发展过程中所形成的管理思想、管理方式、管理理论、群体意识以及与之相适应的思维方式和行为规范的总和,接待服务文化建设有利于员工整体思想道德风貌的提高,高校宾馆普遍认识到加强文化建设的重要性,但在实际操作中方式、方法难免趋同,未能切合实际,难以取得最佳效果,究其原因主要是未将酒店文化与大学文化、后勤工作充分融合与关联。

2. 缺乏整体规划

开展高校接待服务文化,需建立在对机构和员工充分调研和前期分析的基础上,通过切合实际的方案设计,形成长期、有效的服务文化形成和维护机制,做好服务文化建设整体规划是保障工作取得成效的前提和基础。

3. 未能与时俱进

接待服务文化建设是一项长期、系统工作,是现代酒店发展创新的必由之路。文化建设不可能做到既有形成便一劳永逸,需要立足科学发展的观念,探究经营之道,优化内外环境,进行因地制宜、因人而异的思考和实施,以接待服务文化建设引领部门和员工高质量发展,形成同频共振,充分发挥文化建设工作推动发展、服务群众、凝聚人心、促进和谐的核心作用。

三、高校宾馆接待服务文化建设的重要意义

(一)增强高校接待服务的组织属性

高校接待服务工作是高校行政事务的重要组成部分,根本任务在于满足师生需求、服务学校教学科研发展需要。作为高校的一部分,高校后勤接待部门承担着学校对外交流、沟通、招待等任务,接待场所和接待服务是学校文化环境的组成部分,因而开展接待服务文化建设,应当以坚持为学校提供优质的后勤接待服务、提升广大师生的满意度和幸福感为根本出发点,紧密围绕学校的中

心工作和重要活动保障开展,通过强调服务意识、组织意识、大局意识、优质的管理和服务,不断提高接待服务保障能力,更好地服务于学校,增强高校接待服务的组织属性。

(二)增加员工的凝聚力

高校后勤接待服务文化建设,有助于增强员工的凝聚力。通过对后勤接待人员的思想观念和行为方式上的塑造,帮助员工深层次理解、认同高校后勤"三服务、三育人"的服务宗旨,树牢高校后勤"以人为本"的服务理念,明确、理解后勤接待服务人员的工作职责和服务要求,引导员工将个人价值观与后勤接待服务紧密联系起来,形成共同的价值观、凝聚力、认同感和荣誉感,心往一处想、劲往一处使,为广大师生和宾客提供满意的接待服务和保障。

(三)激发内生动力

高校接待服务文化建设是一项长期、系统工作,面临着诸多困难和挑战,在一定程度上,可以说影响高校接待服务的主要因素是人的素质,高校后勤员工的言谈举止直接体现了高校的文化。当前,后勤酒店员工流动性较大、整体文化素质不高,因此,积极开展高校接待服务文化建设,有助于促进高接待服务内生动力的激发和提高,通过培训、熏陶、引导等方式提高整体员工队伍素质,形成共同价值观,树立主人翁意识,提高员工参与度,不断发挥主观能动性,去思考如何解决工作中的新问题,促进高校后勤酒店的整体发展。

(四)推动服务创新

高校后勤接待部门的主要服务宗旨是为学校师生和来访宾客提供良好的接待住宿环境,高校后勤酒店的文化建设在一定程度上体现出该酒店的发展潜力。开展高校接待服务文化建设,不断丰富酒店文化,通过开展岗位技能比赛、多样性文化活动,营造争先创优、团结向上的良好文化氛围,充分调动和激发员工的积极性和创造性;与时俱进,以师生需求为落脚点,不断引进和完善设备设施和服务内容,提升服务水平和服务效能,促进高校后勤酒店综合服务能力的提高。

(五)提升服务形象

高校后勤接待部门是学校对外服务展示的窗口,接待住宿场所、日常接待服务工作、员工的言谈举止,从某种程度上来说,就是一所学校给师生和来访宾客的印象。加强高校后勤接待服务文化建设,应立足于高校校园文化,通过统一的员工服装、温馨舒适的客房、智能的服务设施、高效便捷贴心的服务、良好的精神风貌等,营造浓厚的具有高校特色后勤接待服务文化氛围,向学生传递科学的、正确的生活方式和价值观念,向来访宾客展示高校后勤酒店良好的管理模式和精神风貌,树立良好接待服务形象。

四、中国人民大学后勤集团酒店服务文化建设的新方式

(一)建设中国人民大学酒店制度性文化

中国人民大学后勤酒店在推进文化建设的过程中,秉承精细化管理理念,以规范、有序、效率为出发点,引进并完成广义物业管理质量体系认证,完善多项规章制度,为部门文化建设提供有力制度保障。

1. 完成广义物业管理体系认证,稳步构建制度化、规范化、科学化的管理体系

2017年完成部门质量体系认证工作。经过不断对酒店职责与岗位要求、规章制度、工作流程、服务标准、文件记录等进行梳理、修订、补充及试运行,建立起符合酒店实际的工作标准、操作流程、检查程序等一整套规章制度,并汇编成《酒店管理部工作手册》,共计完成制度和标准126项、工作流程80项。多项管理规范及管理制度的出台和实施,有效提高部门工作效率,规范日常服务标准,打造高效、协调的组织运行模式。

2. 开展质检监察,查找问题,改进工作,形成自我监督完善机制

为确保各项制度的有效落实,中国人民大学后勤酒店依托质量体系,提炼了部门工作流程和工作标准中的关键节点,通过"重点岗位、重点部门、重点环节"的工作监督,建立起以岗位为点、以程序为线、以制度为面的监督体系,对各基层部门内部规范管理的形成起到较好的推动作用。以2018年为例,年度开展各层级全面质检20余次,形成质检管理周报告和月报告40余份,部门内部查找整改问题230余项,有效促进了员工标准化、规范化的工作习惯的养成。

3. 细化酒店基层岗位绩效考核和管理,提升服务水平

完善《酒店管理部员工绩效管理办法》及细则、《酒店管理部绩效奖金管理办法》和《员工奖惩办法》,对基层岗位派遣人员考核全面覆盖,细化基层岗位绩效考核内容、考核形式、考核标准及绩效分配方法,突出工作业绩和服务质量,兼顾公平,实行两级管理,下属部门根据部门实际制订二次分配方案,实现发放部门目标与个人工作业绩的统一,更好地发挥员工潜能,促进了部门整体

工作效率、销售业绩、服务质量的提升。

（二）建立完善员工考核培训体系

高校酒店文化的创建，既要以服务于全校师生员工为宗旨，也要以提升企业员工的幸福指数和满足感为基础。中国人民大学后勤酒店以人为本，建立制度化培训管理，开展丰富多样的活动，不断增强接待服务文化的凝聚力。

1. 加大培训管理，建立起有针对性的长效培训机制和人才培养规划

制定《酒店管理部培训管理制度》，形成酒店总体培训规划；出台《酒店管理部汇贤大厦员工上岗考核办法》《酒店管理部岗位轮换管理办法（暂行）》《酒店管理部关于派遣员工转为集团人事代理身份申报推荐办法》，自主开发员工上岗转正、岗位轮换、身份转换理论和实操考评试题库和表格，形成 14 个岗位的理论试题 27 套、实际操作试题 4 套，表格 7 个，形成基层员工综合技能考评体系，有效规范员工培训管理、工作考核和工作调整流程，加快了年轻基层管理人员及业务骨干培养。

2. 丰富员工教育培训形式，努力构建学习型、服务型、创新型队伍

紧紧依托于学校校园文化，围绕学校接待任务和师生服务需求，常态化开展优质服务月、礼仪服务之星、中式铺床比赛、消防演习、知识竞赛、酒店服务英语比赛等岗位技能评比活动，激发员工钻研业务、勤练技能的工作热情，促进接待服务水平和服务质量的提升；安排一线员工和技术人员进行在职学习和专业性业务培训，并考取专业英语、电气焊等职业资格证书，提高员工专业技能水平；积极进行外出学习交流，组织参与全国高校客房技能比赛活动，了解和掌握全国高校后勤接待服务工作的动态，与兄弟高校交流和分享管理经验，拓展和丰富接待工作的视野。2018 年，酒店共举办各类培训 50 余次，参与员工 2000 余人次，前厅、工程、安保等部门员工全部持有专业资格证书，关键岗位人员均取得本科及以上学历。

3. 关爱员工，以情暖情，积极组织开展形式多样的文体活动，营造部门"团结、严肃、和谐、向上"氛围

酒店管理部党工团凝心聚力，共建互促，近年来开展了参观学校校史馆、关爱女性健康知识讲座、观看爱国电影、健步走、员工拓展、读书分享、环保时装秀、双节趣味运动会、红歌比赛、跳绳比赛、摄影比赛、与校图书馆党支部共建、党员上党课等 60 余项活动，丰富员工业余生活，引导员工形成科学、健康、文明的生活方式,促进员工快乐工作、健康生活,营造部门内部和谐、温馨的工作氛围;树立典型,激励员工,每年开展优秀员工、优秀团体、服务标兵、礼仪之星评选活动,充分发挥先进典型示范引领作用,树立对外良好接待服务形象。

开展员工办公区、员工活动室文化建设,统筹协调对地下员工办公区和活动室整体进行设计、管理,在办公区走廊和活动室悬挂员工活动照片,邀请学生进行校园文化墙体彩绘,结合传统节日、党建工作、暑期接待、员工活动等节点,推出有特色、有亮点的部门宣传栏,打造酒店职工之家;连续几年的春节,在后勤统筹安排下,酒店管理部开展"关爱员工—春节团圆房"活动,为派遣员工提供免费春节住宿,得到广大员工的好评。2018年,荣获北京市教育工会"先进教职工小家"称号。

通过载体的不断创新,各项活动的开展,有效提升了队伍素质,塑造了良好形象,同时也使更多的员工参与到酒店文化建设中,助推接待服务文化工作的发展。

(三)加强具有自身特色的接待品牌文化构建

高校酒店不同于社会酒店的特征之一,就是高校酒店在学校的大环境中,逐步形成自身独具特色的服务文化。中国人民大学后勤酒店将日常服务、信息化建设与文化建设有效融合,取得较好成效。

1. 主动融入学校文化元素,将文化建设渗透进服务细节

2017年,中国人民大学后勤酒店进行整体修缮,在设计中主动融入学校文化元素,确保接待风格与学校整体氛围相融合。客房和大厅悬挂的民国古诗集等装饰画,增添了浓厚的校园文化气息;以学校校徽、实事求是石、玉兰花、中国人民大学文字等内容为设计元素的汇贤大厦标识、门卡、房卡袋、信纸、便笺纸及布草、毛巾、浴巾、茶杯等客用品,在细微处直接传递学校元素,彰显学校独特文化特色。

2. 推进信息化建设,探索服务文化建设与信息化的深度融合

互联网+时代,中国人民大学后勤酒店不断更新理念,拓展载体,打造并树立接待服务品牌。

丰富服务内容,持续提升宾客服务感受。高校酒店接待工作主要服务于学校中心任务,考虑到学校访问的人员对信息化服务的要求都比较高,中国人民大学后勤酒店以信息化为依托,优化管理流程、陆续引进前台电子签单设备、多媒体信息发布系统、IPTV电视、阅读机、前台人脸识别比对仪和管家宝系统,不仅为广大师生和宾客创建了一个信息全面覆盖、服务触手可及的学习、住宿环境,同时也相应提高了工作效率、减少了服务人员部分工作内容,登记入住、客房报修、退房查房等服务环节和等待时间缩减,让服务变得更加高效、自如。在2018年服务满意度调查中,中国人民大学后勤酒店的整体满意度在95%以上。

做强新媒体,打造"汇贤楼"服务品牌。开通"汇贤楼"微信公众账号,主动向关注群体展示并推送酒店管理部服务内容、亮点创新、工作动态、温馨提示、学校头条、校园生活、服务导引等信息。针对传统节日、校庆、迎新等重大节点,微信号有针对性地推送师生和宾客关注的专题图文、服务介绍等,引得不少关注和点赞,"汇贤楼"品牌影响力得到提升。中国人民大学酒店公众号"汇贤楼"自2015年运营后,至2019年6月累计推送信息270条,39000余人次浏览,拥有长期关注粉丝约6300人。可以说中国人民大学后勤酒店通过信息化建设,创新酒店服务文化建设已初见成效。

3. 编制预案,做好重要团队接待服务,塑造人大良好服务形象

中国人民大学后勤酒店始终坚持接待服务工作服务于学校工作任务这一宗旨,不断深化接待服务内涵,提升接待服务质量,努力为师生和宾客提供会心一笑的服务。近年来,结合学校重大活动接待要求和师生需求,制订了《酒店管理部重要团队接待服务预案》,细化接待重要团队的准备阶段、入住阶段以及退房后需要主动做好的服务环节、流程和关键点,同时针对团体住宿的安全管理,形成团体住宿《安全须知》,作为院系签订的《住宿协议》附件,并就安全管理问题的处置、解决等进行明确,进一步加大团体接待安全管理力度,确保为师生提供高效、温馨、贴心、安心的接待服务;同时结合财务要求和实际工作,制定《酒店管理部关于团体住宿、会议室预定管理办法》,规范团体住宿接待、会议室预订管理及费用结算管理,调整院系月结住宿费用结算方式、综合统筹优化账款收取效度,确保团体收账更加有效、稳妥。近年来中国人民大学后勤酒店不断提升保障能力、优化服务水平,相继圆满完成了中央和国家机关司局级干部专题研修住宿服务工作12期、学校80周年校庆校友返校、全国高校社会主义经济理论与实践研讨会2017年会、2018-2022年教育部高等学校马克思主义理论类专业教学指导委员会成立暨第一次工作会议等重大活动的接待服务保障工作,并通过细致、温馨的服务展示人大接待工作的"专业化、精细化",赢得入住师生和宾客的满意,树立了良好接待服务形象。

试谈高校后勤饮食服务工作如何在高校思政工作中发挥作用

——以电子科技大学后勤饮食服务中心为例

电子科技大学　　魏艳

思想政治教育是社会或社会群体用一定的思想观念、政治观点、道德规范，对其成员施加有目的、有计划、有组织的影响，使他们形成符合一定社会所要求的思想品德的社会实践活动。学生的学习生活在很大程度上受到校园环境的影响，而食堂就是非常重要的育人场所，是高校对大学生进行思想政治教育的重要阵地，是课堂教育的有效补充。电子科技大学后勤饮食服务中心将饮食工作与学校思想政治建设工作相结合，以饮食文化为契机，积极发挥饮食服务在高校思政工作中的作用。

一、加强高校后勤饮食思想政治建设工作的背景

党的十八大以来，习近平总书记对中国高等教育的发展和高校思想政治教育工作高度重视，并发表了一系列重要论述。"高校思想政治工作关系高校培养什么样的人、如何培养人以及为谁培养人这个根本问题。"在 2016 年 12 月 7 日至 8 日召开的全国高校思想政治工作会议上，习近平总书记强调，要坚持把立德树人作为中心环节，明确提出把思想政治工作贯穿教育教学全过程，实现全程育人、全方位育人。顺应时代发展的要求，切实加强大学生思想政治教育工作，坚持与时俱进，不断创新，探索新方法、增强实效性，已经成为新时期大学生思想政治教育工作的重要课题。

如何把饮食资源转化为育人资源，开拓饮食服务育人的新途径、新方式，更

好地服务学校、服务师生？如何在做好伙食保障工作的同时，更多地参与到学校思想政治建设中，为学校人才培养添砖加瓦已成为饮食服务中心的目标和行动。电子科技大学后勤保障部饮食服务中心（以下简称饮食服务中心）从2011年开始探索利用饮食资源助力学校人才培养工作，牢固树立服务育人、文化育人核心理念。围绕习近平总书记关于高校思想政治建设工作的系列重要论述，进一步将饮食文化与大学生思想政治教育紧密结合，以服务育人为切入点，以文化建设为主线，以服务于学校人才培养为核心，走出了富有特色的文化育人、服务育人、实践育人之路。

二、高校后勤饮食工作在思政建设中的作用

（一）满足全方位育人的要求，培养学生创新思维

饮食文化既是一门学问，也是一门技艺。饮食结合文化，有利于学生创新能力的培养，对工科院校人才培养目标的实现具有积极推动作用，使食堂成为对学生进行经常性思想政治教育工作的重要阵地。通过实践活动的开展、课程的开设，帮助学生汲取饮食传统文化之精髓，开拓思维，融会贯通，进而创新。学生通过不同食材的搭配，不同菜品的烹饪，不仅能够找到生活的乐趣，还可以找到创新的灵感。让学生的创新能力在实践中形成，在实践中提升。

（二）有助于传播健康饮食文化，帮助学生树立正确的人生观

中国饮食文化源远流长，是人类文明、生命活动的重要组成部分。通过对饮食文化的建设，可以将于无形中涉及的传统文化变为显形，从而让大学生加深对中国传统文化的了解和学习。通过饮食文化建设，能促进学生形成健康饮食观念，在合理膳食上起到推动作用。加强饮食文化建设，弘扬中国传统饮食文化，还有助于提高学生个人修养，能积极有效地纠正学生在餐饮中的不良行为，形成文明行为，养成良好习惯。饮食文化建设可以通过举行实践活动，帮助学生在实践中受教育、长才干。通过勤工俭学，可以提升学生综合素质，也培养了学生独立自强的品质。在饮食文化课堂上，通过教学生做菜引导其树立正确的人生观，对促进大学生良好的饮食习惯的形成，促进学生身心的健康成长，提高学生人文素质具有积极影响。

（三）适应高等教育改革发展的要求，助力学生全面发展

后勤饮食将传统饮食文化作为教育的一种手段，一种资源，一种引向，不仅能让学生学到知识，掌握一定的生活技能，更让学生的思想境界在生活实践中

得到提高,精神世界变得更加丰富、充实,并逐步形成自己的人生观、价值观。通过"美食节"让学生品尝到各式美味佳肴,领略不同的饮食文化;"走进食堂"活动能够拉近学生和餐厅的距离,让学生对饮食服务工作产生新的认识;"包饺子联谊活动"能让学生亲身感受美食自制的乐趣,增强团队凝聚力;烹饪教学教会学生的不仅仅是菜品,更能教会学生感恩父母。饮食文化活动培养学生对厨艺、对生活的兴趣,丰富他们的人文生活,帮助学生掌握一项基本的生活技能,增强学生参与社会实践的信心和勇气,提高学生的动手能力、沟通能力,帮助学生全面发展。

三、饮食工作在学校思想政治建设工作中发挥作用的主要途径

(一)优化育人环境,立德树人育英才

党的十八大首次把"立德树人"写入党的全国代表大会报告,明确为现代教育的根本任务。这是我们党对教育本质认识的进一步深化。党的十八大以来,习近平总书记反复强调落实"立德树人"、培养中国特色社会主义事业的合格建设者和可靠接班人。

饮食服务中心在深入学习习近平总书记关于人才培养工作的系列讲话后,将食堂文化建设作为切入点,把服务人才培养作为食堂文化建设的落脚点和出发点,积极营造开放和谐的校园饮食文化氛围。

1.营造氛围

饮食服务中心通过环境氛围营造,大力提倡和传播传统饮食文化,让师生在文化氛围中思考、理解、感悟,完善自我。如在餐厅悬挂灯箱片,建设文化墙,宣传饮食文化,以及四川文化、名言警句、公共道德。通过这些传统饮食文化中的积极元素,培养大学生具有高尚的道德情操,如要爱惜粮食、勤俭节约、注重家庭伦理和社会和谐、树立爱国主义精神等。

2.当好不上讲台的老师

通过食堂员工这些不上讲台的老师的敬业精神和服务面貌,集中营造浓厚的育人环境和氛围,进行持久隐性的教育,最终提高学生的素质和思想觉悟,引导学生树立正确的世界观、人生观、价值观。饮食中心在长期的食堂文化建设过程中,致力于培育视野开阔、人格完善、素质全面的一代学子。使学校食堂成为继承传播饮食传统文化的重要场所,成为环境育人、管理育人、服务育人的窗

口,成为孕育创造新知识、新思想的重要摇篮。

(二)打造校园文化精品,实践育人谱新篇

融入人才培养,提升育人水平,助力学生全面发展和成长成才,这是新时期大学生思想政治教育的重大使命。饮食服务中心紧密围绕学校后勤"三服务,三育人"这一定位,结合学校人才培养的发展思路,不断开拓后勤服务育人的新途径、新方式,努力提高育人质量。饮食服务中心在做好日常饮食保障工作的同时,利用现有资源打造了学校精品文化活动之一的"成电味道"。"成电味道"以"校园美食节"为主要载体,包括"校园美食节""学一道川菜做给妈妈吃"、招募学生"捍胃者""走进食堂"、包饺子联谊活动以及美食文化讲座等一系列饮食文化活动。

(三)参与课题教育,构建通识教育新平台

提高人才培养质量,关键是深化教学改革。学校既要承担培养"专才"的"专业教育"使命,也要承担培养"全面发展的人"的通识教育使命。饮食服务中心于 2015 年 9 月推出了以饮食文化为核心的选修课程"知味",参与通识教育工作,深入贯彻习近平总书记关于人才培养的系列重要讲话精神。"知味"课程立足中国饮食文化,面向学生介绍中国传统饮食文化、烹饪原料知识以及川菜制作工艺、四川风味小吃,涵盖有饮食营养与卫生、西餐礼仪知识。课程结合理论与实际操作,是学生走向社会、掌握基本生活技能的基础课程。如学生通过教学的菜品了解各个菜系地区的地理、民俗特色;了解菜品背后的文化典故、历史成因;通过实操教学,帮助学生树立热爱生活、热爱劳动、尊重劳动的观念,帮助学生学习、提高生活技能,真正使学生在实践中得到锻炼和提高,促进学生全面发展,发挥育人功能。同学们表示课程不仅让他们学会了菜品,更学会了感恩,锻炼了他们的动手能力,还为以后走出学校独立生活打下了基础,让他们收获颇丰。因此,开设饮食文化选修课程是后勤饮食做好学生思想政治工作的一个重要途径,是适应新形势下学校人才培养工作的必然趋势。

总之,在新形势下,后勤饮食不单单是保障学校的伙食供应,也要承担起学生的思想政治教育工作,认真落实习近平总书记的重要讲话精神,勇于探索实践,不断总结经验。虽然在这一新领域开展学生的思想政治教育,后勤饮食还面临许多困难,但是只要从学校发展的实际出发,就一定会探索出一条在全方位育人的背景下通过后勤饮食加强大学生思想政治教育工作的新途径,为学校人才培养作出贡献。

高校后勤工会开展职工文体活动的思考和实践

——以四川大学为例

四川大学　周乐

工会工作是高校后勤职工工作和生活中重要的组成部分,组织开展职工文体活动是工会的一项重要工作和任务。通过开展丰富多彩的文体活动,不仅能活跃广大职工的业余生活,有利于提高职工的综合能力,促进整体素质的提高,也是建设优秀的后勤文化,增强职工队伍的团队意识和凝聚力向心力,促进各项事业和谐发展的有效载体。目前,在高校后勤的工会组织开展文体活动存在一些困难和不足,因此,工会组织必须积极适应新形势,探索新思路、新方法,开展好积极健康的职工文体活动,为后勤服务保障工作营造良好的发展环境。

一、开展职工文体活动过程中存在的困难和问题

(一)单位对文体活动的重视度和支持度不够

开展文体活动对后勤工作良性发展的促进作用是间接的、隐性的,而且需要花费一定的人力、物力、财力,占据一定的时间和场地,投入较大。基层单位领导对开展文体活动认识不统一,思想不重视,没有完善的制度保障和必要的经费支持,工会开展文体活动存在诸多不便与困难。

(二)工作时间与活动时间上的矛盾

后勤服务工作行业多,保障任务重,在工作时间组织文体活动参加人员多,职工积极性大,影响面大,但对正常的工作和生产存在一定影响。利用业余时间组织活动,大多数职工工作地和居住地不一致,这样的时间安排往往有很大一部分人由于家庭和个人原因不能参与,导致参加人员比较少,收效甚微,不能取得良好的效果。

（三）活动竞技性、专业性过强

上级工会组织的文体活动有利于职工陶冶情操、强身健体，但是有些项目专业竞技性太强，如歌咏比赛、球类比赛、健身操比赛，只有少数具有专业特长的职工反复参与，其他职工参加文体活动的积极性并不高，很大程度制约了文体活动的职工参与性与效果。

二、四川大学后勤集团开展职工文体活动的创新举措和实践探索

四川大学后勤集团坚持走中国特色社会主义工会道路，充分发挥工会职能，把培育社会主义核心价值观、建设积极健康向上的后勤文化作为构建和谐校园的重要战略任务。在学校工会的总体部署下，积极开展寓教于乐、凝聚人心的职工文体活动，努力打造全校性工会活动的优势项目，形成"思想引领、广泛参与、丰富多彩"的后勤职工文体活动特色，成为工会组织"促进和谐、推动发展、凝心聚力"的品牌工作和形象标志。

（一）加强组织领导，健全管理考核机制，构建文化建设长效机制

1. 高度重视，加强领导

后勤集团高度重视开展工会文体活动，充分认识到团结职工群众，调动广大后勤员工的积极性、主动性和创造性，增强团队凝聚力是完成各项工作和全面提高管理服务质量的前提和保障。集团建立定期研究和指导工会工作制度，定期召开党政联席会，专题研究工会文体活动开展，及时研究解决工作中的困难和问题，给予政策指导和人、财、物的大力支持，对文体活动经费进行充分安排、规范管理。

2. 考评结合，量化管理

集团工会对下属工会小组工作进行目标考核，对开展文体活动的内容、次数、职工参与度、经费使用都作出明确规定，确保文体活动开展有计划、有目标、有检查、有交流、有总结，形成了党政领导支持、工会组织实施、各方积极配合、员工支持参与的工作格局，为广泛深入开展文体活动打下了良好的基础。

3. 保障经费，提供场地

后勤集团从满足职工精神文化需求、构建文化建设长效机制着手，集团行政支持，在三校区建设"职工之家"活动室，基层单位建立"职工小家"活动室，购置健身体育设施、棋牌、书籍报刊，为职工提供日常文体活动开展和交流场

地,丰富职工业余文化生活;集团对开展活动提供经费支持,专门制定《后勤集团文体活动奖励实施办法》,对文体活动各项经费进行充分安排、规范管理,鼓励员工积极参与,保证活动正常开展。

(二)拓展文体活动新形式、新内容,深入持久开展主题鲜明特色突出的文体活动

后勤集团存在一线员工多、外聘员工多、后勤服务行业多,涉及学校工作和师生生活方方面面等特点。后勤集团在开展职工文体活动时紧密契合后勤工作实际、职工内在需求、后勤发展需要,使文体活动成为职工喜爱、乐于参与、特色彰显的工会亮点工作。

1. 坚持思想性与愉悦性相结合

后勤集团把开展职工文体活动作为践行社会主义核心价值观,潜移默化地加强职工思想政治教育,提高管理服务水平、提升思想素质和团队凝聚力的良好舞台,紧扣时代主题,围绕中心大局,组织开展庆祝中国共产党成立九十五周年征文活动、唐宋诗词欣赏讲座、"放歌中国梦,后勤好声音"歌唱比赛、"贯彻落实十八大,爱岗敬业献爱心"演讲比赛、"唱响一二·九,点燃青春梦"歌咏活动、"我的天使之梦"征文比赛、"中国梦、后勤梦"演讲比赛;把表彰先进与文体活动相结合,利用年终迎新春文艺会演表彰优秀员工、先进集体,进行事迹汇报,举办学生宿舍"服务之星"评比晚会、学生食堂"我最喜爱的家乡菜"厨艺大赛,激发广大后勤员工积极投身服务保障工作,形成爱岗敬业、乐于奉献、积极进取的良好风气;契合职工身心需求开展科学文明、喜闻乐见、轻松愉快的活动,组织开展球类、棋牌竞赛、踏青走步、骑游、观看电影等活动,放松身心,增进交流沟通。

2. 坚持统一组织与群众参与相结合

后勤集团存在一线窗口服务岗位职工多、外聘员工多的特点,在开展文体活动时紧贴后勤工作和职工实际,按照"广泛参与、思想引领、丰富多彩"的组织原则,大力推进职工文体活动的广泛开展。集团工会组织的文体活动以大型、集中、主题活动为主,突出竞技性、教育性、活动质量,各基层单位精心组织选拔,职工代表参加,组织开展职工迎新春文艺会演、后勤员工艺术作品展、趣味运动会、乒乓球比赛、羽毛球比赛、歌咏比赛、演讲比赛等活动,充分展示后勤职工队伍新风貌、后勤管理服务新成就;各工会小组组织文体活动以小型、分散、职工喜好、普遍参与为主,做到活动经常化,形式多样化,内容娱乐化,组织开展趣味体育活动、广场舞、春游、插花艺术、植树、参观川大博物馆、读书交流、节日观影、球类比赛等活动,增进团队和谐,提升员工的健康素质、文化素质,陶冶高尚情操。

3. 坚持日常活动与竞技比赛相结合

后勤集团开展文体活动从满足职工精神需求、兴趣爱好和特长出发,创新组织形式,丰富活动内容,坚持竞赛与趣味相结合,坚持大型活动与日常健身相结合,把文体活动渗透到职工日常健身活动中,组织开展田径比赛、趣味运动会、乒乓球、羽毛球、跳绳、投篮、转呼啦圈、抛球入筐比赛,篮球、拔河友谊赛,从中发掘和选拔优秀运动员,加强日常训练,组队参加学校的各类文体活动比赛,展示风采。

(三)成效凸显,成绩显著

党政工齐抓共建,服务创新促进和谐。后勤集团满腔热忱服务职工群众,围绕后勤保障工作中心,深入和创新开展丰富多彩的职工文体活动,取得显著成效,实现了三个"提升"。

1. 搭建职工成长成才平台,着力提升后勤职工队伍整体素质

集团精心组织文体竞赛活动,提高了职工的工作热情,丰富了职工业余文化生活,在职工中倡导积极向上的世界观、人生观、价值观、集体观,培养造就了一支拼搏进取、乐于奉献、团结协作的新型职工队伍,有力地推动了后勤文化发展和和谐队伍建设,为构建和谐职工之家共筑愿景。近年来参加学校运动会、球类、健身操比赛的骨干运动员被评为优秀共产党员、先进工作者,走上管理岗位,为后勤事业的发展提供优秀的人才资源和后备力量。

2. 积极参加学校文体活动,大力提升后勤职工队伍形象

后勤集团把参加学校的各类文体活动作为锻炼队伍、展示形象的最佳途径,积极参加学校每一项活动,层层选拔运动员,刻苦训练运动技能,团结拼搏创造佳绩。近年来,后勤集团参加学校工会组织开展的教职工运动会、健身操比赛、拔河比赛、乒乓球赛、篮球比赛、羽毛球比赛、歌咏比赛等文体活动竞赛,均获得团体总分第一名、特等奖、名列前茅的优异成绩,充分展示了后勤职工队伍新风貌,增强了凝聚力向心力。

3. 加强后勤文化建设,有力提升后勤管理服务质量

在开展职工文体活动的进程中,后勤集团始终坚持贴近时代,全员参与,寓

教于乐,激发了职工主人翁意识和工作积极性,凝聚了人心,汇聚了力量。广大后勤干部职工以"以人为本,服务师生""践行'两学一做',树立服务基层新形象"为宗旨,坚持抓好科学管理,坚持改进服务态度,坚持拓展服务内容,坚持创新管理服务,切实提升了服务水平,有力地推进了后勤集团管理服务工作和各项事业的持续健康发展。后勤集团获得了"全国高校后勤十年社会化改革先进院校""四川省高校后勤十年社会化改革先进院校""全国高校后勤信息宣传先进单位"等荣誉,获得"四川大学先进基层党组织""四川大学院务公开先进单位""四川大学工会系统先进集体"等多项荣誉,学生宿舍"服务之星"评比晚会被四川大学评为校园文化建设精品项目奖。

从"网红阿姨"现象探索高校公寓思政工作新途径

——以杭州电子科技大学为例

杭州电子科技大学　林小惠　冯佳娜

"网红"借助名人效应通过网络发酵,他们的思想、行动容易被网民接受和认同,尤其是青少年人群。杭州电子科技大学近年来涌现出了诸多的"网红阿姨",有中央电视台、《人民日报》等400多家媒体报道的"杭电徐阿姨",有100多家媒体报道的"文学扫地僧"汤阿姨,在学生微信群中更有大量"微网红",她们对大学生思想产生很大影响。本文以此为例,探讨如何通过"网红阿姨"的名人效应,因势利导,通过培育"网红阿姨"这种方式来加强高校公寓的思政工作,使之成为高校思政工作的新途径。

一、"网红现象"对大学生思想的影响

网络时代借助新媒体,"网红"越来越受到青少年的追捧,随着网络技术的发展我国青少年网民规模已达2.56亿,占整体网民的41.5%。大学生群体是"网红"的主要受众,他们思想活跃、个性突出、自我意识强,易受到新鲜事物的影响。"网红"的一言一行在很大程度上对大学生的人生观、价值观、世界观乃至道德认知都能造成影响。

高校后勤"网红阿姨"的出现是"网红"队伍中的一股清流,她们为大学生日常行为养成树立了良好的榜样。她们虽不是专业教师,也不是专职的思政辅导员,但她们通过自身的言传身教,潜移默化中在大学生心理产生认同和共鸣。在帮助大学生更好学习成长的同时给大学生起到良好的示范作用,向学生传递

生活的正能量。

二、"传统思政"在思政进公寓中的局限

思政进公寓,是高校思政工作的一贯坚持。公寓思政,以其贴近学生,走进学生生活,形式新颖多样而为学生所接受,取得了较好的效果。但是,学生公寓中传统的思政方式也有其局限性。

(一)公寓传统思政工作的深度和广度不够

随着网络技术的发展大学生对网络的依赖也在加重,导致传统的课堂式说教教育对大学生吸引力逐步下降。传统的思政教育辅导员作为开展大学生思政教育的主干力量,因人员配比关系,一个人要负责200余名大学生的思政教育工作,在实际操作中往往只能抓两头,难以顾全到每一位学生。在思政进公寓的大环境下,虽然也有高校领导对接公寓楼、中层干部对接寝室、学工部门出台辅导员入住公寓等公寓思政政策。但是这部分人群由于缺少与楼内学生日常互动和沟通,导致公寓传统思政教育形式大于内容,种种政策均未能在公寓真正开展起来。

(二)后勤"管理育人""服务育人"有待进一步深化

目前高校后勤思政建设还相对薄弱。高校公寓思政建设虽已有一定的积累和沉淀,但在系统性、具体实施上仍存在一些值得关注的问题。生活习惯不一、人际差别有异、个人重视不足、学校引导不够等问题,导致公寓文化塑造和氛围营造相对不足,公寓思政教育相对薄弱。

(三)简单的说教方式效果并不理想

"00后"作为大学生的主力军,个性突出,自我意识强,集体观念薄弱,传统的公寓思想政治教育工作效果不理想。从"网红阿姨"深受学生追捧,阿姨的话学生愿意听、喜欢听、热爱听这一现象为我们探索公寓思想政治教育工作建设提供了一个新的方向,从传统的课堂教育向言传身教转变,从传统的说教向潜移默化转变。

三、"网红阿姨"在思政新常态中的创新

利用"网红阿姨"的独特魅力,利用公寓一线员工对大学生的影响,对大学生主动引导,补充公寓思政力量的相对不足,对高校公寓开展思政教育是一种有益的尝试。

（一）"网红阿姨"来自现实生活，有深厚的"乡土气"

和普通网络红人主动走红网络不同，"网红阿姨"主要是由学生自发挖掘、拥护上网被动成为网红，对大学生成长的影响不亚于才高八斗、学识渊博的导师。大学生自发为阿姨点赞，《人民日报》用"心有阳光，行尚至善""藏在大学里的女神"来形容她们。在"网红阿姨"身上我们能看到热情、周到、无微不至、时刻把学生的需求放在首位、全身心投入只为学生的成长助力的优良品质。通过发挥"网红阿姨"在大学生中的影响力，对大学生因势利导，"阿姨们"有天然的亲和力。

（二）"网红阿姨"来自学生身边，有深深的"亲人感"

"网红阿姨"现象的出现，改变了人们对高校后勤人员的思维定式。昔日的"港大三嫂"从事着最普通的工作却能成为港大荣誉院士。全国最美公寓人徐根娣十五年如一日坚守岗位，在平凡的岗位上默默奉献，像母亲一样守护着全楼的学生。她是高明的"心理疏导师""徐妈妈育人工作室"的牵头人，楼里的孩子都愿意和她敞开心怀，聊聊自己遇到的困惑与烦恼。类似的"网红阿姨"并非个例，从浙江农林大学"小雪阿姨"受学生热捧，到武汉"网红"宿管阿姨放弃月薪过万元的工作，用新媒体管理宿舍吸粉无数，每一位"网红阿姨"的背后都有一段用心做事，以情感人，用赤诚换真心，不忘初心默默奉献家人般的暖心故事。

（三）"网红阿姨"用心为学生服务，与学生"零距离"

和传统严肃的思政教育相比，"网红阿姨"思政教育通过与学生的日常互动，形式活泼更接地气。师生之间没有说教和讲义，有的只是师生间的情谊。从引入亲情化服务到倡导"三微服务"，后勤人的服务理念一直在更新，只愿为学生提供更满意的服务。

（四）因为"网红"，让阿姨们的正能量更有传播性

通过网络，优秀的"阿姨们"被更多的学生所熟知了解，有越来越多的学生愿意向"阿姨们"敞开心门，让"阿姨"有更多的机会为更多的学生提供服务。

四、"网红教育"如何从个例走向普遍

"一支独放不是春，万紫千红春满园。""网红阿姨"的正面引导作用虽然明显，但若不能持久，不能形成一大群"网红"，那么其公寓思政意义也是有限的。

为探索"网红阿姨"及"网红文化"的形成,杭州电子科技大学公寓中心作了诸多尝试,取得了一定的成效。特别是以微信群、QQ 群为载体的"楼宇微网红",深受学生的追捧和喜爱。

(一)完善制度建设,宿管"阿姨"也能成为育人名师

杭州电子科技大学学生公寓服务中心,自推出公寓"和家园"建设以来,制定出一套完善的培训和考核机制,在提高员工的服务水平、劳动技能的同时也提升员工的综合素质,人人争当"网红阿姨"。先进的服务理念、优质的服务水平让普通的宿管"阿姨"也能成为育人名师。

(二)改变互动方式,宿管"阿姨"也能成为育人名师

被誉为"文学扫地僧"的汤杏芬,用短短 50 天时间熟记整幢楼 832 名学生的姓名、籍贯、寝室号。在这个推崇快餐式阅读的时代坚持笔耕不辍,通过文字和便条用风趣的语言、幽默的文笔与学生进行有效沟通,拉近与学生的距离。在公众号上开创"汤阿姨讲故事"栏目,向学生讲述那些发生在后勤人和学生之间的温馨故事。举办"汤阿姨美食人生课"通过普通的食材向学生传达人生真谛。

(三)言传身教,默默陪伴,宿管"阿姨"也能成为育人名师

大学生公寓工作者是离学生最近的一拨人。当父母不在身边,是他们用长辈和亲人般的关怀帮助大学生解决生活中的琐碎问题和实际困难。义务为学生缝补衣服,为学生提供一些生活上的力所能及的帮助,闲暇时间和大学生拉家常,家长里短间就走进了学生的内心。生活上遇到解决不了的难题找"阿姨",感情上遇到烦恼找"阿姨",学业上遇到困惑找"阿姨",虽然解决不了实质性的问题,但是找"阿姨"聊聊也是不错的解压方式。浙江省感动公寓人物唐兴昌曾一夜接到 5 位有着各自烦恼的大学生进行夜跑的邀请,大半个夜晚都在陪同他们夜跑倾听他们各自的烦恼。"阿姨们"凭借自身的阅历、耐心倾听、细心观察、轻声慰藉,不说教、不建议,给予大学足够的包容和陪伴,用陪伴和行动实现对大学生的思想政治教育,他们是在大学里陪伴教育的实践人。

五、结束语

网红现象的出现对大学生产生深刻的影响。利用网红现象,讲好"网红阿姨"的故事,争取人人都是"网红阿姨"推动思政进公寓,促进学生的全面发展。

基于高校后勤文化建设的人力资源培训探讨

——以华中农业大学为例

华中农业大学　杨俊　黄尹佳　石笑添　桂阳

一、高校后勤文化建设现状

高校后勤文化是在长期的经营、服务、管理过程中形成的思想理念、价值标准、行为规范以及与之相联系的各项制度的总和，是高校后勤事业发展的灵魂，是高校校园文化的重要组成部分。自 1999 年高校后勤社会化改革以来，华中农业大学资产经营与后勤保障部（以下简称"华农后勤"）由传统的事业供给型逐渐向现代化、企业化的生产服务型转变。华农后勤一方面肩负着服务育人的重任，另一方面要为后勤经营创造经济效益。为实现高校后勤的双目标和后勤事业的可持续发展，需要一流的后勤文化作为重要支撑。

近几年来，华农后勤充分肯定了文化建设在后勤发展中的战略定位，明确提出将华农后勤文化建设纳入后勤管理工作重点，并在塑造后勤形象、提高员工素质、推动制度创新等方面取得了一些成效。

（一）精神文化建设

华农后勤以"三服务、两育人"为根本宗旨，以"一流高校、一流后勤"为发展目标，秉承"改革求发展、服务求市场、管理求效益、贡献求支持"的发展理念，倡导"为学校提供保障、为顾客创造价值、为员工搭建平台、为社会承担责任"的价值观，践行着"爱岗敬业、精益求精"的文化内核，不断将后勤文化融入各项服务保障和管理工作中。华农后勤下属各单位先后建立了特色的中心文化，如国际学术交流中心，作为后勤文化落地的先进示范单位，创建了适合中心发展特色的"家和文化"，以"打造高校接待一流品牌"为愿景，将"视顾客为亲人,把员工当家人"的文化内核深入到组织工作的方方面面。

(二)制度文化建设

华农后勤在长期经营管理服务过程中,逐步完善了涵盖党务、人事、财务、招投标、采购等人、财、物的系列管理规定以及各下属单位的各项规章制度,使后勤经营、管理、服务等各项工作有章可循、有规可依。华农后勤以"精细化管理"为主要抓手,较好地做到了把后勤文化建设与管理服务创新相结合。

(三)行为文化建设

华农后勤并不满足于标语口号的文化形式,而是将后勤文化贯彻到常规的管理工作与活动中去。华农后勤自 2011 年开展了系列管理主题年活动,并且组织各下属单位开展与工作相结合的创新课题项目研究;后勤部分下属单位引入了"五常""6T"等先进管理办法;近两年华农后勤积极推进互联网信息化建设,将智能网络管理系统应用到人力资源、服务监督、物流采购、商贸零售等方面。

华农后勤逐渐发展出独具特色的文化载体,包括后勤文化手册、后勤文化墙、后勤官网、后勤官方微信微博平台、后勤简报、后勤宣传片、后勤人歌曲等。这些文化载体融入了后勤的使命宗旨、价值观及愿景,不断树立和传播后勤人爱岗敬业、精益求精的品牌形象。华农后勤每年举行的羽毛球、乒乓球、排球、跳绳、拔河等各类比赛,以及职工运动会、新年文艺晚会等特色群众性文体活动,有效弘扬了后勤价值观,营造了后勤和谐、团结、向上的良好氛围。

加强高校后勤文化建设不仅满足了可持续发展的内在需求,为高校营造一个良好的育人环境,同时也为员工自身提供成长与发展的空间。然而后勤文化的建设和落地并非只有上述途径,为提高员工的工作积极性、组织归属感和奉献精神,还需要特定的人力资源培训。

二、高校后勤文化与人力资源培训的关系

(一)高校后勤文化指导和促进人力资源培训的发展

1.高校后勤文化对人力资源的作用

高校后勤的管理制度、经营理念、价值观等共同构成了后勤文化的内涵,是后勤软实力的重要组成。高校后勤文化的核心是以人为本,优秀的后勤文化应该给予员工充分的尊重,营造平等和谐的工作氛围,增进员工与员工之间的情感链接,激发员工的集体荣誉感和企业责任感。优秀的后勤文化是一股强大的

凝聚全体员工的力量,能让全体员工充分了解个人与组织之间荣辱与共的关系,从而能够各司其职、各尽所能,在实现自身价值的同时,为高校后勤创造更多的价值。

2. 高校后勤文化对人力资源培训的作用

高校后勤文化很大程度上决定了后勤部门的管理风格和发展方向,也决定了人力资源培训工作的前进方向。传统的高校后勤文化在精神文化建设方面仅停留在外显语言文字的宣传层面,且未能和现代人力资源培训理念相结合,从而后勤文化对高校后勤事业的引领作用以及对员工集体的凝聚作用无法得到有效发挥,同时抑制了人力资源管理的发展。而良好的后勤文化以人为本,在人力资源管理中体现能够满足员工群体的学习成长与自我实现的需要,树立员工终身学习理念,并愿意花心思建立与后勤文化相对应的人力资源培训体系,为员工创造一个良好的学习和培训环境。因此,人力资源培训只有结合后勤文化并在后勤文化理念的指导下进行,才能得到更好的发展,使其发挥真正的管理育人、管理助人的功效。

(二)人力资源培训是后勤文化推进与落地的重要途径

1. 人力资源培训是后勤文化的传播载体

后勤文化是高校后勤的灵魂,是后勤事业发展的不竭动力,它包含着丰富的内容,包括后勤价值理念、后勤精神、管理制度、行为准则等等。过去,后勤员工对于后勤文化的认识较为淡薄,不了解后勤文化对于员工群体和后勤发展的重要意义。为将后勤文化内涵和理念灌输给员工,抽象的后勤文化须融入具体的培训实践中去。借由人力资源培训这个载体,员工能够系统学习后勤文化的历史脉络和内涵意义,从而认同后勤文化,产生工作责任感和集体荣誉感,进而增强学习主动性。因此,人力资源培训是后勤文化得以传播的重要载体,不断在培训实践中强调后勤文化内涵,能有效发挥后勤文化的育人作用。

2. 人力资源培训促进后勤文化落地

人力资源培训,作为人力资源管理的核心环节之一,是最优化人力资源的重要途径,能从根本上提高后勤员工队伍的综合素质和服务质量。通过规范有效的人力资源培训,受训员工不仅能感受到后勤对自身的培养与重视,而且获得了学习与能力提升的机会,逐步实现自身价值,为后勤创造收益。在培训中融入后勤文化能够营造良好的学习氛围,让每个员工将后勤文化内化于心,认同工作价值理念并产生集体归属感,从而留住优秀人才。因此,人力资源培训能够促进良好后勤文化氛围的形成,是后勤文化落地的重要途径。

人力资源培训与后勤文化是相互促进,相互依存的关系。人力资源培训离不开后勤文化的引领与指导,后勤文化的传播与落地也离不开人力资源培训的开展与实践,同时人力资源培训也能够促进后勤文化的传承与发展。

三、高校后勤人力资源培训存在的问题

为适应当今社会互联网的极速发展,高校后勤人力资源管理逐渐走向现代化、市场化,人力资源培训日益受到重视。华农后勤自2014年就将人力资源培训作为重点工作任务列入年度计划之中,根据员工类型制定相应的人力资源培训计划,但其在认知、计划、执行等方面仍存在一些问题。

(一)对人力资源培训的认知存在偏差

华农后勤的部分管理者对培训重视度不够,认为培训不仅对提高员工能力上效果甚微,反而会耗费工作时间;或者认为后勤员工的知识技能会随着工作经验的积累而提升,能够满足岗位需要,不需要再组织培训。部分员工认为培训仅仅是一个冗长无趣的讲座,提到培训就会产生排斥心理。究其原因在于,传统形式的培训未在培训前调查员工需求,员工参加培训意愿不强,过程中无法专注,结果收获甚少,导致培训目的未能与员工的切身利益联系起来,造成培训相对孤立、吃力不讨好的状态。因此,管理者或员工对培训的认知偏差均会导致人力资源未得到充分开发利用,后勤的可持续发展力减弱。

(二)人力资源培训体系不健全

高校后勤普遍缺乏完善的培训制度和培训体系。主要管理层未根据员工的实际需求和后勤事业的长远发展,做出相应的培训规划,导致各阶段各种类培训无法常态化、制度化。华农后勤下属各基层单位普遍根据日常问题进行不定期培训,缺乏前瞻性和计划性,导致本可以通过常态化培训有效避免的问题未能得到及时的预防,浪费了大量人力成本。加上传统的培训方式过于单一,单纯的理论讲授缺少互动,很难引起员工的学习兴趣。

(三)培训实施缺乏执行力

管理者和员工对培训不够重视,使培训在日程上常常让位于其他事务,不断被拖延推后,培训执行力度严重不足。在培训的执行过程中,参训者因个人态度的差异,部分未能完整地学习规定课程或者按计划完成培训效果评估,使

得培训效果大打折扣,不尽如人意。

(四)多数培训忽视员工心理层面培养

当前大多数培训往往只关注员工专业技能方面,忽视了员工心理文化层面的培养,使得员工未受到充分的尊重,而把培训当成上级布置且不得不完成的任务,未能产生提高自身素质的主观意愿,导致培训失去了其核心价值,沦为被动工作的一部分。华农后勤的大多数管理者由于未系统学习过科学的管理理论知识,在管理实践中不够重视与员工心理层面的沟通,对员工倦怠、不团结、内部冲突等问题束手无策,其处理的结果往往会激发员工的消极情绪,引起潜在的矛盾隐患。

四、建立基于高校后勤文化的人力资源培训体系的建议

人力资源培训不仅要提高员工的专业技能和工作效率,更需要以人为本,尊重并关注员工个体的成长需求,因此将散发人性光辉的后勤文化融入人力资源培训尤为重要,基于高校后勤文化建立一套人力资源体系才能解决上述一系列问题。

(一)修正培训认知,提升学习意识

优秀人才的培养是提升后勤核心竞争力的关键。一方面,高校后勤的管理者需要正确认识人力资源管理和人力资源培训的重要性;另一方面,后勤员工需要加强对自身专业知识技能的学习,积极参加后勤的各项培训。华农后勤近两年认识到人力资源培训对于后勤事业发展的重要性,管理者越来越重视员工专业技能培训和自身管理能力提升培训,并将员工岗前培训、专业技能培训以及管理培训纳入年度计划工作重点。

(二)后勤文化融入培训,打造终身学习型组织

后勤自身需要不断完善文化建设,将后勤文化的内涵融入人力资源培训当中,通过培训让员工深刻理解后勤文化理念,将文化内涵逐渐渗透到工作中,进而产生组织认同感和集体荣誉感,有助于提高团队凝聚力并留住优秀人才。高校后勤应致力于打造终身学习型企业,不断激发员工自主学习的积极性,让员工和后勤共同成长、共同发展。华农后勤文化建设任重道远,尽管过去几年,通过举办多种文化活动在一定范围内取得了一些成效,但并非全体员工都能将后勤文化内化于心、外化于行,因此将后勤文化融入人力资源培训尤为重要,员工

在学习过程中既能吸收文化精髓,形成良好的学习氛围,也能提高员工的学习动力,激发员工的集体荣誉感和工作责任感。

(三)培养后勤内部培训师,鼓励传承后勤文化

华农后勤对优秀员工的激励目前仅停留在物质层面的激励,这在一定程度上造成了人力资源的浪费。由于优秀员工自身的学习能力和应用能力较强,且经验丰富,将这部分员工培养成内部培训师,把自身的优秀经验分享给同事是优化人力资源配置的重要举措。培养内部培训师不仅能充分调动优秀员工的主观能动性,激发优秀员工的工作责任感,而且同类型的优秀工作经验更接地气更容易被其他员工掌握,可有效节约人力资源培训成本。同时,后勤文化鼓励员工互学互助,培养后勤内部培训师既有效利用了人力资源,又传承和发扬了后勤文化。

(四)建立健全的人力资源培训体系

健全完善的人力资源培训体系首先是以后勤文化为导向,设立短期和长期后勤事业发展战略目标,根据战略目标、组织需求及员工需求设立培训目标,并制定相应的短期和长期培训计划,培训实施过程中应注重培训形式的多样化,积极调动员工的学习兴趣,在培训结束时应进行及时的考核与反馈,考察员工是否将培训知识内化并应用于实践当中。华农后勤近两年开展了专业技能、服务礼仪、管理领导力等多种培训课程,下一步是结合后勤事业战略目标将独立的培训课程逐渐转化为培训体系。

五、结论

高校后勤人力资源培训在后勤事业发展进程中扮演着越来越重要的角色,逐渐成为后勤文化的一部分,后勤文化的推进与落地离不开人力资源培训的有效实施。在良好的高校后勤文化背景下,借由健全的人力资源培训体系,员工的优势效能才能得到充分的开发,实现高校后勤的可持续发展。因此,建立一个基于高校后勤文化的人力资源培训体系,是后勤事业可持续发展的中坚力量,是实现后勤与员工共同成长与互利共赢的重要途径。

浅谈"家"文化视角下高校后勤餐饮服务改革

——沈阳工业大学的探索之路

沈阳工业大学 宋丹 刘清波 刘晓龙 王飞

一、"家"兴有道,爱并行动

"什么是家文化?"说得通俗点就是一个"家"的文化,中国人对"家"这个词有着深厚的情感,"家"文化是中华传统文化中最大、最有温度的内容。我们经常听到一句话:家是最小的国,国是最大的家。三口之家是温馨的小家,一个公司、一个企业、一个学校也是一个家,学生自踏入校园大门的那一刻起,学校这个大家就要用无微不至的爱来滋养孩子的成长之路。

所谓的"家"兴有道,高校进行餐饮服务改革,首先要明确所服务对象即在校学生的实际需求,才能在"摸着石头过河"的探索创新中找到最优方案。大学生选择了报考这所学校无疑会在各个方面对学校都充满憧憬与希望,而食堂是每天必要打卡的地点,学生对于食堂的满意程度尤为重要。食堂环境的好坏、饭菜是否可口、价格是否合理是最基本的三个方面;随着新媒体的迅速发展,在微信、微博、网页新闻中经常可以看到"别人家的大学"这样醒目的标题,这些学校以有创意的料理、舒适的就餐环境、方便的公共设施深得全国大学生的喜爱。给学生打造一个如家般的食堂无疑是高校餐饮服务改革所追求的目标。其次,要行动起来,将计划变为现实,投入人力、物力早日完成改革。

二、细致周到,"家"味浓浓

沈阳工业大学近年来积极倡导打造"工大家文化",在餐饮服务改革建设中不断探索新的服务模式。学生餐厅有两个,一共五层,另外有教工餐厅、清真民族食堂。学校对于食堂的改造深得在校师生的好评,并产生了极大的社会影响,成功跻身"别人家的大学"行列。

(一)激情世界杯,工大"家"文化

如果盛夏有一种温度,那么一定是"家"的温度。2018年俄罗斯世界杯期间,学校为了实现广大师生在"自家饭桌"就能观看激动人心的足球比赛,后勤集团膳食管理科特意在食堂准备了荧幕和场地,方便广大足球迷一览精彩。此外,食堂的叔叔阿姨们还给大家准备了干净美味的烧烤和饮品。一时之间,工大上了微博热搜,引得许多外校的同学羡慕,更让工大学子自豪。

(二)毕业家宴,工大独家记忆

骄子吃饺子,饺子送骄子;这是一场浪漫的送别,是只属于工大人的独家记忆。"同学再见,校友再会",这是"家"的真情流露,更是"家"与"家人"的郑重约定,今日你以母校为荣,明朝母校以你为骄。"骄子宴"是沈阳工业大学的招牌菜,是一年一度毕业季的"满汉全席",同时配有香肠、水果、沙拉、饮品。它的食材中没有山珍海味,色香味也不如上品珍馐,但在工大的毕业生心中,却是千金不易、终生难忘的一席盛宴。一字谓之曰"心","骄子宴"是校领导带领众多干部、老师连夜包制的,为的就是在第二天毕业典礼结束后,数千名毕业生都能吃到热气腾腾的饺子,让他们带着"家"的暖意踏上新的征程;把思念做成馅料,用爱包裹起来,每一滴汗水都代表对孩子们前程似锦的希望!

(三)炎炎夏日,空调陪你

北方的高校由于地理位置的原因,几乎很少有学校在各个场所都配备空调。近几年,沈阳地区高温情况严重,工大为了解决暑假期间留校的同学避暑问题,将食堂开放,并配备空调,打造出了一个空调房自习室。留校学生可以在安静凉爽中备考、复习,工大这一举措可谓是人性化十足。

(四)"上车饺子下车面",免费"迎新面"接新生

300斤油菜、800斤牛肉、4500斤面粉,烹制出13000碗"迎新面",学校食堂为了保证新生和家长吃饱吃好,每个环节严格把关,配有清爽可口的小菜随意挑选。学校希望新生和家长们都可以把工大当作自己的家,面券在报道时发放,设计别出心裁,副券领面,正券可留作纪念。

(五)用"无价"的汤"暖"工大学子的胃

为保障同学们的身体健康,营造舒适的生活环境,食堂推出免费的紫菜鸡

蛋汤、西红柿蛋花汤等,同时还持续推出低价菜活动,服务育人的观念在他们的心中生根发芽,满足不同消费层次的同学需求。

这些让学生倍感温暖的举措,说到底就是用爱用心从小事做起的,以小事见大爱。真正让每个学生都能感受到被关心、被照顾。

三、对现阶段高校食堂几种服务模式的分析

(一)个体经营者分割经营

这种食堂经营模式一般是学校向社会招标方式,等中标后,由经营者从事个体服务,将食堂划成若干个窗口,各种风味小吃、地方特色应有尽有,经营方式多样化,可以满足来自五湖四海的同学们的口味需求,但是也有弊端,经营者中标后,学校不再进行固定资产的投入,经营者对于利润的最大化追求可能导致在食品卫生监管方面会有欠缺,易发生安全事件。

(二)集团化或者连锁模式

采用将食堂完全外包的形式,对承包者的资质有更高的要求,但是和个体经营的问题类似,不利于监管和控制。如果由学校后勤注册为独立的法人来承担食堂的管理,这个转型的过程其实很艰难。

(三)自主经营模式

大伙食堂的模式首先可以保证对食品安全的监管,是大部分本科院校所采用的,比较稳定。由于在学校的大环境下,风险低,利润浮动较小,跟社会企业相比,由于缺乏竞争,管理效率较低。

四、探索高校餐饮经营服务改革的模式

《国家中长期教育改革和发展规划纲要(2010 ~ 2020 年)》中提出,要"扩大社会合作,探索高等学校与行业、企业密切合作共建的模式,提高服务经济建设和社会发展的能力,推进高校后勤社会化改革"。这也就意味着让高校的餐饮服务采取多元化模式是势在必行的,所谓的多元化模式就是改变以往本科院校采取自主经营,民办高职高专院校采取外包的格局。让有资质、服务好、管理上佳的社会餐饮企业也进入校园中,形成竞争的发展模式。这样,一来可以激发效率、在公正、公平的环境下竞争。二来可以在无形中形成稳定且合理的价格,使广大师生更加受益。

餐饮经营服务的改革还离不开推陈出新。比如:购买模式新,以自选的方

式让学生一餐吃到更多的菜；菜品类型新，结合健康饮食的趋势，推出减脂套餐等；增加食堂的功能，加入咖啡吧、书吧、购物等区域；完善食堂公共设施建设，空调、无线全覆盖；让食堂更加智能化、提前点餐、App线上支付等都可以提高学生到食堂的就餐率。

在沈阳工业大学的"家"文化餐饮服务理念深得学生喜爱的成功案例中，可以看出校园餐饮文化的重要性，各高校可以结合自身的特点，跟随时代发展的步伐，推出时尚、潮流的菜品；在食堂餐饮中经常举办富有人文情怀的活动，让在校师生参与进来；向其他高校的成功经验学习，在"摸着石头过河"中探索出一条符合自己的新路。

基于铁军精神培育高校后勤文化的思考

——以盐城工学院为例

盐城工学院　戴建

　　具有特色鲜明的后勤文化是高校后勤管理与服务走向高层次发展的重要标志,是大学校园文化建设的重要组成部分,也是推动新时期高校后勤社会化改革和发展的重要动力。盐城工学院地处苏北盐阜老区,新四军革命先辈在此浴血抗战,经历了艰苦卓绝的斗争考验,留下诸多的感人事迹,经过长期积淀,革命传统及精神与文化、情感相融合,形成具有地缘特色的铁军精神。盐城工学院(以下简称盐工)始创和办学的校长都是新四军老战士,他们身体力行把铁军精神融入学校,通过一代一代人的薪火传递,形成了以"铁的信念、铁的意志、铁的作风、铁的纪律"为核心,具有盐工办学育人特色的新时代铁军精神。一部盐工的发展史,也是彰显铁军精神的实践史。笔者认为要打造盐工特色的后勤文化,就必须依托和传承"铁军精神",坚持"铁的信念、铁的意志、铁的作风、铁的纪律"的精神内涵,从点滴养成做起,营造"文化后勤、阳光后勤、爱心后勤"的氛围,为师生提供一个健康积极的后勤环境。

一、高校后勤文化建设现状

　　高校后勤文化是指在特定的社会条件下,在从事服务、管理、经营过程中形成,在后勤改革与发展过程中总结和浓缩出来的特色文化。各高校的后勤文化建设已有一定的积累和沉淀,并形成很好的影响,对后勤服务管理工作起到了推动作用,但还存在着重视程度不均衡、体系建设不完整、队伍建设不健全等一些问题。

（一）后勤文化建设重要性认识不足

由高校职能部门转变的后勤实体，以学校母体为依存，转型的快慢程度不一，后勤发展目标不一，再受原有服务管理模式影响，造成了对文化建设的重视程度不够，缺乏积极营造文化、引导文化的意识，使文化建设不能跟上后勤快速发展的步伐，没有形成良好的文化氛围，缺乏文化引领，高校后勤发展受到一定的制约。

（二）后勤文化建设体系不完整

高校后勤文化建设的发展和传承是一项系统工程，需要构建相应的组织协调机制，形成管理规范、决策民主的组织领导体系。同时，后勤文化建设不仅要明确文化内涵，而且要不断完善文化的外在形式，要有自己的理念、标识、歌曲、文化手册等，有自己的文化交流场所及宣传媒介，有体现自己特色的文体活动方案。许多高校后勤服务管理体系相对完整，但后勤文化建设体系则需进一步加强构建。

（三）缺乏建设高校后勤文化的高素质职工队伍

要形成后勤文化正能量，就必须让后勤文化融入每位职工的思想行为中，营造出健康、和谐、向上的文化氛围。目前，高校后勤人员年龄结构不合理，学历程度不高，人员梯队不合理，培训机制不健全，部分后勤职工的影响和感召力有所下降，精神追求有所放松，时代紧迫感、责任感逐步退化。

二、"铁军精神"对后勤文化建设的意义

铁军精神作为社会主义核心价值体系的重要内容，有助于弘扬校园主流价值观，有助于推进校园文化发展，有助于引领后勤文化建设。以"铁的信念、铁的意志、铁的作风、铁的纪律"为核心的铁军精神一直激励着盐工人为追求学校事业发展而不懈努力，激励着盐工后勤人为建设后勤文化而进取奋斗。

（一）"铁的信念"引领后勤文化

"铁的信念"凸显铁军精神核心。新四军在艰苦卓绝的战争环境中，牢固树立了抗战必胜的信念，践行着救亡图存、抗敌御侮的传统，取得了无数胜利。"铁的信念"在推进后勤改革与发展过程中，体现了社会主义核心价值观，有助于盐工后勤人树立正确的理想信念，爱岗敬业、恪尽职守，不怕困难、奋勇向前，创新实干、追求卓越，在平凡岗位上争创一流业绩。

（二）"铁的意志"内强后勤文化

"铁的意志"打造铁军精神精髓。在长期的磨炼中，新四军形成了"铁军面前无困难、困难面前有铁军"的特有秉性和品格，增强了部队战斗力，坚韧不拔、攻坚克难，意志不衰、永远向前。在盐工发展历程中，正是靠无数的盐工人顽强拼搏、艰苦奋斗、无私奉献，才推动了学校的快速发展。面临新的机遇和挑战，后勤人要跨越发展，更要打造员工"铁的意志"。

（三）"铁的作风"外塑后勤文化

"铁的作风"展示铁军精神风范。新四军是在艰难困苦的环境中诞生和成长起来，不仅勇猛顽强的战斗作风逐渐形成，而且艰苦奋斗的工作作风在党的教育和队伍干部的传带下也得到传承并发扬光大。盐工在50多年的发展历程中，始终秉承"铁的作风"，坚持理念创新、制度创新、方法创新，形成了实事求是、勤俭朴素的作风。后勤人在此感召下，"踏石留印、抓铁有痕"，后勤服务能力、服务质量明显提高，为学校事业的跨越式发展提供了有力的后勤保障。

（四）"铁的纪律"保障后勤文化

"铁的纪律"夯实铁军精神基础。新四军从组建到发展壮大，从敌后抗日到全面反攻，全靠全军上下军纪如山，始终步调一致，成为军队组织活动基础。盐工在办学育人过程中，强化政令通畅、令行禁止的"铁的纪律"，不断完善规章制度，教学管理、科研创新、学风建设和服务地方等方面，都严格执行有关规定，保证了学校各项事业的稳步发展。盐工后勤人组织纪律严明、组织观念牢固，服从安排、尽心尽职地做好后勤服务，让师生有个良好的学习生活环境。

三、传承"铁军精神"建设后勤文化的对策

铁军精神在一代一代的盐工人中传承，激励着盐工人为推进学校改革和发展而努力。盐工后勤人要打造特色鲜明的后勤文化，必须坚持和发扬"铁的信念、铁的意志、铁的作风、铁的纪律"的铁军精神，努力使后勤"服务理念"内化于心、"爱岗敬业"外化于行、"规范管理"固化于制、"育人文化"教化于体。

（一）打造后勤文化的精神核心

后勤事业的发展离不开文化精神作为动力，高校后勤文化的首要问题就是确立后勤文化的精神核心。盐工后勤文化的精神核心是用"铁的信念"构建后勤道德标准和价值观念，继承和发扬"服务只有起点、满意没有终点"的服务宗

旨,以学校发展为中心,以师生需求为根本,爱岗敬业,服务育人。

（1）要组织后勤干部职工学习、研究铁军精神。只有对"铁军精神"有所学习、有所了解、有所研究,让"铁军精神"在自己的心中真正地扎下根,才能更好地传承和弘扬铁军精神,打造特色后勤文化。

（2）要树立"师生为本,服务至上"的理念。后勤工作不是简单服务好师生的吃、住、行,而是要让师生在得到人性化服务的过程中感化教育。后勤职工只有从观念、态度、形象、行为上予以重新塑造,将服务理念内化于心、外化于行,为师生提供规范、优质、高效、快捷、安全的服务,才能适应和满足广大师生的需求,发挥服务育人的作用。

（3）要坚持科学创新的服务思想。高校后勤文化建设,必须发挥主观能动性,坚持不断创新,走符合校情富有特色的后勤文化建设之路,不断创新活动的内容和形式,促进职工知识更新和思想转变,营造科学、文明、和谐、进步的文化舆论氛围,树立正气,凝聚人心,激发动力,为改革和发展提供强有力的思想保障和精神动力。

（二）提高后勤文化的建设成效

（1）制度管理、满意服务。要满足全校师生的不同需求,让每一位师生满意,这需要后勤工作者积极进取,无私奉献,不怕艰辛,爱岗敬业,日复一日、年复一年地做好本职工作。盐工后勤服务工作可谓是"全覆盖、全方位、全天候",服务保障的任务很重,服务质量的要求很高,人性化服务的工作很多,如果后勤工作者没有"铁的意志",坚持制度化管理,推进行业的标准化建设,这些要求是不可能做到的,也不可能做好的。

（2）爱岗敬业,服务育人。后勤员工的一项服务、一声问候、一片关心无时无刻不影响着师生。正是盐工后勤工作者践行"铁的作风",用顽强的拼搏精神去做好满意服务,用不懈的追求建设后勤文化,爱岗结业,勇于创新,追求卓越,在本职岗位上"踏石留印、抓铁有痕"地做好工作,才取得了后勤服务工作的口碑。秉持"敬业、务实、奉献、高效"的工作作风,塑造良好的高校后勤形象是建设高校后勤文化和发挥高校后勤育人功能的有效途径。

（3）强化宣传,交流经验。高校后勤文化建设要注重两个方面,即对外宣传和对内教育。对内教育就是努力使后勤文化在后勤内部升华,使后勤人对后勤文化知行合一,提高认同感,形成凝聚力,推动后勤事业大发展。对外宣传就是充分利用报刊、网络等宣传媒体和行业协会平台,宣传学校后勤的服务理念、感人事迹、荣誉成就、经验做法等，相互交流后勤文化建设经验。

（三）加强后勤文化的队伍建设

高校后勤文化建设的根本任务是不断提高员工的综合素质，秉持服务理念，群策群力，助推后勤工作，发挥服务育人功能。后勤职工是后勤服务管理工作的重要力量和核心资源，后勤文化建设的效果取决于职工素质，所以高校后勤文化建设要以人为本，把关心员工、尊重员工、提高员工素质作为基本方针，培育和尊重职工的主人翁地位，充分调动职工的积极性、创造性，提高员工的服务水平。

（1）引进有学历、有技能的高素质人才。针对高校后勤人员年龄结构、学历水平、技术等级和职称层次的实际情况，后勤部门要向学校争取人才引进政策，合理引进优秀的有学历、有技能、高素质人才，提升后勤队伍的整体水平，建设一支适应现代化高校后勤事业发展和市场激烈竞争的人才队伍。

（2）加强员工业务技能培训。高校后勤要进行人才建设规划，建立员工培训计划，组织文化学习、技能培训，采取有效的培训方式，提高员工的专业技能，提升文化素养。帮助员工转变思想，提高认识，提升服务水平。同时，要发扬"铁军精神"，明确学习要求，保证培训计划落实，提高员工学习培训成效。

（3）关心员工生活，丰富文化活动。高校后勤要关心员工的住宿、家庭生活等方面的情况并为他们提供便利，给员工发展提供平台，让他们有个好的工作环境和发展空间，能够扎根后勤、敬业后勤、奉献后勤。还要利用职工业余时间开展各类文娱、体育活动，使职工通过各种活动，丰富生活，增进彼此了解，增加展示机会，增强凝聚力。

立足"四化"建雅舍　致力"四心"筑家园

——杭州电子科技大学学生公寓聚焦"家文化"打造"和家园"

杭州电子科技大学　林小惠　陆慧娟

一、"家文化"建设的重要性

高校公寓集学习、休息、娱乐、交际于一体,不仅是大学生学习生活的重要场所,也承担着培养大学生成长成才的重要使命,是高校大学生思想政治教育和精神文明建设的重要阵地,被视为大学生的"第一社会""第二家庭""第三课堂"。高校学生公寓是大学生休息、学习、交流的重要场所,可以说公寓是学生的另一个家,也是大学生正确"三观"的培养之地。

二、结合杭电学生公寓实际情况,对高校"家文化"建设的现状分析

高校公寓"家文化"建设可以分为三个层次,分别是物质文化、制度文化和深层次的精神文化。这三个层次互为表里、相互影响,形成一个完整的公寓"家文化"体系。

(一)物质文化

它包括寝室的内部设施、布局结构、卫生条件、公寓楼提供的各类服务和生活区的环境建设等,是"家"文化的基础和条件。健全、舒适、美观的寝室和公寓设施,在方便学生生活的同时,也可以提升欣赏品位和价值取向。在很多21世纪初新建的高校发展和完善的同时,也伴随着公寓家具一定程度的老化、公寓设施设备陈旧或缺失等问题,这些与学生日益多样化的需求存在着一定的差距。

（二）制度文化

它是指各种规章制度及执行情况,包括学校对学生管理的一系列规章制度、大学生的自治管理制度和公寓员工的规章制度等。首先由于公寓管理错综复杂。它是一项包含了条件、设施、管理等多方面综合性的复杂工程。具体包括学生住房的分配与管理、公寓生活的秩序管理、安全维稳管理、卫生管理、维修管理、水电管理、生活物资管理、文明寝室建设和学生公寓文化的宣传教育工作以及公寓服务和管理人员的监管等,所以需要相应的制度来理顺这些事情。其次由于学校管理体制不顺。我校学生公寓服务中心隶属于后勤公司,对员工及工作场所的管理已具有较强的实用性,也成立了学生层面的自治委员会,但公寓中心与具有学生管理权与奖惩权的校学工部是两条线,学生公寓的所有事项往往需要公寓中心、校学工部和学保卫处三方齐抓共管。这就导致了学生公寓在学生管理方面责权不清,界限模糊。最后由于学生自身问题突出。目前"90后""00后"是大学生的主力军,个性突出,自我意识强,集体观念薄弱,本身价值观自利倾向比较强,其所成长的环境也致使其缺乏一定的自我管理能力和约束力。一部分缺乏主见、缺乏自制力的大学生则沉迷游戏,很有可能导致室友间和同学间缺少沟通交流,或因为作息的紊乱造成宿舍矛盾。传统的单一的公寓管理制度已经不适用于他们,需要制定适应他们的新制度。正因为如上原因,我们要用制度文化来约束学生、管理学生。

（三）精神文化

它包括楼内学生的精神面貌、思想动态、公寓的各类文化活动等。公寓文化是校园文化的重要组成部分,也是学生校园生活调节的重要工具,反映了学生的精神风貌与思想素质。高校公寓是培养大学生正确的世界观、人生观、价值观的重要场所。围绕家园建设举办的丰富多彩且新颖奇特的公寓文化活动,不仅丰富了大学生的课余生活、陶冶情操,还能培养大学生团结合作精神,增强集体荣誉感,对大学生综合素质的提高起着不可低估的作用。

三、针对上述现象提出创建"和家园"的措施

（一）一见倾心,打造楼宇个性化

为了让学生感受到自己楼宇的个性化,每幢公寓楼都布置得美轮美奂、各具特色。门厅美化、"生活百廊"文化建设,将中国优秀的传统文化印染到各个楼内,在生活气息中透露出浓浓的人文文化。同时公寓中心还推出"一楼一品"

的建设活动,各楼举办新生楼道美化大赛、打造个性化楼道、节日门厅装扮等活动。由楼内学生根据自己的兴趣爱好营造不同氛围,如女生楼开设美容角、书画角,男生楼开设健身角、舞龙队、航模角、多肉角等,楼宇内涵更加丰富,处处充满温馨和活力。"一楼一品"的品牌建设还体现在规范化的服务上,把不同的品牌建设,建立在相同的规范基础上。为促使公寓管理工作的规范化、精细化,公寓管理中心全面推行 6S 管理工作,并成立 6S 管理推进小组,划分四个片区,明确各片区责任,提高工作效率。通过现场检查、日常指导、整顿改进等方法,全面提升 6S 管理工作水平。

(二)深入人心,塑造活动精品化

自 2001 年开始每年举办公寓文化节,至今已成功举办了 17 届,前后累计开展了 200 余项活动,每年都吸引了近万名同学的积极参与。每届公寓文化节均以"家"为主题,历时一个月多,期间开展特色寝室大赛、书画摄影手工作品展、多肉植物播种比赛、羽毛球比赛、游园会、寝室长培训等十余项活动,大学生在活动中体会寝室温暖,传递幸福与快乐,深受大学生的喜爱。除了公寓文化节,还举办"文明寝室建设月"活动,通过"健康周""美化周""安全周""文化周"活动,来加强学生在文明寝室建设中的主人翁意识,倡导"文明生活、健康成才",培育尚美、健康、乐观、向上的寝室精神。

学校为了把公寓文化建设精品化、常态化,还在学生公寓开设了"思政工作坊",开展思政工作与公寓文化相结合的理论研究和实践探索。

(三)别具匠心,推行管理智能化

运用智慧化的手段进行公寓管理,实现"安全守护高科技,人性服务高智能"。安全感是"和家园"建设的基础,我校依托学校电子信息的特色优势,在公寓区大力建设高科技的安防系统,很多安防技术是学校原创。目前,已建成多维度的科技安全网,也是全省高校中最早实行进出楼刷卡制,建立健全门禁系统的高校。

学生寝室内务引入 PAD 打分,生活指导老师手持 PAD 对每个房间快速检查打分,成绩可以在网络环境下同步到服务器,并对卫生数据进行分析,按楼、按学院排名。通过 PAD 拍照留存,做到了"有图有真相",学生可以网上查询成绩,辅导员可以及时掌握学生公寓的情况,有利于公寓思政工作的齐抓共管。

（四）贵在知心，坚持服务家庭化

学生公寓服务中心一直以来秉持"精细化管理、人性化服务"的宗旨，由公寓辅导员、生活指导老师、优秀研究生组成的管理小组做到"同住、知情、关心、引导"，变"集体化管理"为"家庭式教育"。

家庭化首先体现在服务上的无微不至。各楼为学生提供一系列便民服务，如出借寝室钥匙、小五金工具、清洁用具、针线包、打气筒，提供日常药品、垃圾袋，提供每日天气预报，代同学接待来访者、转告留言、寄存物品等，并与饮食服务中心协商，联合推出病号餐服务项目。

家庭化再则体现在管理上的以人为本。公寓服务中心每年都推出"十百万"计划——为学生办十件实事、召开百场学生座谈会、服务万名学生计划。每年分层分级召开问需座谈会，了解学生需求，收集学生意见和建议，结合工作实际，为学生办十件实事。2014年以来每月推出主题为"心中有爱，服务你我"的"爱心服务日"工程，包括免费衣物缝补、免费电脑维修等17项服务，深受学生喜爱，全年累计服务上万人次。

家庭化更体现在师生的良师益友关系上。公寓服务中心要求生活指导老师走进学生、亲近学生、关爱学生。调整生活指导老师工作时间为中班和晚班，并要求深入寝室开展谈话谈心工作，每天至少走访一个寝室，与学生聊天一小时，及时了解掌握学生的思想动态，加强学业指导和思想引领。

四、和家园建设取得的成果

营造安全舒适的公寓环境，举办丰富多彩的公寓文化活动，创建有效适宜又与时俱进的公寓管理制度，用家庭化的关怀和服务对待学生等均对大学生的和谐融洽相处和健康成长成才起着不可低估的作用。因为采取了上措施，杭州电子科技大学的学生公寓也取得了一定的成果。

（一）内部管理更加精细

坚持开展 ISO9001、6S 管理等使得整个公寓中心管理井井有条，有章可循，做到标准化、规范化和精细化。近年来先后获得浙江省工人先锋号、青年文明号、安康杯先进班组等荣誉。

（二）队伍建设更出成绩

公寓中心始终坚持"以人为本"的管理理念，开展"家园建设"。近年来学生公寓中涌现出一大批先进人物，如被评为第一届"浙江省感动公寓人物"的维修工唐兴昌;获全国十大"感动公寓人物"的"徐妈妈";还有被称为"文学扫地僧"的汤阿姨。

（三）文化氛围更趋和谐

公寓中心全员用实际行动传递着公寓与学生之间的真情,他们为学生分忧解难、心理开导、思想引领,与学生亦师亦友,不是亲人胜似亲人。正是因为他们,学生玩游戏少了,上课率高了;寝室矛盾少了,获奖率高了;心理问题少了,就业率高了……

以"服务+"为支撑，
将劳动教育融入立德树人全过程

——浙江科技学院安吉校区开展大学生劳动教育的探索与实践

浙江科技学院　李建瑜　华天奕

高校后勤部门不仅具有服务功能，还具有"三全育人"一线阵地的教育性。浙江科技学院安吉校区后勤（以下简称后勤）积极响应习总书记在全国教育大学上提出的"培养德智体美劳全面发展的大学生"的要求和浙江省教育大会强调的"将劳动教育融入立德树人全过程"的定位，以补齐劳动教育短板为己任，结合校区特色书院制学生管理，立足服务保障、创新育人模式，依托校区后勤有温度的服务育人环境，以"服务+"为支撑，倾力打造"寿师傅生活课堂"劳动实践育人平台。生活课堂以立德树人为根本，以弘扬劳动精神和传统文化为主题，以劳动实践为载体，紧紧围绕生活这根主线，着力培养大学生的"孝心、爱心、匠心"。

一、开展劳动教育的政策背景

"教育与生产劳动相结合"是中国共产党的教育方针和社会主义学校教育的一个基本原则，是实现人的全面发展的唯一方法。劳动教育是培养全面发展大学生不可或缺的重要环节，是对马克思主义教育思想的继承和发扬。2018年9月10日，习近平总书记在全国教育大会上提出"教育要培养德智体美劳全面发展的社会主义建设者和接班人""要努力构建德智体美劳全面培养的教育体系，形成更高水平的人才培养体系""要在学生中弘扬劳动精神，教育引导学生崇尚劳动、尊重劳动，懂得劳动最光荣、劳动最崇高、劳动最伟大、劳动最美丽的道理,长大后能够辛勤劳动、诚实劳动、创造性劳动";2019年3月,浙江省教育大会又强调"要将劳动教育融入立德树人全过程""要改进劳动教育教学质量"。新时期加强劳动教育,将劳动教育始终贯穿立德树人的全过程,是全面贯彻党的教育方针的基本要求,是高校培育全面发展的人才的必要途径。

二、大学生劳动教育现状

目前,"德智体美劳"五育中,劳动教育仍然是个短板,缺少完整的体系、理论的支撑。虽然中小学阶段推行素质教育多年,只要中、高考这根指挥棒还在,不管是在校园还是家庭,劳动教育还是得不到重视。进入高校,与专业学科、社会服务相关的各类实践活动逐渐增加,然而劳动教育的系统性还是很不够,因此,很多大学生生活自理能力差,沉迷于游戏,吃饭叫外卖,不愿参与社会活动,不尊重劳动,不珍惜劳动成果,缺乏社会责任感。

要落实德智体美劳全面发展的教育方针,构建适应新时代的劳动教育体系已成为当务之急。如何系统地组织引导大学生通过劳动实践教育去锤炼务实就业、团结协作、创新创业、精益专注的劳动精神,去培育尊重劳动、学会感恩、孝顺父母、奉献社会的生活美德,去感悟世界、充实内心,以形成独立人格、真正长大成人,是所有高校开展劳动教育面临的现实问题。

三、浙江科技学院安吉校区劳动教育的实践与探索

浙江科技学院安吉校区以"立德树人"为根本任务,围绕"教育教学改革的'试验田'、服务地方经济社会发展的'桥头堡'和国际化办学的'金名片'"的总体定位,深化教学体制机制改革,创新育人模式,强化"三全育人",建设思政教育工作新阵地。为构建与校区发展相适应的育人模式,后勤党支部立足服务本职,以"服务＋"探索创新后勤育人,增加后勤服务的黏度和育人过程的温度,努力打造"诚信、友善、阳光、绿色、智慧、安全"的亲情家园,践行后勤"三服务、三育人"宗旨。

(一)服务＋党建,统筹多方资源,构建协同育人队伍

高校后勤是最贴近师生的劳动服务群体,在推进劳动教育的大背景下,承担大学生劳动教育具有多方优势。后勤工作完全融入学生的学习生活,涉及面广,学生看得见、摸得着,体验感强。但同时也存在人员队伍文化层次较低,理论功底不足,开展劳动教育理论引领不够。针对优劣势,后勤党支部积极发挥党员干部带头作用,打造一支理论与实践相结合的"亲情＋管家"育人队伍,同

时以党支部共建为基础,积极构建学校、社会、企事业单位三协同的多元开放的师资团队,共同建设劳动育人队伍。

(1)党支部全面领导,好党员榜样引领。浙江省"万名好党员"寿青山同志在高校食堂工作 30 余年,心怀师生,点滴关怀,任劳任怨,是学校"三育人"先进个人、优秀党员;他带领的安吉校区食堂成功获评"浙江省放心消费示范餐饮单位""湖州市 A 级食堂",成为安吉厨房革命创建样板;他心存大爱,坚持无偿献血 22 年 113 次 46300 毫升,多次获全国无偿献血贡献奖金奖,其先进事迹成为学校"践初心、学榜样"典范。以寿师傅为榜样引领,众多"寿师傅"从幕后走到前台,充分利用丰富的生活劳动实践经验,指导大学生强化自我服务,学习劳动技能,感受劳动过程的辛苦与不易,享受劳动成果的成就与幸福,从而尊重劳动、热爱劳动。

(2)打造"亲情＋管家"育人队伍,创设书院"亲情＋管家"服务育人模式。针对后勤工作非编人员较多,素质参差不齐的情况,实行岗聘机制,通过选拔任用品质好、素质高、有专技特长和学历背景的后勤工作者担任公寓"生活老师"(专职管家),以"生活老师"为中心建立一支贴心亲情＋管家队伍,在各公寓建立党小组,着力在"亲情"上下功夫,打造"红管家"、"知心姐姐"和"暖心妈妈",贴近学生生活,在书院大厅建设"生活交流空间",打造"诚信、友善、阳光、绿色、智慧、安全"的亲情家园。校区"亲情＋管家"服务育人模式成功申报中国教育后勤协会公寓服务育人课题立项。

(3)创新"千万＋"校地共建育人,与孝源街道尚书干村党总支共建结对,充分发挥尚书干村党总支书记、浙江省"千名好支书"李锡良同志和浙江省"万名好党员"寿青山同志的"千万＋"榜样引领作用,建立"大学生劳动实践教育基地""青山护绿队",共同搭建"千万＋红讲堂",聘请地方专技人才作为劳动育人课堂校外导师,将美丽乡村新思想、新要求引入大学实践课堂,引导师生走入美丽乡村广阔天地,广泛开展社会调研、志愿服务、科技下乡等社会实践活动,积极投身乡村振兴战略实践。

(二)服务＋课程,坚持弘扬劳动精神和传统文化主题,打造地方传统和高校文化特色明显、生活气息浓厚的劳动教育课程体系

新时代,劳动教育的重要性逐步显现,迫切需要形成专门的教育课程体系,并有序推进。为此,后勤党支部统筹校内外资源,完善全员育人和协同育人机制,搭建劳动实践通识课程体系,目前申请开设的劳动教育通识选修课程有

"安吉茶文化与实践""安吉竹文化与实践",共计2学分。正在梳理、申请公共卫生教育课程。劳动教育在安吉校区逐渐从"课余加餐"变成"正餐"。

（1）服务为本，结合文明寝室建设和卫生包干区责任落实，开设劳动实践基础课。后勤党支部结合书院制管理特色，建立网格化管理模式，在"亲情＋管家"队伍中精选培训优秀管家组建教学团队，开设大学生内务整理、维修技能、保洁打扫、绿化养护等劳动实践基础课，开展劳动技能评比、四好四无寝室申评、公寓文化节等活动，使大学生在提高独立生活能力的同时充分认识劳动实践的益处，进一步提升大学生文明寝室建设的自觉性和责任感，实现"自我教育、自我管理、自我服务"。

（2）安全第一，协同相关职能部门，系统梳理学校安全教育，进一步强化预案修订和规范演练。大学是独立生活的开始，普通缺乏生活经验，对公共卫生及健康保护意识较为薄弱，容易造成意外伤害，甚至集体性危害。基于此点考量，后勤党支部立足本职，从公共卫生安全着手，系统梳理安全教育课程，教学团队主体成员由校医务室工作人员、红十字会专业培训师、学校运动伤害预防教师等组成。通过公共卫生安全理论知识学习与实践操作，使大学生掌握一定的健康知识、急救知识，引导大学生树立正确的健康观。此外，考核通过的学生可获得红十字救护员证，增强大学生服务社会的能力和自信。

（3）以安吉地方传统文化特色为主线，与相关专业学院合作共建，将传统文化和劳动实践融合。安吉有着"中国竹乡"美誉，安吉白茶为"国家地理标志产品"。后勤党支部立足安吉地方特色，校内外多方协调，开设"安吉竹文化与实践""安吉茶文化与实践"课程，由人文与国际教育学院负责安吉竹文化、安吉茶文化的理论知识教学，由后勤党支部负责相应的实践教育教学。其中，后勤党支部负责的"安吉竹文化与实践"课程实践教学部分，主要包括安吉竹制企业的参观、传统竹工艺品的制作、校区竹子辨识、笋菜原材料采挖体验及特色笋菜烹饪；"安吉茶文化与实践"课程实践教学部分，主要包括茶业公司参观、白茶采摘实践及茶道展示、茶饮及茶食制作。大学生在学习理论知识和传统文化的同时，走出校园，感受生产劳动的艰辛与不易，体悟劳动之美。

（三）服务＋思政，结合各类活动和劳动成果应用，强化劳动育人目标，培育大学生"三心"回报社会，形成劳动实践育人新载体

教育家陶行知曾说过："教育要通过生活才能发出力量而成为真正的教育。"后勤党支部坚持"生活处处是课堂"理念，开展各类劳动教育活动，强化劳动成果在生活中的应用,以培养"孝心、爱心、匠心"为劳动教育新目标,不仅让大学生参与劳动、体验劳动,更让大学生在展示劳动成果的过程中感受劳动的光荣、劳动的意义,形成积极的劳动观念,扩大劳动教育的育人成效,将特色活动逐步打造并凝练成劳动教育课程思政新载体。

（1）继承忠孝美德,培育感恩父母的"孝心"。立身,当以孝为先。孝顺是中华优秀传统文化,后勤党支部劳动育人探索始终围绕这一理念,引导学生孝敬父母,学会感恩。"寿师傅"布置"成长快乐,带爱回家"的孝心寒假作业,同学们回家给父母长辈"露一手"做顿饭,让家长欣慰于孩子在大学的成长;食堂的营养菜谱中的妈妈菜系列,是每年"舌尖上的科院"美食节烹饪比赛"我最喜爱的妈妈的菜"获奖作品,饱含家的味道;"双十一"最意外的快递是有学生家长收到"暖心包裹",来自女儿亲手编织的毛线围巾,那是这位同学利用课余时间在公寓宿管陈阿姨处学来的手艺。孝,为入德之门,劳动教育与孝道教育相结合,作为学生进校"生活第一课",把"学知识"和"学做人"结合起来,弘扬中华民族传统品格。

（2）弘扬博爱文化,培育回馈社会的"爱心"。在社会思想和价值观念多元化影响下,后勤党支部在开展劳动教育活动中,设计通过亲手劳动回馈社会的环节,着力培养大学生爱人、爱自然、爱社会的大爱情怀和智慧,为校园、社会风气注入暖流。积极响应国家号召,适时提出无废校园建设,强化垃圾源头减量和变废为宝,并以此为主题指导学生积极参加"互联网＋"大赛,参赛的两个项目均入围学校决赛,获校三等奖、校区一等奖,另外指导一项目成功立项2019年国家级大学生创新创业训练计划项目;联合安吉县红十字会组织开设救护员培训课,培养了安吉县首个"持证上岗"的高校师生救护员团队;以"寿师傅故事分享会"形式宣讲榜样力量,普及无偿献血知识,举办"热血青春,祝贺成长"18岁成人礼活动,带动一大批师生加入无偿献血队伍;节日前夕,开设包粽子、做青团、包饺子等烹饪小课堂,组织大学生带上亲手制作的美食、编织的围巾暖鞋慰问养老院老人,送去温暖,带去欢声与笑语。上善若水,静待花开,劳动教育在新时代新形势下以一种以德为先、以德塑魂的育人理念,回答了青年大学生心中"我们要成为什么样的人"的疑问,成长快乐系列活动被央广网、《浙江日报》《杭州日报》等多家主流媒体报道关注。

（3）厚植匠人精神,培育自我锤炼的"匠心"。匠心筑梦,劳动最美。后勤党支部劳动教育依据学校"学以致用、全面发展"的育人理念,鼓励学生参与劳动实践、弘扬匠人精神。结合校区俱乐部制教学特色,后勤党支部指导成立"匠心竹韵"特色传统竹工艺俱乐部,聘请安吉民间艺人担任校外导师,将高校劳动教育与传统手工艺融合发展,培养大学生对传统手工艺制作技能、创意设计、传统文化现代传播等的实践能力;协同相关学院带领、指导大学生参与安吉县"开竹节"构建方案设计及落地实践,参加美丽乡村、庭院设计大赛等;着力强化烹饪、维修、手工、编织、剪纸等传统技能培训,开展"小修小补不求人"、烹饪比赛等活动,提升学生"三自"能力。

教育家华特·科勒涅斯说过,"生活的世界就是教育的世界,生活的范围就是课程的范围"。安吉校区后勤党支部立足师生生活,在做好服务保障的同时,以"服务＋"为支撑,竭尽所能教授大学生劳动技能和经验知识,逐步形成了后勤服务保障与劳动实践育人互补互促新局面。

以"红船精神"为引领 打造后勤文化品牌

——以嘉兴学院为例

嘉兴学院 贺征兵

深化后勤管理体制改革是学校内部综合改革的重要内容,围绕建设"有特色、善创新、高水平地方应用型大学",优化管理体制和运行机制,服务学校转型发展,满足师生多元需求,不断提高管理效率,提升服务质量,嘉兴学院印发了《关于深化后勤管理体制改革的指导意见》,取消后勤甲、乙方管理模式,实现后勤管理与服务职能的合并,理顺管理体制,优化服务环境,创新服务方式,以"师生为本、效率为先、质量为基"为服务理念,以"阳光后勤、安全后勤、智慧后勤、文化后勤"为建设目标,实现"降低成本、提高绩效、提高服务质量"的改革目的。"文化后勤"作为学校新一轮后勤体制改革建设目标之一,需要后勤部门和员工解放思想,勇于创新,吃苦耐劳,敢于拼搏,爱岗敬业,乐于服务,以"红船精神"为引领,致力打造后勤文化品牌。

一、高校后勤文化的特点与功能

高校后勤文化是大学校园文化的重要组成部分。高校后勤文化是学校后勤员工坚持"为教学服务、为科研服务、为师生生活服务"和践行"服务育人、管理育人"的宗旨,在后勤管理与服务工作实践中逐渐完善的,并被员工普遍认同和遵循的价值取向、工作作风、行为规范以及与之相联系的各项制度的总和。打造后勤文化品牌,加强学校后勤文化建设,不仅是开展校园文化建设、营造良好育人环境的需要,也是学校后勤加强自身建设、实现可持续发展的迫切需求,更是确保学校后勤事业不断发展的精神动力和灵魂源泉。

（一）高校后勤文化不同于一般意义上的企业文化

嘉兴学院后勤体制改革后采取的管理模式是后勤服务集团（纳入学校内部机构的管理部门）和后勤服务有限公司（资产经营有限责任公司投资的全资法人单位）共同完成学校后勤保障工作，实行"两块牌子、一套班子、双轨核算"的运行机制。学校后勤既要保障学校中心工作顺利开展和师生生活健康有序，又要维持自身的生存和发展，还肩负着"管理育人、服务育人"的重要职能，对学生的成长成才发挥作用，因此学校后勤具有基本的保障属性和独特的教育属性。高校后勤文化淡化功利性，不以经济利益最大化为追求目标，倡导服务为先，弘扬自我奉献，更具公益属性；高校后勤文化以师生为重，倡导后勤员工高尚品德和服务质量。师生对后勤服务的满意度既是衡量学校后勤管理与服务工作的主要指标，也是检验学校后勤文化建设成效的基本体现。

（二）高校后勤文化是服务育人和服务保障双重功能的有机结合

高校后勤是学校教学、科研等工作和师生基本生活需要的重要保障，这就要求后勤为广大师生提供满意的服务。高校后勤管理与服务是学校"全员育人、全过程育人、全方位育人"的重要环节，是学校"教书育人、管理育人、服务育人"的重要组成部分。后勤服务工作是"没有讲台的课堂"，后勤员工是"不上讲台的教师"，打造后勤文化品牌，有助于提高学校后勤管理水平，有助于提升学校后勤服务质量，有助于端正后勤员工服务态度。后勤文化虽然不能像教育教学工作那样直接作用于师生，但后勤服务可以将"无意识"的服务转变为"主动"寻求服务，在后勤服务的过程中通过自身素质展现来影响服务对象，传递正能量。高校后勤服务保障具有"公益性"，其"公益性"服务是学校关爱和回报师生的最直接的表达形式之一，更是服务保障功能的具体体现。不同形式的后勤服务，成为学校传达关心、传播爱心、凝聚人心和传递温暖的平台，能够不断推动正能量的凝结和扩散，从而形成温馨和善的后勤文化氛围。

二、嘉兴学院后勤文化品牌建设存在的问题

（一）后勤文化建设的思想认识亟待加强

自 2001 年至 2016 年，嘉兴学院后勤管理与服务长期采用甲、乙方管理模式，由于体制机制等原因，甲方对后勤服务的监管越来越弱化，往往流于形式；乙方作为独立法人实体采取企业化形式运作，一方面对经济效益重视程度势必大于社会效益；另一方面，学校对乙方考核和奖励的重点在资产增值率指标的

完成情况,而乙方的经营服务绝大部分依靠学校后勤保障这块"蛋糕",甲方后勤服务费又采取预算制,不是按照市场行情进行投入,并且乙方自身对外开拓市场的能力弱,因此往往重业务轻文化,对后勤文化建设不重视,存在后勤队伍在削弱、资源投入在减少、服务质量在下滑、服务意识在降低、全局观念在淡化等等一系列问题,后勤文化建设缺乏系统思考和整体设计。

(二)后勤文化建设的品牌内涵亟待凝聚

"方正为人、勤慎治学"的校训和"求是、求真、求正"的校风等校园文化元素是嘉兴学院后勤文化内涵的重要内容,但是嘉兴学院后勤兼有事业和企业的双重身份和双重职能,尤其独特的服务属性,因此,必须有其独特的文化元素和不同的文化内涵。学校后勤作为后勤企业,在甲、乙方管理模式下更多地强调纯企业文化的元素,一切工作围绕经济效益开展,在没有扩大市场的背景下,只能是牺牲后勤服务的社会效益,后勤文化的内涵也因此偏离大学文化应有的范畴。学校深化后勤体制改革,取消后勤甲、乙方管理模式,把学校后勤重心转移到服务上来,追求以师生满意度为衡量指标的社会效益,"师生为本、效率为先、质量为基"服务理念逐渐深入后勤各项工作中,面对师生对后勤服务的美好向往和高期待,与后勤服务设施陈旧老化和服务能力较低之间的矛盾,必须凝聚既融于学校校园文化又体现后勤特性的服务文化,丰富后勤服务文化品牌内涵,激发学校后勤内部活力。

(三)后勤文化建设的队伍素质亟待提高

后勤文化品牌建设需要高素质的员工队伍作为保障,然而学校后勤队伍现状无法满足后勤服务文化建设的需要。长期以来后勤人员单向流动,不能参加学校岗位聘任,导致适合后勤发展需要的学校事业编制人员不敢也不会流向后勤;而学校对后勤原有事业编制只减不增,目前事业编制人员主要集中在学校原来的"土地工",文化程度偏低,年龄偏大,部分人员受传统管理理念的影响,"铁饭碗"思想严重,工作责任心、育人自觉性和服务主动性不强,甚至影响其他非事业编制后勤员工的工作状态和责任意识。后勤非事业编制人员也存在思想政治素质和文化水平较低、年龄偏大、待遇较差,在一定程度也挫伤了他们的工作积极性,服务育人的意识、能力和责任感都受到非常大的影响。

三、"红船精神"引领后勤文化品牌建设

随着嘉兴学院后勤改革逐步进入"深水区",各种矛盾也随之暴露出来,高

校后勤的政治属性、育人属性、保障属性和公益属性要得到充分体现,后勤文化作为后勤事业发展的灵魂和动力就显得尤为重要。打造后勤文化品牌,在学校事业发展和后勤体制改革的现阶段,要让解放思想、勇于开拓的创新精神,吃苦耐劳、敢于拼搏的奋斗精神和爱岗敬业、乐于服务的奉献精神成为嘉兴学院后勤文化品牌的中心内涵,以实现后勤育人之功能。

(一)营造优美环境,建设美丽校园,充分发挥环境育人之功能

师生置身于优美的校园环境之中,干净的道路,葱郁的绿化,五彩的鲜花,能使人身心得到放松,提高师生工作学习的效率;利用校园成百近千种的花草树木,挖掘各品种的"树言花语",挂牌明示,让花草树木"说话",实现师生在赏心悦目的同时,达到识花草、增知识、明智慧,促激励的作用;通过统一设计和规划,融入"红船精神"元素,营造教学楼、办公楼、实验楼等公共楼宇文化;营造学生宿舍楼、公寓楼等寝室文化,形成"一楼一品"之特色,发挥"第三课堂"的育人作用;营造就餐环境,倡导节约,逐渐形成具有嘉院特色的饮食文化;开展校园生活垃圾分类活动,分类投放,分类回收,推广分类知识,鼓励循环利用。通过环境营造,让师生无论置身在校园的室外还是室内,都能受到独特后勤文化的熏陶。

(二)探索服务理念,创新服务模式,充分发挥自我育人之功能

后勤服务集团对后勤服务内容和岗位进行梳理,在学校学生管理部门的大力支持下,实施了后勤勤工助学工作,每年有近600名家庭经济较困难的学生参与后勤管理与服务,主要分布在教室卫生保洁、学生公寓楼管、食堂餐饮服务、会务场馆服务以及校园监督巡查等勤工助学岗位。通过向学生提供后勤勤工助学岗位,一方面学生通过劳动自食其力,另一方面学生通过劳动体验,自觉维护校园环境,在劳动中得到精神上的提升,不仅培养了学生自立、自律、自强的精神,更提高了学生自我管理、自我教育和自我服务的能力,初步形成了以学校服务为主、学生自我服务为辅的后勤服务模式。同时,后勤服务集团采取与学院、系和班级开展联谊结对,畅通后勤育人渠道,如物业管理服务中心与嘉兴学院南湖学院数理系义工站签订合作协议,开展一系列公益服务。其中进行的"虽为余烬,香依可闻,变废为宝,绿色生活"主题活动就受到了广大师生的点赞和好评。活动中,后勤员工和大学生利用校外咖啡店里的咖啡渣制成咖啡除臭香包,放置在学校教学楼等楼宇的公共卫生间,达到清洁空气、改善环境之功效,"变废为宝、绿色生活"的理念也植根于后勤员工和师生心中。

（三）加强队伍建设，提升服务能力，充分发挥言行育人之功能

学校 680 余名后勤员工，在基层岗位上为师生提供物业、维修、饮食、宿舍、水电等方面的管理与服务，以及商贸、场馆、接待和交通等方面的服务，直接面对师生第一线，体现员工素质的服务能力和服务态度对师生产生潜移默化的作用，后勤员工虽然不上讲台，但其一言一行也在影响、熏陶和感化学生，激发学生形成良好的品质，健康成长成才。

后勤集团通过"外招内培"改善员工队伍结构失衡的状况。加大本科以上员工招聘力度，根据岗位要求设定最低学历要求，例如，宿管楼长岗位新进人员必须具有大专以上学历，以便于在工作中与学生更好地交流；加强岗位设计，把集团所有岗位分为在编岗位和非编岗位，在编岗位又分为管理岗、专技岗和技能岗，明确管理岗和专技岗人员最低学历要求一般为本科，技能岗人员最低学历要求一般为专科；加强对员工的内部培训，组织开展集团管理骨干暑期学习班，提升管理能力，定期开展员工技能大比武活动，提升服务能力；积极开展典型评选活动，宣传先进人物，鼓励员工相互学习，向先进看齐，如定期在员工中开展"服务之星"和在后勤勤工助学学生中开展"勤工助学之星"评选活动，通过广泛宣传、网络投票等方式，倡导正能量。

集团党委充分发挥学习教育功能，每学期制定党员和职工政治理论学习计划，每月组织 1 次党员和职工政治理论学习；发挥党员的先锋模范作用，设立"校园环境党员包干区"，每个党支部定期开展志愿服务；集团工会充分发挥"职工之家"的凝聚功能，定期组织开展适合后勤员工的文化活动和"送温暖"等活动，凝聚人心，团结共进；集团通过员工佩戴胸牌、亮明身份，自觉接受师生对后勤员工管理与服务工作的监督，促使后勤员工养成热情的服务用语、微笑的工作态度、整洁的仪容仪表和规范的劳动操作等基本素质，培养后勤员工一丝不苟的工作态度、全心全意的服务意识、吃苦耐劳的工作作风。

（四）完善管理机制，夯实制度基础，充分发挥制度育人之功能

后勤制度是全体后勤人共同制定和遵守的工作准则，制度文化是后勤文化的重要组成部分，在后勤管理与服务中同样发挥着育人作用。为了充分体现后勤的政治属性、保障属性、育人属性和公益属性，并形成与之相对应的独特后勤文化，集团在机构设置时优化职能，将管理、服务、经营等职能分类归总到不同的内设机构，提高工作效率；实施内设机构目标管理，建立目标管理与考核办法；实施后勤标准化服务，建立校园道路保洁、绿化与水域保洁、楼宇保洁等

3个物业保洁标准,开展ISO9001定标认证;实施员工服务形象工程,建立文明服务规范用语制度;统一校园报修平台,建立"8890"(拨拨就灵)24小时报修电话、"嘉院微生活"公众微信号和"后勤服务大厅"网站等3个渠道报修、集中受理制度……后勤服务集团成立两年来,围绕后勤文化建设,修订完善和新建相关制度近50个,集团内设机构也围绕内部建设细化工作流程,制定服务细则,完善的后勤制度有力地支撑了后勤内部管理,规范后勤员工以及师生的行为。

随着高校后勤社会化的不断深入,学校自有后勤实体面临经济效益和社会效益的压力越来越大,市场竞争越来越激烈,增强后勤服务水平,提升后勤服务质量,提高后勤服务效率,成为嘉兴学院后勤工作的重中之重,更需要我们自觉将后勤工作融入学校整体工作,成为不可分割的有机组成环节,更需要我们自觉以"红船精神"引领后勤文化建设,形成适应嘉兴学院后勤建设、体现高校后勤独特属性的文化品牌。

浅析新时期高校后勤文化建设

——以华中农业大学后勤文化建设为例

华中农业大学　宋洪艳

党的十九大报告提出："没有高度的文化自信，没有文化的繁荣兴盛，就没有中华民族伟大复兴。"建设社会主义文化强国的战略目标对加强高校后勤文化建设提出了现实要求。高校后勤工作关系着学校的正常运转，关系着学校的和谐稳定，为学校各项工作提供服务保障。1999 年高校后勤社会化改革启动以来，伴随着我国高等教育的迅速发展，高校后勤服务实体管理、服务、经营水平也得到了显著提升。文化是企业持久发展的原动力，新时期加强企业文化建设对增强高校后勤实体在社会化改革中的核心竞争力，保持高校后勤实体健康可持续发展，切实促进高校"双一流"建设都具有十分重要的意义。本文尝试结合华中农业大学后勤集团的发展实际，分析阐释高校后勤文化建设的内涵、特点，并就推进高校后勤文化建设提出思考和建议。

一、高校后勤文化的内涵意义

高校后勤是后勤社会化改革的产物，有别于一般的企业组织，它既具有企业的基本规律，又具有独特的教育属性。在其发展中产生的后勤文化也具有与一般企业文化不同的内涵。高校后勤文化是高校后勤服务、管理向高层次发展的标志，是高校校园文化的重要组成部分。现将高校后勤企业文化定义为：在校园文化的背景下，高校后勤以"三服务（为教学、科研、师生员工服务）、三育人（管理育人、服务育人、环境育人）"为宗旨，在长期的服务、管理、经营过程中逐渐形成的具有后勤特色的服务观念、经营思想、价值观念、行为准则、企业精神、员工素质以及配套的制度载体的总和。

二、高校后勤文化建设的特点

高校后勤文化建设有别于一般的企业文化建设,具有遵从特性、服务特性和育人特性等高校后勤特色。

(一)遵从特性

这指后勤文化建设应遵从学校文化建设的要求,为学校文化建设服务。后勤文化是学校文化的重要组成部分,遵从学校文化的要求来加强后勤文化建设将有利于学校文化建设的发展,保证学校文化的统一性和完整性。以华中农业大学为例,勤读力耕、立己达人的华农文化与爱岗敬业、精益求精的后勤文化一脉相承,相互促进。校园文化的不断发展要求和助推后勤文化建设,同时特色鲜明的后勤文化又为校园文化注入新的内涵,为校园文化建设贡献了新的力量。

(二)服务特性

教育部对高校后勤提出了"三服务、两育人"的工作宗旨。这一要求强调了高校后勤文化建设一定要以为高校提供优质服务保障为目标,必须紧紧围绕学校的中心工作;必须牢固树立大局观、培植正确的后勤价值取向;必须在一定范围内使后勤的教育属性和公益属性得到具体体现;必须把学校和师生员工的利益放在首要位置。

(三)育人特性

人才培养是复杂的系统工程,它不仅仅需要教学科研部门发挥教书育人的主阵地功能,也需要包括后勤在内的学校各个部门通力合作,发挥服务育人、管理育人、文化育人的功能。新时期"全员育人、全过程育人、全方位育人"的"三全"育人理念要求高校后勤承担更多的育人任务,职工成为不上讲台的老师,身教重于言教,用爱岗敬业精益求精的工作态度影响学生,同时提高服务环境的文化品位,借以在不知不觉中使学生受到先进文化的熏陶。

三、华中农业大学后勤文化建设的主要做法

高校后勤社会化改革近二十年来,华中农业大学资产经营与后勤保障部大胆改革、锐意进取,已发展成为对内保障有力、对外有一定影响、自我良性发展、准企业化运作、服务对象超过3万人、职工人数超1000人、年经营产值3.3个亿的后勤服务保障实体。后保部的改革与发展受到了湖北省和全国农林高校

后勤同行的关注和好评。历经多年不断地凝练、传承和创新，华农后勤形成了"爱岗敬业、精益求精"的文化内核，"改革求发展，服务求市场，管理求效益，贡献求支持"的发展理念，"勤俭、朴实、向上、和谐"的后勤风尚，"为学校提供保障、为顾客创造价值、为员工搭建平台、为社会承担责任"的价值观和"厚在基础、勤在管理、精在服务、神在人和"后勤精神。优秀的企业文化影响着每一个后勤职工，员工归属感、凝聚力不断增强，干群和谐、团结向上，形成了全员参与、相互交融的文化建设局面，实现了员工自我价值升华与后勤蓬勃发展的有机统一。

（一）重视顶层设计、长期规划

没有顶层设计、长效机制就没有后勤文化建设的快速发展。以华农后勤为例，改革之初学校制定的《华中农业大学关于进一步深化后勤社会化改革的意见》就明确提出了文化建设相关制度、用人、培训等一系列规划。华农后保部历任领导班子始终高度重视企业文化的培植与凝练，把文化建设作为不断推进后勤组织持续发展的内动力及加强后勤思想政治工作内涵建设的重要载体。后保部将文化建设发展战略写进"十二五""十三五"规划，制定文化兴企计划。建立由后保部党委领导，工会、共青团协助实施，部办公室具体负责的文化建设组织架构，每年投入文化建设专项资金。形成长效机制，每年签订目标管理责任书，把文化建设与后勤服务管理工作同时规划、同时落实、同时检查，将后勤文化贯穿于整个服务管理的全过程当中，保障文化建设工作顺利开展。

（二）强化管理创新、制度建设

1. 制度文化建设

不断建立完善人事、财务、采购、招投标等人、财、物的系列管理制度，使后勤经营、管理和服务等各项工作"有章可循、有法可依"。让制度建设通过多年积累和沉淀，为促进后勤服务与管理的科学发展，推动组织成长和员工成长提供坚强保障。

2. 管理文化建设

通过开展"目标管理年、规范管理年、精细管理年、优质服务年"等管理主题年活动；各下属单位开展创新课题项目研究；积极引进和自创先进管理经验方法，如"五常""6T"管理法等；推进信息化"智慧后勤"建设，积极开展"互联网＋后勤服务"行动等举措，在促进后勤管理水平和服务质量显著提升的同时建立开拓创新的文化氛围。

3. 物质文化建设

对统一的 logo 标识、服装、产品品牌、文化产品等实施配套管理，以务实的态度不断完善后勤视觉和行为识别各要素，以此规范员工行为礼仪和精神风貌，将后勤确立的精神理念融入服务实践中，让员工内化于心、外化于行。

4. 育人文化建设

大学生在校园内的学习生活，大部分时间离不开后勤服务工作。后勤职工的一言一行，后勤的服务宗旨对大学生的成长成才将产生潜移默化的影响。要树立"人人都是育人环境、个个都是后勤形象"的理念，用"爱岗敬业、精益求精"的后勤文化激发学生关心他人、乐于奉献、尊师爱校的道德情感。充分发挥后勤工作是"没有讲台的课堂"，后勤工作者是"不上讲台的老师"积极作用。培育一批服务育人典型，使广大职工树立自强、自重、自尊的心理，增强服务育人的自豪感和责任感。

（三）推进"五位一体"人本文化，不断提升后勤管理服务品质

（1）围绕一个基本原则："对服务对象有理也不能有理"。倡导后勤职工通过不争辩、不推脱、对了也认错的气度和热心热情的服务树立形象，获取学校师生的认同。

（2）坚持二个考虑："职工的事情后勤考虑，后勤的事情职工考虑"。倡导"家和"文化，让后保部真正成为职工的家，关心职工生活，解决职工的后顾之忧，如积极协助解决编外职工子女入托入学问题；为编外职工提供免费体检；为编外职工提供公平、公正的发展平台，让他们干事创业充满正能量，服务师生满怀归属感，真正成为后勤企业文化执行者和推动者。

（3）践行三条标准："以工作好坏作为评价人的首要标准；以服务好坏作为评价工作好坏的首要标准；以能否调动人的积极性作为评价制度、政策是否科学的首要标准"。打破"唯资历论"和"唯身份论"，内培外引，优胜劣汰，面向社会公开选拔优秀人才加盟后勤，推行干部聘任制和聘期考核制，实施管理干部问责制。注重表彰评选，树立典型，通过每年开展"最受欢迎服务员""优秀引进人才"等评选，充分发挥先进的示范作用，影响和带动后勤职工奋发进取。

（4）落实四个尊重："尊重顾客、尊重供应商、尊重岗位、尊重自己"。在职工培训教育中充分发挥文化的引领和育化作用，不断强化思想政治教育，在各党支部窗口部门、重点岗位开展"党员示范岗"创建活动。坚持以师生为本，在

后勤员工中开展"对服务对象有理也不能有理""服务只有起点,满意没有终点"教育,营造了"立后勤人奋发有为之志,尽主人翁爱岗敬业之责"的文化氛围。

(5)打造五好团队:"打造思想素质好、团结协作好、党风廉政好、服务形象好、经营业绩好的五好团队"。按照精细化管理和学用一致、按需施教的要求,分层、分类对干部职工进行系统培训。精心组织开展岗位练兵和技能比武系列活动,提升职工服务技能,宣扬"爱岗敬业、精益求精"的后勤文化。每年举行职工羽毛球、乒乓球、排球、象棋、跳绳、拔河等体育比赛和后勤特色群众性文体活动。丰富多彩的文体活动能够有效传播弘扬后勤价值观,营造后勤和谐、团结、干事创业的良好氛围。

(四)丰富"六个一"文化载体,特色后勤文化丰富校园文化建设

校园文化的不断发展,对后勤文化建设提出了更高的要求。同时,特色鲜明的后勤文化又可以为校园文化注入新的内涵,贡献新的力量。

(1)"一部片子"。制作后勤企业宣传片,利用光影艺术多视角多样性展现高校独具特色的后勤发展之路。

(2)"一面墙"。在服务现场和工作区域广泛开展"文化墙"建设。通过将学校历史、后勤发展历程、服务育人宗旨、各种服务举措和中国优秀文化等内容挂在墙上,在润物细无声中达到对员工和学生价值引导和潜移默化熏陶的功效。

(3)"一首歌"。后勤职工通过自己作词作曲,创作企业主题歌曲,将后勤的理念、宗旨和文化价值观融入歌里。

(4)"一张网"。建立简洁美观、内容翔实的后勤官方集团网站主页。

(5)"一份报纸"。后保部党委主办《资产经营与后勤保障部简报》,扩大文化宣传范围,将文化宣传的影响力深入到不方便网络阅读的一线职工中。

(6)"一个平台"。建立和运营后保部官方微博平台,巩固扩大后勤网络影响力,拉近与师生员工的距离,用更贴近学生语言的宣传新媒介,增进师生员工对后勤工作的理解支持,进一步融入校园文化。

四、体会与思考

(一)高校后勤文化建设没有通用模式,需要因地制宜

加强高校后勤文化建设的最终目的是为学校事业发展提供更优质的后勤

服务与保障。在这一进程中,各学校因地理环境、发展现况和办学条件的不同,必然造成实现文化后勤的路径不尽相同,其最终的文化建设模式也必然不尽相同。高校后勤文化建设没有放之四海皆准、千篇一律的通用模式,各高校只有遵循实事求是、因校制宜的原则,从自身实际出发,探索符合学校校情的文化建设之路,才能打造文化后勤,才能真正为学校"双一流"建设添砖加瓦。

(二)高校后勤文化建设要打破身份壁垒、重视以人为本

当前后勤员工中非事业编制的人员逐渐增多,很多高校后勤的聘用人员已占到员工总数的80%左右,而且预计这个比例将会越来越大。企字无人则止,员工是企业发展的决定性因素,能否调动包括广大外聘员工在内的全体员工的积极性、主动性和创造性,是决定高校后勤文化建设成败的关键所在。只有重视以人为本,打破身份壁垒,改变因身份差别带来的薪酬问题、晋升问题,为外聘员工提供更公正的岗位竞争机会、更光明的职业发展通道和更广阔的事业发展平台,才能使后勤文化真正落地生根,成为全体员工自觉遵循的精神信仰和行为规范,才能为促进高校后勤健康可持续发展奠定坚实文化基础。

(三)高校后勤文化建设要围绕"落实三全育人,培育一流人才"主题

习近平总书记在视察北京大学时发表的重要讲话指出:高等学校的根本任务——就是培养人,高等学校的根本标准——就是立德树人的成效。人才培养是高校的中心工作,后勤服务贯穿于学生在校学习生活的全过程,应该更加主动融入高校"三全育人"大局,为"三全育人"作出更大的贡献。新时期后勤上下迫切需要提高政治站位、树立"三全育人"理念,从传统的"服务员"角色向"不上讲台的老师"转变,从单纯提供服务保障向价值引导、德育熏陶,成为"没有讲台的课堂"转变。坚持社会主义核心价值观引领,坚持以文化人、以美育人,推动将"三全育人"工作渗透到后勤文化建设的方方面面。以一流后勤文化促进一流后勤建设,服务一流人才培养。

加强思想文化建设，
推动后勤服务工作再上新台阶

——湖北大学后勤思想文化建设的探索之路

湖北大学　徐明　李小倩

高校后勤社会化改革的实践证明,高校后勤思想文化建设已成为未来高校后勤社会化改革成果的关键因素,是高校后勤管理、服务向更高层次发展的重要标志。优秀的后勤文化影响着每一个后勤职工,利于增强职工的归属感、凝聚力,形成干群和谐、团结向上、自信自强的文化氛围,推动后勤服务工作。湖北大学后勤集团历经多年探索,逐渐形成了"师生为本、服务第一"的服务理念,为学校教学科研服务、为师生员工生活服务的工作宗旨,内抓管理、外扩市场、强化服务、提高效益的工作方针,勤俭、朴实、向上、和谐的后勤风尚,为学校提供保障、为师生提供服务、为员工搭建平台、为社会承担责任的后勤精神,取得了一定的成效。

一、开展高校后勤思想文化建设的重要意义

高校后勤思想文化工作具有渗透性、持久性或"润物细无声"的功效。在高校后勤管理和服务工作中,高校后勤思想文化建设承担着服务育人、凝心聚力、增强幸福感的功能。

（一）高校后勤思想文化建设具有育人的作用

高校是教书育人、培养人才的重要场所。高校后勤是学校教学、科研等工作的重要保障,服务的主体是广大师生,决定了高校后勤是教书育人的重要组成部分,是全方位育人的重要阵地。提高后勤管理水平和服务质量、强化服务

意识,前提是树立端正的服务理念。后勤服务要将自觉服务变为主动服务,在服务的过程中通过自身素质的展现来熏陶、陶冶服务对象,发挥管理育人、服务育人、环境育人的功能。

(二)高校后勤思想文化建设具有凝聚人心的作用

高校后勤通过培育员工的认同感和归属感,建立员工与后勤组织之间相互依存的关系,使个人的行为、思想、感情等与整个高校后勤工作有机地统一起来,形成敬业爱岗、奉献育人的文化氛围,凝聚成一种无形的合力,以此激发后勤员工的主观能动性,为实现后勤组织的目标而努力。后勤管理要善于营造一种和谐的环境,以协调后勤团队成员间的关系,消除不利于团结的因素,打造凝心聚力谋发展的后勤团队,为塑造良好的后勤形象奠定基础。

(三)高校后勤思想文化建设增强员工幸福感

高校后勤思想文化建设强调以人为本,坚持以服务育人、提高师生满意度为后勤组织的价值观念。通过后勤思想文化的建设,可将后勤组织的信念变成后勤员工的个人信念,把集体的事业变成个人的事业。后勤员工对执行创造活动不是出于强迫,而是他个人的内在动力和需求,这样员工的个人价值才能得到体现,增强员工的幸福感受。

二、高校后勤思想文化建设工作浅析

(一)高校后勤思想文化建设队伍基础薄弱

高校后勤队伍人员结构有"四多四少"的特征:一是事业编制人员少,外聘人员多;二是长期稳定的人员少,频繁流动人员多;三是高素质专业人才少,低学历低技能人员多;四是理论研究谋划发展的少,精于实践务实苦干的多。近年来,不少高校后勤通过人才引进等方式一定程度上改善了后勤队伍结构,这是有利因素。一流的高校要有一流的后勤,急需高素质人才保障。在社会化分工越来越细、要求越来越高的情况下,缺乏高素质专业人才,将直接影响高校后勤的思想文化建设质量和学校的后勤保障能力。

(二)高校后勤思想文化建设可塑性强

高校后勤的教育属性决定了后勤服务实体应贯彻"三服务、三育人"的宗旨,创建师生满意的后勤,提供优质高效的服务,树立"教书育人、管理育人、服务育人"的工作理念,一切后勤工作都围绕着服务师生展开。员工的思想、生活动态相对单纯,可塑性强,易于开展思想文化工作。

三、高校后勤思想文化建设工作初步探讨

高校后勤思想文化建设具有一定的复杂性,湖北大学后勤集团在实践中逐步总结以往工作经验,尝试进行不同形式、不同内容的后勤思想文化建设探索,争创师生满意的高校后勤,取得了一定的成效。

(一)创建"湖大后勤人"服务品牌

湖北大学后勤集团一直高举服务大旗,坚持为师生提供优质、高效的后勤服务,在实践工作中凝练出一个能够统领全局、员工能够接受、操作性强的顶层设计,即全面打造完善"湖大后勤人"服务品牌,以此来总揽后勤服务工作。"湖大后勤人"服务品牌涵盖"文化后勤""绿色后勤""数字后勤""科技后勤"等方面。通过打造"文化后勤"凝聚人心、提升后勤形象,打造"绿色后勤""数字后勤""科技后勤"增强后勤生存发展能力,让"湖大后勤人"在学校做事有成就感、收入有幸福感,同时维护人民群众最根本利益,调动员工工作的主动性和积极性,争创师生满意的高校后勤。

以"文化后勤"为例,湖北大学后勤集团立足工作实际和行业特色积极创建优质服务品牌,形成了"厚情"助学金、后勤"1111"服务热线、"金勺奖""银星奖"、学生宿舍之家、教育超市红马甲等一批在校内有显示度的后勤服务品牌。围绕后勤工作开展课题研究,设立专项科研经费,成立研究团队,重点围绕优化服务创新、物资采购管理、校园洁绿亮美优化方案、节能降耗社保新技术使用方案、教育超市营销等方面开展研究工作,参照学校人文社会科学管理办法进行管理,努力将研究成果转化为实际效能。通过开展"文化后勤"建设增强了后勤职工的自豪感,提高了自信心。

(二)创建"厚情"文化

1. 坚持一个理念:师生为本、服务第一

在后勤员工中开展服务理念教育,促进全体干部职工端正服务态度,增强服务意识,提高服务能力,倡导后勤职工把师生需求作为后勤工作的出发点,把师生满意作为后勤工作的最终评价标准,通过热情热心服务树立形象,获取学校师生认同。

2. 坚持两个抓手:优质服务月活动和创优比贡献活动

每年上半年开展优质服务月活动,下半年开展创优比贡献活动,高举服务

大旗,强化服务意识,完善服务标准,创新服务举措,提升服务质量,将师生为本、服务第一的理念融入后勤服务实践中,让员工内化于心、外化于行。

3. 坚持三个着力点:关爱学生、关怀员工、关心同事

"厚情"助学金是湖北大学后勤集团职工自愿捐款成立的贫困学生资助基金,后勤干部职工每年慷慨捐款 6 万元以上,自 2006 年设立以来,累计募集助学金 70 余万元,共计资助 600 余名学生。理解员工、重视员工、激励员工,视员工为后勤发展之本,充分尊重后勤员工的主人翁地位,积极制造培养员工积极献计献策的机会,不定期开展座谈会和征求意见会。

(1)丰富职工生活,党政工共建"职工之家"。投入资金支持文化建设,创办后勤集团简讯、网站、职工之家、读书室等宣传文化阵地,极大丰富员工的文化生活。工会制定计划,认真组织职工文体活动,将以人为本的管理理念进一步渗透到各项工作中。

(2)关心职工健康,坚持给困难职工送温暖。后勤集团十分重视员工的身体健康,创建慰问必访制度、困难职工档案。关心困难职工和离退休职工生活,每年春节慰问,慰问率达 100%,形成制度。集团党政领导的关怀不仅增强了后勤干部职工的凝聚力,更化为了后勤干部职工服务教学科研、服务师生员工的一股强大精神动力。

(3)关爱学生群体,着力构建特色"育人"文化。后勤集团坚持开展"后勤服务零距离""我在后勤的一天"后勤服务学生体验活动,"后勤服务零距离"从务虚、务实两个层面深入师生群体,创新服务方式,主动了解师生意见和需求,切实将后勤服务理念转化成落地行动。"我在后勤的一天"后勤服务学生体验活动,坚持"三服务,三育人"宗旨,广泛征集学生体验者,开展形式多样的体验活动,让学生深入后勤,了解后勤,充分展现后勤人用责任担当夯实服务人才培养根本任务的大局观、爱校爱生爱岗的深厚情谊。

4. 落实四个尊重:尊重顾客、尊重供应商、尊重岗位、尊重自己

湖北大学后勤集团在职工培训教育中充分发挥文化的引领,不断强化思想文化教育,在各党支部、部门、重点岗位开展"党员示范岗"创建活动。坚持以师生为本,在后勤员工中开展"对服务对象有理也不能有理""服务只有起点,满意没有终点"教育,营造爱岗敬业、服务师生的文化氛围。

（三）探索多种文化载体，丰富特色后勤文化

1. "一面墙"

在服务现场和工作区域广泛开展"文化墙"建设。通过将湖北大学校史、后勤发展历程、后勤服务理念、服务育人宗旨、各种服务举措和中国优秀文化等内容挂在墙上，在润物细无声中达到对员工和服务对象潜移默化熏陶和价值引导的功效。

2. "一张网"

后勤官方网站主页简洁美观，内容翔实，拉近与师生员工的距离，用更贴近学生语言的宣传新媒介，增进师生员工对后勤工作的理解支持，进一步融入校园文化。

3. "一份报纸"

主办《后勤集团简讯》，其内容丰富、贴近群众、可读性强，扩大了集团文化宣传范围，将文化宣传的影响力深入到了不方便网络阅读的一线职工中。

高校后勤思想文化建设工作是一项长期性、综合性的工作。高校后勤必须高度重视思想文化建设工作，针对出现的新情况，解决新问题，用科学的方法开展深入细致的思想文化建设工作，保障高校后勤工作稳步向前、后勤社会化改革沿着正确的轨道健康发展。

新时代高校后勤文化建设研究

南京工业大学　梁学荣　顾丽娟　薛子璇

习近平总书记在党的十九大报告中指出,中国特色社会主义进入新时代,我国社会主要矛盾发生转化。这对全国高校而言,就是要不断提升办学质量和水平,推动"双一流"建设,尽快实现内涵式发展。"双一流"大学建设离不开一流的后勤服务和保障,而一流的高校后勤文化则是一流后勤建设的动力和支撑,是助推高校后勤服务保障能力不断提升的动力源泉。高校后勤文化建设更重要的意义在于,它是以学校、师生和员工三个满意为目标,以提升后勤人自信心、荣誉感和满足感为宗旨,是高校后勤事业尽快融入高校全面协调发展的关键环节。

一、新时代高校后勤文化内涵

高校后勤文化是以高校后勤员工为主体,在服务师生的长期活动过程中形成的,被全体后勤员工认同和遵循的价值理念、道德准则、行为规范和规章制度等各种有形与无形要素的集合,包括物质文化、制度文化、行为文化和精神文化四个系统。

(一)物质文化

高校后勤物质文化是以物质形态为主的表层后勤文化,主要包括后勤环境和后勤产品。后勤环境是校园大环境的重要组成部分,是广大后勤员工为师生提供各项服务保障的工作环境。后勤产品是能够直接感受到有形和无形的物质表现形态,诸如可口的饭菜、醒目的标志牌、统一的着装、明亮干净的教室和清洁温馨的宿舍等。物质文化质量高低直接影响到师生的学习、科研和生活,是衡量高校后勤文化水准的重要标志之一。

(二)制度文化

高校后勤制度文化是以文字、图表等形态为主的浅层后勤文化,它是高校后勤部门围绕后勤管理和服务工作制定的各项规章制度、办事指南和工作流程的集合,既是服务规范,也是行为准则,决定着高校后勤的正常运转和发展。

(三)行为文化

高校后勤行为文化是以行为方式为主的行为层后勤文化,它是后勤员工在提供后勤服务活动过程中表现出来的各种文化行为的集合,表现形式包括日常服务工作、日常管理活动、文体活动、技能竞赛和学习培训活动等。行为文化建设的成败直接影响到后勤员工工作积极性的发挥、服务产品的质量以及服务对象满意度等诸多方面。

(四)精神文化

高校后勤精神文化是以理念为主的深层次后勤文化,是高校后勤部门在长期的活动过程中积淀、提炼出来的,反映广大后勤职工共同意愿的价值目标、发展战略、后勤精神和文化传统的价值观念体系,它也是高校后勤开展各项工作的价值准则。

二、高校后勤文化主要特征

(一)服务性

高校后勤工作就是为师生提供服务和保障,满足学校的改革与发展。在创建"双一流"大学,实现高校内涵式发展的历史进程中,一流的后勤将起到越来越重要的作用。后勤文化作为后勤管理和服务工作的价值引导和精神载体,是指导、引领和推进一流后勤事业可持续发展的原动力。

(二)育人性

高校是一个教育人才的高品质场所,这就注定了作为校园文化重要组成部分的后勤文化,一定具有以教育为重的人才教育特性。高校后勤文化融合于几十年高校后勤发展的实践,一脉相承于中国的传统文化,与当前社会经济发展目标以及社会主要矛盾变化相适应。高校后勤在做好服务保障工作的同时,也应当充分发挥管理、服务、环境育人的功能,确保后勤文化建设落地生根。

(三)保障性

高校后勤是高校各项工作正常运行的保证和基础。它的目标不是追求最大化的经济利润,而是为学校和全体师生提供高质量的服务,从而决定了高校后勤与社会企业在经营理念上的本质区别。同时,高校后勤在促进和保障学校正常秩序,创造良好的教学和生活环境,营造良好的学校氛围,培养学生方面也发挥着积极的作用。

三、新时代高校后勤文化建设的意义

(一)打造一流高校后勤,创建"双一流"大学的需要

高校后勤事业又好又快发展,改革是机遇,管理是手段,创新是动力,队伍是核心,文化是灵魂。要建设一流的高校后勤,必须创造具有时代特色、创造力和先进性的后勤文化和理念,并运用后勤文化和理念去规范、引导和约束后勤部门的运作模式、员工的心理和行为模式,以获得后勤员工普遍认可的管理模式和行为规范,进而充分发挥后勤服务保障能力,促进后勤管理更加规范、科学,更好地为"双一流"大学建设服务。

(二)发挥文化软实力作用,构建和谐后勤的内在要求

建设和谐后勤,就是构建和谐校园的具体实践,也是和谐校园的重要组成部分,是和谐社会在高等教育领域的延展。高校后勤社会化改革后产生的新制度和新政策与高校后勤工作人员的思想、利益的碰撞,在一定程度上影响着后勤工作的统一性和稳定性。依托和谐后勤理念,加强后勤文化建设,充分发挥文化的软实力导向和引领作用,有效解决后勤社会化改革引发的各种矛盾,进而实现构建和谐高校后勤服务保障体系的目标。

(三)营造良好的工作氛围,形成凝聚力和内聚力的需要

优秀的后勤文化,可以把来自不同地方、不同年龄段和不同文化背景的后勤员工集合在一起,营造出良好的工作氛围,为了一个共同的目标而奋斗。它不仅能引导后勤员工树立正确的价值观,培养良好的职业素养,并使员工的个人价值观上升成为群体共同的价值观,从而增强对自身所从事职业的归属感,进而为高校后勤事业的发展贡献自己的智慧和能力。

(四)提升员工综合素质和能力,推动员工队伍建设的需要

建设高校后勤文化,能够提高后勤员工综合素质,使后勤员工牢固树立服务、质量、效率和竞争意识,建立与新时代社会发展水平相适应的价值观、行为准则、工作方式和是非标准,打造适应后勤社会化改革要求的高素质后勤员工队伍,推动后勤员工队伍更加年轻化和专业化,增强后勤核心竞争力,提高后勤服务水平,从而更好地为广大师生服务。

四、高校后勤文化建设的不足

（一）缺乏长远规划和布局，文化建设形式单一

高校后勤文化建设工作是具体的和长期的，不少高校未能制定出长远规划和明确定位，进而导致后勤文化建设多头推进、主次不明，关键领域缺乏足够的重视和支持，普通领域全面铺开、形式单一，未能借助于后勤实践及时总结、提升和固化，从而造成整体效果大打折扣，甚至收效甚微，无法形成具有本校特色的后勤文化。

（二）重视程度不高，文化建设意识有待加强

高校后勤社会化改革以来，全国各高校后勤转型速度和进程各不相同，转型目标也存在一定的差别。同时受到服务理念和服务模式的影响，造成对后勤文化建设的重视程度不够，营造后勤文化的意识欠缺，使得后勤文化建设进展滞后于后勤事业发展步伐，后勤文化引领和导向作用不够凸显，高校后勤的发展也因此受到了限制。

（三）内涵创新亟待加强，体系建设需要完善

高校后勤工作涉及师生的学习、生活和科研各方面，内容较为繁杂，使得后勤员工忙于处理日常事务，这在一定程度上造成新时代后勤文化建设的内涵和精神不够系统和全面。后勤员工对后勤文化建设面临的新问题思考不够深入，缺乏构建新时代后勤文化的创新精神，这也造成了后勤文化体系成为后勤服务保障体系建设中薄弱的一环。

（四）学习宣传不到位，员工参与度不够

高校后勤文化建设不仅需要领导层的关注，也需要广大后勤员工的积极参与。后勤文化建设要埋头苦干，也要做好学习和宣传，调动广大后勤员工参与后勤文化建设的热情。目前，不少高校后勤文化建设过于注重形式，未能充分调动员工的参与度和参与热情，这就造成了不少高校后勤文化建设停留在管理层的局面。

五、拓宽发展思路，建设新时代高校后勤文化

（一）明确定位、健全机构、加大投入，夯实后勤文化建设基础

1.高端定位，制定后勤文化长期发展规划

作为大学校园文化的重要组成部分，高校后勤文化不仅体现了大学的文化

特色、文脉底蕴和校风,也体现了高校后勤部门的战略规划和组织目标。高校后勤文化建设应服务于学校的中心工作,同时展现高校后勤行业的特点和特色。高校应当将后勤文化建设纳入学校的发展规划中,并专门制定后勤文化建设子规划及实施方案,阐明后勤文化建设思路、发展理念、发展目标、工作任务及具体措施,指出后勤文化建设的方向,将后勤文化融入校园文化,以便更好地落实"三服务、三育人"的目标。

2. 加强各部门的沟通和协调,建立健全专门机构

· 高校后勤应当以后勤文化建设为突破口,加强与学院、党政职能部门、党群组织以及直属机构等部门的沟通和协调,积极营造出团结、和谐、积极向上的育人环境和氛围,努力实现"三服务、三育人"宗旨。同时,高校后勤部门要进一步理顺后勤党、政、工、群等方面的关系,加快组建后勤文化建设专门机构,确保各项工作分工明确,稳步推进。

3. 加大政策和资金扶持力度,切实保障资金到位

高校后勤事业的全面可持续发展离不开学校的支持和投入,后勤文化建设同样离不开学校的扶持。高校要从政策和资金方面加大对后勤的支持和投入,要明确后勤的主体责任,划定后勤的经营和服务范围,同时给予后勤一定的经营自主权和经营性资源,并且对一些服务保障型项目适当增加成本补偿,从而确保后勤文化建设专项资金有合理渠道和来源、后勤文化建设能够正常的开展。

(二)优化管理服务理念,夯实高校后勤文化建设的思想基础

1. 以人为本,强化员工主人翁意识

高校后勤员工是后勤文化建设的核心资源。因此,高校后勤文化建设要坚持以人为本的理念,让员工参与到文化建设的各个环节中,把后勤员工视为建设后勤文化的主要力量。同时,要充分肯定后勤员工在后勤文化建设中的作用,激发他们的主人翁意识和参与热情。后勤员工是不上讲台的老师,通过服务同样可以影响、熏陶、感化学生,实现全方位育人。把握时代发展脉搏,围绕新时代广大师生员工对后勤文化的新需求和新变化,积极探索新时代高校后勤文化建设的新思路。

2. 强化宗旨意识,提升保障水平

新时代高校后勤文化建设,应当以提升广大师生员工的满意度为根本出发点,以为学校提供更优质的后勤保障服务为工作重心和方向,紧密围绕学校的中心工作开展。要对广大后勤员工从思想观念和行为方式上予以重新塑造,让

后勤员工理解、认同高校的发展使命，理解后勤人的工作职责，并牢固树立"三服务、三育人"后勤工作宗旨，为师生提供满意的后勤服务和保障，满足广大师生的医、食、住、行等方面的基本需求。

3. 倡导创新精神，打造创新型后勤文化

随着时代的发展，高校后勤文化建设也必将进入一个新的发展时期。因此，高校后勤应当坚持与时俱进，开拓创新，充分发挥主观能动性，不断拓宽思路，走符合校情富有时代特色的后勤文化建设之路，实现高校后勤内涵式发展。同时，要结合"互联网＋"思维推进后勤文化建设，以科技创新带动后勤文化建设，将后勤服务从劳动密集型向科技型转变，谋求后勤文化建设的创新与发展。

（三）创新文化载体，创建多彩活动，形成后勤文化辐射影响

1. 拓展宣传渠道，营造良好育人环境

塑造良好后勤形象是建设高校后勤文化的有效途径。第一，要加强宣传，把后勤精神、服务宗旨、服务指南、先进典型事迹等文化元素通过中国院校后勤信息网、校园网、后勤微信公众号、校报等多种媒体和平台传播出去，提高后勤服务形象，塑造良好服务品牌。第二，注重后勤文化的实践和升华，积极营造与时俱进、服务师生的后勤文化氛围，让广大后勤员工理解后勤文化、营造后勤文化、践行后勤文化，用文明的言行影响人、文明的服务感染人，以便在整个校园内营造良好文化育人环境。

2. 强化环境熏陶和价值引导，创新文化建设载体

建设后勤文化，要倡导无私奉献、默默无闻的奉献精神，打造积极向上的良好工作环境，形成凝聚力、认同感和荣誉感，进而提升后勤服务保障水平。首先，坚持公平、公正、公开的基本原则，积极开展各类集体和个人评优评先活动，诸如"党员（管理）示范岗""品牌班组""业务能手""文明标兵"等，充分发挥先进典型的示范、引领和价值导向作用，营造争先创优的良好氛围。其次，积极开展各类喜闻乐见的文化体育活动，诸如书法摄影比赛、运动会、文艺会演、美食节以及各类讲座培训等，丰富广大后勤员工业余文化生活，努力营造人人关心、人人重视、人人参与的良好局面。

3. 搭建交流平台，构建畅通的沟通机制

师生是高校后勤服务的主要对象。因此，提高高校后勤服务质量的重要途径就是加强与师生的沟通和交流，充分了解师生的实际需要，虚心倾听师生的声音，重视师生的反馈信息。因此，有必要建立起一个完整和高效的交流平台，

确保能了解广大师生的需求和建议,掌握工作中的不足,并将后勤各方面的工作及时展现给广大师生,让他们理解后勤工作的艰辛,并使他们为提高后勤服务工作水平建言献策,进而达到服务育人的目标。

(四)建章立制,推动制度文化建设

完善的规章制度是高校后勤文化建设成熟的重要标志。因此,高校后勤部门要通过建立健全人事管理制度、财务管理制度、安全规章制度等相关制度,有效引导、规范和约束后勤员工的言行。同时,要以制度的力量来发展和繁荣后勤文化,营造全面的育人环境,把规章制度融入后勤文化建设当中,创造稳定、持久和创新的制度文化。完善机构设置,定岗定员,因事设岗,细化岗位职责,提高办事效率,多谋事、少谋人,克服人浮于事,避免推诿、扯皮等现象的发生。通过制度文化建设,使想干的员工有环境,肯干的员工有机会,能干的员工有舞台,进而充分激发广大后勤员工的敬业精神、奉献精神和主人翁精神。

(五)构建完备学习培训体系,提升员工综合素质和能力

1. 加强学习和教育培训,提升素质和技能

后勤文化建设的重点在于贯彻和落实。因此,要不断加强后勤员工的教育培训,提升他们的工作能力和综合素质。要树立终身学习的观念,积极建构与后勤职业特点相统一的学习形式和与后勤岗位职责要求相符合的学习内容。第一,通过开展专题讲座和学习心得交流会等活动,加强后勤员工思想道德与职业素养的培训,促进工作交流和沟通,优化职业生涯发展。第二,结合后勤员工工作岗位特点,通过经验交流、岗位技能竞赛等方式开展针对性的专业技术培训和学习,进而提高他们的工作技能和水平。

2. 开展后勤工作研究,提升文化建设理论水平

高校后勤应结合本校实际情况,以适应后勤社会化改革需要为契机,充分调动后勤员工开展后勤工作研究的积极性,鼓励其积极参与后勤理论研究工作,不断提高后勤工作研究的质量和水平,强化理论创新,及时解决后勤改革发展中发现的实际问题,构建高质量、高水平、高层次的后勤文化。

在高校后勤社会化改革进程中,高校一方面要狠抓新型后勤保障体系建设,另一方面要抓好高校后勤文化建设,努力建成具有本校特色的后勤文化。这是中国特色社会主义进入新时代,高校后勤事业发展的必然要求和重要保证,也是"双一流"大学建设的内在要求。

关于发挥高校后勤基层党组织思想政治教育功能的研究

——以西南大学后勤集团为例

西南大学 张洪菁

2016年12月7日至8日，全国高校思想政治工作会议在北京召开，中共中央总书记、国家主席、中央军委主席习近平出席会议并发表重要讲话，强调：高校思想政治工作关系高校培养什么样的人、如何培养人以及为谁培养人这个根本问题，要坚持把立德树人作为中心环节，把思想政治工作贯穿教育教学全过程，实现全程育人、全方位育人，努力开创我国高等教育事业发展新局面。此后，高校开始深入推行"三全育人"，积极构建"育人体系"。在这一新形势新思路下，"育人"这一看似与高校后勤不相关的概念，成为高校后勤必须面对和思考的课题。西南大学后勤集团党委立足学校要求和工作实际，以思想政治教育作为切入点，进行了一系列尝试，并初步总结出了一些具有参考价值的思路和做法。

一、思想政治教育工作是高校后勤基层党组织不可推卸的责任

为教学、科研和师生员工服务是高校后勤的第一要务和立足之本，长久以来，高校后勤员工习惯于实干、苦干、埋头干，而往往忽视了自己的教育职能和职责，虽身处高校育人环境之中却长期将自己置于育人体系之外。但高校后勤"三服务，两育人"的宗旨和姓"教"的属性，决定了高校后勤不可能也不应该忽略自己的"育人"职能。从后勤工作的内容和后勤员工的文化层次等方面综合考虑，将后勤育人的重点放在课堂教育、理论教育上是不切实际的，而在思想

政治教育越来越受重视的今天,后勤育人或许有了立足点。

思想政治教育十分重要,但相当难做,其中很重要的一个原因是绝大多数学校一直通过课本、课堂、理论讲解来开展思想政治教育,而忽略了人格教育才是思想政治教育的基础。思想政治教育应该从日常化的、潜移默化的影响入手,这对于在日常生活中与学生紧密接触的后勤部门来说,是优势,也是责无旁贷。

西南大学后勤集团正是认识到这一点,在2014年"今天你休息,我来当工人"的大学生志愿服务活动基础上,不断探索、总结,在打造劳动教育实践基地的实践中,率先确立了以党组织为单位、以思想政治教育为核心的创建体系,在集团党委的统一指导下,结合各党支部的实际情况和工作特点,打造特色教育活动品牌。

二、后勤基层党组织开展思想政治教育活动可能存在的问题

(一)传统教育观念的束缚

后勤员工常说自己是"不上讲台的老师",这既是潜意识里的教育自觉,也是教育意识还没有彻底觉醒、育人自信还没有完全建立的表现。后勤员工大都文化水平不高,讲不出高深的理论,做不出惊世的发明,这么平凡,以何育人?但思想政治教育除了基础的理论知识,更重要的是养成,是将理论融入生活、让行为体现文明、使"三观"符合道德。这些都是单纯的理论教育、课堂教学给不了了,所以潜移默化的生活教育是最适合的方式,后勤很有可能成为推动高校思想政治教育的积极助力。

(二)将思想政治教育等同于党性教育

思想政治教育是"依据党和国家一定时期的路线、方针、政策,依据国家的政治经济形势和任务,依据各个地区各个单位在特定条件下人们存在的思想问题而开展的教育"。虽然它的理论基础是马克思主义科学体系,包含了爱国主义、集体主义、社会主义的教育,但它也同时包含了理想、道德、纪律、法制、国防和民族团结等很多方面的教育内容,并不仅仅强调党的知识,它的对象不仅限于党员,而是全体社会成员。广义上看,思想政治教育更接近于大德育范畴,是一种意识形态方面的教育,而后勤基层党组织正好给了思想意识落地生根的土壤。

(三)教育形式的确立

离开课堂,教育活动应该如何开展?这可能是后勤发挥育人职能需要攻克

的一个难题。人与人的接触会产生交流,不同层面和层次的人之间的交流会产生思想的流动,而有计划、有导向、有意识、有提升的思想流动,就是教育。只有明确教育目标和思路,确立一定的活动形式,建立一定的考核评价体系,后勤育人职能才能发挥出来。

(四)员工素质和后勤工作性质的局限

在高校教职工队伍中,后勤员工普遍有"五个相对"的特点,即文化程度相对较低,工作任务相对较重,学习思考时间相对较少,交流沟通方式相对直接,工作作风相对务实。虽然经过长期、持续的员工教育培训,后勤员工队伍的整体素质已经有了明显改善,但要作为育人主体,并不是所有员工都合适。所以,我们提倡由后勤基层党组织和党员率先开展思想政治教育活动,因为基层党组织建设有力,党员示范作用较突出,从工作实际出发、从日常生活出发、从做人做事出发,更能取得良好的教育效果。

三、西南大学后勤集团党委开展思想政治教育的一些尝试

西南大学后勤集团一直致力于融入学校育人环境,充分发挥后勤育人功能,近年来更是形成了以后勤集团党委为统领、以劳动教育实践基地为中心、各党支部开展特色品牌活动创建的思想政治教育体系。

(一)劳动教育实践基地的构建

1. 劳动教育实践基地的缘起

2014年"五一"国际劳动节前夕,西南大学党委宣传部、学工部、后勤集团党委联合组织了"今天你休息,我来当工人"的大学生志愿服务活动,来自全校各学院的340名大学生志愿者以"顶岗劳动"方式体验劳动,在食堂帮忙分菜、理菜、洗菜、打饭、打菜,清洁食堂卫生,在校园主干道清扫垃圾、落叶,让"被顶岗"的近100名工人师傅休息一天。此次活动不仅受到广大工人和领导、师生的好评,也引发了极大的社会反响。武汉理工大学教授罗亚田在看到相关报道后,在光明社区博客上感慨道:"何为五四精神?五四精神就是中国青年从此开始走向工农,自觉与工农相结合,自觉与工农同呼吸共命运的划时代革命精神!"时任西南大学党委书记的黄蓉生教授对此次活动给予了极高的评价,肯定了这次活动是弘扬和培育社会主义核心价值观的有益尝试,是加强和改进大学生思想政治教育的有效探索。

在此次活动的基础上,后勤集团党委开始深入探索,对劳动教育进行规划,

将一次劳动教育的成果扩大为一种体验劳动的长效机制,逐步形成了构建劳动教育实践基地的想法。

2. 构建劳动教育实践基地的实践

后勤集团党委并没有急于亮出劳动教育实践基地的形式,而是不断在尝试和丰富劳动教育实践活动的内容,让学生在劳动中树立正确价值观念,让劳动成为育人体系的重要实践举措。

(1)劳动体验月。2019年劳动节前,后勤集团党委将以往应节性的劳动升级为劳动体验月,联合经济管理学院党委、物理科学与技术学院党委、地理科学学院党委等,开展了一系列的活动。

4月9日至13日,经济管理学院党委以"施以勤耕,予以欢欣"为主题开展了食堂志愿服务体验活动,近60名毕业生党员作为志愿者在楠园第一食堂、第二食堂体验碗筷清洁、桌面清理、餐盘回收等工作。志愿者们不仅体会了食堂工作的辛苦,自己的用餐习惯、劳动理念也有了不小的改变,光盘行动、举手之劳清理餐桌等对他们来说已成为理所当然。

4月15日至19日,后勤集团学生宿舍服务中心组织管理人员和园区学生志愿者,对各学生园区卫生死角进行了清理。地理科学学院党委安排了10余名学生党员到梅园垃圾处置场进行了垃圾分类知识的分享,为梅园园区的保洁员和部分学生普及了垃圾分类知识,并现场指导、参与了垃圾分类操作。

4月21日,经济管理学院举行了"劳动光荣,奉献最美——后勤集团优秀基层员工分享会",3名后勤一线职工结合自身经历和岗位体验,与学生们分享了劳动的付出与收获、艰辛与快乐。学生们还集体朗诵了《奉献之歌》,表达对劳动者的尊敬与感谢。

4月27日,物理科学与技术学院党委"红帽子"党员志愿者服务队开展了校环深度劳动体验活动。志愿者们凌晨5点起床,穿上安全警示马甲,以校环工人为"导师",20人为一队,清扫校园主干道的落叶。志愿者们除了感叹劳动不易,也对校环工人吃苦耐劳的精神敬佩不已。

后勤集团党委与参加活动的学院党委达成了这样一个共识:组织学生参加劳动并不是为了劳累他们的身体,而是要让他们感受劳动的重要和不易,让他们发自内心地尊重劳动、尊重劳动者,并且在劳动过程中培养能吃苦、有毅力、会协作、重团结的高尚品质。这种潜移默化的生活教育、润物无声的思想政治教育理念,得到了学校党政的充分肯定。

(2)毕业生党员教育。后勤集团党委着重在重要的时间节点和阶段,有针对性地开展教育活动,目前毕业生党员教育已初见成效。

2018 年 6 月 7 日,一场题为"学习近平新思想做新时代党员"的特殊党课在西南大学中心图书馆 9 楼报告厅举行,站在讲台上的不是专家教授,也不是书记院长,而是扫过宿舍、担过垃圾、疏通过下水道的后勤集团一线职工。物理科学与技术学院 2018 届全体毕业生党员及低年级入党积极分子代表共计100 余人到场聆听,师生们都真切地感受到:这是一堂接地气的"奋斗课"！物理科学与技术学院党委副书记表示,这些一线优秀党员给毕业生党员们上了一堂毕生难忘的思想政治课。西南大学党委宣传部副部长认为,这次党课之所以让学生们"听得进去、听得感动",从认知心理学角度讲,因为这些职工对大学生来说,熟悉而陌生,看似反差,其实有可能揭示了生活的本质,大学生毕业后,大多都是从一线做起,这些来自一线但通过奋斗而成长起来的党员,对大学生来说,就是一本最接地气、最生动形象的"教科书"。这次活动被《中国教育报》头版报道,产生了良好的社会效应。

2019 年 6 月 12 日,30 余名毕业生党员走进食堂后厨,跟食堂大师傅学做菜,亲手做出一桌"谢师宴",邀请学院领导、老师、辅导员班主任、家长和陪伴自己四年的宿管阿姨品尝,作为毕业前的最后一堂劳动课。授课大厨精心选择制定了菜单,鱼香肉丝、回锅肉、宫保鸡丁、干煸四季豆、炝炒莲白、麻婆豆腐,全都是经典的川菜菜品,不仅味道经典,也承载了川渝地区源远流长的饮食文化,对在重庆学习生活四年的大学生来说,特别能够引起共鸣。授课大厨在理论讲解的时候也讲历史讲民风民俗,学生们听得津津有味,现场不时爆发出笑声和掌声。"一鸣惊人""学以报国""清清白白""前程似锦",学生们给自己的菜取了好听又有寓意的名字,借此表达自己对师长们的感恩之情和对未来的美好憧憬。后勤集团党委开展这项活动,旨在倡导毕业生走上社会后,首先要学会照顾自己,好好吃每一顿饭,以良好的精神状态和健康的体魄,支持自己的奋斗之路。参加活动的学院领导表示,在学生中弘扬劳动精神,让大学生能够辛勤劳动、诚实劳动、创造性劳动,这是创新思政教育方式、落实"三全育人"的有益尝试。让思政课带上烟火气,大学生毕业前的最后一课"学做菜",把感恩教育、劳动教育、毕业离校教育等融为一体,其实是全国教育大会所强调的"加强大学生劳动教育"的一次生动实践,是陶行知先生所主张的"生活即教育"理念的当代实践。活动吸引了众多媒体的关注,新华网进行了全程直播,《重庆日报》、重庆发布、华龙网《重庆晚报》、上游新闻等媒体纷纷予以报道。

3. 劳动教育实践基地的发展构想

后勤集团党委在总结劳动教育活动开展的组织经验和项目的充实完善基础上,计划将进一步确立劳动教育实践基地的体系,最终形成将任务、兴趣、专业有机地融入劳动实践中的"劳动课程",授予一定学分或进行志愿者认证,形成四大教育体系。

(1)劳动课程。"劳动课程"区别于课堂教学,重在实践,重在有计划性、成体系地施加教育影响。如以体验劳动、强健体魄为目的的"课程",提供一些技术要求不高、有一定劳动强度和持久度的岗位,用工作岗位职责标准严格要求参与者,由原岗位的劳动者对其进行指导和等级评定;以运用专业知识、提升专业技能为目的的"课程",如绿化、园艺、设施设备管理等岗位,安排专业对口的学生进行岗位实践,除让他们了解工作的运行流程和操作情况外,更重要的是引导他们运用专业知识,改进和完善工作方法及技术技能;以弘扬劳动精神、培养劳动意识为目的的"课程",组织优秀劳动者宣讲队伍,通过自身工作经历、劳动体会等的宣讲,引导学生树立劳动光荣的价值观,从而发自内心地理解劳动者、感谢劳动者。

(2)教育体系。打造勤工助学体系、志愿者服务体系、劳动成果认证体系、劳动者培训考核体系,与劳动课程互为补充、互相支撑,扩大体验和影响的范围,真正将劳动与育人、理论与实践有机结合起来,塑造自尊、自信、自立、自强的健全人格,引导感知、感悟、感恩的情怀养成,引导参与活动的大学生成长为内心强大、情绪饱满、人格稳定的人,同时促进后勤职工队伍整体素质的提升。

(二)各党支部打造特色思想政治教育活动品牌

后勤集团党委鼓励各党支部结合自身工作实际,围绕"服务育人"作用的发挥、党员示范岗的创建,开展特色活动,形成思想政治教育活动品牌。第二党支部即学生宿舍服务中心、物业服务中心联合党支部,协助学校党委完成了学生园区特设党支部的创建,并持续参与学生园区特设党支部的日常管理工作,在园区开展思想政治教育,提高党员素质,形成与学校党委、学院党委协同教育的新局面;第三党支部即维修服务中心、工程服务中心联合党支部,发挥专业优势,深入开展维修上门服务,做好空巢老人和社区居民有关维修,获得了学校师生和离退休职工的普遍赞扬;第四党支部即膳食服务中心支部,持续开展文明食堂创建活动,完善食堂伙食质量学生监督员队伍建设,开展"食堂开放日"活动,为加强伙食质量安全搭建与学生互动交流的有效平台;第五党支部即接待服务中心、运驾服务中心联合党支部,连续两年为工程技术学院提供大型设备、机修的实地考察,鼓励学生们将书本知识与实践相结合,搭建了服务育人新平台;务工人员党支部持续开展党员政治生日主题党日活动,并多次与学生党支部、毕业生党支部开展交流座谈,从党员身份和理想信念出发,分享了自己的入党初心、工作以来的心路历程和成长转变、今后的努力方向。

(三)不断提高员工思想政治水平

为更好地开展思想政治教育活动,提高员工素质也被纳入体系中整体规划,除按照学校要求定期开展职工政治理论学习外,各支部、各部门、各中心也结合工作实际开展学习教育,2019年以来,集团党委还组织了学习习近平总书记系列重要讲话精神和习近平新时代中国特色社会主义思想系列讲座,引导职工从习总书记的思想中汲取能量,把理解经典与指导实践相结合,把踏实工作与改革创新相结合,把业务提升与品德锤炼相结合,把做好本职工作与服务育人相结合,努力做到境界高尚、敢于担当、勤于实干、善于思考、勇于创新,推动后勤服务保障工作再上新台阶,打开服务育人新局面。

尽管取得了一些成绩,但充分发挥高校后勤基层党组织思想政治教育职能还任重道远。下一步,如何形成后勤思想政治教育体系、如何打造劳动教育实践基地,都是值得深入思考、细致规划的问题。只有与党和国家的要求相一致、与学校发展的需求相一致、与后勤深化改革的方向相一致,后勤育人树人的职能才能得到长足发展,也才能成为推动高校后勤健康稳定发展的助力。

后　记

　　思想政治、组织文化和人力资源管理是教育后勤组织可持续发展的重要保证，是教育后勤事业发展的动力源泉。在中国教育后勤协会的领导下，思想文化建设与人力资源管理专业委员会紧密结合教育后勤行业的实际，以强化学校后勤文化建设为载体，全面推动思想文化建设与人力资源管理工作创新，六年多来已打造出了一批品牌项目。如高校后勤党委书记高级研修班、与知名企业合办人力资源管理培训、重点课题立项研究等。特别是高校后勤文化建设与评优机制，将新形势下党建工作贯穿后勤保障全过程，理论联系实际，丰富并提升了后勤思想文化建设与人力资源管理的内涵，得到了高校后勤机构的广泛欢迎。与此同时，在多年实践基础上形成的《高等学校后勤组织文化建设评价标准》已经进入正式发布阶段。

　　自2016年开始，专委会共举办三届"中国教育后勤文化建设评优活动"。通过评优，达到了以评促建、推动全国高校后勤文化建设跨越式发展的期初目标。本书汇总了高校后勤文化建设优秀论文以及部分案例近百篇，涵盖全国23个省市、自治区的服务实体，旨在展现高校后勤文化建设的阶段性成果，与全国高校后勤工作者共享先进的后勤文化建设理念，并能对本校的后勤文化建设有一定的借鉴意义。以推动学校后勤保障机构、服务学校社会企业借助文化建设优势，不断提升服务质量和管理水平，更好地诠释与践行"三服务两育人"的服务宗旨，为学校事业的可持续发展有新的作为。

　　在本书编辑出版过程中，得到了各级、各相关单位领导的关怀与指导，中国教育后勤协会会长刘建平为本书作序，副会长兼常务副秘书长黎玖高、副会长兼专委会主任张凤宝、专委会常务副主任张静等提出了具体指导意见。还得到全国各地高校后勤机构，专委会主任、秘书长成员单位和中国海洋大学后勤保障处的关心与帮助。深圳中快餐饮集团和辽宁龙源集团为本书编辑出版也给予了相关支持。在此一并表示谢意。

中国教育后勤协会思想文化建设与人力资源管理专业委员会秘书长

2020年10月18日

466